SUPER
POCHE

Microsoft®
Windows
Vista™

TOUT EN
COULEUR

D1341177

Micr
Applicat

Copyright

© 2007 Micro Application
20-22, rue des Petits-Hôtels
75010 PARIS

1re Edition - Janvier 2007

Auteurs

Sylvain CAICOYA, Jean-Georges SAURY

Toute représentation ou reproduction, intégrale ou partielle, faite sans le consentement de MICRO APPLICATION est illicite (article L122-4 du code de la propriété intellectuelle).
Cette représentation ou reproduction illicite, par quelque procédé que ce soit, constituerait une contrefaçon sanctionnée par les articles L335-2 et suivants du code de la propriété intellectuelle.
Le code de la propriété intellectuelle n'autorise aux termes de l'article L122-5 que les reproductions strictement destinées à l'usage privé et non destinées à l'utilisation collective d'une part, et d'autre part, que les analyses et courtes citations dans un but d'exemple et d'illustration.

Avertissement aux utilisateurs

Les informations contenues dans cet ouvrage sont données à titre indicatif et n'ont aucun caractère exhaustif voire certain. A titre d'exemple non limitatif, cet ouvrage peut vous proposer une ou plusieurs adresses de sites Web qui ne seront plus d'actualité ou dont le contenu aura changé au moment où vous en prendrez connaissance.
Aussi, ces informations ne sauraient engager la responsabilité de l'Editeur. La société MICRO APPLICATION ne pourra être tenue responsable de toute omission, erreur ou lacune qui aurait pu se glisser dans ce produit ainsi que des conséquences, quelles qu'elles soient, qui résulteraient des informations et indications fournies ainsi que de leur utilisation.
Tous les produits cités dans cet ouvrage sont protégés, et les marques déposées par leurs titulaires de droits respectifs. Cet ouvrage n'est ni édité, ni produit par le(s) propriétaire(s) de(s) programme(s) sur le(s)quel(s) il porte et les marques ne sont utilisées qu'à seule fin de désignation des produits en tant que noms de ces derniers.

ISBN : 978-2-7429-6747-6

Couverture réalisée par Room22

MICRO APPLICATION
20-22, rue des Petits-Hôtels
75010 PARIS
Tél. : 01 53 34 20 20
Fax : 01 53 24 20 00
http://www.microapp.com

Support technique
Également disponible sur
www.microapp.com

Retrouvez des informations sur cet ouvrage !

Rendez-vous sur le site Internet de Micro Application **www.microapp.com**. Dans le module de recherche, sur la page d'accueil du site, entrez la référence à 4 chiffres indiquée sur le présent livre.
Vous accédez directement à sa fiche produit.

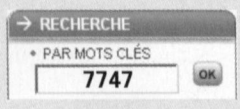

Avant-propos

Cette collection fournit des connaissances essentielles sur un sujet donné sans jamais s'éloigner de leur application pratique. Les volumes de la collection sont basés sur une structure identique :

- Les puces introduisent une énumération ou des solutions alternatives.

1. La numération accompagne chaque étape d'une technique.

Il s'agit d'informations supplémentaires relatives au sujet traité.

Met l'accent sur un point important, souvent d'ordre technique, qu'il ne faut négliger à aucun prix.

Propose conseils et trucs pratiques.

Conventions typographiques

Afin de faciliter la compréhension des techniques décrites, nous avons adopté les conventions typographiques suivantes :

- **Gras** : menu, commande, boîte de dialogue, bouton, onglet.
- *Italique* : zone de texte, liste déroulante, case à cocher, bouton radio.
- `Police bâton` : touche, instruction, listing, texte à saisir.
- ✂ : indique un retour ligne volontaire dû aux contraintes de la mise en page.

8 Windows Media Center 181

9 Utiliser Internet Explorer 207

10 Le contrôle parental 235

11 Windows Live 255

12 Communiquer avec l'extérieur 277

13 Windows Mail 291

14 Calendrier Windows 313

15 Espace de collaboration Windows 325

16 Le centre de mobilité Windows 347

17 La sécurité 373

1

Windows
Vista

L'utilisation de l'ordinateur à la maison ou en entreprise évolue de plus en plus. Plus de 10 millions de Français sont connectés à l'Internet à haut débit, et plus d'un foyer sur deux est équipé d'un ordinateur. Nous nous servons de notre ordinateur pour surfer sur Internet, jouer, travailler, communiquer. Les ordinateurs sont même présents dans les écoles maternelles, ils contribuent dès le plus jeune âge à l'éducation des enfants. Son usage devient universel et son apprentissage est omniprésent, au même titre que l'on apprend le dessin et les couleurs primaires. C'est pour cela que chaque nouvelle version de Windows doit toujours apporter son lot d'améliorations concernant la productivité et la créativité de l'utilisateur. Encore une fois, il faut garder à l'esprit que Windows Vista est fait pour être utilisé pendant plusieurs années, logiquement jusqu'en 2017 (fin de la période de support), et qu'il est donc prêt à gérer les évolutions de nos ordinateurs en termes de puissance mais aussi les évolutions de nos comportements. Pour cela, un grand nombre d'améliorations et de modifications ont été apportées. La finalité à tout cela, c'est de vouloir simplifier encore et encore les tâches les plus courantes pour laisser le champ libre à l'émergence de nouveaux besoins mais aussi de nouveaux scénarios d'utilisation tant pour les utilisateurs que pour les entreprises.

1.1 Introduction

Octobre 2001 signe la sortie de Windows XP. Cette nouvelle version de système d'exploitation a beaucoup apporté aux utilisateurs. D'une interface plutôt agréable, il a permis à un grand nombre d'entre nous de surmonter nos appréhensions. Résultat en 2007, six ans après la sortie de Windows XP, Windows Vista arrive. Conscient de l'importance à accompagner les utilisateurs, Windows Vista propose un grand nombre de nouveautés mais aussi toujours plus d'assistants et davantage de simplicité.

L'objectif de Windows Vista ? Donner les pleins pouvoirs à l'utilisateur sans qu'il puisse pour autant détruire le système. Qu'est-ce que cela veut dire ? Tout simplement que Microsoft a protégé Windows Vista pour limiter le nombre d'erreurs ou d'attaques possibles contre votre ordinateur. Ce qu'il est important de garder à l'esprit, c'est que l'informatique a beaucoup évolué. Le mythe de l'informatique complexe réservé à une certaine catégorie de personnes n'existe plus. Face à ce nouveau système robuste, vous avez à présent la possibilité de pouvoir quasiment tout essayer sans endommager votre ordinateur. En cas de risque, Windows Vista vous préviendra. En cas de danger, il ne vous autorisera pas à effectuer l'action demandée.

Comme nous venons de vous le dire, plus de dix millions de personnes utilisent Internet et plus d'un foyer sur deux possède un ordinateur. En partant de ce constat, il est facile d'imaginer que nous avons quasiment tous une histoire avec notre ancien ordinateur ou encore avec nos données, que cela soit des documents divers ou tout simplement les paramètres de son profil utilisateur contenant l'ensemble de nos favoris Internet. Et même si Windows Vista propose de nouvelles expériences pour l'utilisateur, ces expériences ne valent la peine d'être testées que si l'on peut le faire avec son ancien ordinateur ou encore avec ses données. Partant de ce postulat, nous avons choisi de commencer cet ouvrage avec deux chapitres liés à la vie de votre ancien ordinateur. Le chapitre 2 va traiter la mise à niveau de votre ordinateur vers Windows Vista. Cela veut dire que vous allez pouvoir garder l'ensemble des utilisateurs créés ainsi que leurs paramètres sur votre ordinateur actuel. Cependant, Windows Vista demande un certain nombre de ressources pour autoriser l'accès à des versions spécifiques de Windows Vista. Pour ne pas se lancer dans l'aventure complètement ignorant, nous verrons comment Microsoft propose simplement d'évaluer sa machine pour savoir quelle version il est possible d'utiliser. Le chapitre 3 abordera la façon de migrer uniquement les paramètres des utilisateurs vers une nouvelle machine.

> **Migration et mise à niveau**
>
> Bien que les mots migration ou mise à niveau peuvent inquiéter, il faut garder à l'esprit que toutes les étapes sont guidées par un assistant. Des captures d'écran et des commentaires sont là pour vous accompagner tout au long de ces étapes.

Partant toujours du même constat, nous avons souhaité découper cet ouvrage en différents scénarios d'utilisation. Parmi ces scénarios, nous allons retrouver dans la deuxième partie, plus précisément aux chapitres 5 à 8, une partie sur la prise en main de Windows Vista. En effet, même si nous sommes majoritairement familiers de l'utilisation de Windows XP, il n'en reste pas moins que Windows Vista apporte tellement de changements qu'il est nécessaire de passer par une phase de prise en main en faisant le tour du propriétaire. Cette visite offrira l'occasion de découvrir de nombreuses nouveautés et améliorations.

La troisième partie est illustrée par les chapitres 9 à 12 qui concernent Internet et les différents scénarios d'utilisation. Les ordinateurs évoluent, Internet aussi. Nous verrons comment utiliser Internet Explorer pour rechercher de l'information ou paramétrer le contrôle parental, comment disposer d'une boîte aux lettres sur Internet mais aussi comment publier et partager des documents comme des photos. Et puisque la puissance des ordinateurs et des débits augmente, nous examinerons comment faire de la communication instantanée avec des messages, de l'audio ou encore de la vidéo, grâce à Windows Messenger.

La quatrième partie représente les chapitres 13 à 16, et le sujet concernera la communication et la collaboration à partir des outils disponibles dans Windows Vista. Microsoft a mis à disposition plusieurs logiciels tels que le calendrier Windows, l'espace de mobilité ou encore Windows Collaboration.

La cinquième partie ne comporte que deux chapitres, et ces derniers traitent des fonctions avancées de Windows Vista. Lee chapitre 17 sera consacré à la sécurité de votre ordinateur, le chapitre 18 à la maintenance et au dépannage.

Pour terminer, l'ouvrage proposera plusieurs annexes.

1.2   Les différentes versions

Windows Vista se décline en six versions. Mais n'ayez crainte, vous allez rapidement vous y retrouver en définissant votre besoin d'utilisateur devant les descriptions de toutes ces versions de Windows Vista. À ces six versions, sachez tout de même qu'il n'y aura pas de distinction bien précise avec une version spéciale pour 64 bits. En effet, comme le 64 bits a des chances de devenir rapidement un standard, toutes les versions de Vista, hormis la Starter Edition, auront leur pendant 32 bits et 64 bits. Sachez également que même si certaines versions apporteront des fonctionnalités en plus pour répondre à des besoins différents, aucun compromis n'a été fait sur la sécurité. Toutes les versions, sans exception, bénéficieront des avancées communes en matière de sécurité. Là dessus, pas d'équivoque, choisissez la version qui vous convient en fonction de vos besoins et non en fonction de versions plus ou moins sécurisées. Allons-y pour la présentation.

1.3   Windows Vista Starter Edition

À l'instar de Windows XP Starter Edition, une version de Vista pour les pays en voie de développement sortira. Comme pour XP, cette version ne sera pas disponible chez nous. Windows Vista Starter Edition ne connaîtra pas de déclinaison 64 bits, n'autorisera pas plus de trois applications ou fenêtres ouvertes simultanément. La configuration de réseau ne sera pas possible. Pas de changement rapide d'utilisateurs non plus, ni de démarrage par validation de mot de passe, mais la connexion Internet restera accessible.

1.4   Windows Vista Home Basic Edition

Windows Vista Home Basic Edition est la version de base du système d'exploitation pour les utilisateurs à la maison. Cette version a été conçue pour satisfaire les besoins informatiques simples de tous les jours. Elle s'adresse plus particulièrement aux utilisateurs qui ont recours à leur PC pour surfer sur Internet, échanger des messages électroniques avec leurs parents et amis, créer et modifier des documents de base de style Office, etc. En somme, cette version intéresse les utilisateurs qui n'ont pas besoin de fonctionnalités de haut vol.

Windows Vista Home Basic Edition offre tout de même un environnement d'une grande sécurité, fiabilité et efficacité. Les utilisateurs pourront tirer parti de nouveaux outils et de technologies modernes. Ils disposeront notamment d'un explorateur de recherche très performant, de la Sidebar, des fonctions intégrées de contrôle parental mais il n'y a pas d'interface graphique évoluée, pas de Media Center, pas de MovieMaker HD, pas de mise en réseau (hormis Internet évidemment), pas de cryptage, etc. Les besoins restent simples et quotidiens.

Cette version s'intègre parfaitement sur les PC ou portables à bas prix, à base de processeurs Intel Celeron par exemple.

Windows Vista Home Basic Edition fait office de version de fondation pour les deux autres versions destinées aux utilisateurs à la maison que sont Home Premium et Ultimate Edition.

1.5 Windows Vista Home Premium Edition

Windows Vista Home Premium Edition s'adresse aux particuliers exigeants. Cette version réunit toutes les fonctions de Windows Vista Home Basic et offre des fonctions supplémentaires. C'est le meilleur choix pour tirer pleinement parti de toute l'ergonomie, la puissance et la versatilité des usages du PC à la maison : photos, vidéos, TV, films, musique et jeux.

Avec cette version, vous montez d'un cran dans les fonctionnalités. Ainsi, la nouvelle interface graphique Aero est disponible. Également, Windows Vista Home Premium intègre la recherche à l'ensemble du système d'exploitation : les utilisateurs sont ainsi en mesure d'organiser aisément d'importantes collections de documents, d'images, de films, de séquences vidéo et de morceaux de musique, et de retrouver en un clin d'œil les fichiers recherchés.

Vista Home Premium Edition ajoute à sa panoplie les fonctions de Media Center. Votre PC se transforme alors en un centre multimédia pour animer les loisirs numériques de la famille. Les fonctions de Media Center intégrées permettent d'enregistrer et de regarder des émissions de télévision (y compris haute définition) et de découvrir de nouveaux contenus multimédias en ligne.

Cette édition intègre également la possibilité de connecter Windows Vista Home Premium à une Xbox 360 de façon à profiter de ses loisirs numériques dans toutes les pièces de son domicile.

La technologie d'encre numérique du Tablet PC, qui permet d'interagir avec le PC à l'aide du stylet numérique ou d'une pression tactile, sans passer par un clavier, est également disponible dans cette édition de Windows Vista.

La fonction intégrée de gravure et de création de DVD permet aux utilisateurs de graver, en toute transparence, leurs photos, vidéos et fichiers personnels sur un DVD vidéo ou des données. Ils peuvent également créer des DVD professionnels à partir de films familiaux, et les partager avec leurs proches.

Cependant, Home Premium reste destiné aux utilisateurs à la maison. Cela signifie qu'il n' y a pas de jonction à un domaine, et qu'il n'y a pas de cryptage de fichiers.

Vous pouvez constater que cette version intègre les fonctions de Media Center et de Tablet PC. Il n'y a pas de versions dissociées. Bien entendu, il vaut mieux que votre portable ait un écran tactile et un stylet pour tirer parti des fonctions d'encre numérique.

1.6   Windows Vista Business Edition

Abordons maintenant des versions de Vista destinées aux entreprises.

Windows Vista Business Edition est la version du système d'exploitation destiné aux entreprises de toutes tailles, mais plus particulièrement aux entreprises de petite taille. Windows Vista Business aide les utilisateurs professionnels au sein d'une PME à assurer le bon fonctionnement et la sécurité de leurs PC tout en réduisant leur dépendance vis-à-vis du service informatique interne. Aux entreprises de taille supérieure, Windows Vista Business apportera des améliorations significatives en termes de flexibilité et d'amélioration de gestion opérationnelle des postes de travail, réduisant ainsi les coûts de maintenance et de support. Avec cette version, les équipes informatiques pourront, dans la mesure du possible, s'affranchir des tâches de maintenance quotidiennes et se consacrer davantage aux développements stratégiques indispensables à la croissance des entreprises.

Parmi les caractéristiques incluses dans Windows Vista Business, on retrouve la nouvelle interface graphique Aero. On retrouve également la gestion de grands volumes d'information. En intégrant des fonctions de recherche à l'ensemble du système d'exploitation et en facilitant le classement des fichiers, Windows Vista Business aide les entreprises à trouver rapidement les informations qu'elles recherchent.

Les technologies Tablet PC qui permettent d'analyser et de reconnaître l'écriture sont également présentes.

Cette édition, spécial entreprise, intègre en sus des fonctions plus spécifiques dont la jonction aux domaines, l'administration distante du poste de travail et de cryptage de données sur disque dur.

1.7 Windows Vista Enterprise Edition

Autre version pour les utilisateurs professionnels, Windows Vista Enterprise Edition est là pour mieux répondre aux besoins des grands groupes internationaux et des entreprises aux infrastructures informatiques complexes. Windows Vista Enterprise a pour objectif d'aider à réduire les risques et les coûts des infrastructures informatiques. Outre toutes les fonctionnalités dont dispose Windows Vista Business, Windows Vista Enterprise apporte un niveau de protection accru des données en mettant en œuvre une technologie de chiffrement matériel. Cette version propose également des outils pour améliorer la compatibilité des applications et faciliter la standardisation. Autre amélioration très importante pour les grands groupes : les entreprises pourront désormais déployer, à l'échelle internationale, une seule image incluant toutes les langues de l'interface utilisateur Windows.

> **Licence Windows Vista Enterprise Edition**
>
> Il faut retenir cette petite particularité : la version Windows Vista Enterprise sera proposée aux clients disposant de PC couverts par un contrat Microsoft Software Assurance ou Microsoft Enterprise Agreement.

Côté caractéristiques, BitLocker Drive Encryption (utilisation des technologies TPM 1.2 pour les clés de chiffrement) fait partie de Vista Enterprise et empêche les données confidentielles et la propriété intellectuelle des entreprises de tomber en de mauvaises mains en cas de vol ou de perte d'un ordinateur portable.

Virtual PC Express est l'un des nombreux outils intégrés qui améliorent la compatibilité des applications avec les versions antérieures des systèmes d'exploitation de Microsoft. Virtual PC Express permet d'exécuter une ancienne application sur un ancien système d'exploitation Windows dans un environnement virtuel créé sous Windows Vista Enterprise.

Le sous-système pour applications UNIX est également présent sous Vista Enterprise et permet aux utilisateurs d'exécuter des applications UNIX directement sur un PC Windows Vista Enterprise.

La nouvelle interface graphique Aero est également disponible.

1.8 Windows Vista Ultimate Edition

Enfin, terminons par le nec plus ultra, la Rolls-Royce des versions de Windows Vista. La version Windows Vista Ultimate est un condensé des fonctionnalités et avantages de toutes les autres versions de Windows Vista. Vous y trouverez tout : que vous soyez utilisateur à la maison, utilisateur en entreprise ou administrateur, à moins que vous ne soyez les trois à différents moments de la journée. C'est le premier système d'exploitation à réunir toutes les fonctions de divertissement, de mobilité et de productivité offertes par Windows Vista.

> **Les versions N de Windows Vista**
>
> Pour être plus précis, signalons l'existence, comme sous XP, des versions Windows Vista Home Basic N et Windows Vista Business N qui sont les versions sans Windows Media Player intégré, résultant des procès intentés par l'Union européenne.

1.9 Comparatif technique des versions

Voici un bilan des fonctionnalités techniques incluses dans chaque version :

Tab. 1.1 : Comparatif technique des versions de Windows Vista

Fonctionnalités techniques différenciées	Home Basic Edition	Home Premium Edition	Business Edition	Enterprise Edition	Ultimate Edition
Améliorations de base sur les performances et la sécurité	Oui	Oui	Oui	Oui	Oui

Tab. 1.1 : Comparatif technique des versions de Windows Vista

Fonctionnalités techniques différenciées	Home Basic Edition	Home Premium Edition	Business Edition	Enterprise Edition	Ultimate Edition
Fonctionnalités de recherche et d'organisation	Oui	Oui	Oui	Oui	Oui
Fonctionnalité de connexion poste à poste (peer-to-peer)	Jonction uniquement	Oui	Oui	Oui	Oui
Centre de sauvegarde (via réseau et programmée)	Non	Oui	Oui	Oui	Oui
Interface graphique Aero Glass et animations, transparence	Non	Oui	Oui	Oui	Oui
Media Center	Non	Oui	Non	Non	Oui
HD MovieMaker et DVD authoring	Non	Oui	Non	Non	Oui
Network Projection	Non	Oui	Oui	Oui	Oui
Synchronisation de PC à PC	Non	Oui	Oui	Oui	Oui
Mobilité (fonctionnalité de Tablet PC)	Non	Oui	Oui	Oui	Oui
Cryptage EFS (*Encrypted File System*)	Non	Non	Oui	Oui	Oui
Bureau à distance	Non	Non	Oui	Oui	Oui
Serveur web personnel	Non	Non	Oui	Oui	Oui
Utilitaire de fax et scanner	Non	Non	Oui	Oui	Oui
Jonction à un domaine	Non	Non	Oui	Oui	Oui
Fichiers hors connexion	Non	Non	Oui	Oui	Oui
Stratégies de groupe	Non	Non	Oui	Oui	Oui

Tab. 1.1 : Comparatif technique des versions de Windows Vista

Fonctionnalités techniques différenciées	Home Basic Edition	Home Premium Edition	Business Edition	Enterprise Edition	Ultimate Edition
SUA (Unix Subsystem)	Non	Non	Non	Oui	Oui
Cryptage complet de volume	Non	Non	Non	Oui	Oui
Virtual PC Express	Non	Non	Non	Oui	Oui
MUI - All Languages (support toutes langues)	Non	Non	Non	Oui	Oui
Windows Ultimate Extras	Non	Non	Non	Non	Oui

1.10   Le logo Windows Vista Capable

Si jamais vous souhaitez acheter un nouveau PC, sachez que Microsoft et les constructeurs de PC ont créé un logo vous permettant de repérer d'un coup d'œil les PC conçus pour Windows XP et compatibles Windows Vista. Cette démarche vous permet d'être plus serein quant à la pérennité de votre achat et de ne pas vous sentir trop perdu avec votre liste de matériel lorsque vous êtes chez votre vendeur préféré.

2

Mettre mon ordinateur à niveau pour Vista

Windows Vista reste un système d'exploitation robuste et sécurisé qui permet d'utiliser encore mieux et encore plus nos ordinateurs qu'auparavant. Seulement voilà, aujourd'hui nous possédons déjà, pour la plupart d'entre nous, un ordinateur. À partir de ce moment se pose le dilemme suivant : "Passer à Windows Vista d'accord mais à la seule condition de pouvoir garder mes données et paramètres." Vous avez deux possibilités pour résoudre ce dilemme :

■ mettre son ordinateur existant à niveau ;

■ transférer les données de son ancien ordinateur vers son nouvel ordinateur.

Ce chapitre va plutôt traiter de la première solution, la mise à niveau de son ordinateur actuel. Pour ce faire, il est nécessaire de prendre quelques précautions avant de se lancer dans l'aventure. Il est important de sauvegarder les données et paramètres de tous les utilisateurs au cas où il y aurait un problème durant la mise à niveau mais aussi vérifier quelle version de Windows Vista l'ordinateur peut accepter.

Mise à niveau vers Windows Vista

Cette mise à niveau traite d'une version de système d'exploitation Windows XP vers Windows Vista. Elle peut être utilisée pour les ordinateurs qui utilisent Windows 2000 mais elle ne tient pas compte des ordinateurs qui utilisent Windows 98 ou Windows Millenium car ces versions fonctionnent sur des ordinateurs trop anciens.

Même si les manipulations de mise à niveau de Windows XP vers Windows Vista peuvent paraître complexes, elles ne le sont pas en vérité. Vous allez être guidé par de nombreux assistants, et chaque étape sera commentée et illustrée par une capture d'écran.

Pour réaliser la mise à niveau, nous avons choisi de prendre un cas standard d'ordinateur avec plusieurs utilisateurs, des partages, des données et des paramètres.

Encore une fois, gardez à l'esprit que cette étape de mise à niveau n'est pas compliquée si l'on suit correctement les étapes de l'assistant.

2.1 Mon PC actuel peut-il accepter Windows Vista ?

Au cours de la première étape, avant de se lancer dans l'installation de Windows Vista, nous pourrions être en mesure de nous poser la question suivante : "Est-ce que mon ordinateur est compatible avec Windows Vista ?" Pour répondre à cette problématique, Microsoft propose comme solution un outil gratuit et disponible en téléchargement. Il s'agit de **Windows Vista Upgrade Advisor**. La fonction première de cet utilitaire est de qualifier les ordinateurs en fonction des différentes versions de Windows Vista. Parmi les différentes déclinaisons, Windows Vista s'appuie sur deux versions de Windows Vista pour fixer les prérequis matériels. Windows Vista Upgrade Advisor contrôle la partie système, les périphériques et les programmes. Pour pouvoir installer cet utilitaire, il faut au préalable installer deux petits logiciels que l'on peut télécharger gratuitement sur le site de Microsoft.

Logiciel en anglais

Durant les différentes étapes de la mise à niveau, il se peut qu'il soit nécessaire d'installer des utilitaires en anglais. N'ayez crainte, si c'est le cas, c'est qu'il n'existe pas d'alternative en français. Il vous suffira de suivre pas à pas les étapes et de vérifier que cela correspond bien aux captures d'écran.

2.2 Installer le Framework.Net

L'un des deux logiciels pour l'utilisation de l'utilitaire Windows Vista Upgrade Advisor est l'installation du Framework.Net. Le téléchargement est disponible à l'adresse suivante :

```
http://www.microsoft.com/downloads/details.aspx?displaylang
=fr&FamilyID=0856eacb-4362-4b0d-8edd-aab15c5e04f5.
```

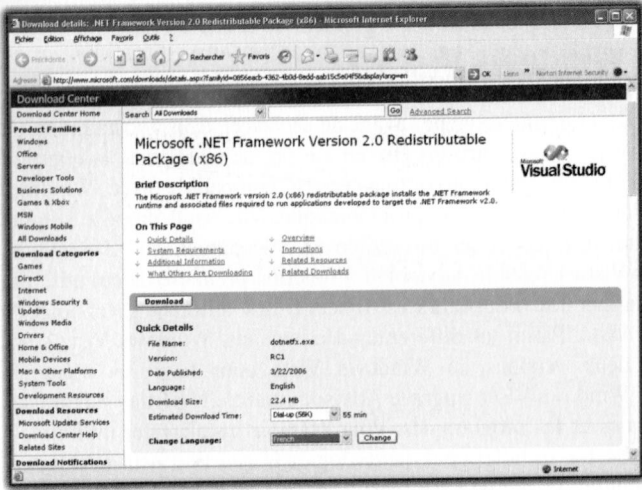

▲ Figure 2.1 : *Site de téléchargement du Framework.Net 2.0*

Une fois le Framework téléchargé, il vous faut procéder à l'installation en respectant les étapes suivantes :

1. Cliquez une première fois sur le fichier téléchargé et à l'ouverture de celui-ci, cliquez sur **Exécuter**.

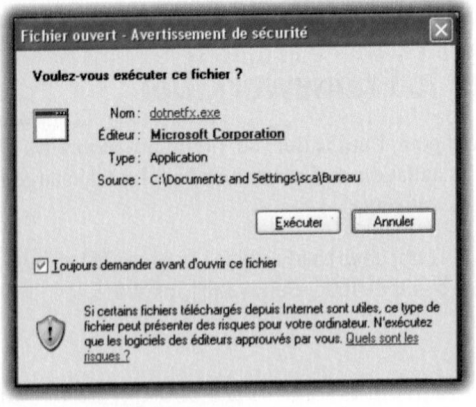

◄ Figure 2.2 :
Lancement de l'installation

2. Une fois le Framework décompressé, l'assistant d'installation se lance, dans la fenêtre **Bienvenue dans programme d'installation de Microsoft .NET Framework2.0**. Cliquez sur **Suivant**.

3. Une fois arrivé à la fenêtre **Contrat de Licence Utilisateur Final**, acceptez les termes du contrat de licence en cochant la case *J'accepte les termes du contrat de licence* et cliquez ensuite sur **Installer**.

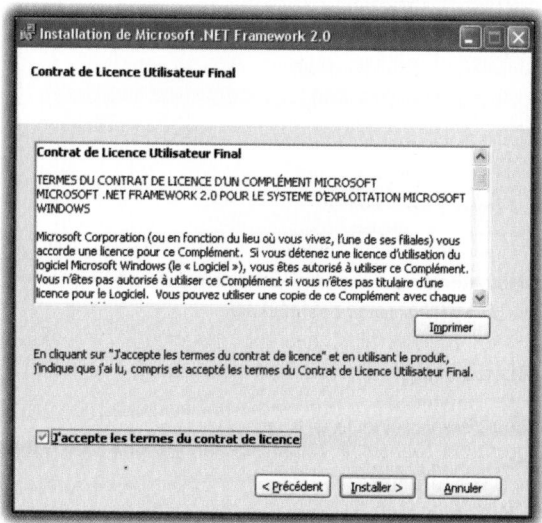

▲ Figure 2.3 : *Contrat de Licence Utilisateur Final*

4. L'installation peut prendre quelques minutes. Dans la fenêtre **Installation terminée**, cliquez sur **Terminer**.

2.3 Installer MSXML

Le second prérequis pour l'utilisation de l'outil Upgrade Advisor est MSXML. Le téléchargement de MSXML est disponible à l'adresse suivante :

```
http://www.microsoft.com/downloads/details.aspx?displaylang
=fr&FamilyID=993c0bcf-3bcf-4009-be21-27e85e1857b1.
```

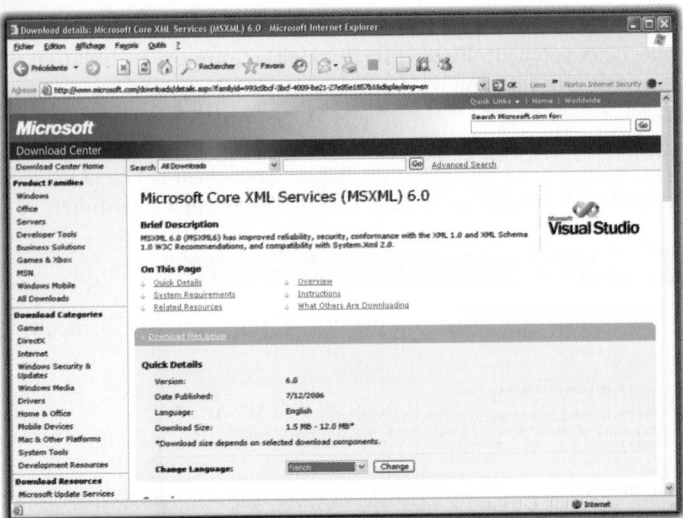

▲ Figure 2.4 : *Site de téléchargement de MSXML*

Une fois MSXML téléchargé, il vous faut procéder à l'installation en respectant les étapes suivantes :

1. Cliquez une première fois sur le fichier téléchargé et à l'ouverture de celui-ci, cliquez sur **Suivant**.

2. Dans la fenêtre **Contrat de licence**, cochez la case *J'accepte les termes du contrat de licence* et cliquez sur **Suivant**.

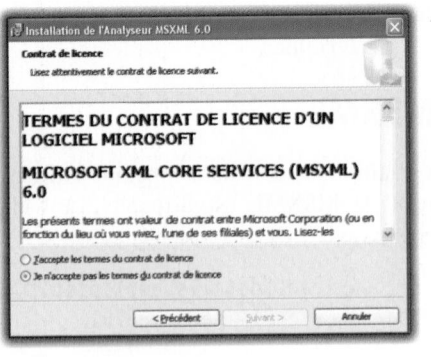

◀ Figure 2.5 :
Termes du contrat de licence de l'utilisation de MSXML

3. Dans la fenêtre **Information**, remplissez ou modifiez les champs *Nom :* et *Société :* puis cliquez sur **Suivant**.

4. Cliquez sur **Installer** dans la fenêtre **Prêt à installer le programme** pour lancer l'installation.

5. Pour finir l'installation, cliquez sur **Terminer**.

2.4   Installer Upgrade Advisor

Windows Vista Upgrade Advisor est disponible sur le site GetReady à l'adresse suivante :

```
http://www.microsoft.com/windowsvista/getready/
upgradeadvisor/default.mspx.
```

Cliquez sur Windows Vista Upgrade Advisor pour lancer le téléchargement.

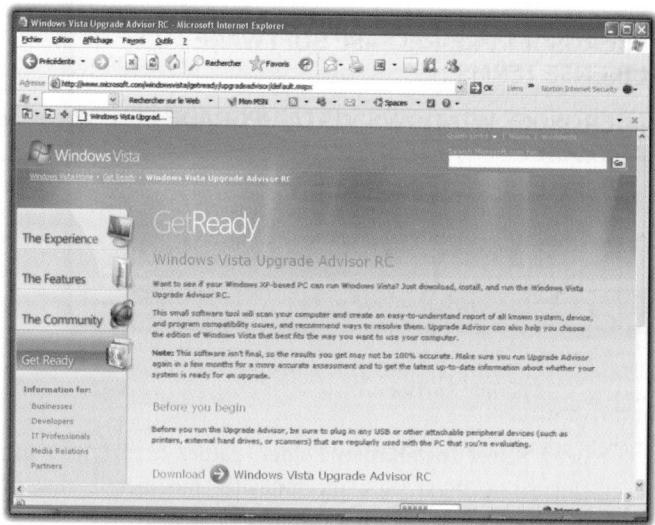

▲ Figure 2.6 : *Site GetReady pour le téléchargement de Windows Vista Upgrade Advisor*

Windows Vista Upgrade Advisor ne fonctionne qu'avec Windows XP. Il n'est pas possible de le faire fonctionner avec Windows 98 ou Windows 2000. Pour l'installer, procédez comme suit :

1. Lancez l'exécutable et cliquez sur **Exécuter**.

2. Dans la fenêtre **Welcome to the Microsoft Windows Vista Upgrade Advisor setup wizard**, cliquez sur **Next** pour continuer.

3. Sélectionnez *I Agree* pour valider les termes de licences et cliquez sur **Next**.

▲ Figure 2.7 : *Termes de licences pour l'utilisation de Windows Vista Upgrade Advisor*

4. Dans la fenêtre **Select Installation Folder**, gardez le répertoire par défaut et cliquez sur **Next**. Si vous souhaitez modifier le chemin d'installation, cliquez sur **Browse**, puis sélectionnez le nouveau chemin et cliquez sur **Next**.

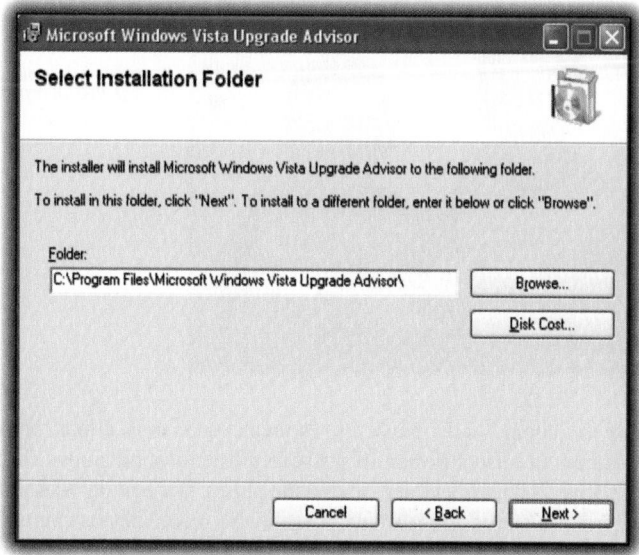

▲ Figure 2.8 : *Configuration du répertoire d'installation*

5. L'Assistant d'installation vous propose de créer un raccourci sur votre bureau en sélectionnant par défaut l'option *Create Desktop Shorcut*. Si vous ne souhaitez pas voir de raccourci, cliquez sur *Don't Create Desktop Shortcut* puis cliquez sur **Next** pour continuer.

6. Pour terminer l'installation, cliquez sur **Close**.

2.5 Mise à jour vers Windows Vista

Pour procéder à la mise à jour vers Windows Vista, nous avons utilisé un poste standard sous Windows XP service Pack 2, ce qui correspond aux dernières versions de mise à jour de Windows XP recommandées par Microsoft. Cette mise à niveau va se réaliser en trois étapes :

■ Étape 1 : Évaluation de la configuration matérielle requise.

■ Étape 2 : Sauvegarde des données importantes.

■ Étape 3 : Mise à jour vers Windows Vista.

◄ Figure 2.9 :
*Environnement
sous Windows
XP Pro avant la
mise à jour*

Ce poste se compose de plusieurs éléments que nous allons pouvoir vérifier durant la mise à niveau. Il possède plusieurs applications comme le Pack Office 2003, un jeu bien développé puisqu'il s'agit de Warcraft III de Blizzard et d'autres applications. Nous avons ajouté des raccourcis sur le bureau pour certaines applications. Côté partition, ce poste en possède trois :

1. C: Système en NTFS ;

2. E: Data en NTFS ;

3. F: Archive en Fat32.

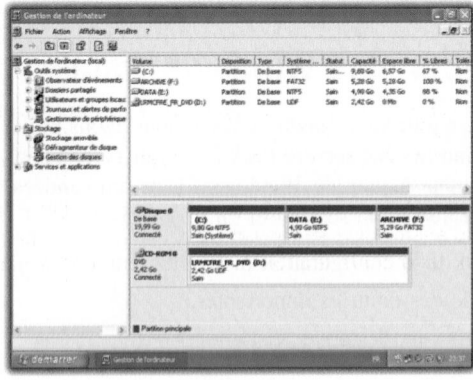

◄ Figure 2.10 :
*Configuration
des disques et
partitions en
NTFS et FAT32
sous Windows
XP Pro avant la
mise à jour*

Ce poste dispose également d'un certain nombre de partages de répertoires.

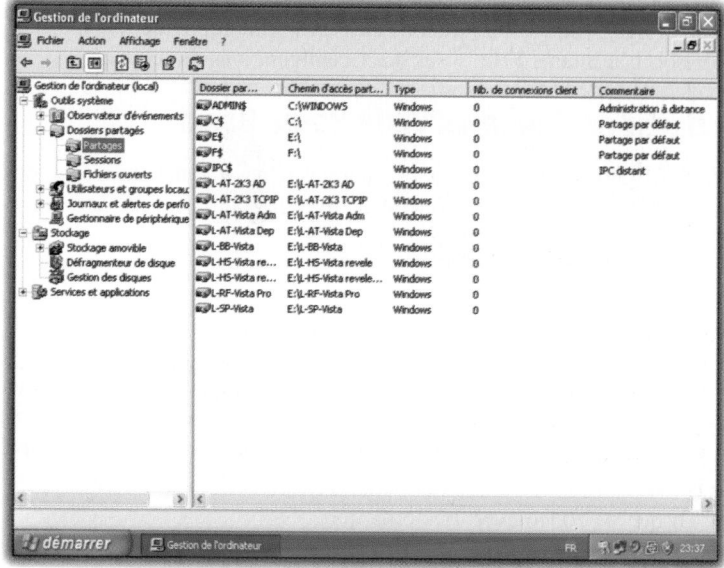

▲ Figure 2.11 : *Configuration de partage avant la mise à jour*

NTFS et FAT32

NTFS est le système utilisé et privilégié par Windows Vista pour stocker des fichiers sur un lecteur d'ordinateur. Il possède de nombreux avantages par rapport au système de fichiers antérieur, FAT32, notamment :

- la possibilité de résoudre automatiquement certaines erreurs liées au disque, contrairement à FAT32 ;
- une prise en charge améliorée des disques durs de plus grande taille ;
- une sécurité optimisée, grâce à laquelle vous pouvez utiliser les fonctionnalités d'autorisation et de chiffrement, afin de permettre uniquement aux utilisateurs approuvés d'accéder à des fichiers spécifiques.

2.6 Étape 1 : Évaluation de la configuration matérielle requise

Pour évaluer votre configuration, utilisez l'utilitaire Windows Upgrade Advisor. L'utilitaire se base sur deux configurations de référence.

À partir de Windows Vista Home Basic

Windows Home Vista est la première version à fonctionner sur des ordinateurs classiques. Elle fonctionne avec les prérequis suivants :

■ CPU d'au moins 800 MHz ;

■ 512 Mo de mémoire ;

■ Carte graphique DirectX 9 capable de prendre en charge les pilotes VDDM (*Vista Display Driver Model*) utilisés dans Windows Vista. La carte graphique est l'un des composants les plus gourmands sous Windows Vista. Toutefois, si vous ne disposez pas d'une carte graphique suffisante, l'installation de Windows Vista n'est pas remise en cause pour autant. Seule l'interface Aero Glass sera dégradée ;

■ Disque de 20 Go avec 15 Go de libre.

Cette version offre uniquement les fonctions de base de Windows Vista.

À partir de Windows Home Vista Premium

La version Windows Vista Home Premium est, quant à elle, la première version multimédia de Windows Vista. Elle permet d'activer les fonctions graphiques. Le driver WDDM permet d'étendre le bureau, ce qui apporte plusieurs fonctionnalités comme la transparence, mais aussi et surtout la composition du bureau au sein de la carte graphique ; ce driver va donc permettre aux processeurs graphiques de délester les processeurs centraux. Cette version fonctionne avec les prérequis supplémentaires suivants :

■ CPU d'au moins 1 GHz ;

■ 1 Go de mémoire ;

- Carte graphique PCI Express ou AGP8x capable de prendre en charge les pilotes VDDM (*Vista Display Driver Model*) utilisés dans Windows Vista. La carte graphique est l'un des composants les plus gourmands sous Windows Vista. Toutefois, si vous ne disposez pas d'une carte graphique suffisante, l'installation de Windows Vista n'est pas remise en cause pour autant. Seule l'interface Aero Glass sera dégradée ;

- Disque de 20 Go avec 15 Go de libre.

Utiliser Upgrade Advisor

Windows Vista Upgrade Advisor permet également de vous aider à choisir la version qu'il vous faut en fonction de vos besoins, en termes de multimédia, de connectivité ou encore d'accès à l'information. Qu'est-ce que je veux faire ? Est-ce que je compte faire du partage collaboratif ? Cet outil va déterminer en fonction de vos activités la version adéquate. Il est capable également de mettre un certain nombre de points bloquants en avant.

▲ Figure 2.12 : *Lancement de l'utilitaire Windows Vista Upgrade Advisor*

Mais à présent, nous allons utiliser Windows Vista Upgrate Advisor en nous appuyant sur les étapes suivantes :

1. Pour lancer le programme, cliquez sur le menu **Démarrer**, **Tous les programmes** puis **Windows Vista Upgrade Advisor** ou tout simplement sur le raccourci si vous avez sélectionné l'option durant l'installation.

2. Démarrez l'analyse de votre ordinateur en cliquant sur **Start Scan**.

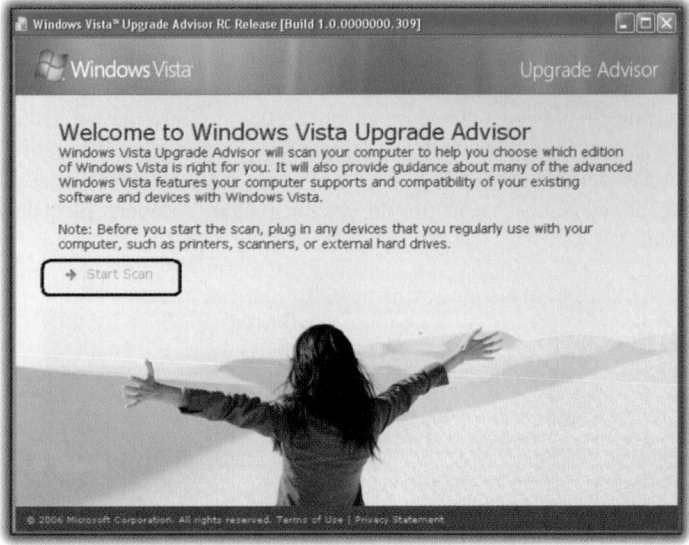

▲ Figure 2.13 : *Lancement de l'analyse de l'ordinateur*

3. Windows Vista Upgrade Advisor se connecte à Internet pour mettre sa base à jour, ensuite il commence à analyser votre ordinateur en fonction de quatre déclinaisons de Windows Vista :

   – 1 Windows Vista Ultimate ;
   – 2 Windows Vista Home Premium ;
   – 3 Windows Vista Business ;
   – 4 Windows Vista Home Basic.

4. Une fois l'analyse terminée, le programme affiche la version de Windows Vista la plus adaptée à votre ordinateur ainsi que trois rapports détaillés.

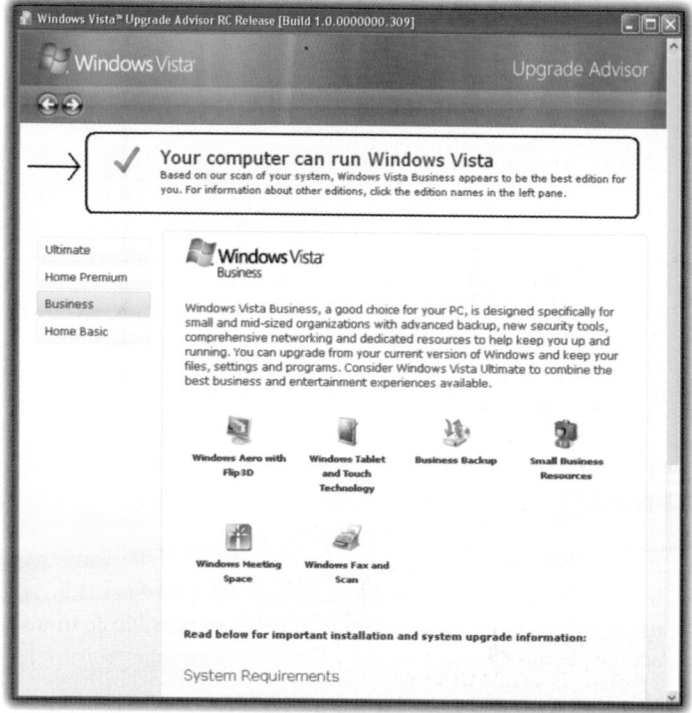

▲ Figure 2.14 : *Résultat de l'analyse et recommandation de la version correspondant à la configuration de l'ordinateur*

Chaque rapport détaillé présente des recommandations qui lui sont propres. Le premier rapport représente le système. Dans chaque rapport, un certain nombre d'actions sont données avec les explications qui les accompagnent (voir Figure 2.15).

Le deuxième rapport représente les périphériques. Ce rapport se décompose à son tour en trois parties.

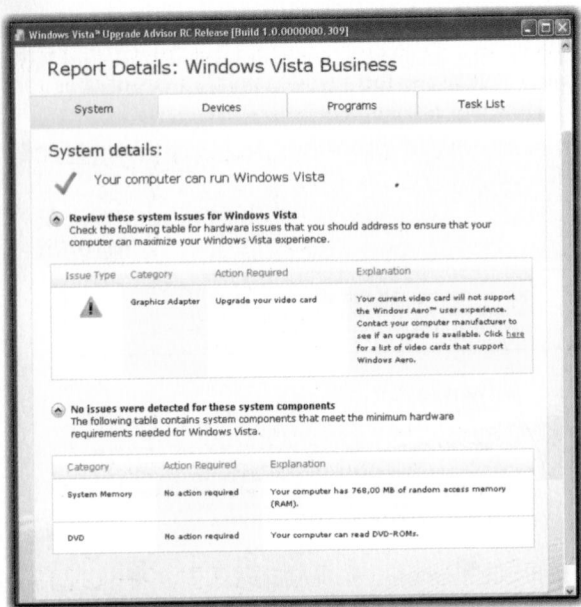

▲ Figure 2.15 : *Rapport détaillé de l'analyse sur le système*

1. Review these device issues for Windows Vista : cette partie remonte les problèmes de compatibilité de certains périphériques. Elle adresse un rapport en cinq catégories dans lequel il est possible de trouver des actions de mise à niveau.

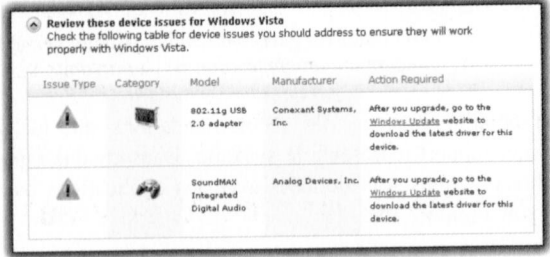

▲ Figure 2.16 : *Partie Review these device issues for Windows Vista, liste des problèmes liés au matériel à passer en revue*

2. Cannot find information on these devices : cela correspond à la liste de périphériques pour lesquels le programme n'a pas trouvé d'information. Cependant, l'utilitaire se met régulièrement à jour sur la base de données qui, elle-même, est régulièrement actualisée.

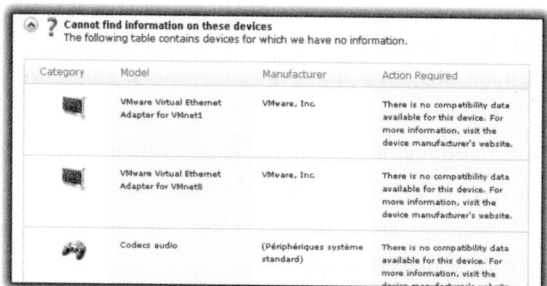

▲ Figure 2.17 : *Cannot find information on theses devices, liste des périphériques pour lesquels Windows Vista Upgrade Advisor n'a pas d'information*

3. No issues were detected for these devices, cette partie correspond aux périphériques qui sont conformes à Windows Vista, c'est-à-dire qui n'ont pas besoin d'action.

Configuration requise

Toutefois, les PC qui ne satisfont pas à la configuration matérielle pour le processeur, la mémoire et la carte vidéo peuvent tout de même exécuter Windows Vista. Cependant, ils n'offriront peut-être pas toutes les fonctionnalités et tous les avantages de Windows Vista. Par exemple, les PC avec des cartes graphiques qui ne prennent pas en charge WDDM offriront simplement un graphisme comparable à celui de Windows XP avec les bénéfices des fonctionnalités, de la stabilité et des performances ainsi que l'amélioration de la sécurité.

2.7 Étape 2 : Sauvegarde des données importantes

Une fois la configuration de votre ordinateur validée, vous devez sauvegarder les fichiers, ou les enregistrer dans un emplacement sûr, avant de procéder à la mise à jour vers Windows Vista. Bien que cette étape soit facultative, il est important et même recommandé de disposer d'une sauvegarde récente des données importantes avant d'apporter des modifications significatives à l'ordinateur, afin d'éviter la perte de données.

Pour enregistrer vos données essentielles dans un emplacement sûr, les options dépendent du système d'exploitation d'origine et des options de sauvegarde dont vous disposez. La liste suivante présente quelques possibilités de sauvegarde :

- Windows Backup, ou tout autre logiciel de sauvegarde ;
- copie des données importantes dans un dossier réseau ;
- gravure des données sur un CD ou un DVD ;
- sauvegarde sur un disque dur externe.

Sauvegarde des données avec Windows Backup

1. Pour lancer l'utilitaire de sauvegarde, cliquez sur **Démarrer** puis **Tous les programmes**, **Accessoires** et pour terminer, cliquez sur **Outils système**. Lancez l'utilitaire de sauvegarde **Utilitaire de sauvegarde**.

2. Dans la fenêtre **Assistant Sauvegarde ou Restauration**, cliquez sur **Suivant**.

▲ Figure 2.18 : *Lancement de l'utilitaire de sauvegarde de Windows XP*

? toutes les semaines, dimanche à 7h.

3. La fenêtre suivante vous propose de sauvegarder ou restaurer des données au moyen des options. Sélectionnez **Sauvegarder les fichiers et les paramètres**. Cliquez sur **Suivant**.

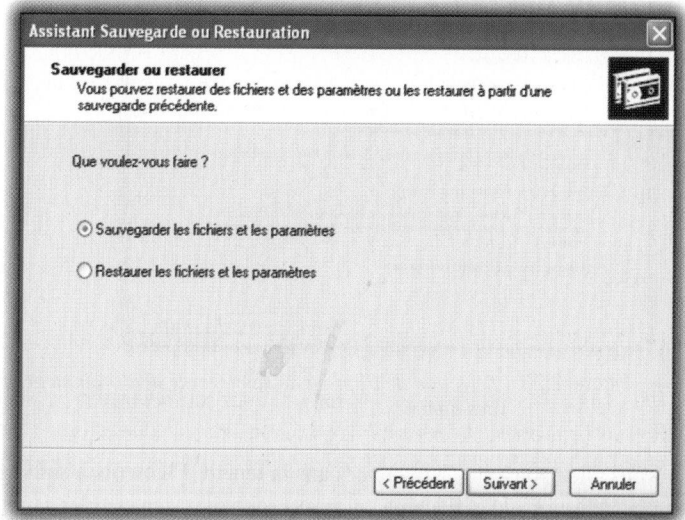

▲ Figure 2.19 : *Sélection de l'option sauvegarde*

4. Vous avez le choix d'effectuer quatre types de sauvegarde :

- **Mes documents et paramètres**. Cela inclut le dossier **Mes documents**, les favoris, votre Bureau et vos cookies.

- **Les paramètres et les documents de tout le monde**. Cette option consiste à sauvegarder les paramètres et les documents de tous les utilisateurs.

- **Toutes les informations sur cet ordinateur**. Cette option permet de sauvegarder toutes les informations sur l'ordinateur. Elle inclut toutes les données de l'ordinateur et crée un disque de récupération du système qui permettra de restaurer Windows en cas de problème majeur.

- **Me laisser choisir les fichiers à sauvegarder**. Cette option vous laisse le choix des informations que vous souhaitez sauvegarder.

5. Sélectionnez la quatrième option et cliquez sur **Suivant**.

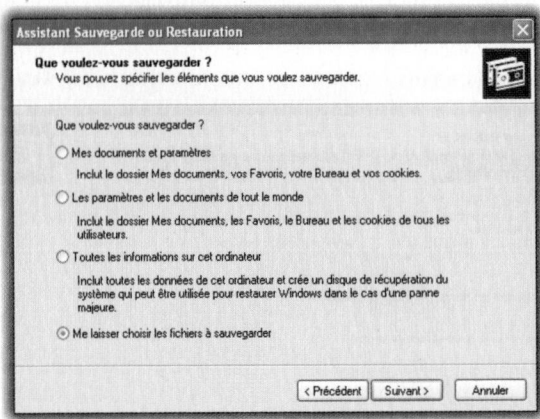

▲ Figure 2.20 : *Sélection de l'option de sauvegarde de l'ordinateur et des données*

6. Vous allez pouvoir sélectionner dans la fenêtre **Éléments à sauvegarder** l'ensemble des éléments que vous souhaitez sauvegarder. Une fois votre sélection réalisée, cliquez sur **Suivant**.

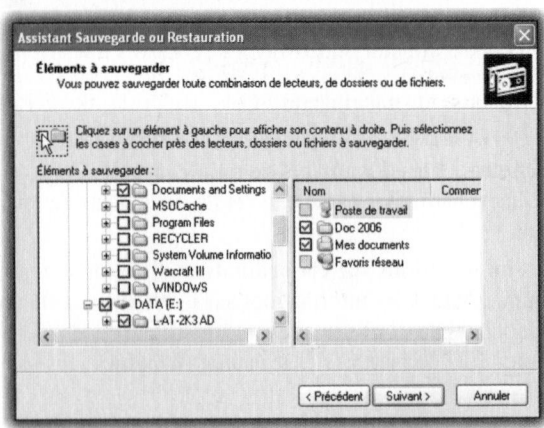

▲ Figure 2.21 : *Sélection des données à sauvegarder*

7. Maintenant que les éléments à sauvegarder sont sélectionnés, vous devez donner un nom et une destination pour les stocker. Dans la fenêtre **Type, nom et destination de la sauvegarde**, il est possible de sauvegarder vos données sur une clé USB, voire sur un disque dur amovible. Donnez un nom à la sauvegarde, par exemple **Sauvegarde avant Vista**. Cliquez sur **Suivant**.

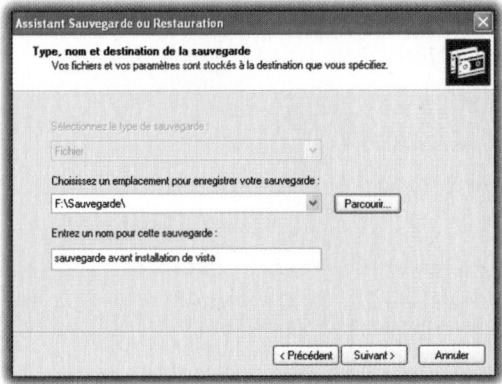

▲ Figure 2.22 : *Sélection de l'emplacement et du nom de la sauvegarde*

8. Pour mettre fin à l'Assistant de sauvegarde, cliquez sur **Fin**.

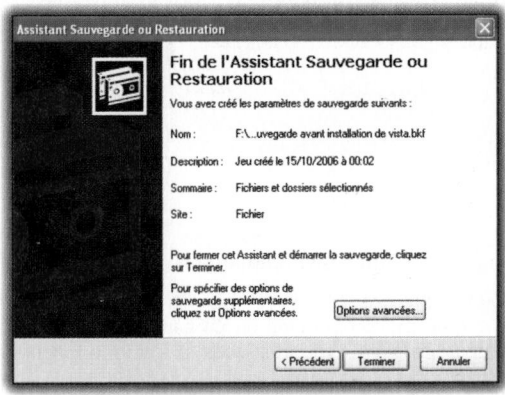

▲ Figure 2.23 : *Fin du paramétrage de la sauvegarde*

Une fois la sauvegarde terminée, il vous est possible de consulter le rapport de sauvegarde pour vérifier qu'il n'y a pas eu d'erreur :

```
État de la sauvegarde
Opération : sauvegarde
Destination de sauvegarde active : Fichier
Nom du média : "sauvegarde avant installation de vista.bkf créé le
⊰< 15/10/2006 à 00:02"

Sauvegarde (par clichés instantanés) de "C: "
Jeu de sauvegardes n° 1 sur le média n° 1
Description de la sauvegarde : "Jeu créé le 15/10/2006 à 00:02"
Nom du média : "sauvegarde avant installation de vista.bkf créé le
⊰< 15/10/2006 à 00:02"

Type de sauvegarde : Normale

Sauvegarde débutée le 15/10/2006 à 00:03.
Sauvegarde terminée le 15/10/2006 à 00:05.
Répertoires : 280
Fichiers : 440
Octets : 222 557 106
Durée :  1 minute et  23 secondes
Sauvegarde (par clichés instantanés) de "E: DATA"
Jeu de sauvegardes n° 2 sur le média n° 1
Description de la sauvegarde : "Jeu créé le 15/10/2006 à 00:02"
Nom du média : "sauvegarde avant installation de vista.bkf créé le
⊰< 15/10/2006 à 00:02"

Type de sauvegarde : Normale

Sauvegarde débutée le 15/10/2006 à 00:05.
Sauvegarde terminée le 15/10/2006 à 00:07.
Répertoires : 93
Fichiers : 1474
Octets : 554 711 280
Durée :  2 minutes et  11 secondes


--------
```

Sauvegarde en ligne de commandes

Il est également possible de réaliser les sauvegardes dans un script en ligne de commandes en utilisant NetBackup. Pour plus d'informations à ce sujet, reportez-vous à l'aide en ligne de Windows XP.

2.8 Étape 3 : Mise à jour vers Windows Vista

Pour rappel, la procédure de mise à jour vers Windows Vista suppose que vous exécutez déjà une version antérieure de Windows sur votre ordinateur. Les mises à niveau sont prises en charge pour les versions suivantes de Windows :

■ Windows 2000 ;

■ Windows XP ;

■ Windows Vista.

Prérogative d'installation

Pour exécuter cette procédure, vous devez être membre du groupe Administrateurs sur l'ordinateur local, ou l'autorisation appropriée doit vous avoir été déléguée. Si l'ordinateur est ajouté à un domaine, les membres du groupe Admins du domaine peuvent effectuer cette procédure. À titre de mesure de sécurité, envisagez l'utilisation de **Exécuter en tant que** pour effectuer cette procédure.

Pour mettre votre ordinateur à jour vers Windows Vista, suivez les étapes ci-après :

1. Démarrez le programme d'installation de Windows Vista en insérant le DVD sous Windows, puis en cliquant sur **Installer**. Si le programme d'exécution automatique n'ouvre pas l'écran d'installation de Windows, accédez au dossier racine du DVD et double-cliquez sur setup.exe (voir Figure 2.24).

2. Cliquez sur **Suivant** afin de lancer le processus d'installation.

3. Cliquez sur **Rechercher les dernières mises à jour en ligne (recommandé)** afin de rechercher les dernières mises à jour importantes pour Windows Vista. Cette étape est facultative. Si vous choisissez de ne pas rechercher les mises à jour au cours de l'installation, cliquez sur **Ne pas rechercher les dernières mises à jour** (voir fig. 2.25).

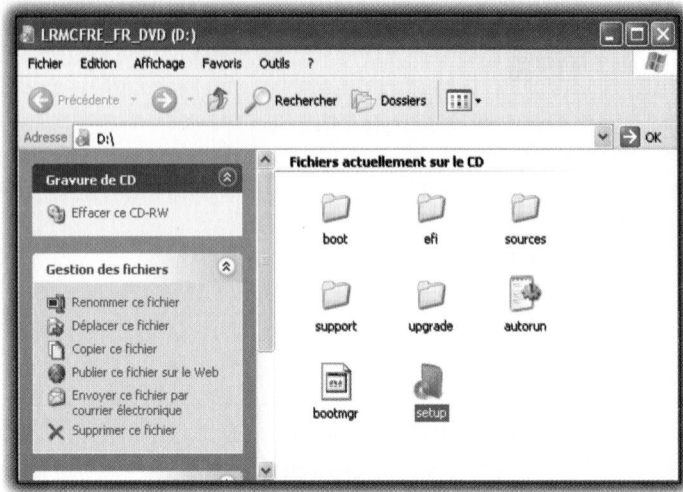

▲ Figure 2.24 : *Lancement de l'installation à partir de setup.exe*

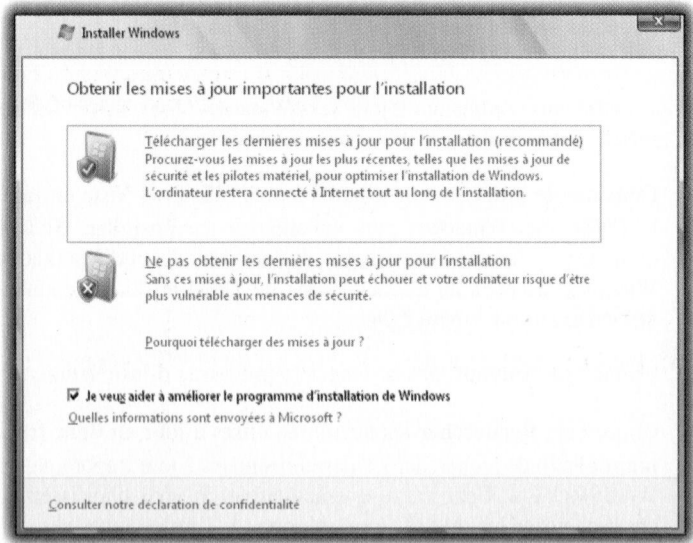

▲ Figure 2.25 : *Vérification des mises à jour disponibles sur Internet*

4. Dans la partie **Clé du produit,** tapez le numéro de série du produit. Il est composé de 25 caractères alphanumériques. Cliquez sur **Suivant** pour continuer.

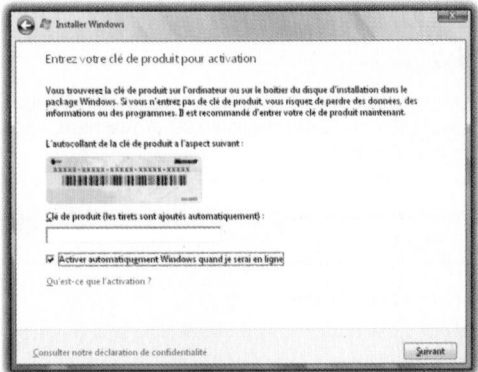

▲ Figure 2.26 : *Masque de saisie de la clé de Windows Vista*

5. Windows Vista ne manque pas à la règle ; lisez et acceptez les termes du contrat de licence. Cliquez sur *J'accepte les termes du contrat de licence* (indispensable pour Windows), puis cliquez sur **Suivant.** Si vous ne validez pas cette option, vous serez dans la nécessité de mettre fin au programme d'installation de Windows Vista.

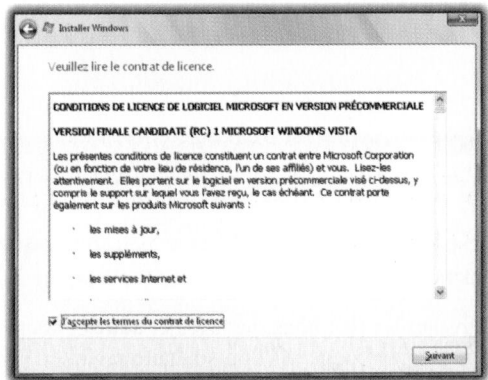

▲ Figure 2.27 : *Validation des termes de licence. Sans cette validation, il est impossible de poursuivre l'installation*

6. Dans la fenêtre **Quel type d'installation voulez-vous effectuer ?**, cliquez sur **Mettre à niveau** pour procéder à la mise à jour de votre installation existante de Windows.

> **Impératif**
>
> Pour pouvoir mettre votre ordinateur à niveau vers Windows-Vista, il vous faut plus de 11 Go disponibles. Autrement, l'option de mise à niveau restera grisée.

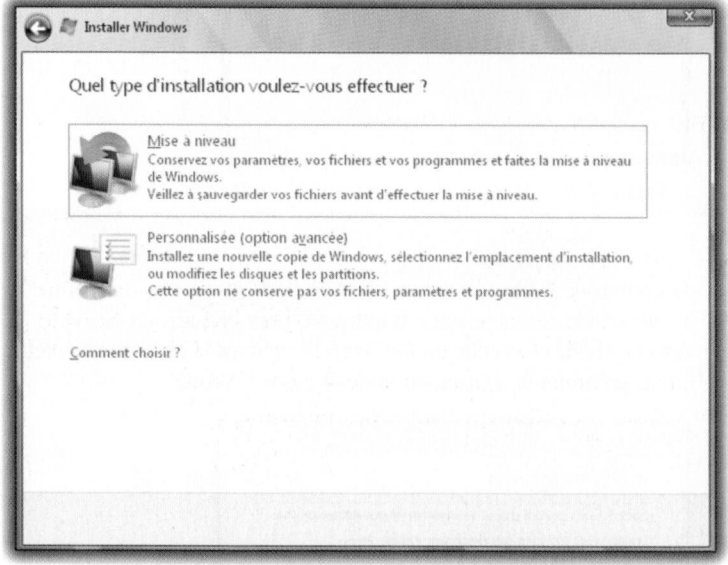

▲ Figure 2.28 : *Option de mise à niveau de l'installation de Windows Vista*

7. Le programme d'installation de Windows Vista se poursuit jusqu'à la fin sans autre interaction de la part de l'utilisateur (voir Figure 2.29).

À la fin de la mise à niveau, les partitions, partages et autres paramètres de l'ancienne version n'ont pas bougé. Si l'on souhaite regarder l'environnement du Bureau, il est identique à celui du départ et même votre fond d'écran est resté le même (voir fig. 2.30).

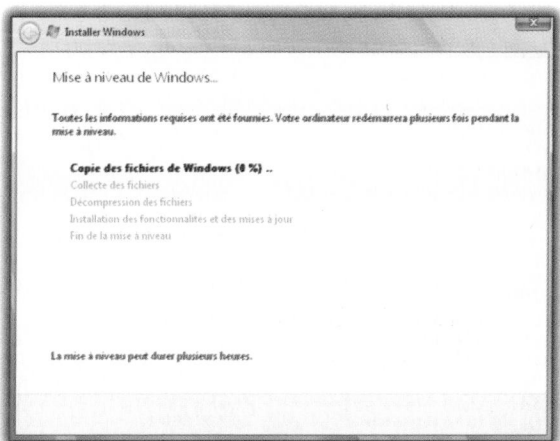

▲ Figure 2.29 : *Déroulement de la mise à niveau*

▲ Figure 2.30 : *Mise à niveau du Bureau sous Windows Vista. La configuration reste identique à celle de Windows XP au départ de la mise à niveau*

Du côté poste de travail, l'environnement reste semblable à celui du démarrage : vos disques et lecteurs n'ont donc pas changé.

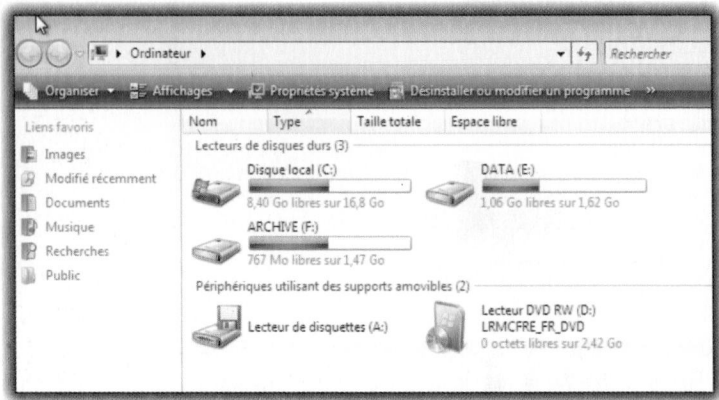

▲ Figure 2.31 : *Le poste de travail après la migration*

Si vous souhaitez récupérer certaines données que vous avez sauvegardées, il ne vous reste plus qu'à restaurer vos anciennes données. Pour cela, vous devez lancer l'utilitaire de sauvegarde et choisir l'option *Restauration de données*. Suivez les instructions de restauration comme pour l'étape *Sauvegarde des données* de ce chapitre.

3

Transférer mes données vers mon nouvel ordinateur

Comme nous avons pu le voir dans le chapitre 2, il existe deux possibilités de garder et continuer à utiliser ses anciens paramètres ainsi que ses anciennes données. La première possibilité est de réaliser une mise à niveau de son ancien ordinateur vers Windows Vista. La seconde possibilité est celle qui deviendra de plus en plus courante dans les prochaines années. Elle consiste à migrer ses données et paramètres vers son nouvel ordinateur, ce qui permet de joindre l'utile à l'agréable. Pour cela, vous disposez encore de plusieurs possibilités. À vous de choisir celle qui peut vous correspondre le mieux en fonction de votre situation. Pour cet exemple, nous avons choisi de vous expliquer la méthode la plus complexe. Partant de cette méthode, il ne vous suffira plus qu'à adapter une ou deux des étapes décrites pour réaliser les autres méthodes. Comme pour le chapitre 2, nous avons décidé de prendre en exemple un ordinateur standard familial, possédant plusieurs utilisateurs et plusieurs disques avec des partages.

Cette étape est un peu plus complexe que celle décrite dans le chapitre précédent, mais en cas de problème, vous ne risquez rien. Il vous suffira simplement de recommencer les étapes depuis le début.

remarque

Migration des données et paramètres

La migration des données et paramètres ne peut pas se réaliser à partir d'un ordinateur fonctionnant sur batterie. L'utilitaire de migration va automatiquement vous demander de brancher votre ordinateur sur secteur.

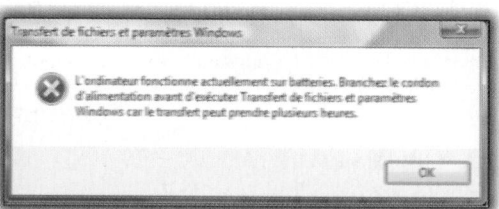

▲ Figure 3.1 : *Avertissement comme quoi il n'est pas possible de démarrer une migration des paramètres si l'ordinateur n'est pas sur secteur*

3.1 Migration vers Windows Vista

Pour procéder à la migration vers Windows Vista à partir d'une version antérieure de Windows, vous devez disposer d'un ordinateur avec une version prise en charge de Windows contenant les applications, les paramètres et les données à déplacer vers un nouvel ordinateur avec Windows Vista. Les outils de migration de Windows Vista vous offrent trois possibilités pour la migration des paramètres et des fichiers :

■ Connexion réseau. Dans le premier cas, les deux ordinateurs doivent être en mesure de communiquer directement de l'un à l'autre. Dans le second cas, si l'on utilise un partage réseau, les deux ordinateurs doivent être capables de mapper ce partage.

■ Support amovible (par exemple une clé USB ou un disque dur externe).

■ CD ou DVD.

Outre le choix de la méthode de transfert, vous avez le choix des outils de migration. L'Assistant Migration de PC est inclus dans Windows Vista mais également dans le DVD d'installation. Il vous permet de faire migrer les paramètres et les fichiers de tous vos utilisateurs d'un ordinateur vers un autre.

Migration des utilisateurs

L'utilitaire ne fera migrer que les utilisateurs ayant déjà ouvert une session dans le précédent système d'exploitation. Si, par exemple, vous avez trois utilisateurs qui ouvrent des sessions sur le poste et un utilisateur que vous n'avez jamais utilisé et qui vous sert d'utilisateur de secours, vous ne pourrez faire migrer que les trois premiers utilisateurs. Ceci est normal ; il n'y a pas eu de profil créé pour ce quatrième utilisateur.

L'Assistant Migration de PC de Windows Vista peut déplacer les paramètres suivants :

■ les comptes des utilisateurs ;

■ les fichiers et dossiers de tous les lecteurs ;

■ les paramètres des programmes ;

- les paramètres et favoris Internet ;
- les paramètres de courrier électronique.

Transfert des fichiers et paramètres via le réseau

Le transfert s'effectue en deux étapes. La première étape se déroule du côté poste cible, c'est-à-dire le nouvel ordinateur qui exécute Windows Vista. Il va s'agir de préparer le transfert ; dans notre cas, cela se passera par le réseau. Une fois le mode de transfert sélectionné, l'ordinateur cible fournira une clé qui sera utilisée par l'ordinateur source pour initier le transfert. Dans un deuxième temps, l'ordinateur source utilisera la clé pour établir la communication entre les deux ordinateurs. Ensuite, il faudra sectionner les utilisateurs, les paramètres et les fichiers à transférer.

Avant de démarrer les étapes entre les deux postes, il est important de vérifier que ces derniers communiquent entre eux. Deux contrôles peuvent être réalisés. Le premier consiste à vérifier que les ordinateurs sont présents dans le voisinage réseau.

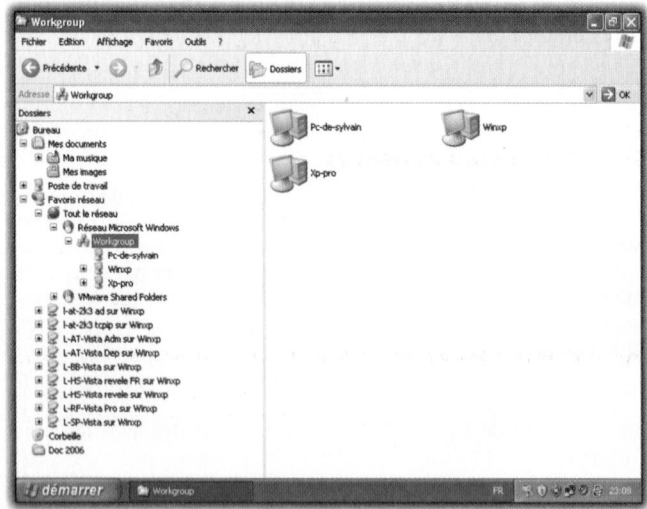

▲ Figure 3.2 : *Vérification de la présence des ordinateurs dans le voisinage réseau*

L'autre contrôle consiste à faire une requête ping sur le second ordinateur. En cas de problème avec le ping, il vous faut vérifier que cela n'est pas lié au pare-feu :

```
C:\Documents and Settings\Sylvain>ipconfig

Configuration IP de Windows


Carte Ethernet Connexion au réseau local:

        Suffixe DNS propre à la connexion :
        Adresse IP. . . . . . . . . . . : 172.100.16.100
        Masque de sous-réseau . . . . . : 255.255.240.0
        Passerelle par défaut . . . . . : 172.100.16.1

C:\Documents and Settings\Sylvain>ping 172.100.16.75

Envoi d'une requête 'ping' sur 172.100.16.75 avec 32 octets de
⸓< données :

Réponse de 172.100.16.75 : octets=32 temps=179 ms TTL=128
Réponse de 172.100.16.75 : octets=32 temps=156 ms TTL=128
Réponse de 172.100.16.75 : octets=32 temps=1074 ms TTL=128
Réponse de 172.100.16.75 : octets=32 temps=184 ms TTL=128

Statistiques Ping pour 172.100.16.75:
    Paquets : envoyés = 4, reçus = 4, perdus = 0 (perte 0%),
Durée approximative des boucles en millisecondes :
    Minimum = 156ms, Maximum = 1074ms, Moyenne = 398ms

C:\Documents and Settings\Sylvain>
```

Côté poste cible

1. Ouvrez l'Assistant Migration de PC sur votre ordinateur Windows-Vista. Cliquez sur **Démarrer**, ensuite sur **Tous les programmes**, puis sur **Accessoires**, **Outils système** pour terminer sur **Transfert de paramètres et fichiers Windows** (voir Figure 3.3).

2. Au lancement de l'interface graphique de l'outil de transfert, la fenêtre **Contrôle du compte utilisateur** s'affiche ; cliquez sur **Continuer**. Dans la fenêtre **Transfert de fichiers et paramètres de Windows**, cliquez sur **Suivant** pour continuer (voir fig. 3.4).

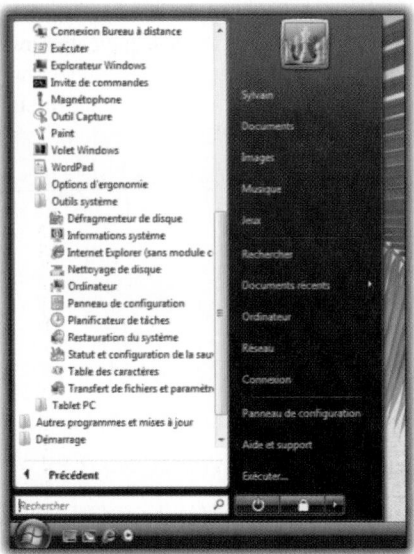

◄ Figure 3.3 :
*Lancement de
l'utilitaire de
transfert depuis
Windows Vista*

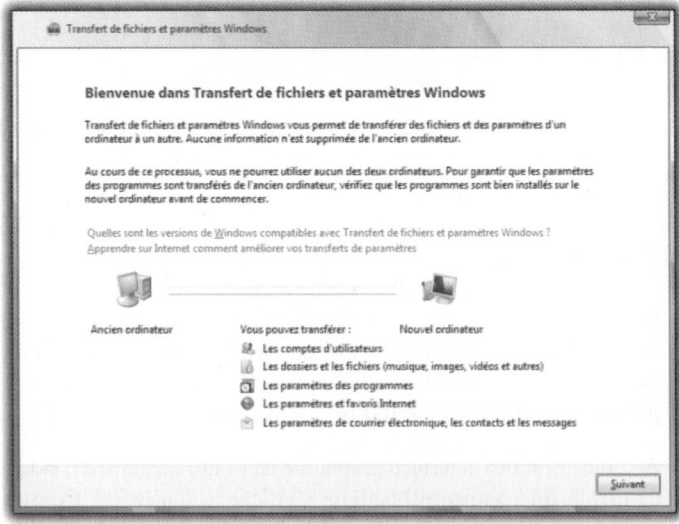

▲ Figure 3.4 : *Assistant de transfert de fichiers et paramètres*

3. Si des programmes sont ouverts, vous êtes invité à les fermer. Vous pouvez choisir d'enregistrer votre travail dans chaque programme, puis de les fermer individuellement, ou vous pouvez cliquer sur **Tout fermer** dans l'Assistant Migration de PC afin de fermer simultanément tous les programmes en cours d'exécution.

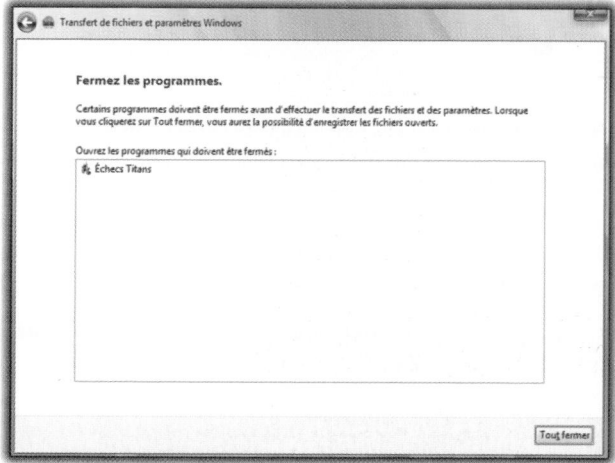

▲ Figure 3.5 : *Fermeture de tous les programmes en cours d'exécution*

4. Dans la fenêtre **Voulez-vous commencer un nouveau transfert ou en continuer un ?**, cliquez sur **Démarrer un nouveau transfert** afin de lancer le processus de préparation de l'Assistant Migration de PC pour la collecte des informations sur les ordinateurs existants.

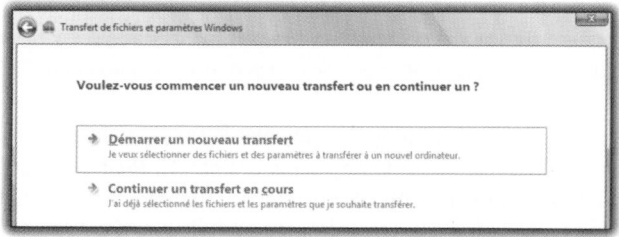

▲ Figure 3.6 : *Lancement d'un nouveau transfert depuis l'ordinateur cible*

5. Dans la fenêtre **Quel ordinateur utilisez-vous maintenant ?**, cliquez sur **Mon nouvel ordinateur**.

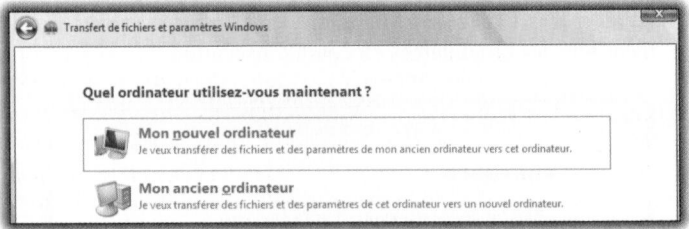

▲ Figure 3.7 : *Choix de l'ordinateur cible ou de l'ordinateur source pour le paramétrage de transfert*

6. Dans la fenêtre **Disposez-vous d'un câble de transfert ?**, choisissez **Non, afficher d'autres options.**

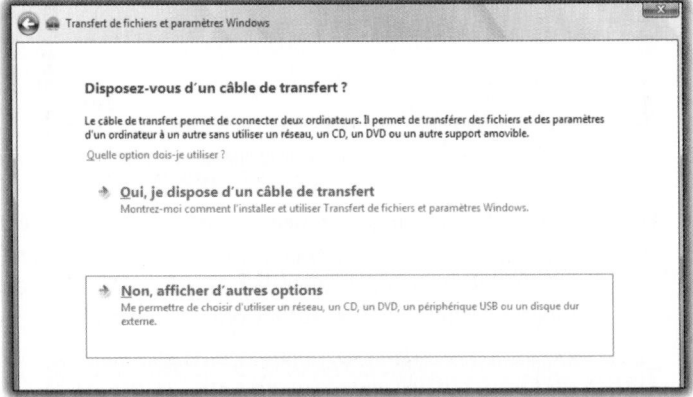

▲ Figure 3.8 : *Sélection du mode de transfert, avec ou sans câble USB*

7. Pour continuer, vous allez devoir anticiper le fait d'avoir déjà installé l'utilitaire de transfert sur votre ancien ordinateur. Pour cela, dans la fenêtre **Avez-vous installé Transfert de fichiers et paramètres Windows sur votre ancien ordinateur ?**, sélectionnez **Oui, je l'ai installé**.

8. C'est à ce stade du paramétrage que vous pouvez sélectionner le mode de transfert, soit en réseau par un support de type CD ou DVD. Sélectionnez **Oui, je vais transférer des fichiers et paramètres via le réseau**.

9. Il va s'agir de sécuriser l'échange entre les deux ordinateurs. Pour cela, vous disposerez d'une clé commune aux deux ordinateurs. Deux choix s'offrent à vous. Vous avez la possibilité de cliquer sur **Non, j'ai besoin d'une clé**. Dans ce cas, l'utilitaire va générer une clé que vous pourrez fournir à l'ordinateur source. Seconde possibilité : vous démarrez simultanément le paramétrage de l'ordinateur cible et demandez par le biais de l'ordinateur source une clé. Dans ce cas, sélectionnez **Oui, je dispose d'une clé**.

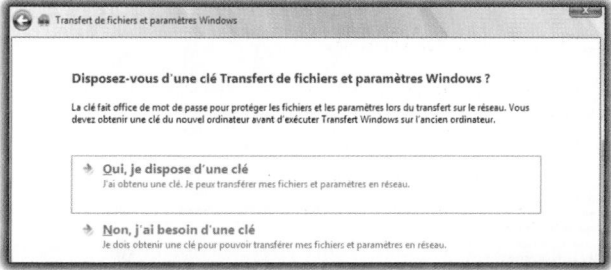

▲ Figure 3.9 : *Demande d'une clé à l'utilitaire de transfert*

10. Pour notre exemple, la clé sera demandée par l'ordinateur cible à l'utilitaire. Sélectionnez **Non, j'ai besoin d'une clé**. Notez la clé.

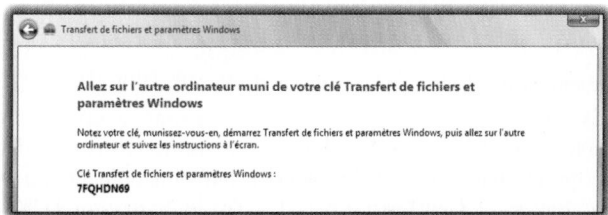

▲ Figure 3.10 : *L'ordinateur vous donne une clé aléatoire composée de chiffres et de lettres en majuscules et minuscules*

La seconde partie va se dérouler à partir du poste source.

Côté poste source

1. Démarrez l'Assistant Migration de PC sur l'ordinateur à partir duquel vous souhaitez faire migrer les paramètres et les fichiers en accédant au support amovible ou au lecteur réseau contenant les fichiers de l'Assistant. Double-cliquez sur migwiz.exe.

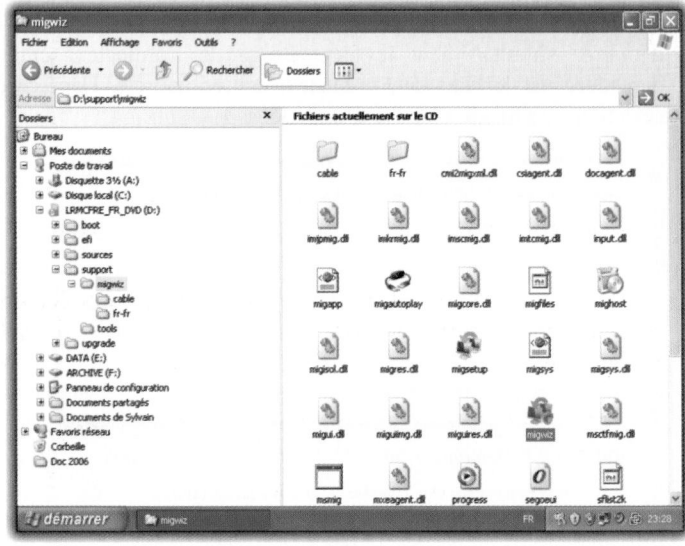

▲ Figure 3.11 : *L'exécutable migwiz.exe provenant du DVD d'installation de Windows Vista dans le répertoire Support\migwiz*

2. Au lancement de l'interface graphique de l'outil de transfert, cliquez sur **Suivant** pour continuer. Si des programmes sont ouverts, vous êtes invité à les fermer. Vous pouvez choisir d'enregistrer votre travail dans chaque programme, puis de les fermer individuellement, ou vous pouvez cliquer sur **Tout fermer** dans l'Assistant Migration de PC afin de fermer simultanément tous les programmes en cours d'exécution.

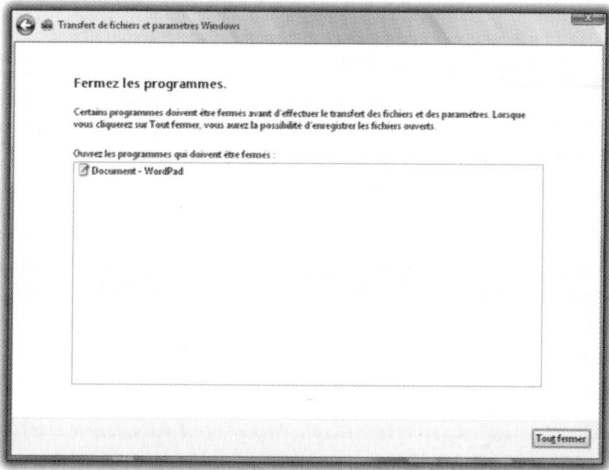

▲ Figure 3.12 : *Fermeture des programmes en cours d'exécution*

3. Dans la fenêtre **Choisissez la méthode de transfert des fichiers et des paramètres vers le nouvel ordinateur**, choisissez **Transférer directement, en utilisant une connexion réseau**.

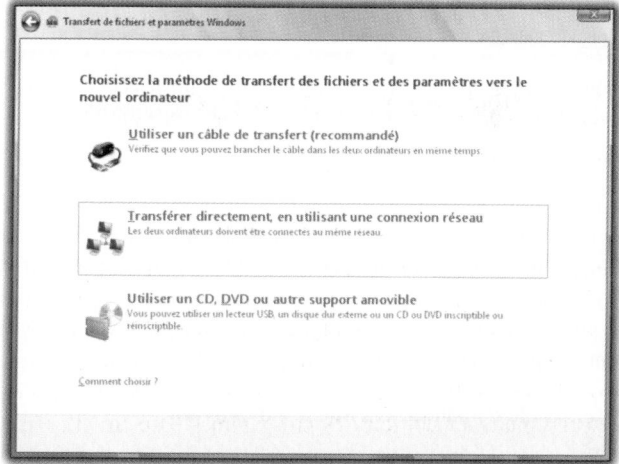

▲ Figure 3.13 : *Sélection de la méthode de transfert*

> **Méthode de transfert**
>
> Les deux ordinateurs doivent prendre en charge la méthode de transfert choisie. Par exemple, les deux ordinateurs doivent être connectés au même réseau.

4. Cliquez sur **Utiliser une connexion réseau** afin de commencer le transfert. Vous pouvez également cliquer sur **Copier dans et à partir d'un emplacement réseau** si vous souhaitez stocker les fichiers et paramètres dans un fichier afin de le charger ultérieurement. Si vous choisissez de stocker les données dans un emplacement réseau, vous serez invité à indiquer le chemin.

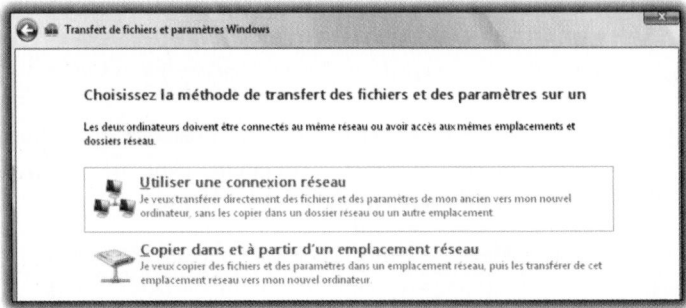

▲ Figure 3.14 : *Sélection du mode de transfert, directement de PC à PC ou de l'ordinateur source vers un partage réseau commun*

5. Dans la partie précédente, l'utilitaire avait posé la question : Avez-vous ou souhaitez-vous une clé ? Nous en avions demandé une. Dans la fenêtre **Disposez-vous d'une clé Transfert de fichiers et paramètres Windows ?**, cliquez sur **Oui, je dispose d'une clé** puis saisissez la clé afin de pouvoir créer la communication entre les deux ordinateurs et continuer (voir Figure 3.15).

6. Saisissez la clé demandée et cliquez sur **Suivant**.

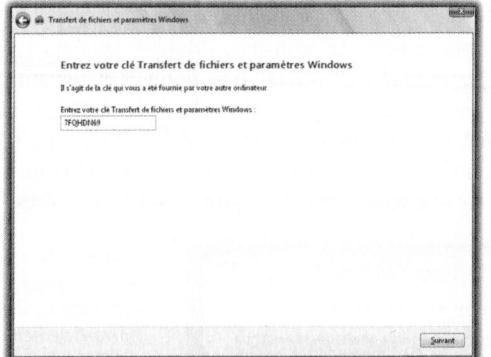

◄ Figure 3.15 :
*Clé aléatoire
composée de
chiffres et de
lettres en
majuscules et
minuscules
provenant de
l'ordinateur
cible*

7. Puisque la communication entre les deux ordinateurs est effectuée, il vous reste à choisir maintenant ce qui doit être transféré. Vous avez trois possibilités. Vous pouvez cliquer sur **Tous les comptes d'utilisateurs, fichiers et paramètres (Recommandé)** afin de transférer tous les fichiers et paramètres. Vous pouvez également choisir de déterminer exactement les fichiers à faire migrer, en cliquant sur **Uniquement mon compte d'utilisateur, mes fichiers et mes paramètres** ou sur **Options avancées**.

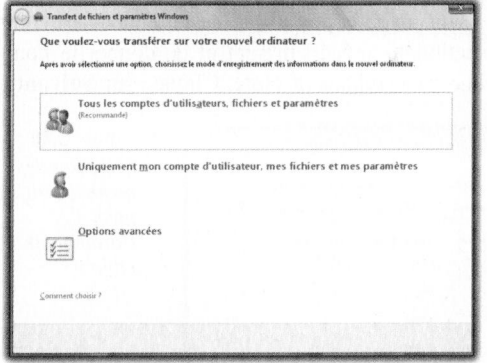

◄ Figure 3.16 :
*Fenêtre Que
voulez-vous
transférer sur
votre nouvel
ordinateur ?*

8. Dans notre cas, nous allons choisir de tout transférer ; vous devez donc choisir **Tous les comptes d'utilisateurs, fichiers et paramètres (Recommandé)**.

9. Examinez la liste des fichiers et paramètres à transférer puis cliquez sur **Transférer** pour lancer le transfert. Malgré le fait d'avoir sélectionné **Tous les comptes d'utilisateurs, fichiers et paramètres (Recommandé)**, vous avez la possibilité de personnaliser votre sélection. Cela peut vous permettre d'ajouter des données qui ne se trouvent pas forcément dans les paramètres utilisateurs. Pour cela, cliquez sur **Options avancées** puis sur **Ajouter des répertoires**.

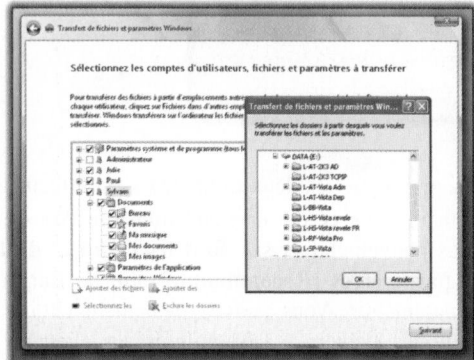

◀ Figure 3.17 :
Sélection des utilisateurs, des paramètres et des fichiers à transférer

10. Entrez un nouveau nom d'utilisateur ou sélectionnez-le dans la liste. Dans cette fenêtre, vous avez la possibilité de renommer les comptes que vous avez sélectionnés précédemment et de donner le nouveau nom qu'ils porteront sur l'ordinateur cible. Cliquez sur **Suivant**.

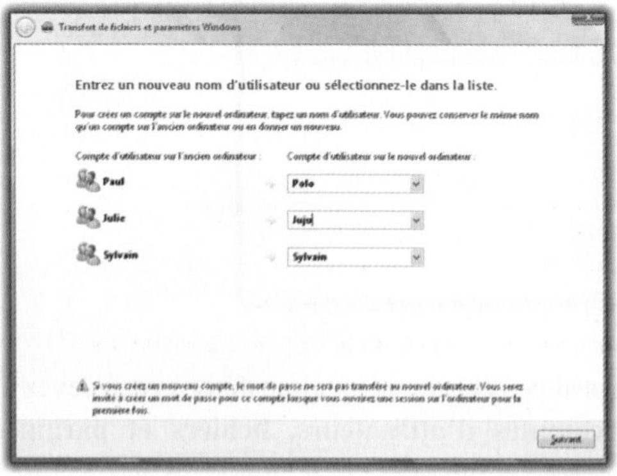

◀ Figure 3.18 :
Sélection des noms utilisateurs pour l'ordinateur cible

11. Dans le cas où vous posséderiez plusieurs lecteurs logiques ou simplement plusieurs disques durs, vous avez la possibilité de transférer les données, les paramètres et les fichiers sur le lecteur de votre choix. Vous avez même la possibilité de ne posséder qu'un lecteur par exemple. Cliquez sur **Suivant** pour lancer le transfert.

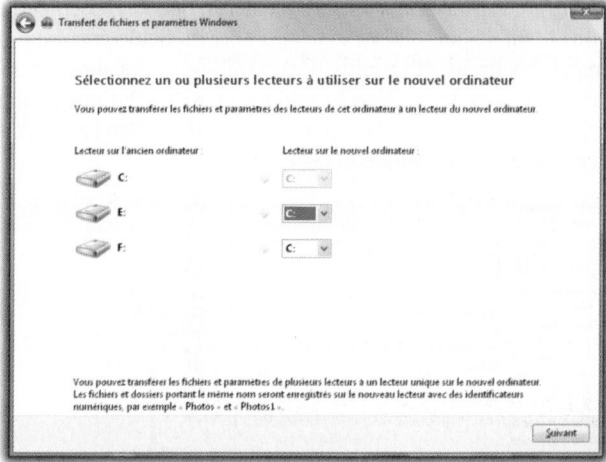

▲ Figure 3.19 : *Correspondance des disques de l'ordinateur source vers l'ordinateur cible*

12. Une estimation du temps de copie est réalisée puis la copie est lancée.

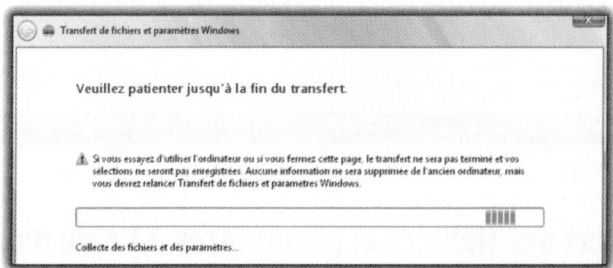

▲ Figure 3.20 : *Estimation du temps de copie et lancement de la copie*

13. Une fois le transfert terminé, un bref résumé s'affiche. Vous pouvez obtenir plus de détails sur l'ensemble des fichiers transférés en cliquant sur **Afficher tous les éléments transférés**. Cliquez sur **Fermer**, pour fermer l'utilitaire de transfert sur le poste source.

Regardons à présent ce qui s'est passé sur l'ordinateur cible. Les utilisateurs et les paramètres ont été transférés. Paul a été renommé en Polo, Julie en Juju et Sylvain reste Sylvain. Seule remarque pour le moment, les droits des profils. Les profils avec des droits d'administrateur au départ du transfert se retrouvent avec des droits de simple utilisateur à l'arrivée. C'est la même chose pour les données, elles sont à présent toutes sur le disque C.

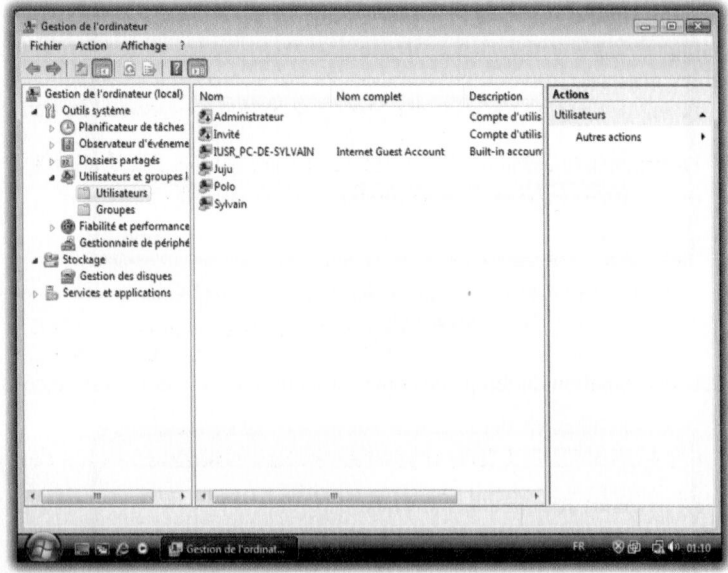

▲ Figure 3.21 : *Contrôle du transfert des profils sur l'ordinateur cible*

Transfert des fichiers et paramètres à l'aide d'un support amovible

Nous venons de voir en détail comment transférer les utilisateurs, les paramètres et les données de poste à poste mais il existe d'autres méthodes. Le transfert à l'aide d'un support amovible en est une. Et selon les différentes méthodes, seuls deux ou trois paramètres changent, mais le principe entre le poste source et le poste cible ne change pas (c'est d'ailleurs pour cela que nous avons passé du temps sur ce sujet). Pour ne pas répéter tout ce qui a été écrit précédemment, nous allons parcourir un peu plus rapidement les deux méthodes restantes.

1. Démarrez l'Assistant Migration de PC sur l'ordinateur à partir duquel vous souhaitez faire migrer les paramètres et les fichiers en accédant au support amovible ou au lecteur réseau contenant les fichiers de l'Assistant. Double-cliquez sur `migwiz.exe`.

2. Si des programmes sont ouverts, vous êtes invité à les fermer. Vous pouvez choisir d'enregistrer votre travail dans chaque programme, puis de les fermer individuellement, ou vous pouvez cliquer sur **Tout fermer** dans l'Assistant Migration de PC afin de fermer simultanément tous les programmes en cours d'exécution. Cliquez sur **Suivant**.

3. Déterminez la méthode de transfert à utiliser. Cliquez sur **Sur un CD ou un autre support amovible**, tel qu'un lecteur flash.

> **Support**
>
> Les deux ordinateurs doivent prendre en charge la méthode de transfert choisie. Par exemple, ils doivent prendre en charge le même type de support amovible.

4. Cliquez sur **Vers un lecteur réseau** afin d'enregistrer les fichiers dans un dossier réseau ou un dossier sur un lecteur amovible.

5. Dans la fenêtre **Où souhaitez-vous enregistrer vos fichiers ?**, tapez le chemin d'un dossier sur le lecteur amovible. Cliquez sur **Suivant**.

6. Cliquez sur **Tous les comptes d'utilisateurs, fichiers et paramètres (Recommandé)** afin de transférer tous les fichiers et paramètres. Vous pouvez également choisir de déterminer exactement les fichiers à faire migrer, en cliquant sur **Seulement mon compte utilisateur, mes fichiers et mes paramètres de programme** ou sur **Personnalisé**.

7. Examinez la liste des fichiers et paramètres à transférer puis cliquez sur **Démarrer** pour lancer le transfert. Cliquez sur **Personnaliser** si vous souhaitez ajouter ou supprimer des fichiers ou des paramètres.

8. Cliquez sur **Fermer** une fois que l'Assistant Migration de PC a terminé la copie des fichiers.

9. Déplacez le support amovible vers le nouvel ordinateur et lancez l'Assistant Migration de PC. Cliquez sur **Suivant**.

10. Cliquez sur **Continuer un transfert en cours**.

11. Dans **Où avez-vous copié vos fichiers ?**, cliquez sur **Support amovible**. Si l'option *Support amovible* n'est pas disponible, cliquez sur **Lecteur réseau**. Cliquez ensuite sur **Suivant**.

12. Dans **Localisez vos fichiers enregistrés**, tapez le chemin vers vos fichiers enregistrés ou cliquez sur **Parcourir**. Cliquez sur **Suivant** une fois que vous avez localisé les fichiers.

13. Choisissez, sur le nouvel ordinateur, des noms d'utilisateurs qui correspondent à ceux de l'ancien ordinateur. Vous pouvez être amené à créer de nouveaux comptes lors de cette étape. Tapez un nom d'utilisateur afin de créer un compte sur l'ordinateur local. Saisissez un nom d'utilisateur afin de créer un profil.

14. Dans **Choisissez les lecteurs pour les fichiers sur votre nouvel ordinateur**, sélectionnez le lecteur de destination pour chaque emplacement du lecteur source. Par exemple, pour les fichiers provenant du lecteur D: de votre ancien ordinateur, vous devez indiquer vers quel lecteur ils doivent être déplacés sur le nouvel ordinateur.

15. Examinez la liste des fichiers et paramètres à transférer puis cliquez sur **Démarrer** pour lancer le transfert. Cliquez sur **Personnaliser** si vous souhaitez ajouter ou supprimer des fichiers ou des paramètres.

16. Cliquez sur **Fermer** une fois que l'Assistant Migration de PC a terminé la copie des fichiers.

Transfert des fichiers et paramètres : à l'aide d'un CD ou DVD

Pour clore la partie sur les transferts de ce chapitre, nous allons passer rapidement en revue la dernière méthode, celle par CD ou DVD.

1. Démarrez l'Assistant Migration de PC sur l'ordinateur à partir duquel vous souhaitez faire migrer les paramètres et les fichiers en accédant au support amovible ou au lecteur réseau contenant les fichiers de l'Assistant. Double-cliquez sur migwiz.exe.

2. Si des programmes sont ouverts, vous êtes invité à les fermer. Vous pouvez choisir d'enregistrer votre travail dans chaque programme, puis de les fermer individuellement, ou vous pouvez cliquer sur **Fermer tout** dans l'Assistant Migration de PC afin de fermer simultanément tous les programmes en cours d'exécution. Cliquez sur **Suivant**.

3. Déterminez la méthode de transfert à utiliser. Cliquez sur **Graver un CD ou un DVD**.

> **Support**
>
> Les deux ordinateurs doivent prendre en charge la méthode de transfert choisie. Par exemple, ils doivent être équipés d'un lecteur de CD ou de DVD.

4. Dans **Choisissez votre support**, tapez le chemin vers le support CD ou DVD réinscriptible. Cliquez sur **Suivant**.

5. Cliquez sur **Tous les comptes d'utilisateurs, fichiers et paramètres (Recommandé)** afin de transférer tous les fichiers et paramètres. Vous pouvez également choisir de déterminer exactement les fichiers à faire migrer, en cliquant sur **Seulement mon compte utilisateur, mes fichiers et mes paramètres de programme** ou sur **Personnalisé**.

6. Examinez la liste des fichiers et paramètres à transférer, puis cliquez sur **Démarrer** pour lancer le transfert. Cliquez sur **Personnaliser** si vous souhaitez ajouter ou supprimer des fichiers ou des paramètres.

S'il n'y a pas suffisamment d'espace disponible sur le support réinscriptible, l'Assistant Migration de PC indique le nombre de disques vierges nécessaires.

7. Cliquez sur **Suivant** une fois le processus de gravure du CD ou du DVD terminé.

8. Cliquez sur **Fermer** une fois que l'Assistant Migration de PC a terminé la copie des fichiers.

9. Déplacez le CD ou le DVD vers le nouvel ordinateur et lancez l'Assistant Migration de PC. **Cliquez** sur Suivant.

10. Cliquez sur **Continuer un transfert en cours**.

11. Dans **Où avez-vous copié vos fichiers ?**, cliquez sur **Lire le CD ou le DVD**.

12. Dans **Choisissez votre support**, sélectionnez la lettre d'unité du lecteur de CD ou de DVD où se trouve le disque. Cliquez sur **Suivant** une fois que vous avez localisé les fichiers.

13. Choisissez, sur le nouvel ordinateur, des noms d'utilisateurs qui correspondent à ceux de l'ancien ordinateur. Vous pouvez être amené à créer de nouveaux comptes lors de cette étape. Tapez un nom d'utilisateur afin de créer un compte sur l'ordinateur local.

14. Dans **Choisissez les lecteurs pour les fichiers sur votre nouvel ordinateur**, sélectionnez le lecteur de destination pour chaque emplacement du lecteur source. Par exemple, pour les fichiers provenant du lecteur D: de votre ancien ordinateur, vous devez indiquer vers quel lecteur ils doivent être déplacés sur le nouvel ordinateur.

15. Examinez la liste des fichiers et paramètres à transférer, puis cliquez sur **Démarrer** pour lancer le transfert. Cliquez sur **Personnaliser** si vous souhaitez ajouter ou supprimer des fichiers ou des paramètres.

16. Cliquez sur **Fermer** une fois que l'Assistant Migration de PC a terminé la copie des fichiers.

4

Le Bureau de Windows Vista

Le Bureau de Windows Vista se dote d'une nouvelle interface graphique. Cette nouvelle interface graphique a été conçue pour vous permettre de visualiser, de trouver et d'organiser vos informations en un clin d'œil, et de garder le contrôle de vos contenus numériques. C'est bel et bien dans le but d'accroître la productivité et l'efficacité de l'utilisateur que ces nouveautés ont fait leur apparition.

Les nouveautés visuelles de Windows Vista vous aident à améliorer votre expérience et votre façon de travailler en personnalisant les différents éléments de l'environnement graphique, de manière à ce que vous puissiez vous concentrer sur le contenu affiché plutôt que sur la façon d'y accéder. Le Bureau est désormais plus informatif, plus intuitif et plus pratique ; l'accès aux informations stockées dans votre ordinateur s'est amélioré afin que vous puissiez déterminer le contenu d'un fichier sans l'ouvrir, rechercher des applications et des fichiers instantanément et naviguer de manière efficace dans les fenêtres ouvertes.

4.1   Windows Aero

Avec Windows Vista apparaît une nouvelle interface graphique, ou plutôt un mode graphique appelé Aero. Aero pour *Authentic Energetic, Reflective and Open*. Ce mode graphique permet d'offrir une expérience utilisateur à la hauteur des capacités matérielles des ordinateurs d'aujourd'hui.

Toutefois, seuls les ordinateurs possédant une configuration matérielle minimale requise en termes de carte graphique pourront profiter d'Aero.

Configuration requise pour Windows Aero

Les ordinateurs possédant des cartes graphiques aux caractéristiques suivantes peuvent prétendre au mode Aero :

■ Un processeur graphique de classe DirectX 9 prenant en charge les éléments suivants :

- pilote WDDM ;
- Pixel Shader 2.0 dans le matériel ;
- 32 bits par pixel.

- Une mémoire graphique requise :

  - mémoire graphique de 64 Mo pour prendre en charge un seul moniteur à des résolutions inférieures à 1 310 720 pixels ;

  - mémoire graphique de 128 Mo pour prendre en charge un seul moniteur à des résolutions variant de 1 310 720 à 2 304 000 pixels ;

  - mémoire graphique de 256 Mo pour prendre en charge un seul moniteur à des résolutions supérieures à 2 304 000 pixels.

Renseignez-vous auprès de votre fournisseur pour la compatibilité de votre équipement. Lorsque votre ordinateur est prêt pour Aero, le mode d'affichage de Windows Vista bascule automatiquement en mode Aero. Si votre ordinateur ne répond pas aux critères, alors celui-ci passe en mode Windows basique. Sachez que vous n'aurez aucun moyen de tenter l'activation du mode Aero.

Voici un aperçu du Bureau en mode basique :

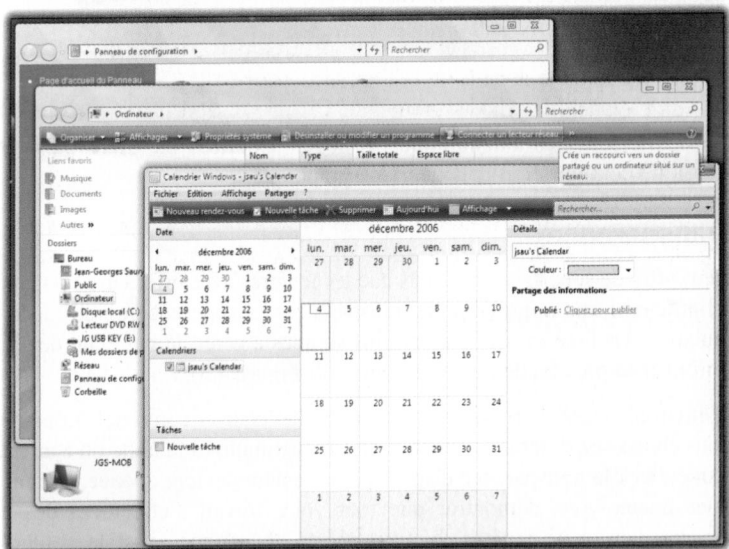

▲ Figure 4.1 : *Aperçu du Bureau en mode basique*

Voici un aperçu du Bureau en mode Aero :

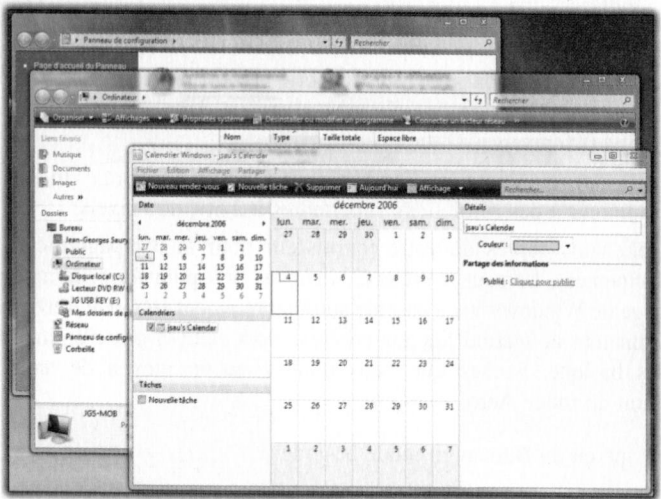

▲ Figure 4.2 : *Aperçu du Bureau en mode Aero*

Look Aero

Faisons le tour des améliorations visuelles apportées par Aero puis de l'outil de configuration de l'interface graphique.

Transparence

Aero offre de superbes effets, tels que les fenêtres avec effet vitré donnant à l'affichage une impression de transparence. La superposition et l'accumulation des fenêtres deviennent plus simples à gérer, le but étant de s'y retrouver le plus facilement possible (voir Figure 4.3).

L'environnement de travail n'en est que plus clair et convivial. Lorsque vous choisissez d'agrandir une fenêtre au maximum (à la taille du Bureau tout entier), la transparence disparaît et la fenêtre devient opaque, comme pour mieux vous démontrer que tout votre travail s'effectuera dès à présent dans cette fenêtre. Windows Vista abandonne aussi la couleur bleue et les dégradés de bleu pour la barre des tâches et les fenêtres au profit du noir et des dégradés de gris. Il faut reconnaître que cela apaise grandement les yeux (voir fig. 4.4).

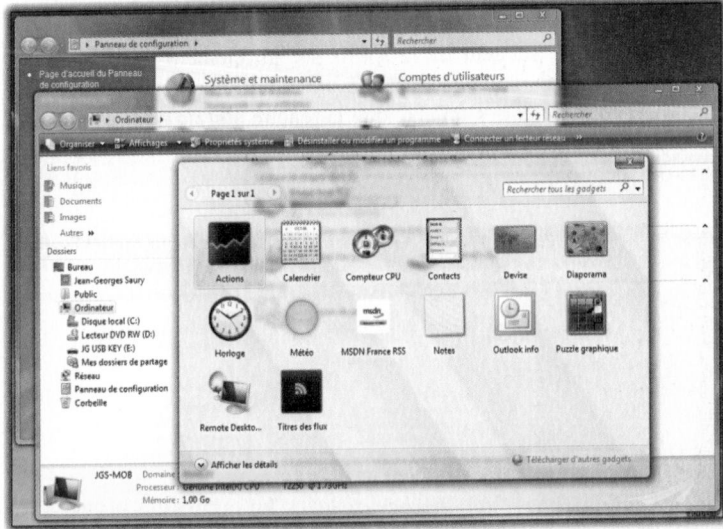

▲ Figure 4.3 : *La superposition des fenêtres avec effet de transparence*

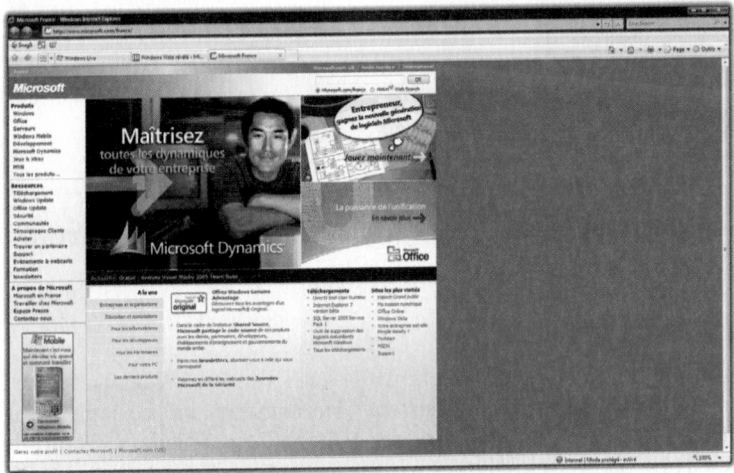

▲ Figure 4.4 : *Remarquez l'opacité de la fenêtre maximisée*

Fenêtres miniatures de la barre des tâches

Si vous placez le pointeur de la souris sur un élément de la barre des tâches, une fenêtre miniature apparaît, affichant le contenu de la fenêtre concernée. La miniature s'affiche, que la fenêtre soit ou non réduite, quel que soit son contenu (document, photo ou même vidéo ou processus en cours d'exécution).

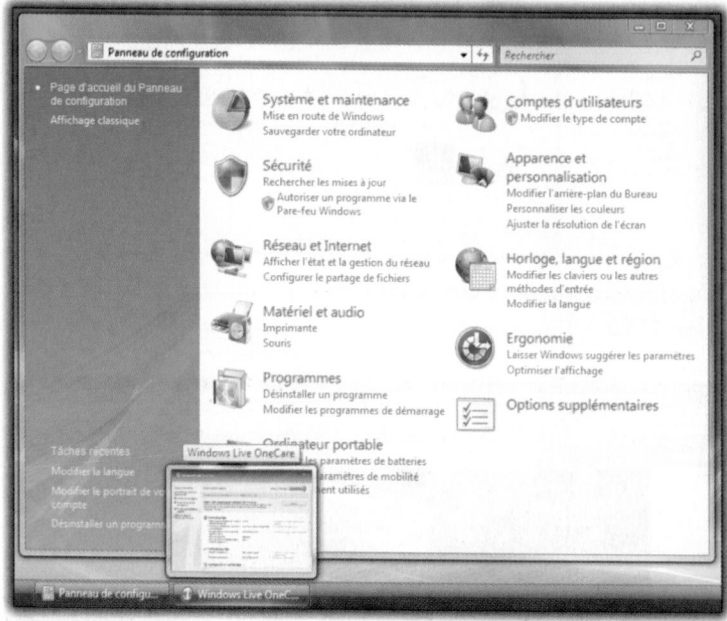

▲ Figure 4.5 : *Miniature de la barre des tâches*

Effets de style

Lorsque vous minimisez des fenêtres ouvertes vers la barre des tâches, des effets de style aléatoires apparaissent : une animation, un peu comme si la fenêtre "tombait" vers la barre des tâches. C'est difficile à décrire, le mieux est que vous visualisiez par vous-même cet effet en cliquant sur le symbole de la barre horizontale en haut à droite de la fenêtre.

L'Outil de personnalisation

Windows Vista inaugure un nouvel outil qui regroupe tous les paramétrages de l'interface graphique. Cet outil, baptisé **Personnalisation**, a pour but de vous simplifier la tâche en cataloguant sous la même fenêtre toutes les options de configuration.

Cliquez avec le bouton droit de la souris sur le Bureau et cliquez sur **Personnaliser** ou ouvrez le Panneau de configuration et cliquez sur **Apparence et Personnalisation** puis sur **Personnaliser**.

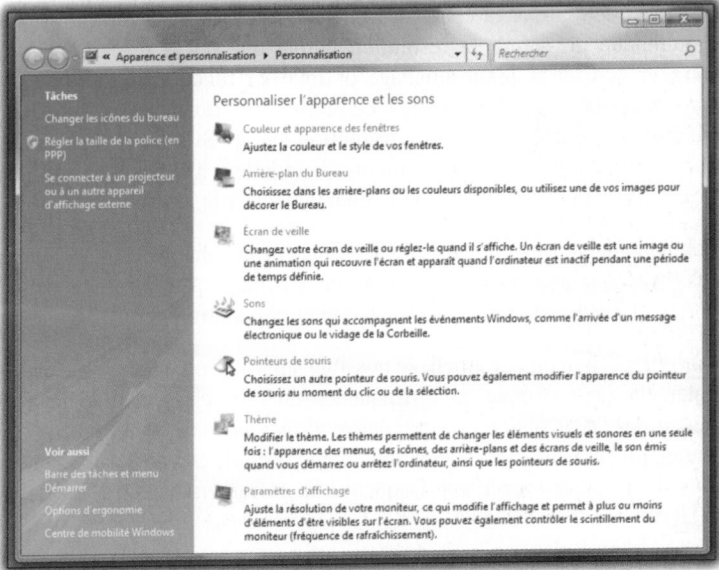

▲ Figure 4.6 : *La fenêtre de personnalisation*

À partir d'une seule fenêtre, vous pouvez effectuer les opérations suivantes :

Régler vos paramètres d'affichage

Cette fenêtre est sensiblement identique à celle de Windows XP.

Windows sélectionne les paramètres d'affichage les plus adaptés, notamment la résolution d'écran, la fréquence de rafraîchissement et la couleur en fonction de votre moniteur. Ces paramètres diffèrent en fonction du moniteur dont vous disposez (LCD ou CRT). Si vous souhaitez modifier les paramètres d'affichage ou si ces paramètres ont été modifiés et que vous souhaitez rétablir les paramètres par défaut, voici quelques conseils.

Pour les deux types de moniteur, généralement, plus la résolution en points par pouce (ppp) est élevée, plus les polices sont claires.

Si vous disposez d'un moniteur LCD, vérifiez la résolution d'écran qui permet de déterminer la clarté des images et des objets à l'écran. Il est recommandé de définir la résolution native qui est la résolution d'un moniteur conçue pour un affichage optimal en fonction de la taille du moniteur, pour les moniteurs LCD. Le fabricant ou revendeur du moniteur doit être en mesure de fournir la résolution native. Si vous n'obtenez pas cette information, essayez de configurer le moniteur à la résolution la plus élevée disponible, qui correspond généralement à la résolution native.

Techniquement, les moniteurs LCD prennent en charge une résolution plus basse que leur résolution native, mais l'image peut être plus petite, centrée et bordée de noir ; ou l'image peut apparaître étirée.

Pour obtenir le meilleur affichage possible sur votre moniteur, vous devez également tenir compte de la fréquence de rafraîchissement. Une fréquence de rafraîchissement trop basse provoque des scintillements de l'écran qui peuvent contribuer à une fatigue visuelle et à des maux de tête. Vous devez sélectionner une fréquence de rafraîchissement d'au moins 75 Hertz.

Les moniteurs LCD affichent des couleurs vives. Pour obtenir le meilleur affichage couleur de votre moniteur, définissez la couleur sur 32 bits au moins.

1. Une fois dans l'**Outil de personnalisation**, cliquez pour ouvrir **Paramètres d'affichage**.

2. Sous **Couleurs**, sélectionnez **Optimale (32 bits)**, puis cliquez sur OK.

Pour un moniteur CRT, il est important de changer la résolution d'écran en résolution optimale (affichage couleur 32 bits) et à une fréquence de rafraîchissement minimale de 72 Hertz. Si l'écran scintille ou si vous êtes gêné par l'affichage, augmentez la fréquence de rafraîchissement jusqu'à ce que la gêne disparaisse.

Tab. 4.1 : Résolution basée sur la taille du moniteur	
Taille du moniteur	Résolution recommandée
Moniteur 15 pouces	1024 × 768
Moniteur 17 à 19 pouces	1280 × 1024
Moniteur 20 pouces et plus grand	1600 × 1200

Les couleurs et les thèmes Windows fonctionnent au mieux si la couleur de votre moniteur est définie à 32 bits. Les effets ne seront pas tous visibles si vous définissez la couleur de votre moniteur à 24 bits. Si vous définissez la couleur de votre moniteur à 16 bits, les images lisses n'apparaîtront pas correctement.

Pour définir la couleur d'un moniteur CRT, procédez comme suit :

1. Une fois dans l'**Outil de personnalisation**, cliquez pour ouvrir **Paramètres d'affichage**.

2. Sous **Couleurs**, sélectionnez **Optimale (32 bits)**, puis cliquez sur OK. (Si vous ne pouvez pas sélectionner 32 bits, assurez-vous que la résolution de votre moniteur est la plus élevée possible, puis réessayez.)

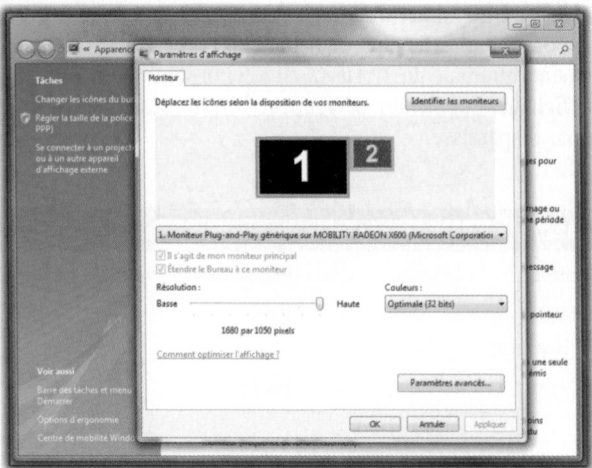

▲ Figure 4.7 : *La fenêtre de personnalisation des paramètres d'affichage*

Modifier l'apparence visuelle et la transparence

Vous pouvez changer la couleur des fenêtres comme jouer avec l'intensité de la transparence.

Windows Aero est l'illustration visuelle de qualité pour cette version de Windows. Sa conception est basée sur du verre transparent avec des animations subtiles et des nouvelles couleurs pour les fenêtres.

Pour modifier les couleurs du cadre de la fenêtre, procédez comme suit :

1. Cliquez sur le bouton **Démarrer**, cliquez sur **Panneau de configuration**, sur **Apparence et personnalisation**, ensuite sur **Personnalisation**, puis cliquez sur **Couleur et apparence de la fenêtre**.

2. Dans la liste *Choisir une couleur*, cliquez sur la couleur souhaitée, puis sur OK.

Si la boîte de dialogue **Paramètres de l'apparence** s'affiche au lieu de la fenêtre **Couleur et apparence de la fenêtre**, le thème risque de ne pas être défini à Windows Vista, le jeu de couleurs risque de ne pas être défini à Windows Aero, ou l'ordinateur risque de ne pas respecter la configuration matérielle minimale pour exécuter Windows Aero.

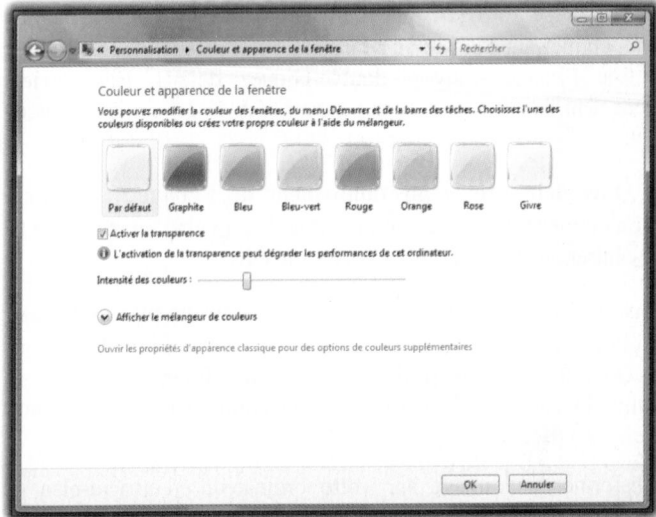

▲ Figure 4.8 : *La fenêtre de personnalisation de l'apparence visuelle*

Modifier le fond d'écran

De très beaux fonds d'écran sont disponibles par défaut. Celui que vous sélectionnez s'applique instantanément.

L'arrière-plan du Bureau, également appelé papier peint, est une image ou une conception sur le Bureau. C'est un filigrane pour vos fenêtres ouvertes.

L'arrière-plan du Bureau peut être une image numérique de votre collection personnelle ou une image fournie avec Windows. Vous pouvez également sélectionner une couleur pour l'arrière-plan du Bureau ou utiliser une couleur pour encadrer l'image d'arrière-plan.

Pour modifier l'arrière-plan du Bureau, procédez comme suit :

1. À partir de l'outil de personnalisation, cliquez pour ouvrir **Arrière-plan du Bureau**.

2. Cliquez sur l'image ou la couleur souhaitée pour l'arrière-plan du Bureau.

3. Si l'image ne se trouve pas dans la liste des images d'arrière-plan du Bureau, cliquez sur **Parcourir** pour la rechercher sur votre ordinateur. Une fois l'image trouvée, double-cliquez dessus. Elle devient l'arrière-plan du Bureau et apparaît dans la liste des arrière-plans du Bureau.

4. Sous **Quel doit être le positionnement de l'image ?**, choisissez l'option permettant de l'ajuster à l'écran, de l'afficher en mosaïque ou de la centrer sur l'écran, puis cliquez sur OK.

5. Si vous choisissez une image centrée comme arrière-plan du Bureau, vous pouvez également choisir une couleur pour le cadre de l'image. Sous **Quel doit être le positionnement de l'image ?**, cliquez sur **Modifier la couleur d'arrière-plan**, sélectionnez une couleur, puis cliquez sur OK.

Pour transformer une image sur votre ordinateur en arrière-plan du Bureau, cliquez avec le bouton droit de la souris sur cette image, puis cliquez sur **Définir en tant que papier peint du Bureau**.

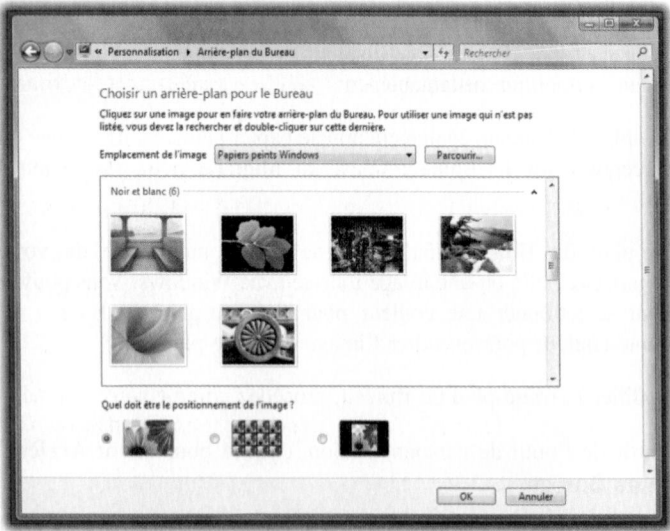

▲ Figure 4.9 : *La fenêtre de personnalisation du fond d'écran*

Modifier les effets sonores de Windows

Vous pouvez modifier le son émis par votre ordinateur lorsque vous recevez du courrier électronique, lorsque vous démarrez Windows, ou lorsque vous éteignez votre ordinateur.

Vous pouvez faire en sorte que l'ordinateur émette un son particulier lors de l'occurrence de certains événements, par exemple lorsque vous ouvrez une session ou que vous recevez un nouveau message électronique. Windows est fourni avec plusieurs modèles de sons émis pour des événements de programmes communs. En outre, certains thèmes du Bureau ont leurs propres modèles de sons.

Pour appliquer un modèle de sons, procédez comme suit :

1. À partir de l'outil de personnalisation, cliquez pour ouvrir **Son**.

2. Cliquez sur l'onglet **Sons**, puis, sous **Modèle de sons**, sélectionnez le modèle de sons que vous voulez utiliser.

Pour changer des sons individuels sur l'ordinateur, procédez comme suit :

1. Cliquez pour ouvrir **Son**.

2. Cliquez sur l'onglet **Sons**, puis, dans la liste *Événements*, sélectionnez l'événement dont vous voulez changer le son.

3. Sous **Sons**, cliquez sur le son que vous voulez associer à l'événement. Si le son que vous voulez utiliser ne figure pas dans la liste, cliquez sur **Parcourir** pour le rechercher.

4. Pour écouter un son de la liste *Sons*, appuyez sur le bouton **Lire**.

Pour enregistrer un modèle de sons, procédez comme suit :

Si vous changez les sons individuels d'un modèle de sons, vous pouvez sauvegarder les modifications en enregistrant un nouveau modèle de sons.

1. Cliquez pour ouvrir **Son**.

2. Cliquez sur l'onglet **Sons**, puis, dans la liste *Événements*, attribuez le son que vous voulez entendre à chaque événement.

3. Sous **Modèle de sons**, cliquez sur **Enregistrer sous**, puis tapez un nom pour le nouveau modèle de sons.

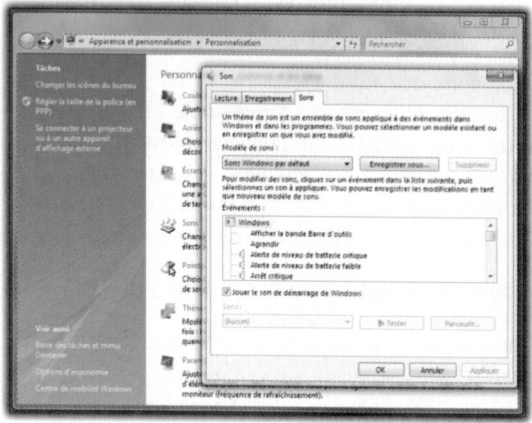

▲ Figure 4.10 : *La fenêtre de personnalisation des effets sonores*

Modifier les pointeurs de souris

Comme sous Windows XP, vous pouvez sélectionner le jeu de pointeurs que vous préférez ainsi que vos préférences d'utilisation de la souris.

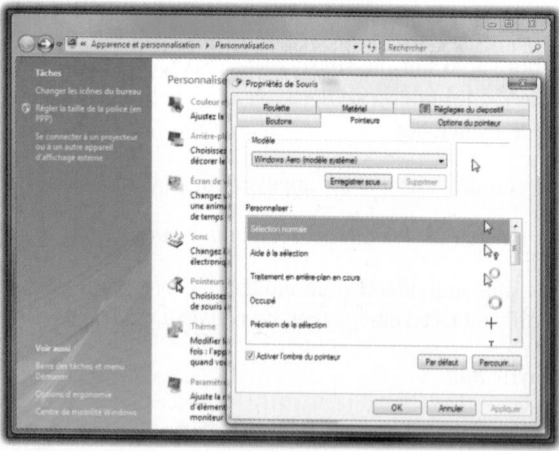

▲ Figure 4.11 : *La fenêtre de personnalisation des pointeurs de la souris*

Changer de thème

Un thème est un ensemble d'éléments visuels susceptible d'affecter le style de fenêtres, d'icônes, de polices, de couleurs, et parfois de sons. Ainsi, un thème associé à la nature peut comporter un arrière-plan du Bureau illustrant des plantes, un pointeur de souris qui ressemble à une feuille, et des sons système qui simulent les gazouillis des oiseaux.

Plusieurs thèmes sont fournis avec Windows. Vous pouvez rechercher d'autres thèmes en ligne ou vous en procurer sous la forme de packs auprès de vendeurs de logiciels compatibles avec Windows. Chaque utilisateur disposant d'un compte sur l'ordinateur peut choisir son thème.

Vous devez installer un thème pour qu'il apparaisse dans la liste des thèmes disponibles.

1. À partir de l'**Outil de personnalisation**, cliquez pour ouvrir **Paramètres du thème**.

2. Sous **Thèmes**, sélectionnez le thème souhaité, puis cliquez sur OK.

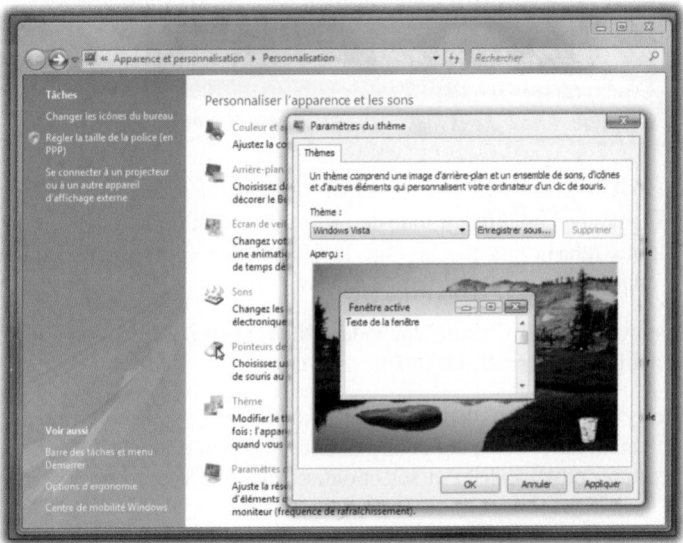

▲ Figure 4.12 : *La fenêtre de personnalisation des thèmes*

La 3D

Des fenêtres en 3D ont fait leur apparition dans Windows Vista au travers de la fonctionnalité de défilement des fenêtres.

Windows Vista propose deux nouvelles fonctions pour la gestion des fenêtres : le défilement normal et le défilement 3D, autrement appelé Flip 3D.

La fonction de défilement normal vous permet de naviguer entre les fenêtres ouvertes, en affichant une fenêtre miniature pour chaque application au lieu d'une simple icône générique et un nom de fichier. Les fenêtres miniatures permettent une identification rapide de la fenêtre recherchée, notamment lorsque plusieurs fenêtres du même type sont ouvertes.

1. Lorsque de nombreuses fenêtres sont ouvertes sur votre Bureau, appuyez simultanément sur la touche [Alt] et la touche [Tab]. Gardez la touche [Alt] enfoncée.

▲ Figure 4.13 : *Le défilement normal des fenêtres ouvertes*

2. Tout en maintenant la touche [Alt] enfoncée, en appuyant sur la touche [Tab], vous modifiez à tour de rôle la sélection de la fenêtre. Lorsque vous relâchez la touche [Alt], la fenêtre que vous avez sélectionnée apparaît alors ouverte sur le Bureau.

Si votre fenêtre ouverte est une vidéo, vous la verrez défiler dans la fenêtre de défilement normal des fenêtres ouvertes.

Avec la fonction de défilement 3D, vous pouvez utiliser la molette de défilement de votre souris pour passer rapidement d'une fenêtre ouverte à une autre, puis localiser et sélectionner celle que vous souhaitez utiliser.

1. Lorsque de nombreuses fenêtres sont ouvertes sur votre Bureau, appuyez simultanément sur la touche [Windows] et la touche [Tab]. Gardez la touche [Windows] enfoncée.

▲ Figure 4.14 : *Le défilement 3D des fenêtres ouvertes*

2. Tout en maintenant la touche [Windows] enfoncée, utilisez la molette de votre souris pour modifier à tour de rôle la sélection de la fenêtre. Lorsque vous cliquez sur une fenêtre spécifique, celle-ci repasse en 2D et au premier plan. Lorsque vous relâchez la touche [Windows], la fenêtre qui était positionnée en premier dans l'interface 3D apparaît alors ouverte sur le Bureau.

Les nouveautés d'utilisation apportées par Aero

Par extension, Aero et ses optimisations visuelles entraînent de nouvelles utilisations. Prenons le cas de l'Explorateur Windows. L'Explorateur Windows vous donne des informations et des moyens de contrôle supplémentaires, tout en simplifiant la gestion des fichiers. Le fonctionnement va en devenir plus simple et homogène, que vous visualisiez des photos ou des documents. En effet, vous allez pouvoir gérer l'ensemble de vos documents, trouver plus rapidement les fichiers souhaités, grâce à la nouvelle fonction "live Icônes" qui vous permet de découvrir instantanément le contenu de chaque fichier sans avoir à l'ouvrir.

Grâce à cette fonctionnalité utilisée sur l'ensemble de la plate-forme Windows Vista, vous pouvez visualiser la première page de vos documents, une miniature de chaque photo ou la pochette de chaque album de votre discothèque. Autant d'indices visuels immédiatement compréhensibles qui simplifient grandement votre travail et vos recherches.

Pour en profiter, procédez comme suit :

1. Ouvrez l'Explorateur Windows en cliquant sur le logo **Windows** de démarrage, puis choisissez **Tous les programmes**, **Accessoires** et **Explorateur Windows**.

2. Cliquez sur le bouton **Organiser** puis choisissez **Disposition**. Cliquez sur **Volet de visualisation**.

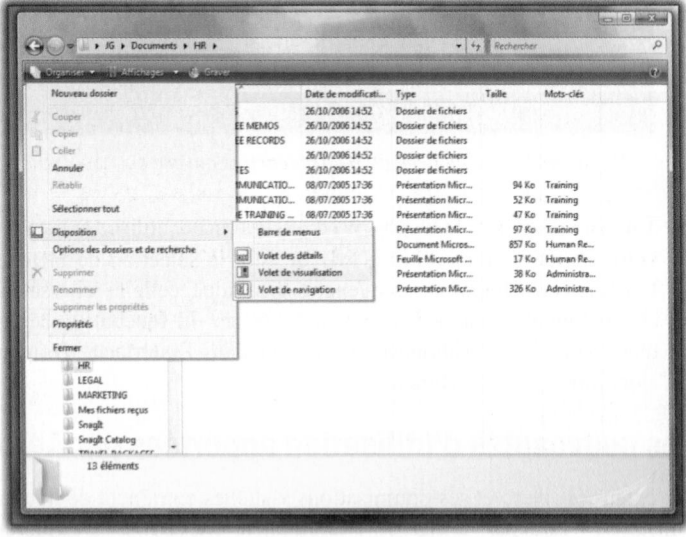

▲ Figure 4.15 : *Actionnez le volet de lecture*

3. Sélectionnez un document ; vous pouvez lire instantanément son contenu.

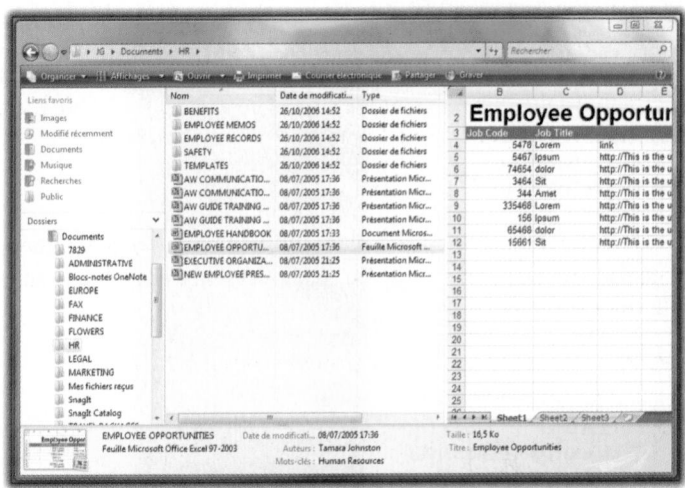

▲ Figure 4.16 : *Vous pouvez visualiser le contenu d'un document avec l'Explorateur*

Ces nouveautés visuelles doivent s'effectuer dans une certaine continuité si vous ne voulez pas que la majorité des utilisateurs se retrouvent complètement perdus dès la première fois. Rassurez-vous, cela n'est pas le cas et vous verrez que vous ne serez pas désorienté malgré Aero. Vous reconnaîtrez des éléments familiers, tels que le menu **Démarrer** qui a été retravaillé pour être plus ergonomique et plus fonctionnel par rapport aux versions précédentes de Windows.

◀ Figure 4.17 :
Le nouveau menu Démarrer

Tous les programmes apparaissent toujours dans la même zone sans déployer de nouveaux menus, comme sous Windows XP.

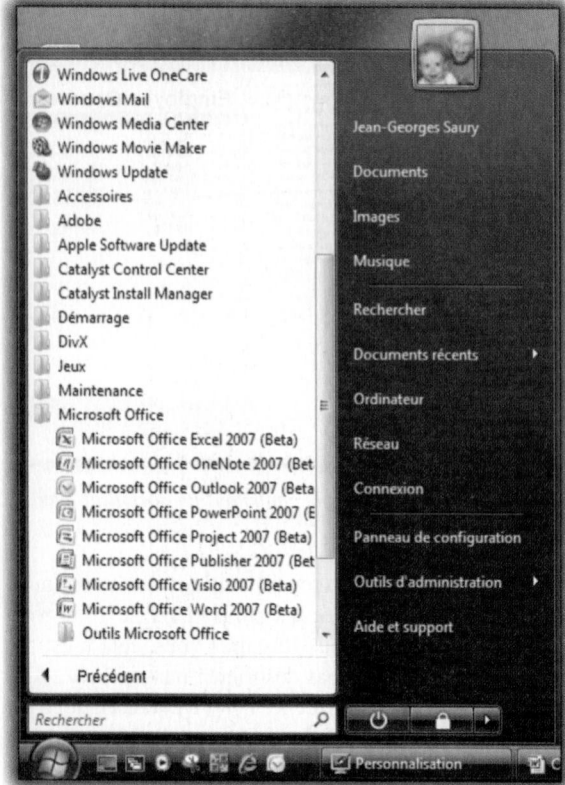

▲ Figure 4.18 : *Les programmes dans le menu Démarrer apparaissent dans la même zone*

Le menu **Démarrer** inclut un outil de recherche intégré qui vous aide à trouver et à démarrer la plus grande partie des éléments de votre ordinateur ou à démarrer n'importe quelle application. Il vous suffit d'entrer un mot, un nom ou une phrase, et la fonction vous renvoie le résultat de votre recherche de façon triée par programmes, fichiers, favoris et historique Internet, ou encore communications (contenu de messages électroniques).

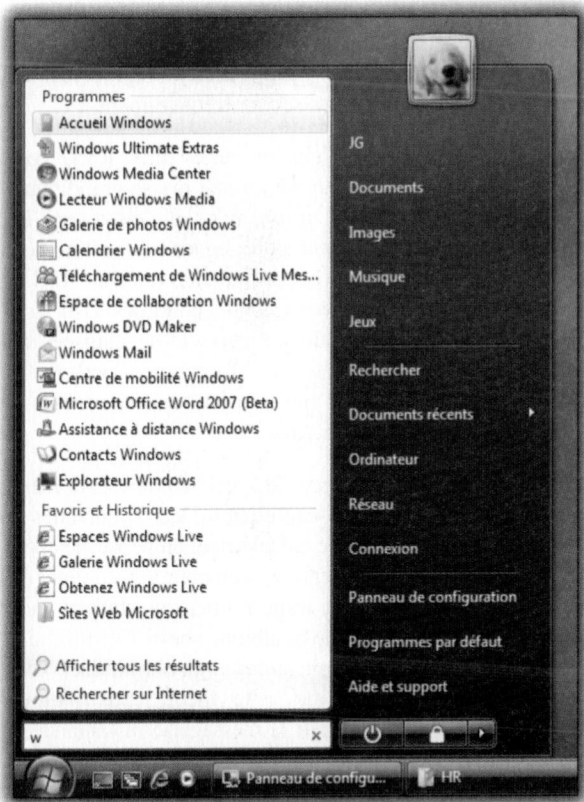

▲ Figure 4.19 : *La fonction de recherche de la barre des tâches*

Vous remarquez dans cet exemple qu'en saisissant w dans la zone de recherche rapide, s'affichent tous les programmes contenant la lettre w mais aussi les favoris Internet ou autres documents.

4.2 Volet Windows

Autre nouveauté graphique : le volet Windows. C'est-à-dire l'apparition sur le Bureau d'une barre latérale, à droite ou à gauche, qui permet de cumuler des informations en temps réel, sous forme très conviviale.

Cette barre latérale améliore votre productivité personnelle en offrant un accès instantané à toute une gamme de mini-applications conviviales, personnalisables et faciles à utiliser, permettant d'accéder rapidement aux informations et aux outils dont vous vous servez fréquemment.

Avec l'apparition, entre autres, des blogs et autres flux RSS, votre ordinateur vous sert quotidiennement à accéder à une masse grandissante d'informations, à effectuer des tâches et utiliser des logiciels divers. Par exemple, vous ouvrez votre navigateur web pour regarder la météo, vous ouvrez une application pour afficher un calendrier, lire vos flux RSS ou vous utilisez la calculatrice pour faire vos calculs. Windows Vista vous apporte sur le Bureau des mini-applications légères et spécialisées qui vous fournissent en quelques secondes les informations pertinentes, réalisent vos actions préférées à tout moment et restent visibles et accessibles sur le Bureau Windows en permanence.

Ces mini-applications sont appelées gadgets du Volet Windows. Au menu, vous pourrez trouver par défaut un mini-cadre photo, les commandes du lecteur Windows Media, une horloge, une calculatrice, un pense-bête, etc. Ces gadgets peuvent se connecter à des services web pour vous donner des informations sur la météo, l'actualité, le trafic routier, les stations radio Internet, ou encore afficher en diaporama vos albums photo. Ces utilitaires peuvent également s'intégrer à vos applications afin d'optimiser votre espace de travail. Un utilitaire peut de cette façon vous indiquer rapidement tous vos contacts en ligne pour la messagerie instantanée ou encore afficher le calendrier pour la journée en cours.

Pour démarrer et configurer le Volet Windows, procédez de la façon suivante :

1. Cliquez sur le logo **Windows** de démarrage, puis sur **Tous les programmes**, **Accessoires** et enfin **Volet Windows**.

Le Volet Windows se lance. Par défaut, il apparaît à droite du Bureau avec des gadgets prédéfinis.

▲ Figure 4.20 : *Lancement du Volet Windows*

2. Approchez le curseur de la souris vers le Volet Windows ; l'opacité de la barre change. Cliquez avec le bouton droit de la souris sur **Propriétés**.

▲ Figure 4.21 : *Lancement des propriétés du Volet Windows*

3. La fenêtre des propriétés du **Volet Windows** s'ouvre (voir Figure 4.22).

4. Vous pouvez personnaliser votre utilisation du **Volet Windows** en sélectionnant la possibilité de le positionner à droite ou à gauche, en faisant en sorte qu'il se lance au démarrage de Windows ou en faisant en sorte qu'il soit toujours visible.

▲ Figure 4.22 : *Configuration du Volet Windows*

5. Cliquez sur OK pour fermer la fenêtre de propriétés du **Volet Windows**.

Une fois le Volet Windows paramétré, vous devez configurer les gadgets. Pour ajouter un gadget, procédez comme suit :

1. Approchez le curseur de la souris vers le **Volet Windows** ; l'opacité de la barre change. Cliquez avec le bouton droit de la souris sur le bouton **Ajouter des gadgets**.

▲ Figure 4.23 : *Lancement de l'ajout de gadgets*

2. La superbe fenêtre tout en transparence d'ajout de gadgets s'ouvre.

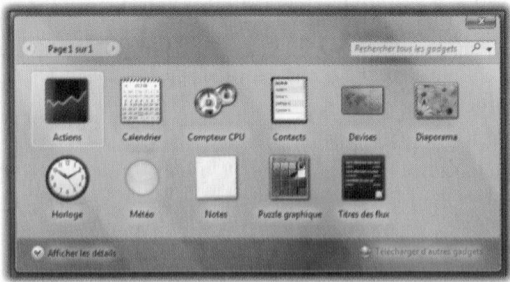

▲ Figure 4.24 : *Fenêtre d'ajout de gadgets*

3. Sélectionnez le gadget disponible que vous souhaitez ajouter et faites un glisser-déplacer du gadget vers le **Volet Windows**.

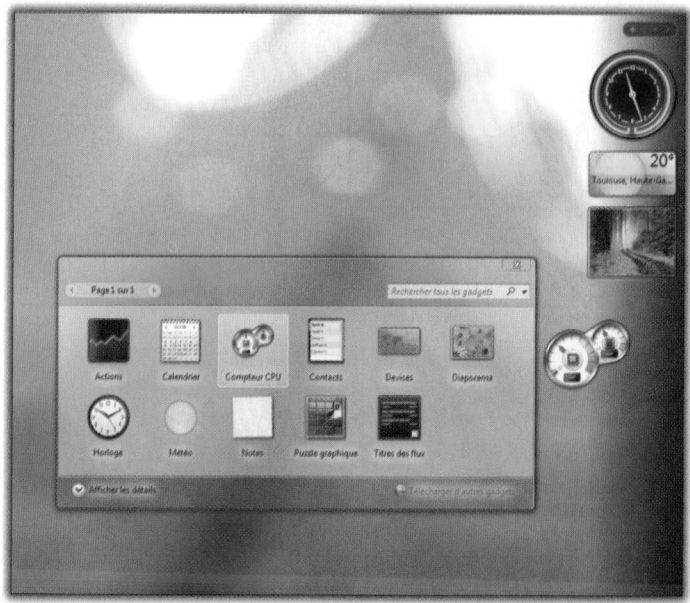

▲ Figure 4.25 : *Faites un glisser-déplacer pour ajouter un gadget*

4. Fermez la fenêtre d'ajout de gadget une fois que vous avez terminé.

Vous pouvez paramétrer les gadgets un par un. Pour cela :

1. Cliquez avec le bouton droit de la souris sur le gadget puis cliquez sur **Options**. Chaque gadget a ses propres paramétrages. Prenons l'exemple de l'horloge (voir Figure 4.26).

2. Vous pouvez sélectionner une horloge dont le design différera selon votre humeur (voir Figure 4.27).

▲ Figure 4.26 : *Lancement des propriétés d'un gadget*

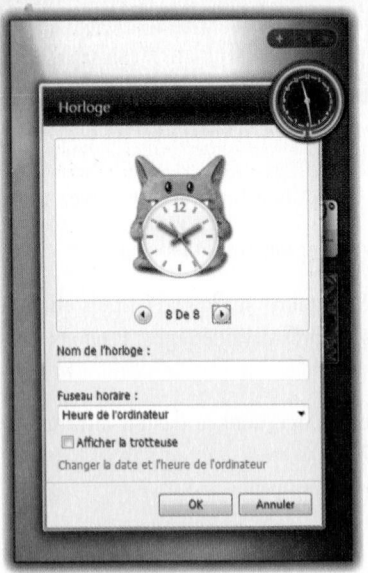

◄ Figure 4.27 :
Modification des propriétés d'un gadget

De même, vous pouvez personnaliser un peu plus votre Bureau et votre Volet Windows selon le goût du jour car vous avez la possibilité de sortir les gadgets du Volet Windows et de les positionner sur le Bureau et à l'inverse, de les remettre dans le Volet Windows quand bon vous semble. Pour cela, faites un glisser-déplacer du gadget vers le Bureau.

▲ Figure 4.28 : *Positionnement d'un gadget vers le Bureau*

Selon le gadget, il se peut même que celui-ci change de forme ou de taille.

Vous pouvez également modifier la place et l'ordre des gadgets dans le Volet Windows à volonté. Pour cela, procédez comme suit :

1. Sélectionnez le gadget que vous souhaitez déplacer.

2. Faites-le glisser à la position que vous voulez. Remarquez l'effet de style lorsque vous permutez des objets.

◄ Figure 4.29 :
*Déplacement
d'un gadget
dans le Volet
Windows*

Téléchargez et développez des gadgets

Vous pouvez également télécharger facilement d'autres gadgets sur le site suivant : http://gallery.microsoft.com.
Mieux encore, vous pouvez développer vos propres gadgets. Pour tout savoir sur le développement de gadgets, rendez-vous à l'adresse suivante : http://www.microsoft.com/technet/scriptcenter/topics/vista/gadgets-pt1.mspx.

Le Volet Windows est le complément idéal aux écrans grand format, mais il fonctionne également très bien avec les écrans de taille standard. Vous pouvez le personnaliser facilement pour l'adapter à vos besoins et à vos envies, en l'affichant en permanence ou en le masquant sous les fenêtres agrandies. Vous pouvez également déplacer les utilitaires du Volet Windows pour les placer sur votre Bureau.

5

Gérer les dossiers et les documents

Windows Vista a été conçu pour augmenter la productivité de l'utilisateur. Parmi les axes d'amélioration étudiés, il y a la création et l'amélioration d'outils qui permettent de mieux organiser son travail. Cela passe par une meilleure utilisation des dossiers et fichiers, une meilleure recherche et gestion des données, surtout depuis l'explosion des volumétries de disques durs.

5.1 Utilisation des dossiers et des fichiers

Un fichier ressemble beaucoup à un document tapé que l'on peut trouver sur un bureau ou dans un classeur. C'est un élément qui contient un ensemble d'informations associées. Sur un ordinateur, des fichiers peuvent être des documents texte, des feuilles de calcul, des images numériques et même des morceaux de musique. Chaque image prise avec un appareil photo numérique, par exemple, est un fichier distinct, et un CD audio peut contenir une dizaine de fichiers audio individuels.

L'ordinateur représente les fichiers sous forme d'icônes. En regardant l'icône d'un fichier, vous pouvez rapidement déterminer de quel type de fichier il s'agit car l'aspect d'une icône vous permet de savoir quel type de fichier elle représente.

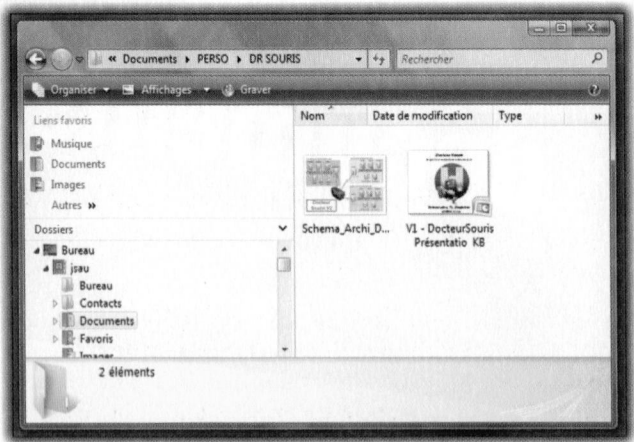

▲ Figure 5.1 : *Vue d'un fichier*

Un dossier est assimilé davantage à un conteneur dans lequel vous pouvez stocker des fichiers. Si vous placez des milliers de fichiers au format papier sur un bureau, il sera pratiquement impossible de retrouver un fichier spécifique au moment voulu. C'est pourquoi, il est souvent d'usage de stocker des fichiers dans des dossiers, à l'intérieur d'un classeur. L'organisation de fichiers en groupes logiques facilite la recherche d'un fichier spécifique.

Les dossiers de votre ordinateur fonctionnent exactement de la même manière. Ainsi, un dossier standard a l'aspect suivant :

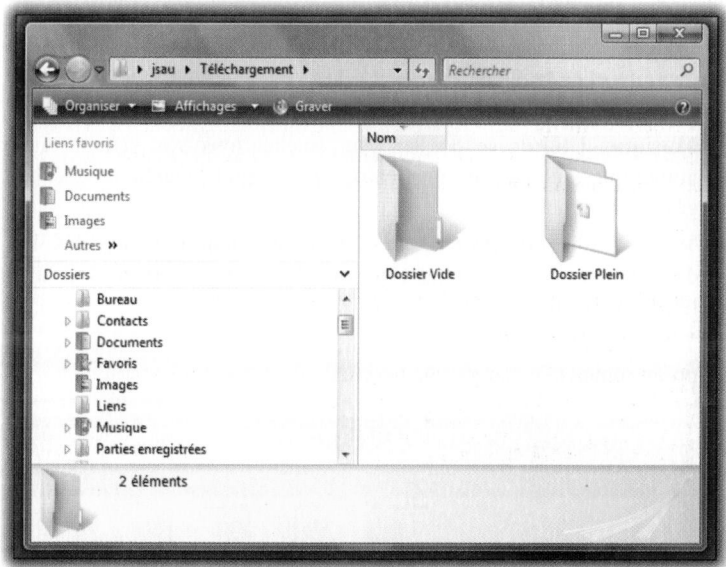

▲ Figure 5.2 : *Un dossier vide (à gauche), un dossier contenant des fichiers (à droite)*

Les dossiers comprennent des fichiers, mais ils peuvent également contenir d'autres dossiers. Un dossier se trouvant dans un autre dossier est généralement appelé sous-dossier. Vous pouvez créer autant de sous-dossiers que nécessaire, et chacun peut comprendre un nombre quelconque de fichiers et de sous-dossiers supplémentaires.

Comment Windows organise vos fichiers et dossiers

Pour ce qui concerne l'organisation de vos fichiers, vous n'êtes pas obligé de partir de zéro. En effet, Windows est fourni avec un ensemble de dossiers communs que vous pouvez utiliser comme points de départ pour commencer à organiser vos fichiers. Voici quelques-uns des dossiers communs dans lesquels vous pouvez stocker vos fichiers et dossiers :

- **Documents**. Utilisez ce dossier pour stocker vos fichiers de traitement de texte, feuilles de calcul, présentations et autres fichiers à caractère professionnel ou personnel.

- **Images**. Utilisez ce dossier pour stocker toutes vos images numériques, qu'elles proviennent de votre appareil photo numérique, de votre scanner ou d'un courrier électronique reçu.

- **Musique**. Utilisez ce dossier pour stocker tous vos fichiers audio numériques, tels que des morceaux copiés d'un CD audio ou téléchargés sur Internet.

- **Vidéos**. Utilisez ce dossier pour stocker vos vidéos, telles que des clips de votre appareil photo numérique ou des fichiers vidéo que vous avez téléchargés sur Internet.

- **Téléchargement**. Utilisez ce dossier pour stocker des fichiers et des programmes téléchargés sur Internet.

▲ Figure 5.3 : *Dossiers par défaut sous Windows Vista*

Pour rechercher ces dossiers, vous avez le choix entre diverses méthodes. La plus simple consiste à ouvrir le dossier personnel qui regroupe tous vos dossiers communs en un seul endroit. Le nom du dossier personnel n'est pas "personnel" ; il correspond au nom d'utilisateur que vous avez utilisé pour ouvrir une session sur l'ordinateur. Pour l'ouvrir, cliquez sur le bouton **démarrer**, puis cliquez sur votre nom d'utilisateur dans la partie supérieure du volet droit du menu **Démarrer**.

Vous pouvez également trouver les dossiers *Documents*, *Images et Musique* dans le menu **Démarrer**, juste en dessous de votre dossier personnel.

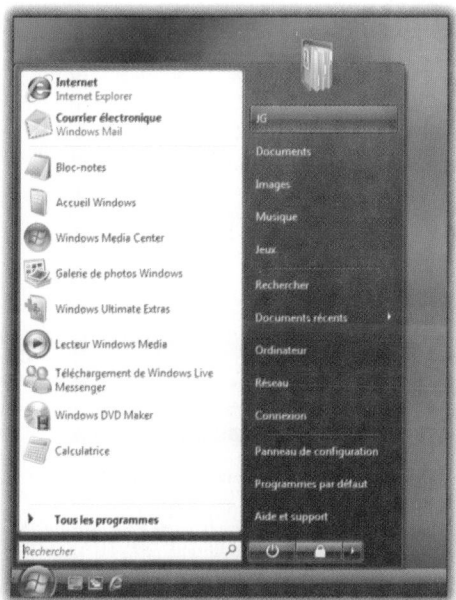

▲ Figure 5.4 : *Les dossiers par défaut dans le menu Démarrer*

N'oubliez pas que vous pouvez créer des sous-dossiers dans ces dossiers, afin d'améliorer l'organisation de vos fichiers. Dans le dossier *Images* par exemple, vous pouvez créer des sous-dossiers afin d'organiser les images par date, par événement, par nom des personnes présentes sur les images ou selon la classification qui vous permettra de travailler plus efficacement.

Présentation des éléments d'un dossier

Lorsque vous ouvrez un dossier sur le Bureau, une fenêtre de dossier apparaît. En plus d'afficher le contenu du dossier, cette fenêtre comporte de nombreux éléments conçus pour vous aider à naviguer dans Windows ou pour faciliter votre travail sur des fichiers et des dossiers. Voici un dossier standard et chacun de ses éléments :

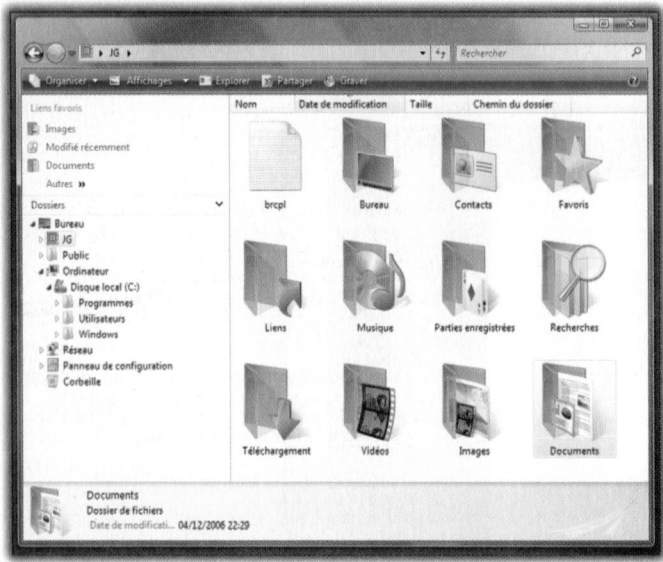

▲ Figure 5.5 : *Description de l'explorateur Windows*

Tab. 5.1 : Présentation de l'interface de gestion des dossiers et fichiers	
Élément du dossier	Utilisation
Barre d'adresses	Utilisez la barre d'adresses pour naviguer jusqu'à un autre dossier, sans fermer la fenêtre de dossier active.
Boutons **Précédent** et **Suivant**	Utilisez les boutons **Précédent** et **Suivant** pour naviguer jusqu'aux dossiers que vous avez déjà ouverts, sans fermer la fenêtre active. Ces boutons fonctionnent en association avec la barre d'adresses. Si vous avez utilisé la barre d'adresses pour changer de dossier, vous pouvez utiliser le bouton **Précédent** pour revenir au dossier d'origine.

Tab. 5.1 : Présentation de l'interface de gestion des dossiers et fichiers

Élément du dossier	Utilisation
Zone de recherche	Tapez un mot ou une phrase dans la zone de recherche, pour localiser un fichier ou un sous-dossier stocké dans le dossier actif. La recherche commence dès que vous commencez à taper. Ainsi, dès que vous tapez la lettre B, tous les fichiers dont le nom commence par B s'affichent dans la liste des fichiers du dossier.
Barre d'outils	La barre d'outils permet d'effectuer des tâches courantes, comme modifier l'aspect de vos fichiers et dossiers, copier des fichiers sur un CD ou lancer un diaporama de photos numériques. Les boutons de la barre d'outils changent pour afficher uniquement les commandes utiles. Si vous cliquez sur un fichier image, la barre d'outils affiche des boutons différents de ceux qui se seraient affichés si vous aviez cliqué sur un fichier audio.
Volet de navigation	Comme la barre d'adresses, le volet de navigation vous permet d'afficher d'autres dossiers. La section des liens *Favoris* permet d'accéder rapidement à un dossier commun ou de lancer une recherche précédemment sauvegardée. Si vous accédez souvent au même dossier, vous pouvez le faire glisser dans le volet de navigation pour en faire un de vos liens *Favoris*.
Liste des fichiers	C'est dans cette zone que le contenu du dossier actif est affiché. Si vous avez tapé du texte dans la zone de recherche pour localiser un fichier, seuls les fichiers correspondant à la recherche s'affichent.
En-têtes de colonnes	Utilisez les en-têtes de colonnes pour modifier l'organisation des fichiers dans la liste des fichiers. Vous pouvez trier, regrouper ou empiler les fichiers dans la vue active.
Volet d'informations	Le volet d'informations affiche les propriétés les plus courantes associées au fichier sélectionné. Les propriétés d'un fichier sont des informations concernant le fichier, telles que son auteur, la date de la dernière modification et toutes les balises que vous avez pu ajouter au fichier.
Volet de visualisation	Utilisez le volet de visualisation pour voir le contenu de nombreux types de fichiers. Si vous sélectionnez un message électronique, un fichier texte ou une image, vous pouvez voir son contenu sans l'ouvrir dans un programme. Par défaut, le volet de visualisation ne s'affiche pas dans la plupart des dossiers. Pour le voir, cliquez sur le bouton **Organiser** sur la barre d'outils, cliquez sur **Disposition**, puis sur **Volet de visualisation**.

Affichage de vos fichiers dans un dossier

Lorsque vous ouvrez un dossier et que les fichiers s'affichent, vous pouvez choisir des grandes (ou petites) icônes, ou une organisation des fichiers qui vous permette de voir différents types d'informations sur chaque fichier. Pour effectuer ce type de changement, utilisez le bouton **Affichages** sur la barre d'outils.

Chaque fois que vous cliquez sur le bouton **Affichages**, l'affichage des icônes de fichiers et de dossiers dans la fenêtre de dossiers est modifié, alternant entre des grandes icônes, des icônes plus petites appelées *Mosaïques* et un mode appelé Détails qui affiche plusieurs colonnes d'informations sur le fichier.

Si vous cliquez sur la flèche au regard du bouton **Affichages**, vous avez encore davantage de choix. Faites glisser le curseur vers le haut pour affiner le réglage de la taille des icônes de fichiers et de dossiers. La taille des icônes change lorsque vous déplacez le curseur.

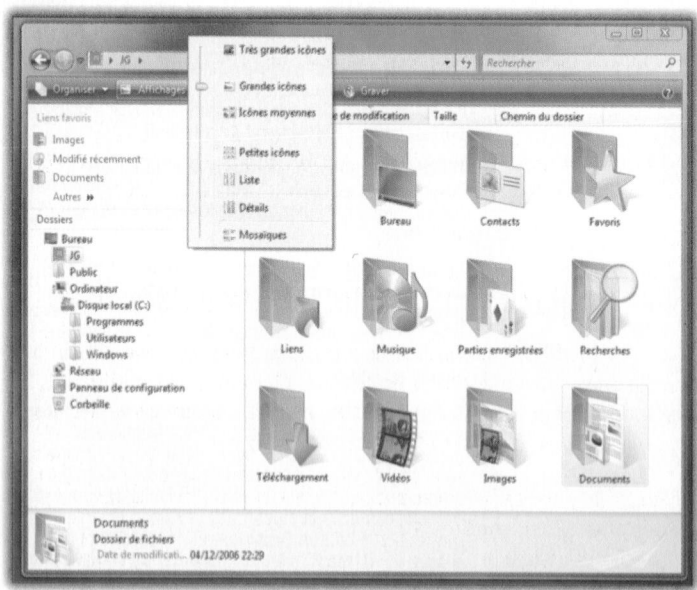

▲ Figure 5.6 : *Options du bouton Affichages*

Recherche de vos fichiers

Lorsque vous avez besoin de rechercher un fichier spécifique, vous savez qu'il est situé quelque part dans un dossier commun tel que *Documents* ou *Images*. Malheureusement, l'opération qui consiste à rechercher ce fichier peut signifier avoir à parcourir des centaines de fichiers et de sous-dossiers, ce qui n'est pas une tâche aisée. Pour gagner du temps et de l'énergie, utilisez la zone de recherche pour localiser votre fichier.

La zone de recherche se trouve dans la partie supérieure de chaque dossier. Pour rechercher un fichier, ouvrez le dossier contenant ce fichier, cliquez sur la zone de recherche et commencez à taper votre texte. La zone de recherche filtre la vue active en fonction du texte que vous avez tapé. Les fichiers sont affichés dans la zone de résultats de la recherche si le terme recherché correspond au nom du fichier, aux balises ou à toute autre propriété du fichier. Les documents texte sont affichés si le terme recherché est présent dans une partie du texte de ces documents. Votre recherche parcourt le dossier actif ainsi que tous les sous-dossiers.

Si vous n'avez aucune idée de l'endroit où rechercher un fichier, vous pouvez élargir votre recherche pour inclure l'intégralité de l'ordinateur, et non seulement un unique dossier.

 Pour plus d'informations, voir la section *Recherche et organisation* plus loin dans ce chapitre.

Copie et déplacement de fichiers et de dossiers

Vous pouvez modifier l'emplacement de stockage des dossiers sur votre ordinateur. Vous pouvez déplacer des fichiers dans un dossier différent, les copier sur un support amovible (tel qu'une clé USB ou une carte mémoire) pour les partager avec d'autres personnes.

La méthode la plus utilisée pour copier et déplacer des fichiers est le glisser-déplacer. Pour commencer, ouvrez le dossier contenant le fichier ou le dossier à déplacer. Ouvrez ensuite le dossier vers lequel vous souhaitez le déplacer. Positionnez les fenêtres de dossier sur le Bureau afin de voir le contenu des deux fenêtres.

Ensuite, faites glisser le fichier ou le dossier du premier dossier vers le second dossier. C'est aussi simple que cela.

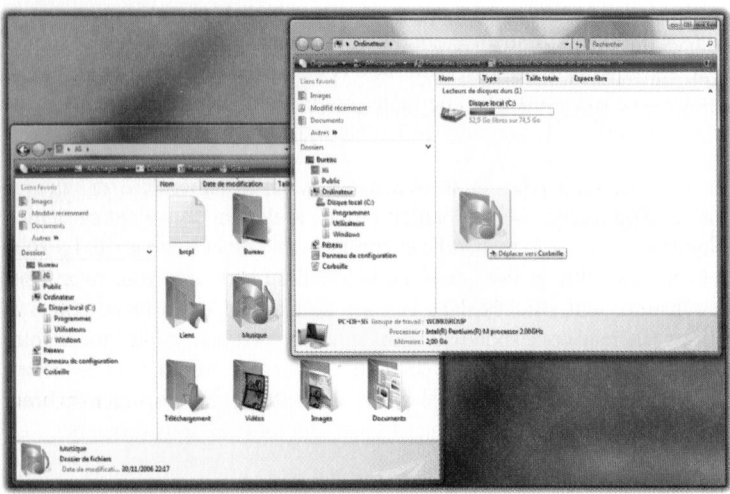

▲ Figure 5.7 : *Glisser-déplacer*

Lorsque vous utilisez la méthode de glisser-déplacer, vous remarquerez que parfois le fichier ou le dossier est copié et parfois il est déplacé. Pourquoi ? Si vous faites glisser un élément entre des dossiers qui se trouvent sur le même disque dur, les éléments sont déplacés pour éviter que des doublons du même fichier ou dossier ne soient créés sur un disque dur. Si vous faites glisser un élément vers un dossier qui se trouve sur un autre disque dur (tel qu'un emplacement réseau) ou vers un support amovible tel qu'un CD, l'élément est copié. Ainsi, le fichier ou le dossier n'est pas supprimé de son emplacement d'origine.

Création et suppression de fichiers

La méthode la plus courante pour créer des fichiers consiste à utiliser un programme. À cet effet, vous pouvez créer un document texte dans un programme de traitement de texte ou un fichier vidéo dans un programme de montage vidéo.

Certains programmes créent un fichier à leur ouverture. Lorsque vous ouvrez WordPad par exemple, il démarre avec une page blanche, qui représente un fichier vide (et non enregistré). Commencez à taper du texte et lorsque vous êtes prêt à enregistrer votre travail, cliquez sur **Fichier** dans la barre de menus, puis sur **Enregistrer sous**. Dans la boîte de dialogue qui s'affiche, tapez un nom de fichier qui vous permettra de retrouver le fichier ultérieurement, puis cliquez sur **Enregistrer**.

Par défaut, la plupart des programmes enregistrent les fichiers dans des dossiers communs tels que *Documents*, *Images* et *Musique*, ce qui facilite la recherche ultérieure de fichiers.

Lorsque vous n'avez plus besoin d'un fichier, vous pouvez le supprimer du disque dur de votre ordinateur pour libérer de l'espace et éviter de surcharger celui-ci avec des fichiers inutiles. Pour supprimer un fichier, ouvrez le dossier qui contient ce fichier, puis sélectionnez le fichier. Appuyez sur [Suppr] puis, dans la boîte de dialogue **Supprimer le fichier**, cliquez sur **Oui**.

Lorsque vous supprimez un fichier, il est stocké temporairement dans la Corbeille. Considérez la Corbeille comme un dossier de sécurité qui vous permet de récupérer les fichiers ou les dossiers que vous avez acciden-tellement supprimés. Vous devez de temps en temps vider la Corbeille pour libérer l'espace occupé par ces fichiers indésirables sur le disque dur.

Ouverture d'un fichier existant

Pour ouvrir un fichier, double-cliquez dessus. Le fichier s'ouvre dans le programme que vous avez utilisé pour le créer ou le modifier. S'il s'agit d'un fichier texte, il s'ouvre dans votre programme de traitement de texte.

Cependant, ce n'est pas toujours le cas. Si vous double-cliquez sur une image numérique, c'est généralement une visionneuse d'images qui s'ouvre. Pour modifier l'image, vous devez utiliser un autre programme. Cliquez avec le bouton droit de la souris sur le fichier, cliquez sur **Ouvrir avec**, puis cliquez sur le nom du programme que vous souhaitez utiliser.

5.2 Recherche et organisation

La recherche et l'organisation des données ont toujours été très compliquées à gérer. Et plus la volumétrie des disques durs s'accroît, plus nous avons tendance à stocker énormément et plus les tâches de recherche et d'organisation deviennent complexes, et prennent du temps. Il faut alors se poser la question de savoir si la donnée stockée nous est bien utile.

Windows Vista apporte des réponses à nos interrogations en offrant plus de souplesse pour la recherche et l'organisation des fichiers. De nouvelles commandes, telles que la recherche rapide et les dossiers de recherche, ont fait leur apparition pour faciliter la gestion de grandes quantités de données.

Fonction de recherche rapide

Avec la masse d'informations contenues de nos jours sur les disques durs, se rappeler où trouver un fichier en particulier organisé dans une arborescence complexe de répertoires peut vite devenir pénible. Et l'accès à une zone de recherche n'est pas toujours aisé.

Windows Vista facilite la recherche de fichiers. Il n'est plus nécessaire de se rappeler où vous avez stocké chaque fichier. Pour le retrouver, il suffit désormais de vous souvenir d'un élément le concernant, par exemple un mot contenu dans le document. Cette puissante fonctionnalité de recherche intégrée vous aide à trouver rapidement tout ce que vous souhaitez sur votre ordinateur, sans parcourir tous les dossiers. De plus, cette fonctionnalité est disponible depuis n'importe quelle fenêtre d'explorateur, pour un accès facile, quand vous le souhaitez.

Prenons un exemple :

1. Ouvrez l'Explorateur Windows en cliquant sur le logo de démarrage puis **Tous les programmes**, **Accessoires** et **Explorateur Windows** (voir Figure 5.8).

2. Vous visualisez la barre de recherche rapide en haut à droite de la fenêtre. Tapez un mot contenu dans un document. Dans notre exemple, saisissons Vista.

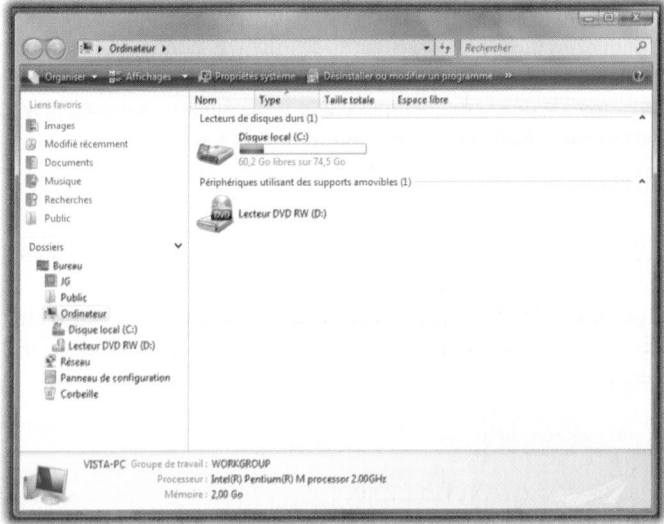

▲ Figure 5.8 : *L'Explorateur Windows*

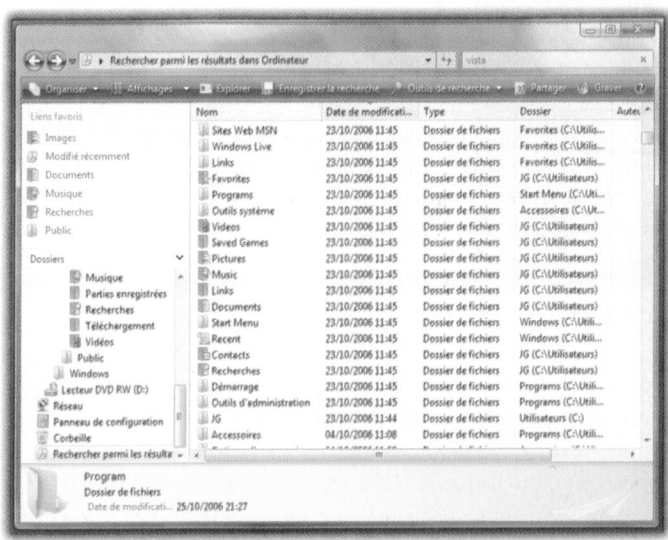

▲ Figure 5.9 : *Résultat d'une recherche rapide*

3. Non seulement le résultat vous renvoie les fichiers dont le nom contient le mot Vista mais aussi des fichiers dont le contenu offre le mot Vista. L'étendue des fichiers est importante : du document au message de newsgroup en passant par des images. Ensuite, sélectionnez le document qui correspond le mieux à votre attente.

Autre exemple, cette fois-ci, à partir du Panneau de configuration :

1. Ouvrez le Panneau de configuration en cliquant sur le logo de démarrage puis sur **Panneau de configuration**.

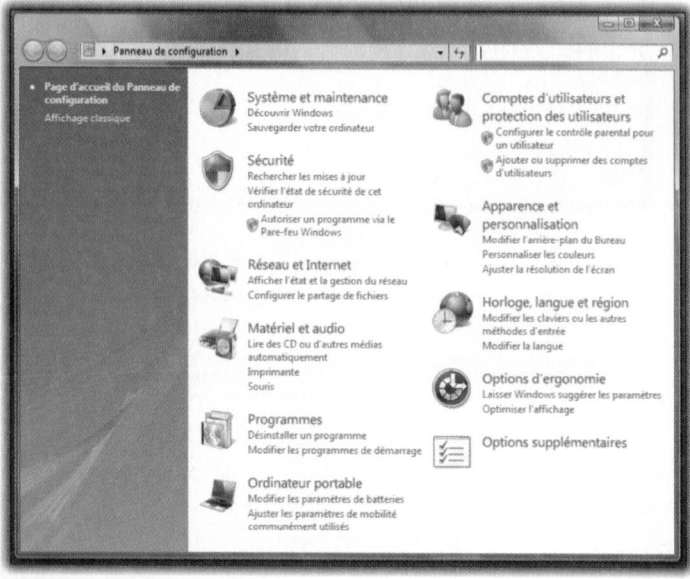

▲ Figure 5.10 : *Panneau de configuration*

2. Vous visualisez la barre de recherche rapide en haut à droite de la fenêtre. Tapez par exemple le mot instal.

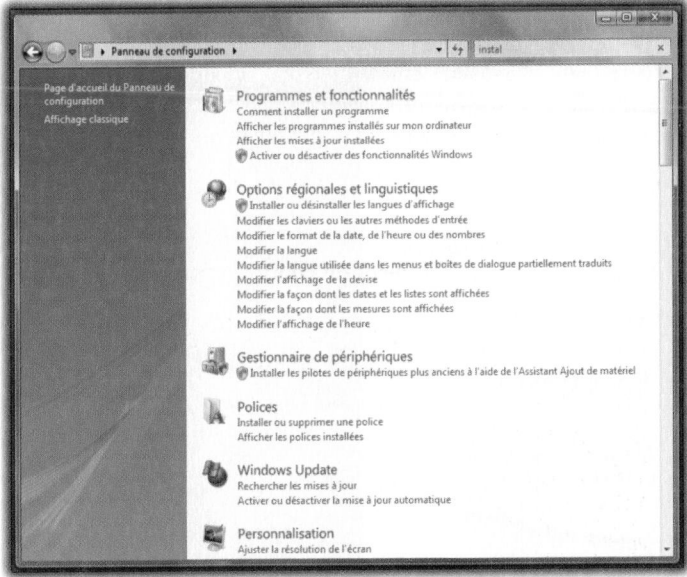

▲ Figure 5.11 : *Recherche rapide dans le Panneau de configuration*

3. Tous les liens du Panneau de configuration relatifs à l'installation sont listés. Vous n'avez plus qu'à sélectionner le plus approprié pour ce que vous voulez faire.

Prenons un dernier exemple qui a déjà été détaillé : dans la fenêtre de recherche rapide du nouveau menu **Démarrer**, il vous suffit d'entrer un mot, une phrase, une propriété ou une partie du nom d'un fichier pour trouver instantanément le fichier ou l'application recherchés (voir Figure 5.12).

Vous trouverez également une barre de recherche rapide dans la Galerie de Photos Windows et Windows Media Player. Une recherche dans Windows Media Player présente l'avantage de retourner votre musique et votre vidéo de façon organisée. Bref, partout où vous verrez cette barre toujours située en haut à droite de la fenêtre, vous chercherez et trouverez facilement.

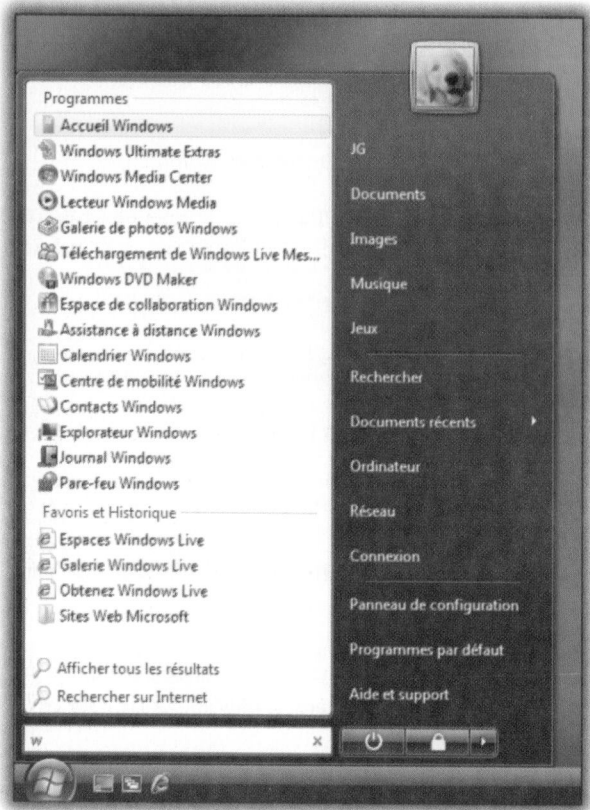

▲ Figure 5.12 : *Recherche rapide dans le menu de démarrage*

Dossiers de recherche

Windows Vista propose désormais des dossiers de recherche : c'est un nouvel outil puissant qui facilite la recherche et l'organisation de vos fichiers, n'importe où sur votre ordinateur. Un dossier de recherche correspond à une recherche spécifique que vous avez enregistrée. L'ouverture d'un dossier de recherche entraîne l'exécution instantanée de la recherche sauvegardée, qui affiche immédiatement les résultats mis à jour.

Windows Vista offre par défaut des dossiers de recherche préconfigurés tels que le dossier de recherche *Documents récents* qui recense tous les derniers documents utilisés ou le dossier de recherche *Courrier récent* qui recense les messages électroniques, etc.

Pour visualiser les dossiers de recherche, procédez comme suit :

1. Ouvrez l'Explorateur Windows en cliquant sur le logo de démarrage puis **Tous les programmes**, **Accessoires** et **Explorateur Windows**.

2. Cliquez sur le dossier **Recherches** en haut à gauche de l'Explorateur.

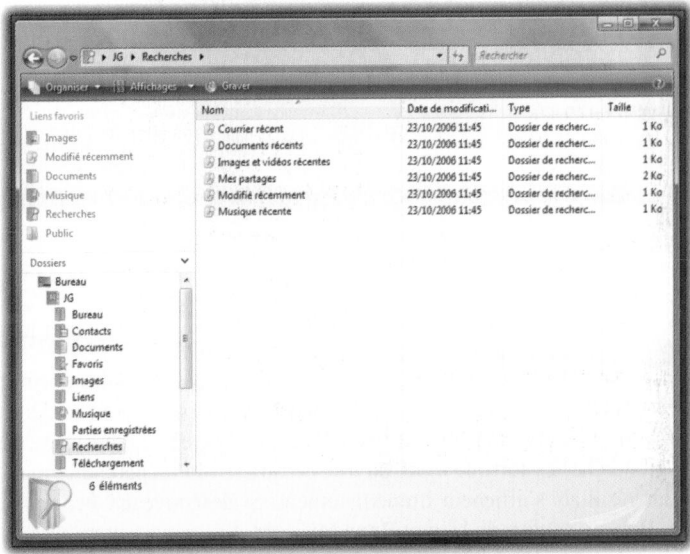

▲ Figure 5.13 : *Accès aux dossiers de recherche*

3. Ouvrez un dossier de recherche, de couleur bleutée synonyme d'un répertoire virtuel, par exemple les fichiers modifiés récemment.

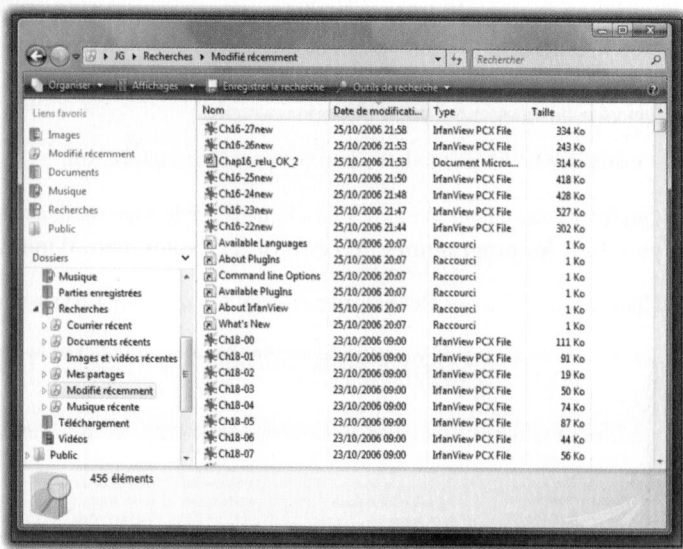

▲ Figure 5.14 : *Résultat du dossier de recherche sur les fichiers modifiés récemment*

4. Vous visualisez et accédez facilement à tous vos e-mails non lus.

Autre exemple, vous pouvez créer une recherche pour tous les documents créés par Bob et contenant le mot projet. Vous allez sauvegarder cette recherche avec le nom "Auteur Bob/Mot clé Projet" en tant que dossier de recherche. Et lorsque vous ouvrez ce dossier, la recherche commence et les résultats s'affichent immédiatement. Si de nouveaux fichiers créés par Bob et contenant le mot "projet" ont été ajoutés entre-temps, ils apparaissent également dans le dossier *Recherche*, quel que soit leur emplacement sur l'ordinateur.

Cette recherche étant enregistrée comme un fichier, l'intérêt est que vous pourrez y retourner régulièrement pour savoir s'il y a eu des modifications dans les résultats de la recherche.

Pour enregistrer un nouveau dossier de recherche, procédez comme suit :

1. Dans l'Explorateur Windows, cliquez sur **Organiser** puis sur **Disposition**. Cliquez sur **Volet de recherche**.

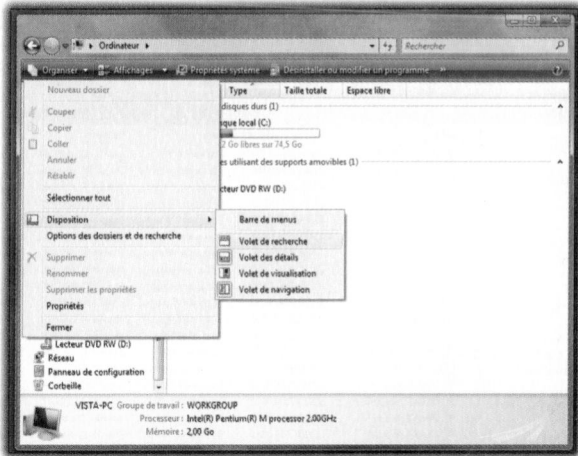

▲ Figure 5.15 : *Procédure d'affichage de la barre de recherche*

2. La barre de recherche apparaît.

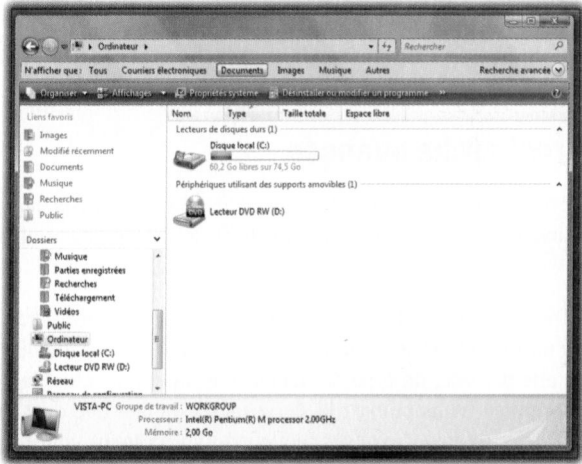

▲ Figure 5.16 : *La barre de recherche*

3. Tapez une requête de recherche dans la barre de recherche rapide. Dans cet exemple, saisissez le mot `Vista`.

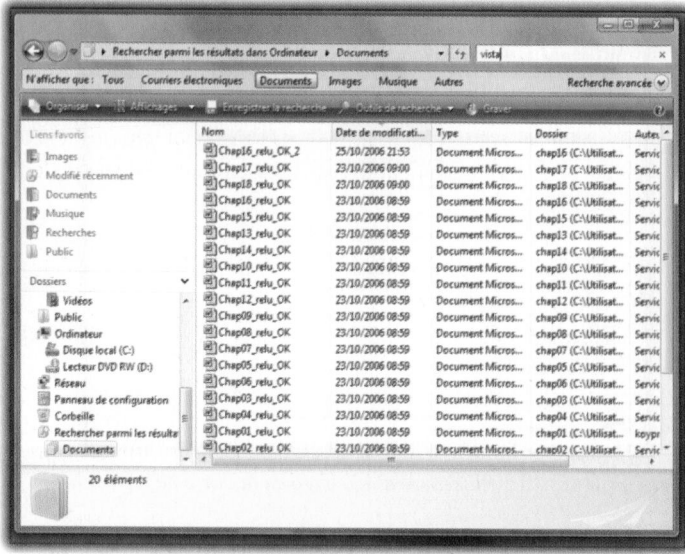

▲ Figure 5.17 : *Résultat d'une recherche*

4. Cliquez sur le bouton **Enregistrer la recherche** puis donnez un nom à votre recherche.

Barre de recherche avancée

Pour encore plus de détails et de précision, vous pouvez utiliser la barre de recherche avancée qui vous permet de lancer des recherches multicritères.

À l'instar de l'exemple précédent, la barre de recherche avancée lance une recherche sur un mot-clé et un auteur. Autre exemple, une recherche sur un mot-clé et une période, un type de fichier et des e-mails, etc. Une fois la recherche terminée, vous pouvez la sauvegarder en tant que dossier de recherche afin de pouvoir la relancer facilement au moment voulu.

1. Ouvrez l'Explorateur Windows en cliquant sur le logo de démarrage puis sur **Tous les programmes**, **Accessoires** et **Explorateur Windows**.

2. Cliquez sur **Organiser** puis sur **Disposition**. Cliquez sur **Volet de recherche** puis déployez **Recherche avancée**.

3. Vous pouvez entrer de multiples critères, comme rechercher les fichiers dont le titre contient le mot Vista et dont l'extension de fichier est doc.

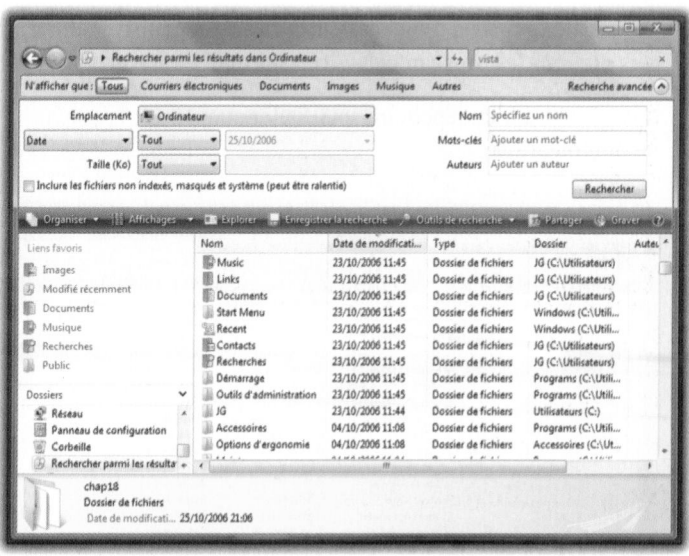

▲ Figure 5.18 : *Résultat d'une recherche multicritères*

Sachez également que vous pouvez inclure tout type de disque dur externe, clé USB ou autre dans vos recherches multicritères puis dans vos dossiers de recherche.

Vues personnalisées des fichiers

En termes d'organisation, vous avez certainement remarqué quand vous avez ouvert l'Explorateur Windows de Windows Vista, la présence des répertoires d'organisation que sont *Documents* (pour les documents), *Images* (pour les images), *Musique* (pour la musique) et *Modifié récemment* (pour les fichiers modifiés récemment).

En plus de ces répertoires, Windows Vista vous permet de créer des vues personnalisées de vos fichiers en combinant la fonctionnalité de recherche rapide et la possibilité d'organiser les fichiers par nom, type, auteur ou marque descriptive.

À cet effet, vous pouvez demander l'affichage de vos données classées par dates de modification.

1. Ouvrez l'Explorateur Windows en cliquant sur le logo de démarrage puis sur **Tous les programmes**, **Accessoires** et **Explorateur Windows**.

2. Naviguez jusqu'au répertoire souhaité et cliquez sur la colonne **Date de modification**.

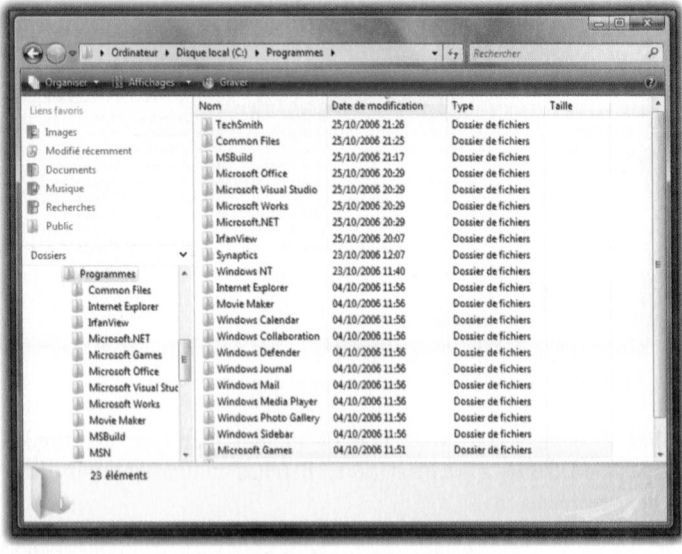

▲ Figure 5.19 : *Classement par dates de modification*

Ou si vous le souhaitez, vous pouvez demander l'affichage de vos données classées par types :

1. Ouvrez l'Explorateur Windows en cliquant sur le logo de démarrage puis sur **Tous les programmes**, **Accessoires** et **Explorateur Windows**.

2. Naviguez jusqu'au répertoire souhaité et cliquez sur la colonne **Type**.

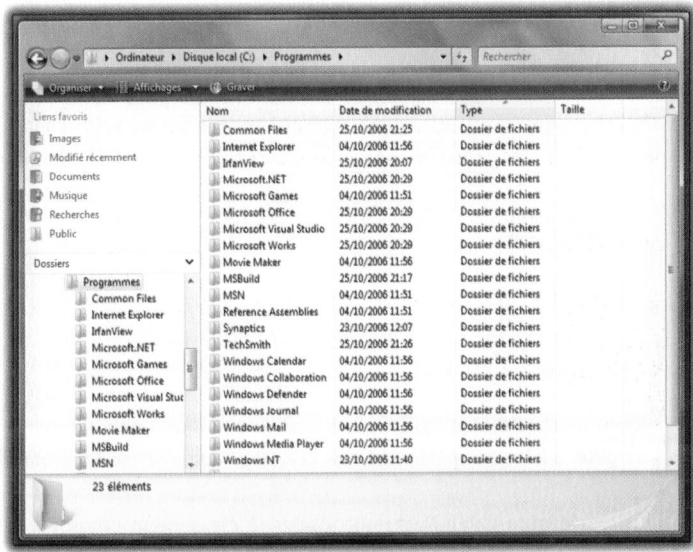

▲ Figure 5.20 : *Classement par types*

En-tête de colonne avancé

Pour classer encore plus finement vos données lorsque vous choisissez de les trier par types ou par auteurs, chaque colonne de classement de l'Explorateur Windows contient un menu déroulant qui offre des fonctions d'organisation.

Si vous souhaitez classer par dates, cliquez sur l'en-tête de colonne pour faire apparaître le menu déroulant ; un mini-calendrier fait son apparition. Sélectionnez les dates que vous voulez pour effectuer votre classement.

1. Ouvrez l'Explorateur Windows en cliquant sur le logo de démarrage puis sur **Tous les programmes**, **Accessoires** et **Explorateur Windows**.

2. Naviguez jusqu'au répertoire souhaité et cliquez sur la flèche de menu à droite de la colonne **Date de modification**.

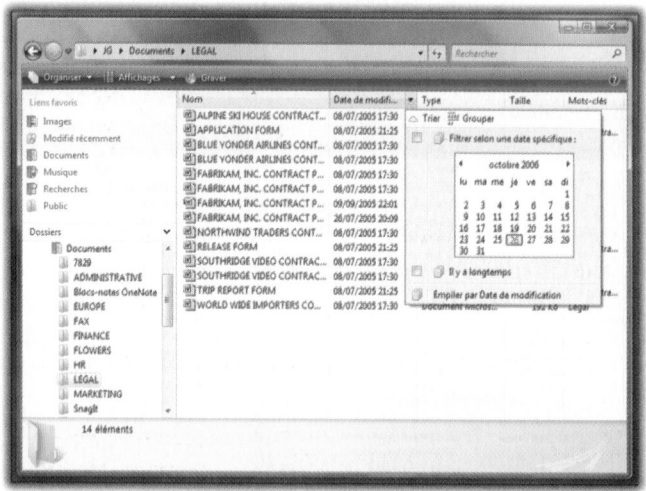

▲ Figure 5.21 : *Menu déroulant de la colonne Date de modification*

3. Utilisez le mini-calendrier pour affiner le classement comme vous le souhaitez. Remarquez la petite encoche de colonne vous indiquant que vous avez effectué un filtre dans votre classement (voir Figure 5.22).

Autre exemple, si vous préférez un classement par types de fichier, faites apparaître le menu déroulant de la colonne type et sélectionnez l'extension de fichier que vous souhaitez voir apparaître dans les fichiers de votre classement.

1. Ouvrez l'Explorateur Windows en cliquant sur le logo de démarrage puis sur **Tous les programmes**, **Accessoires** et **Explorateur Windows**.

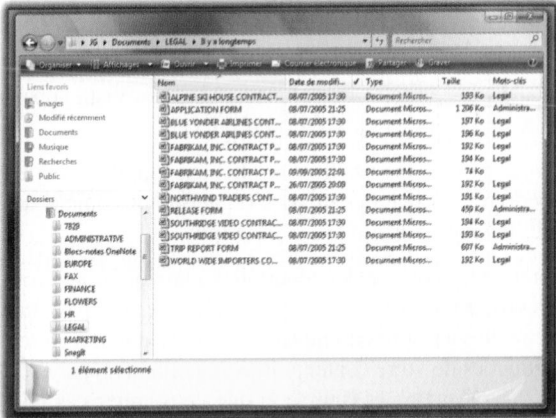

▲ Figure 5.22 : *Classement effectué selon un critère de date de modification*

2. Naviguez jusqu'au répertoire souhaité et cliquez sur la flèche de menu à droite de la colonne **Type**.

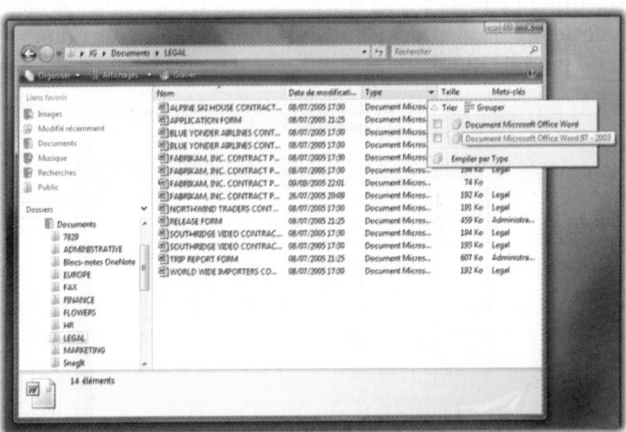

▲ Figure 5.23 : *Menu déroulant de la colonne Type*

3. Sélectionnez l'extension pour affiner le classement comme vous le souhaitez.

Les piles

Avec la fonctionnalité de tri et d'organisation avancée fournie par les menus compris dans les en-têtes de colonne, Windows Vista apporte en plus la possibilité de créer des vues dites en pile.

La vue en pile vous permet de visualiser vos fichiers empilés, rangés dans des pseudo-répertoires, selon un critère d'organisation comme le nom d'auteur, la date, le type ou une marque descriptive.

Ces piles se comportent comme des répertoires classiques, à savoir que vous pouvez les ouvrir ou les fermer, mais les piles ne sont pas vraiment des répertoires car elles n'ont pas d'emplacement physique. En un sens, ce sont des vues virtuelles de votre contenu. Plus important, si, par exemple, un fichier a deux auteurs, Bob et Patrick, et que vous créiez des piles par auteur, le fichier est inclus dans la pile Bob et également dans la pile Patrick, ce qui accroît la flexibilité de votre organisation de fichiers.

1. Ouvrez l'Explorateur Windows en cliquant sur le logo de démarrage puis sur **Tous les programmes**, **Accessoires** et **Explorateur Windows**.

2. Naviguez jusqu'au répertoire souhaité et cliquez sur la flèche de menu à droite de la colonne **Date de modification**. Cliquez sur **Empiler par date de modification**.

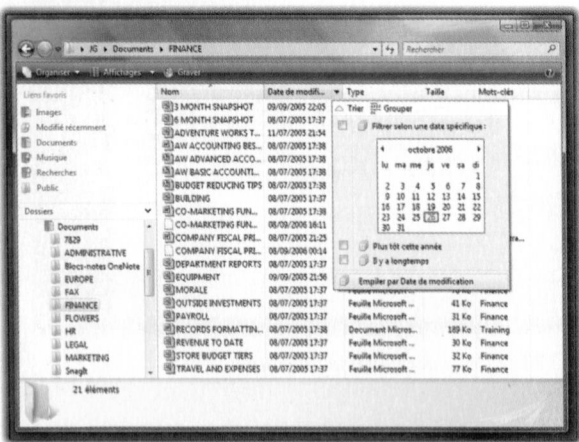

▲ Figure 5.24 : *Menu déroulant de la colonne Date de modification*

3. Vos documents sont répartis dans des piles différentes ordonnées selon des critères de dates.

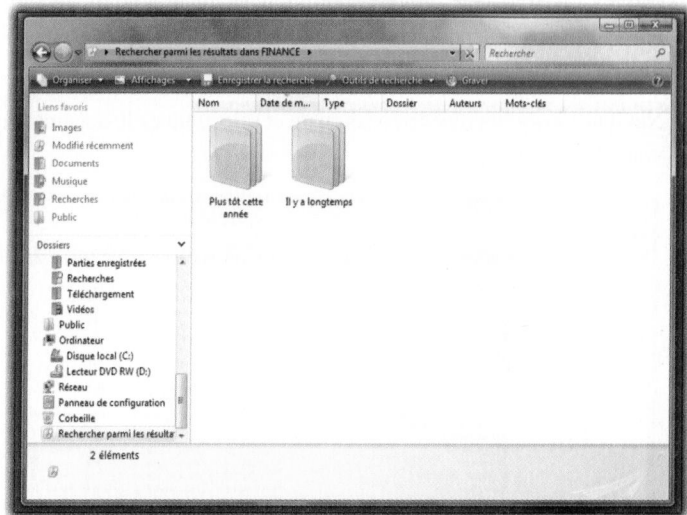

▲ Figure 5.25 : *Les piles par dates de modification*

Les balises

Les fonctionnalités de recherche et d'organisation de Windows Vista étendent l'utilisation des propriétés d'un fichier en y ajoutant une balise, c'est-à-dire un ou plusieurs mots-clés qui vous permettront de repérer le fichier avec une définition qui vous est propre. Cela peut être le nom du projet auquel est rattaché le document, un événement relatif à une photo, un mot-clé qui vous évoque un souvenir, etc. Comme le référencement est libre, tout mot-clé est envisageable et donc vous simplifie le classement.

Ainsi, lorsque vous sauvegardez un document Word, l'application renseigne certains champs dont la date, le nom de l'auteur, etc. À ce moment-là, vous pouvez y ajouter des balises. Ou lorsque vous importez des photos de votre appareil photo numérique, vous pouvez marquer les photos avec les souvenirs qu'elles vous évoquent. Vous pouvez ajouter ces balises facilement, soit sur un fichier à la fois, soit sur un groupe de fichiers.

Pour marquer les fichiers en utilisant le panneau de prévisualisation de l'Explorateur Windows, procédez comme suit :

1. Ouvrez l'Explorateur Windows en cliquant sur le logo de démarrage puis sur **Tous les programmes**, **Accessoires** et **Explorateur Windows**.

2. Naviguez jusqu'au répertoire souhaité et sélectionnez le document que vous désirez marquer.

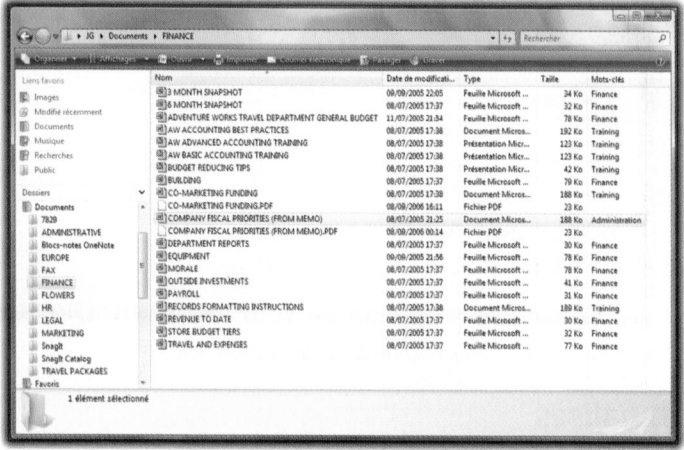

▲ Figure 5.26 : *Sélection d'un fichier à marquer*

3. Cliquez avec le bouton droit de la souris sur le document en question et cliquez sur **Propriétés** puis sur l'onglet **Détails** (voir Figure 5.27).

4. La fenêtre de propriétés du document s'ouvre. Dans le champ *Balises*, entrez le ou les mots-clés que vous souhaitez et appliquez (voir Figure 5.28).

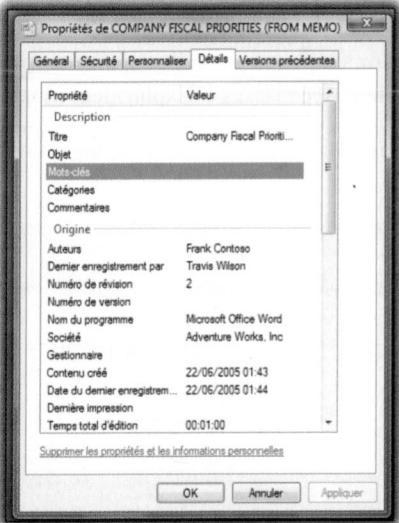

▲ Figure 5.27 : *Fenêtre des propriétés du document*

▲ Figure 5.28 : *Balises du document*

Pour marquer plusieurs fichiers en même temps, procédez comme suit :

1. Ouvrez l'Explorateur Windows en cliquant sur le logo de démarrage puis sur **Tous les programmes**, **Accessoires** et **Explorateur Windows**.

2. Naviguez jusqu'au répertoire souhaité et sélectionnez les documents que vous désirez marquer.

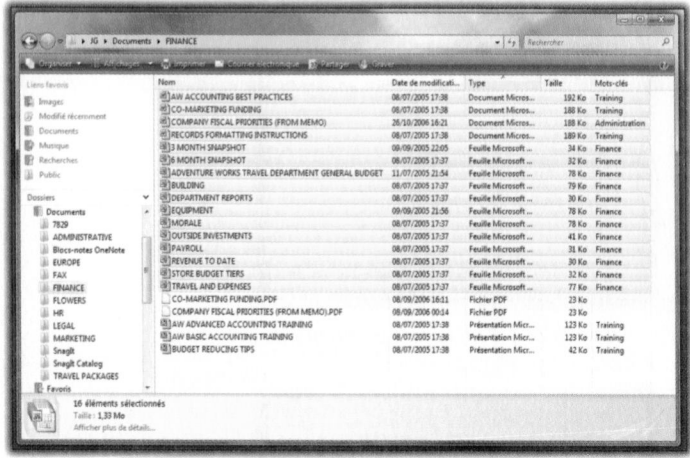

▲ Figure 5.29 : *Sélection d'un fichier à marquer*

3. Cliquez avec le bouton droit de la souris sur les documents et cliquez sur **Propriétés** puis sur l'onglet **Détails**.

4. La fenêtre de propriétés relative à la multisélection de documents s'ouvre. Dans le champ *Balises*, entrez le ou les mots-clés que vous souhaitez et appliquez (voir Figure 5.30).

Pour marquer les fichiers lors de l'ouverture ou de l'enregistrement du document, procédez comme suit sachant que seules les nouvelles applications, telle l'application Office 2007, sont capables de marquer un fichier à l'ouverture ou l'enregistrement :

1. Lorsque vous souhaitez sauvegarder un fichier avec Word 2007, cliquez sur le bouton de sauvegarde.

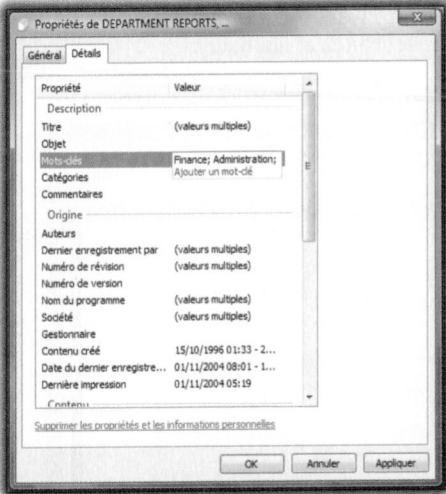

▲ Figure 5.30 : *Mots-clés des documents*

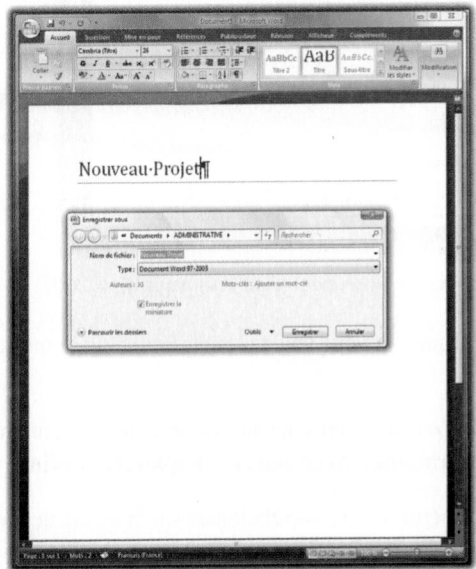

▲ Figure 5.31 : *Sauvegarde de document Word 2007*

2. La fenêtre de sauvegarde s'ouvre. Dans le champ *Balises*, entrez le ou les mots-clés que vous souhaitez et appliquez.

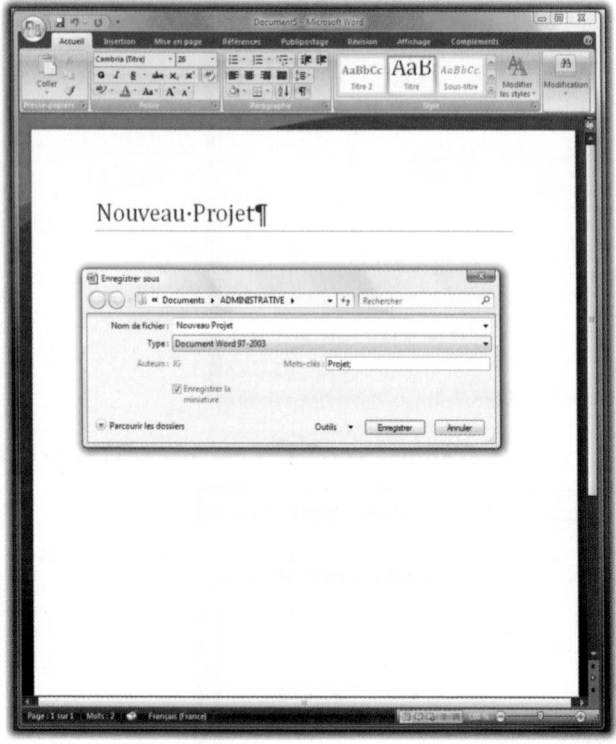

▲ Figure 5.32 : *Sauvegarde avec mot-clé du document Word 2007*

Une fois vos fichiers marqués, si vous voulez les classer selon le mot-clé, procédez comme suit :

1. Ouvrez l'Explorateur Windows en cliquant sur le logo de démarrage puis sur **Tous les programmes**, **Accessoires** et **Explorateur Windows**.

2. Naviguez jusqu'au répertoire souhaité et cliquez sur la flèche de menu à droite de la colonne *Balises*.

3. Sélectionnez la ou les balises pour affiner le classement comme vous le souhaitez.

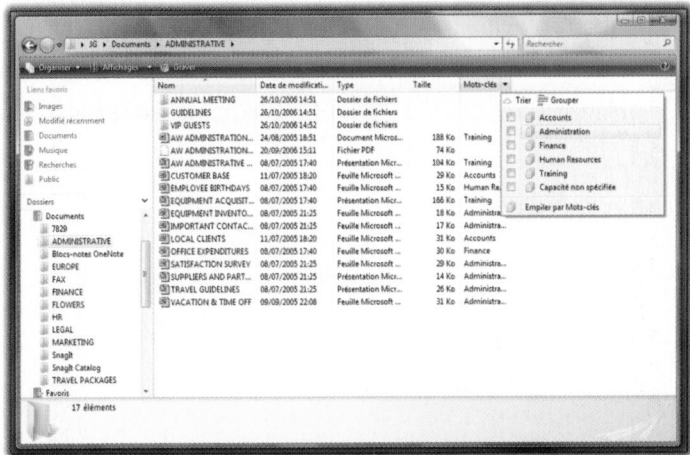

▲ Figure 5.33 : *Classement des fichiers marqués*

Vous pouvez également coupler l'application de balises en créant un dossier de recherche. Vous constatez alors toute la puissance et la flexibilité de ces outils de recherche et d'organisation de Windows Vista et à quel point ils peuvent faciliter la gestion de vos documents.

6

Le Panneau de configuration

Le Panneau de configuration est en quelque sorte votre tableau de bord pour régler et paramétrer votre ordinateur. Au moyen de ce tableau de bord qui fait le lien entre Windows Vista, votre matériel et vous, de nombreuses actions sont possibles. Selon vos préférences, vous avez le choix entre deux modes d'affichage. Un mode par famille, où l'on trouve par exemple la sécurité. Le second mode dit classique vous propose l'ensemble des icônes disponibles dans le Panneau de configuration. Ce chapitre n'a pas pour vocation de vous présenter toutes les icônes et les fonctions qu'elles regroupent car cela nécessiterait un ouvrage complet destiné au Panneau de configuration. Cependant, la plupart des chapitres traitent d'informations qui passent par le Panneau de configuration. Prenons l'exemple du chapitre lié à la surveillance et aux performances. Il reprend à lui seul plus de huit icônes du Panneau de configuration. L'idée, avec ce chapitre, est de vous présenter les différentes fonctions importantes qui n'ont pas été traitées dans cet ouvrage.

6.1 Ouvrir le Panneau de configuration

Pour ouvrir le Panneau de configuration, procédez de la façon suivante :

1. Sélectionnez le menu **Démarrer**.

2. Cliquez sur **Panneau de configuration**.

▲ Figure 6.1 : *Le Panneau de configuration*

6.2 Chercher de l'information dans le Panneau de configuration

Pour effectuer une recherche dans le Panneau de configuration, utilisez par exemple le mot "Problème" :

1. Sélectionnez le menu **Démarrer**.

2. Cliquez sur **Panneau de configuration**.

3. Dans le champ *Recherche*, tapez le mot problème, puis appuyez sur la touche [Entrée].

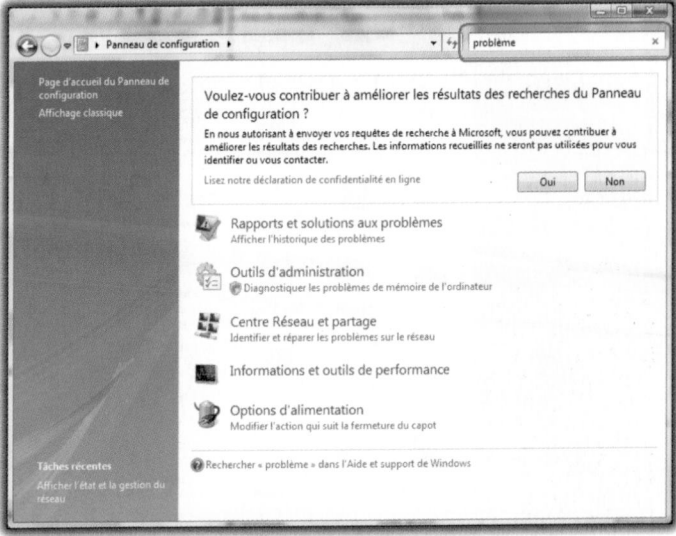

▲ Figure 6.2 : *Recherche intuitive*

6.3 Basculer le Panneau de configuration en mode d'affichage classique

Pour basculer d'un mode à l'autre, procédez de la façon suivante :

1. Sélectionnez le menu **Démarrer**.

2. Cliquez sur **Panneau de configuration**.

3. Dans le volet de gauche, sélectionnez **Affichage classique**.

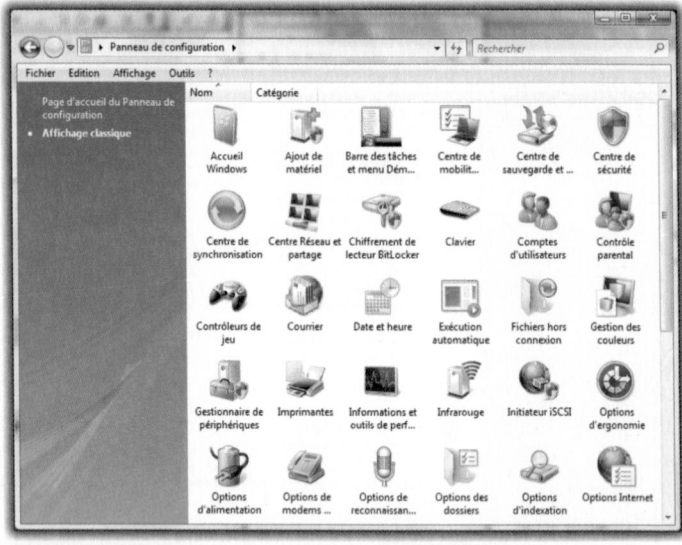

▲ Figure 6.3 : *Panneau de configuration avec l'affichage classique*

6.4 Les grandes familles du Panneau de configuration

Système et maintenance

◁ Figure 6.4 :
Système et maintenance

La partie **Système et maintenance** vous permet de gérer les éléments suivants :

- *Accueil Windows ;*
- *Centre de sauvegarde et restauration ;*
- *Système ;*
- *Windows Update ;*
- *Options d'alimentation ;*
- *Option d'indexation ;*
- *Rapports et solutions aux problèmes ;*
- *Informations et outils de performance ;*
- *Gestionnaire de périphériques*
- *Outils d'administration.*

Parmi les dix icônes que propose la famille **Système et maintenance**, le **Centre de sauvegarde et restauration** peut être un outil très utile puisque c'est à partir de là que vous allez pouvoir réaliser la sauvegarde de votre ordinateur.

Sauvegarder des données

Sauvegarde pour les ordinateurs portables

Aujourd'hui, l'usage de l'ordinateur portable est de plus en plus fréquent, donc si vous faites partie des utilisateurs ayant un

> **remarque** portable, vous ne pourrez pas réaliser de sauvegarde si votre ordinateur fonctionne sur batterie. Il faut impérativement que celui-ci fonctionne sur secteur.

Pour sauvegarder des données, procédez de la façon suivante :

1. Sélectionnez le menu **Démarrer**.

2. Cliquez sur **Panneau de configuration**.

3. Dans le volet droit du **Panneau de configuration**, cliquez sur **Système et maintenance**.

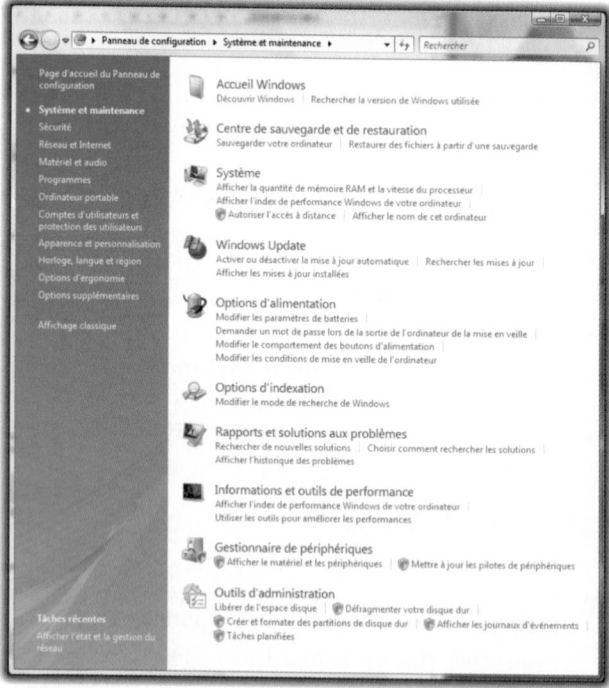

▲ Figure 6.5 : *Système et maintenance du Panneau de configuration*

4. Cliquez sur **Centre de sauvegarde et restauration**.

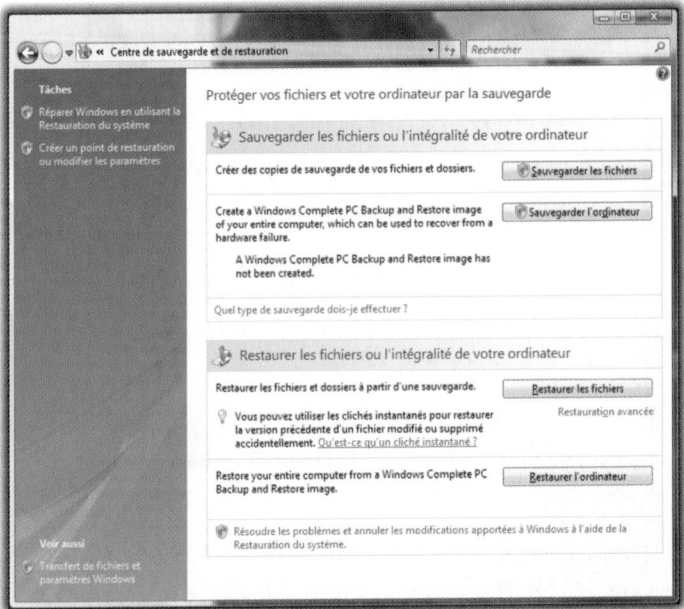

▲ Figure 6.6 : *Centre de sauvegarde et restauration*

5. Dans **Sauvegarder les fichiers ou l'intégralité de votre ordinateur**, cliquez sur **Sauvegarder les fichiers**.

6. Dans la fenêtre **Contrôle du compte utilisateur**, cliquez sur **Continuer**.

7. Choisissez l'emplacement où vous souhaitez enregistrer votre sauvegarde et cliquez sur **Suivant** (voir Figure 6.7).

8. Dans la fenêtre **Quels disques souhaitez-vous inclure dans la sauvegarde ?**, sélectionnez les disques et cliquez sur **Suivant** (voir Figure 6.8).

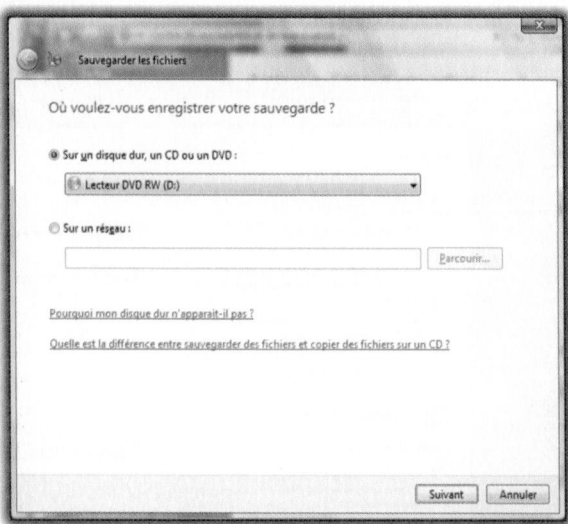

▲ Figure 6.7 : *Choix de l'emplacement de sauvegarde*

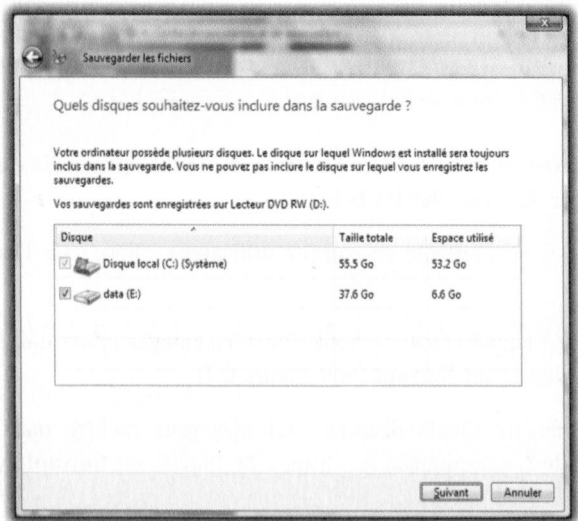

▲ Figure 6.8 : *Choix des disques à sauvegarder*

9. Dans la fenêtre **Quels types de fichiers voulez-vous sauvegarder ?**, sélectionnez les fichiers de votre choix et cliquez sur **Suivant**.

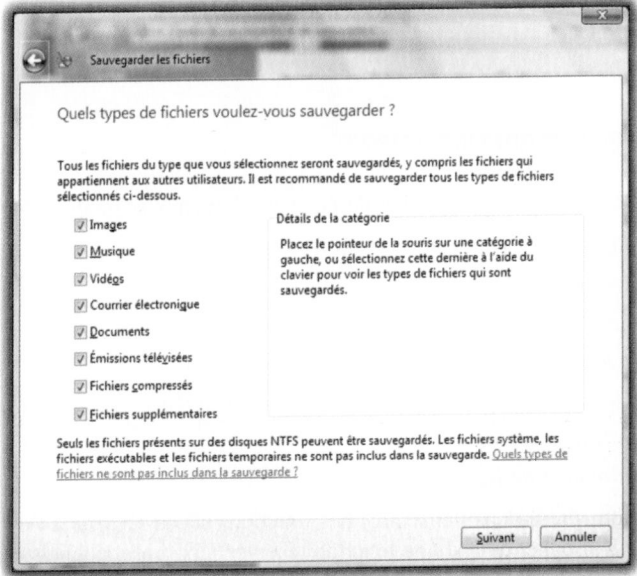

▲ Figure 6.9 : *Choix du type de documents à sauvegarder*

10. Dans la dernière étape, la fenêtre **À quelle fréquence voulez-vous créer une sauvegarde ?**, vous propose de paramétrer les champs suivants :

   – *Fréquence* : Tous les jours, toutes les semaines, tous les mois ;

   – *Jour* ;

   – *Heure*.

   Puis cliquez sur **Enregistrer les paramètres et démarrer la sauvegarde**.

L'intérêt de réaliser des sauvegardes de fichiers consiste à éviter qu'ils ne soient perdus ou endommagés définitivement en cas de suppression accidentelle, d'une attaque par un ver ou un virus ou d'une défaillance logicielle ou matérielle

Sécurité

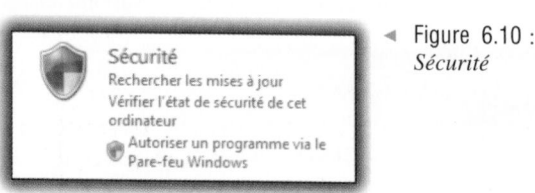

◄ Figure 6.10 :
Sécurité

La partie **Sécurité** vous permet de gérer les éléments suivants :

- *Centre de sécurité ;*
- *Pare-feu ;*
- *Windows Update ;*
- *Windows Defender ;*
- *Options Internet ;*
- *Contrôle parental ;*
- *Chiffrement de lecteur BitLocker.*

Nous vous présentons l'ensemble des fonctions sur la sécurité à l'exception de BitLocker qui est une fonction réservée aux professionnels et aux entreprises. Toutefois, si vous souhaitez plus d'informations sur cette fonction, vous pouvez consulter l'aide et support de Windows Vista qui vous documentera largement sur BitLocker.

Réseau et Internet

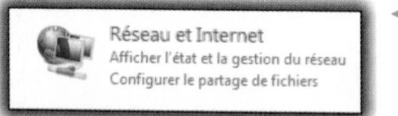

◄ Figure 6.11 :
Réseau et Internet

La partie **Réseau et Internet** vous permet de gérer les éléments suivants :

- *Centre Réseau et partage ;*
- *Options Internet ;*
- *Fichiers hors connexion ;*

- *Pare-feu* ;
- *Voisinage immédiat* ;
- *Centre de synchronisation* ;
- *Infrarouge*.

Parmi les sept icônes que propose la famille **Réseau et Internet**, deux éléments importants sont à noter, le **Centre Réseau et partage** et le **Centre de synchronisation**.

Le Centre Réseau et partage

Pour lancer le **Centre Réseau et partage**, procédez de la façon suivante :

1. Sélectionnez le menu **Démarrer**.

2. Cliquez sur **Panneau de configuration**.

3. Dans le volet droit du **Panneau de configuration**, cliquez sur **Réseau et Internet**.

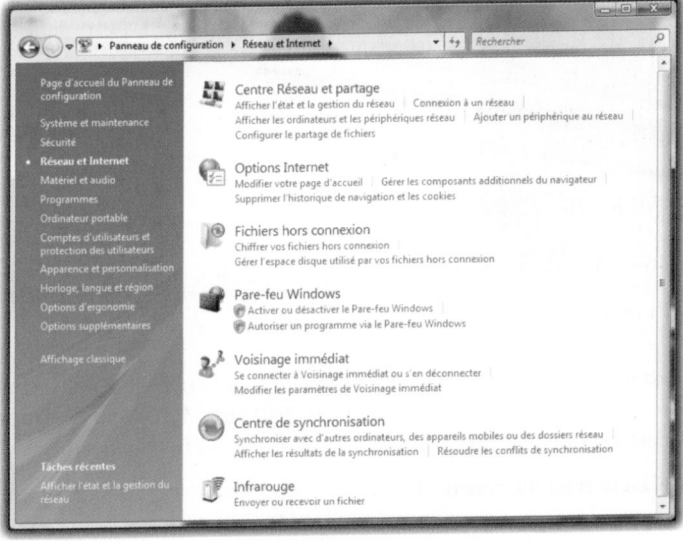

▲ Figure 6.12 : *Réseau et Internet du Panneau de configuration*

4. Cliquez sur **Centre Réseau et partage**.

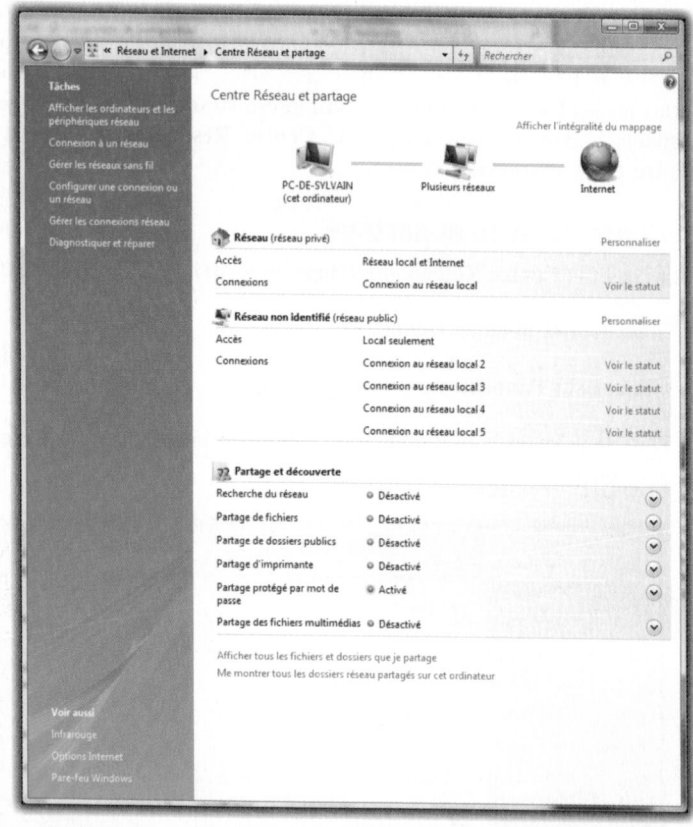

▲ Figure 6.13 : *Centre Réseau et partage*

C'est à partir du **Centre Réseau et partage** que vous allez pouvoir gérer vos connexions réseau ainsi que les partages. La partie **Partage et découverte** vous propose plusieurs options :

■ **Recherche du réseau**. Par défaut, cette fonction est désactivée. Nous vous donnons ici quelques explications sur le fait d'activer ou non cette recherche :

- **Activé**. Cet état vous permet d'afficher d'autres ordinateurs et périphériques sur le réseau à partir de votre ordinateur et permet à des personnes d'autres ordinateurs du réseau de voir votre ordinateur. Vous pouvez aussi accéder à des fichiers et des périphériques partagés, tandis que d'autres personnes peuvent accéder à des périphériques et des fichiers partagés sur votre ordinateur.

- **Désactivé**. Cet état vous empêche d'afficher d'autres ordinateurs et périphériques sur le réseau à partir de votre ordinateur et empêche les personnes d'autres ordinateurs du réseau de voir votre ordinateur. Vous ne pouvez pas accéder à des fichiers et des périphériques partagés sur d'autres ordinateurs, tandis que les autres personnes ne peuvent pas accéder aux périphériques et fichiers partagés sur votre ordinateur.

■ **Partage de fichier**. Par défaut, cette fonction est désactivée. Comme son nom l'indique, elle vous permet de partager des fichiers sur votre ordinateur. Lorsque le partage de fichier est activé, toute personne connectée au réseau peut se connecter aux fichiers et imprimantes que vous avez partagés sur votre ordinateur.

■ **Partage de dossiers publics**. Par défaut, cette fonction est désactivée. Le dossier *Public* est un moyen pratique de partager des fichiers qui sont stockés sur votre ordinateur. Vous pouvez partager les fichiers de ce dossier avec d'autres personnes qui utilisent le même ordinateur ou avec des personnes qui utilisent d'autres ordinateurs sur le même réseau. Tous les fichiers ou dossiers que vous placez dans le dossier *Public* sont automatiquement partagés avec les personnes qui ont accès à votre dossier *Public*.

■ **Partage d'imprimante**. Par défaut, cette fonction est désactivée. Une fois activé, le partage d'imprimante permet à tous les utilisateurs connectés de se connecter et d'imprimer sur les imprimantes connectées à votre ordinateur.

■ **Partage protégé par mot de passe**. Par défaut, cette fonction est activée. Seule fonction activée par défaut, elle vous permet de créer des partages avec un accès réservé aux personnes qui possèdent un mot de passe.

■ **Partage des fichiers multimédias**. Par défaut, cette fonction est désactivée. Une fois activée, cette fonction permet à des personnes ou des périphériques d'accéder aux fichiers musicaux, aux fichiers vidéo et aux images.

Matériel et audio

◄ Figure 6.14 :
*Matériel et
audio*

La partie **Matériel et audio** vous permet de gérer les éléments suivants :

- *Imprimantes*;
- *Exécution automatique* ;
- *Son* ;
- *Souris* ;
- *Options d'alimentation* ;
- *Personnalisation* ;
- *Scanners et appareils photo* ;
- *Clavier* ;
- *Gestionnaire de périphériques* ;
- *Options de modems et téléphonie* ;
- *Contrôleur de jeu* ;
- *Windows SideShow* ;
- *Infrarouge* ;
- *Stylet et périphérique d'entrée* ;
- *Gestion des couleurs* ;
- *Paramètres du tablet PC*.

Parmi les seize icônes que propose la famille **Matériel et audio**, plusieurs éléments sont à retenir.

Options d'alimentation

Pour lancer **Options d'alimentation**, procédez comme suit :

1. Sélectionnez le menu **Démarrer**.

2. Cliquez sur **Panneau de configuration**.

3. Dans le volet droit du **Panneau de configuration**, cliquez sur **Matériel et audio**.

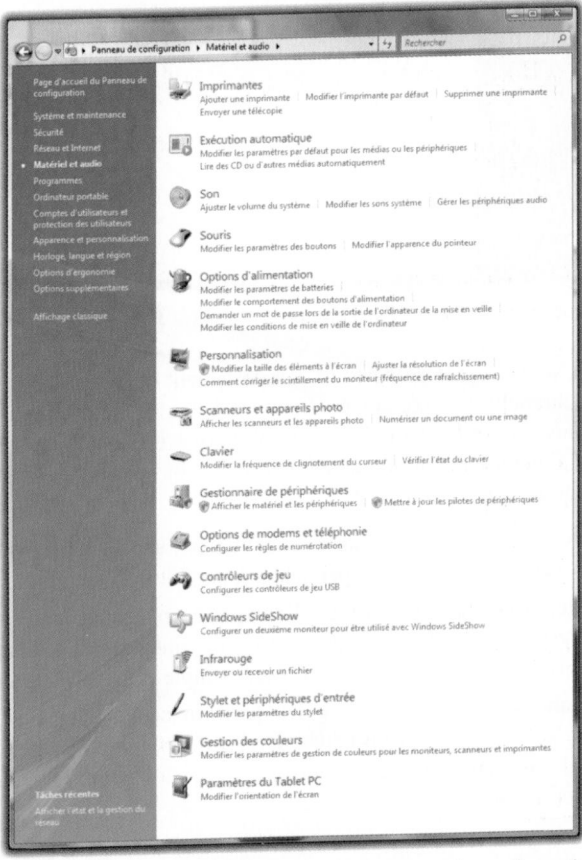

▲ Figure 6.15 : *Matériel et audio du Panneau de configuration*

4. Cliquez sur **Options d'alimentation**.

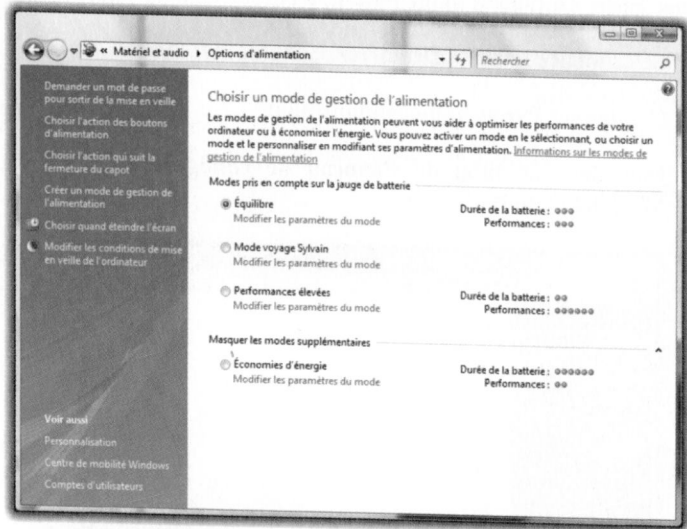

▲ Figure 6.16 : *Options d'alimentation*

Cette option vous permet de gérer le comportement de votre ordinateur lorsqu'il est branché sur secteur ou bien sur batterie. Cette option est surtout destinée aux ordinateurs portables. Windows fournit les modes de gestion de l'alimentation par défaut suivants pour vous permettre de gérer l'alimentation de votre ordinateur :

- **Équilibre**. Offre des performances maximales lorsque vous en avez besoin et économise l'énergie pendant les périodes d'inactivité.
- **Économies d'énergie**. Économise l'énergie en réduisant les performances système. Ce mode peut permettre aux utilisateurs d'ordinateur portable d'optimiser leur utilisation d'une simple charge de batterie.
- **Performances élevées**. Optimise les performances système et les temps de réponse. Les utilisateurs d'ordinateurs portables peuvent remarquer que leur batterie ne dure pas aussi longtemps lorsqu'ils utilisent ce mode.

L'outil **Options d'alimentation** vous permet de créer votre propre mode de gestion de l'alimentation au cas où les modes proposés ne rempliraient pas les conditions requises.

Personnalisation

Cette partie vous permet de personnaliser votre espace de travail, c'est-à-dire votre fond d'écran, la couleur de vos fenêtres ou encore les sons attribués à certaines actions.

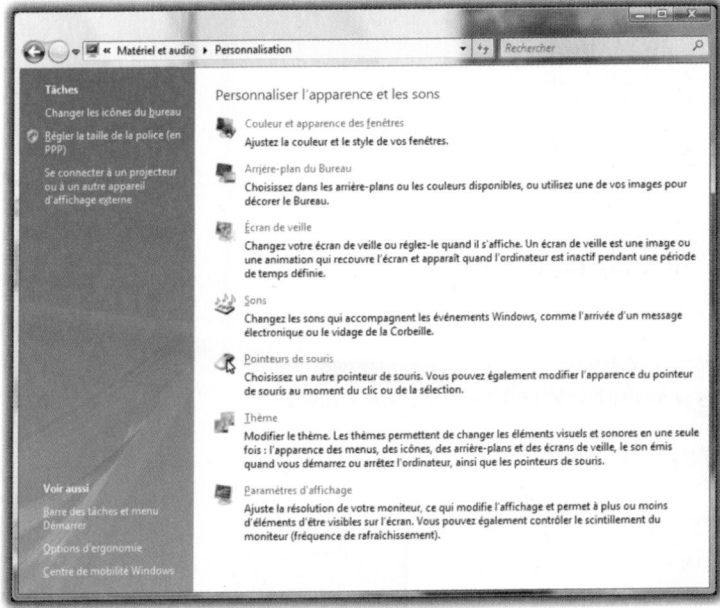

▲ Figure 6.17 : *Personnaliser l'apparence et les sons*

Gestionnaire de périphériques

C'est à partir du **Gestionnaire de périphériques** que vous allez découvrir l'anatomie de votre ordinateur. Vous allez pouvoir aussi constater si certains périphériques ne sont pas installés sur votre ordinateur.

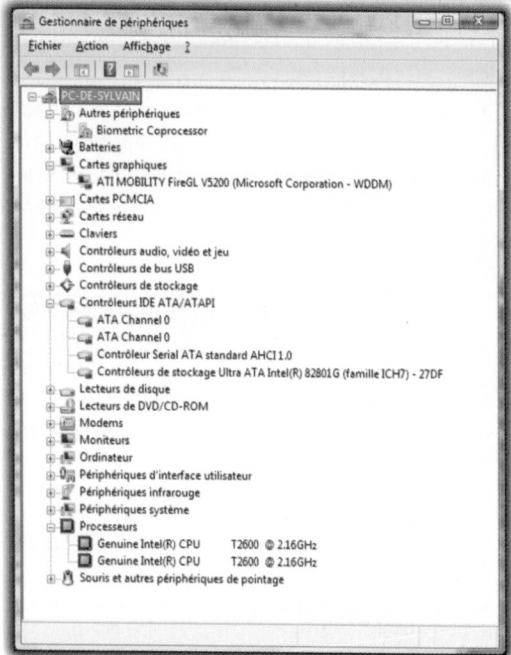

▲ Figure 6.18 : *Gestionnaire de périphériques*

Programmes

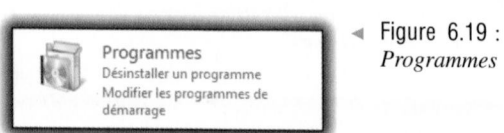

◄ Figure 6.19 :
Programmes

La partie **Programmes** vous permet de gérer les éléments suivants :

- *Programmes et fonctionnalités* ;
- *Windows Defender* ;
- *Programme par défaut* ;
- *Windows SideShow* ;

- *Propriétés du volet Windows* ;
- *Obtenir de l'aide en ligne.*

Parmi les six icônes que propose la famille **Programmes**, l'outil **Programmes et fonctionnalités** peut s'avérer très utile puisque c'est à partir de là que vous allez pouvoir ajouter des programmes, en supprimer mais également ajouter des composants de Windows Vista qui ne sont pas encore installés.

Programmes et fonctionnalités

Avec cette fonction, vous pouvez désinstaller un programme de votre ordinateur si vous n'en avez plus besoin ou si vous souhaitez libérer de l'espace disque sur votre disque dur. Vous pouvez faire appel à **Programmes et fonctionnalités** pour désinstaller des programmes ou pour modifier la configuration du programme en ajoutant ou en supprimant certaines options.

Pour lancer **Programmes et fonctionnalités**, procédez comme suit :

1. Sélectionnez le menu **Démarrer**.

2. Cliquez sur **Panneau de configuration**.

3. Dans le volet droit du **Panneau de configuration**, cliquez sur **Programmes**.

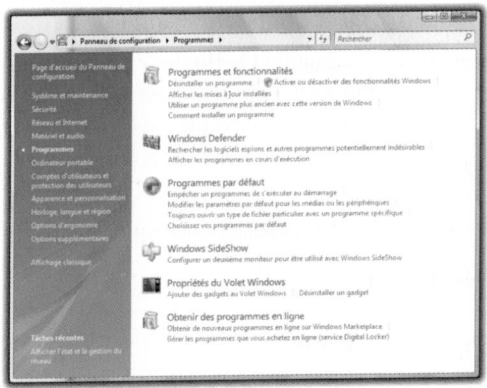

▲ Figure 6.20 : *Programmes du Panneau de configuration*

4. Cliquez sur **Programmes et fonctionnalités**.

◀ Figure 6.21 :
Programmes et fonctionnalités

Ordinateur portable

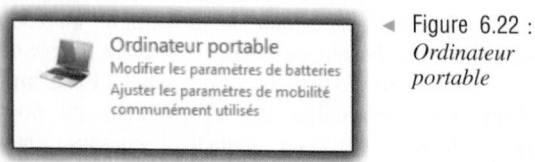

◀ Figure 6.22 :
Ordinateur portable

La partie **Ordinateur portable** vous permet de gérer les éléments suivants :

- *Centre de mobilité* ;
- *Options d'alimentation* ;
- *Personnalisation* ;
- *Paramètres du tablet PC* ;
- *Stylet et périphérique* ;
- *Centre de synchronisation*.

Parmi les six icônes que propose la famille **Ordinateur portable**, l'outil **Centre de mobilité** peut s'avérer très utile puisque c'est à partir de là que vous allez pouvoir gérer les paramètres de mobilité.

Centre de mobilité

Pour lancer le **Centre de mobilité**, procédez comme suit :

1. Sélectionnez le menu **Démarrer**.

2. Cliquez sur **Panneau de configuration**.

3. Dans le volet droit du **Panneau de configuration**, cliquez sur **Ordinateur portable**.

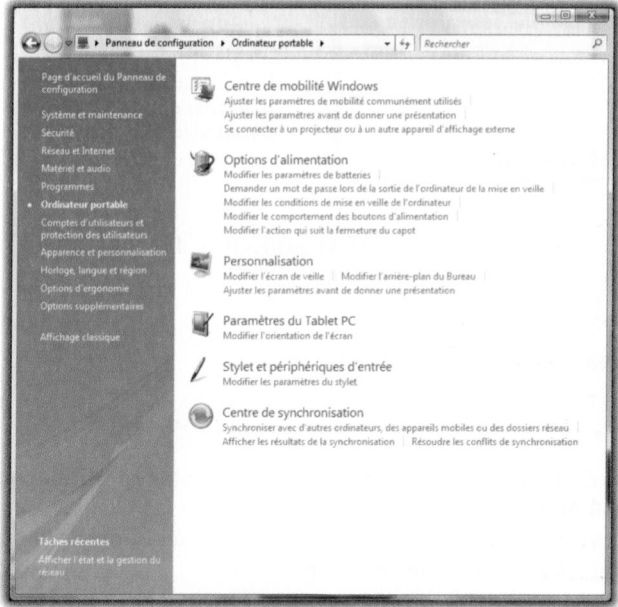

▲ Figure 6.23 : *Ordinateur portable du Panneau de configuration*

4. Cliquez sur **Centre de mobilité Windows**.

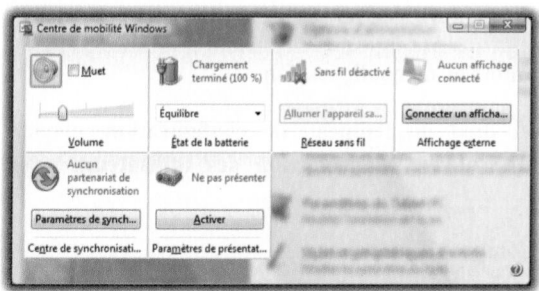

▲ Figure 6.24 : *Centre de mobilité*

Comptes d'utilisateurs et protection des utilisateurs

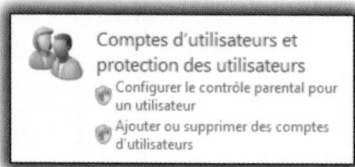

◀ Figure 6.25 :
Comptes d'utilisateurs et protection des utilisateurs

La partie **Comptes d'utilisateurs et protection des utilisateurs** vous permet de gérer les éléments suivants :

- *Comptes d'utilisateurs* ;
- *Contrôle parental* ;
- *Windows CardSpace* ;
- *Courrier.*

Parmi les quatre icônes que propose la famille **Comptes d'utilisateurs et protection des utilisateurs**, **Comptes d'utilisateurs** et **Contrôle parental** peuvent être des outils très utiles. C'est à partir du **Contrôle parental** que vous allez pouvoir surveiller, paramétrer et réguler l'utilisation d'Internet.

Comptes utilisateurs

Pour créer un compte utilisateur, procédez comme suit :

1. Sélectionnez le menu **Démarrer**.

2. Cliquez sur **Panneau de configuration**.

3. Dans le volet droit du **Panneau de configuration**, cliquez sur **Comptes d'utilisateurs et protection des utilisateurs** (voir Figur 6.26).

4. Cliquez sur **Comptes d'utilisateurs**.

5. Cliquez sur **Ajouter ou supprimer des comptes d'utilisateurs**. Dans la fenêtre **Contrôle du compte utilisateur**, cliquez sur **Continuer**.

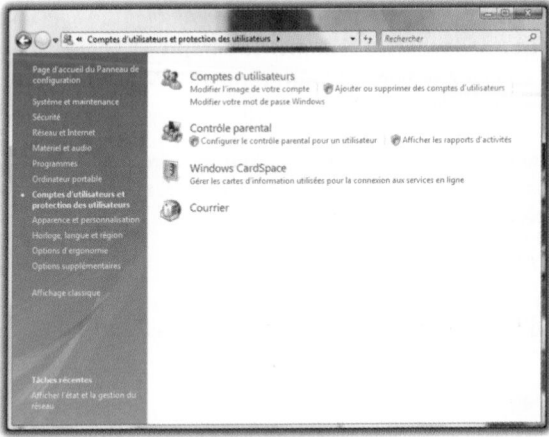

▲ Figure 6.26 : *Comptes d'utilisateurs et protection des utilisateurs du Panneau de configuration*

6. Dans la fenêtre **Gérer les comptes**, sélectionnez **Créer un nouveau compte**.

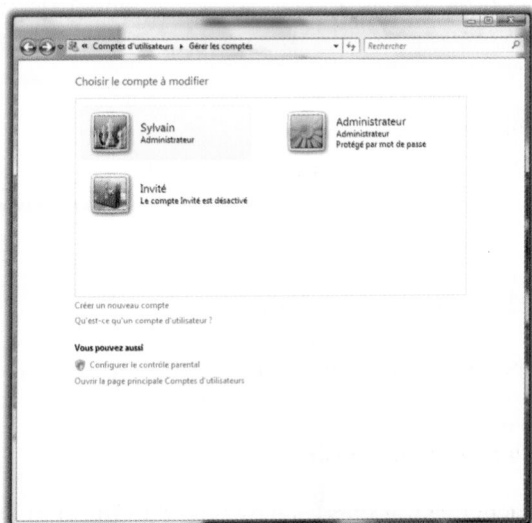

▲ Figure 6.27 : *Gérer les comptes*

7. Dans le champ *Ce nom apparaîtra sur l'écran de bienvenue et dans le menu Démarrer* de la fenêtre **Nommer le compte et choisir un type de compte**, saisissez le nom de votre choix et cliquez sur **Créer un compte**.

▲ Figure 6.28 : *Création du compte*

Apparence et personnalisation

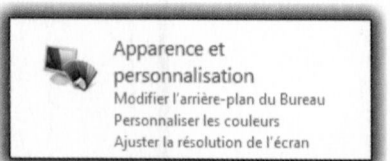

Apparence et personnalisation
Modifier l'arrière-plan du Bureau
Personnaliser les couleurs
Ajuster la résolution de l'écran

◄ Figure 6.29 :
Apparence et personnalisation

La partie **Apparence et personnalisation** vous permet de gérer les éléments suivants :

- *Personnalisation* ;
- *Barre de tâches et menu Démarrer* ;
- *Options d'ergonomie* ;
- *Options de dossiers* ;
- *Polices* ;
- *Propriétés du volet Windows.*

Parmi les six icônes de la famille Apparence et personnalisation, l'outil Propriétés du volet Windows vous permet de personnaliser le volet, mais aussi le nombre de barres, l'organisation droite ou gauche.

Horloge, langue et région

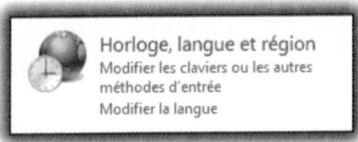

◁ Figure 6.30 :
Horloge, langue et région

La partie **Horloge, langue et région** vous permet de gérer les éléments suivants :

- *Date et heure* ;
- *Options régionales et linguistiques.*

Options d'ergonomie

◁ Figure 6.31 :
Options d'ergonomie

La partie **Options d'ergonomie** vous permet de gérer les éléments suivants :

- *Options d'ergonomie* ;
- *Options de reconnaissance vocale.*

Options supplémentaires

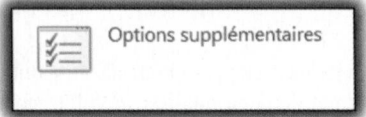

◁ Figure 6.32 :
Options
supplémentaires

La partie **Options supplémentaires** vous permet de gérer les éléments ajoutés par d'autres programmes; il peut arriver que ce dossier soit vide.

7

Galerie de photos Windows

Galerie de photos Windows est le logiciel de récupération, de classement et de traitement des images, photos et vidéos inclus dans Windows Vista. Il permet d'organiser simplement et efficacement tous les fichiers de type images et vidéos stockés sur l'ordinateur. Et l'on sait maintenant combien la masse de photos et d'images devient importante avec la démocratisation des appareils photo numériques et des scanners.

Avec Galerie de photos Windows vous pouvez, en un point unique, importer vos photos de votre appareil photo numérique ou importer vos images de votre scanner ou importer vos vidéos de votre caméscope.

7.1 Coup d'œil à Galerie de photos Windows

Lancez l'outil afin de vous familiariser avec son look :

1. Cliquez sur le logo **Windows** de démarrage.

2. Cliquez sur **Tous les programmes** puis sur **Galerie de photos Windows**.

▲ Figure 7.1 : *Galerie de photos Windows*

Premier aperçu de l'outil : vous y trouvez les images par défaut de Windows Vista et vos photos. En passant le curseur de la souris sur une photo, celle-ci s'agrandit aussitôt.

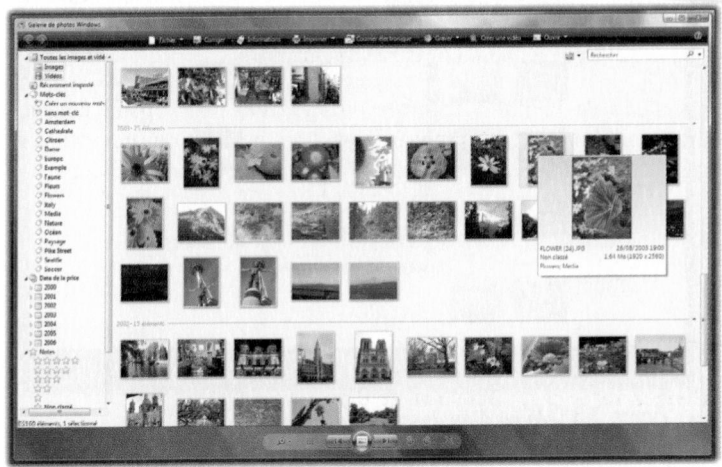

▲ Figure 7.2 : *Agrandissement automatique avec Galerie de photos Windows*

La Galerie de photos Windows affiche automatiquement les images et vidéos stockées dans le dossier *Images* de votre ordinateur. Vous pouvez modifier à tout moment le contenu de la Galerie de photos en ajoutant et en supprimant des dossiers, ce qui est très pratique si vous stockez certaines de vos images et vidéos ailleurs que dans le dossier *Images* de votre ordinateur. Vous pouvez également ajouter des images et des vidéos individuelles à la Galerie de photos sans ajouter un dossier entier.

Ajouter un dossier à la galerie

Lorsque vous ajoutez un dossier à la Galerie de photos, toutes les images et vidéos qu'il contient s'affichent dans la Galerie. Vous ne pouvez ajouter qu'un seul dossier à la fois à la Galerie de photos. Vous devrez donc répéter cette procédure pour chaque dossier à ajouter.

1. Ouvrez la **Galerie de photos Windows**.

2. Dans le menu **Fichier**, cliquez sur **Ajouter un dossier à la Galerie**.

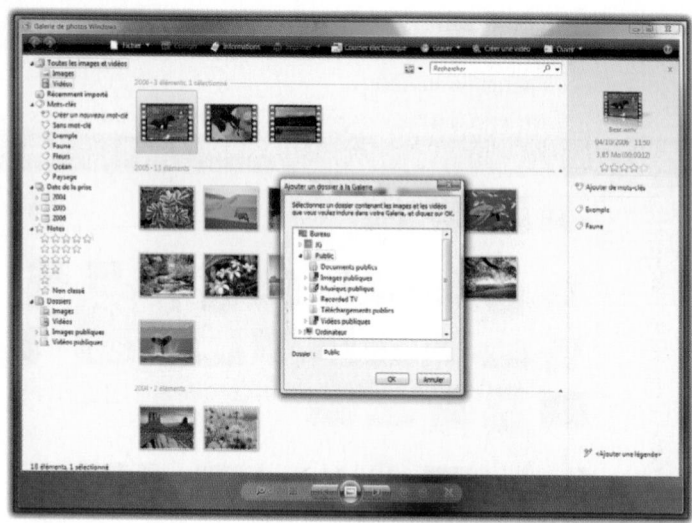

▲ Figure 7.3 : *Ajout d'un dossier à la Galerie*

3. Cliquez sur le dossier contenant les images et les vidéos à ajouter, puis cliquez sur OK.

Vous devez éviter d'ajouter certains dossiers à la Galerie de photos. Le dossier *Disque local*, par exemple, est appelé dossier racine car il représente l'ensemble du disque dur. L'ajout de ce dossier à la Galerie de photos ralentit considérablement son exécution. Vous devez éviter d'ajouter le dossier Windows et autres emplacements système à la Galerie de photos pour des raisons similaires.

Ajouter des images à la galerie

Vous pouvez également ajouter des images et des vidéos individuelles à la Galerie de photos sans inclure automatiquement tous les autres fichiers stockés dans le même dossier.

1. Ouvrez le dossier contenant l'image ou la vidéo à ajouter à la Galerie de photos.

2. Ouvrez la **Galerie de photos Windows**.

3. Faites glisser l'image ou la vidéo du dossier vers la fenêtre de la Galerie de photos.

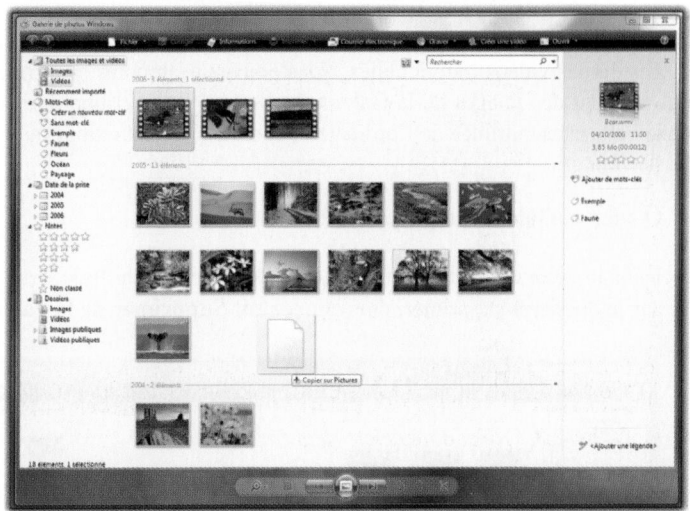

▲ Figure 7.4 : *Ajout d'images à la Galerie*

L'image ou la vidéo est copiée dans votre dossier *Images* et ajoutée automatiquement à la Galerie de photos.

Seules des images et des vidéos peuvent être ajoutées à la Galerie de photos. Si vous essayez d'ajouter d'autres types de fichiers, ils seront copiés dans le dossier *Images*, mais n'apparaîtront pas dans la Galerie de photos. Aussi, sachez que seules les images portant l'extension de nom de fichier *.jpeg* apparaîtront dans la Galerie de photos. Les images portant d'autres extensions, comme *.bmp* et *.gif*, n'apparaîtront pas.

Supprimer un dossier de la Galerie

Lorsque vous supprimez un dossier de la Galerie de photos, vous ne les supprimez pas de l'ordinateur. Si vous supprimez un dossier, la Galerie de photos n'affiche plus les images et les vidéos qui se trouvaient dans ce dossier, mais le dossier reste sur l'ordinateur.

Vous pouvez supprimer à tout moment des dossiers qui ont été ajoutés à la Galerie de photos, mais vous ne pouvez pas supprimer les dossiers qui se trouvent par défaut dans la Galerie de photos. Un dossier supprimé n'apparaît plus dans la Galerie de photos. Vous pouvez supprimer des dossiers de la Galerie de photos, mais vous ne pouvez pas supprimer des images ou des vidéos individuelles. Vous pouvez néanmoins supprimer à tout moment des images de la Galerie de photos. Si vous supprimez une image, elle est supprimée de l'ordinateur, comme si vous la supprimiez du dossier *Images*.

1. Ouvrez la **Galerie de photos Windows**.

2. Dans le volet de navigation, cliquez avec le bouton droit de la souris sur le dossier à supprimer, puis cliquez sur **Supprimer de la galerie**.

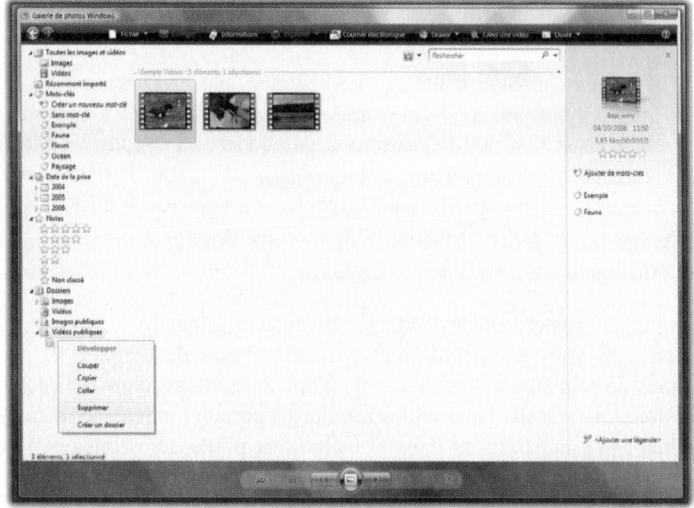

▲ Figure 7.5 : *Suppression d'un dossier*

La Galerie de photos est un autre moyen d'afficher et d'organiser vos images et vos vidéos. Elle affiche les images et les vidéos que vous avez stockées dans le dossier *Images* et d'autres dossiers de votre ordinateur. Elle ne remplace pas les dossiers de votre ordinateur. Par conséquent, vous ne devez pas supprimer les images de la Galerie de photos ou du dossier

Images, sauf si vous souhaitez réellement les supprimer de votre ordinateur. Si vous le faites, elles seront supprimées de votre ordinateur et n'apparaîtront plus dans le dossier *Images*, ni dans la Galerie de photos.

7.2 Importez vos photos

Galerie de photos Windows vous sert de logiciel de support pour importer les photos de votre appareil numérique, sans avoir besoin d'installer un logiciel spécifique.

La plupart des appareils photo numériques stockent les images sur une carte mémoire flash, telle qu'une carte Compact Flash ou Secure Digital (SD). Lorsque la carte mémoire est pleine, vous devez importer les images sur l'ordinateur. Vous pouvez ensuite effacer la carte mémoire pour pouvoir y stocker de nouvelles images.

Deux méthodes principales permettent d'importer des images :

■ Connecter directement l'appareil photo. Vous pouvez importer des images en connectant l'appareil photo directement à l'ordinateur à l'aide d'un câble USB . Avec cette méthode, votre appareil photo doit être allumé, si bien que l'importation d'images consommera de l'énergie fournie par la batterie. Si vous importez régulièrement des images, pensez à garder le câble à portée de main.

■ Utiliser un lecteur de carte mémoire. La méthode la plus rapide pour importer des images consiste à utiliser un lecteur de carte mémoire que vous devez acheter séparément ou qui est peut-être directement intégré dans votre ordinateur (renseignez-vous auprès de votre revendeur). Retirez la carte mémoire de l'appareil photo, insérez-la dans le lecteur de carte, puis branchez le lecteur de carte sur le port USB de votre ordinateur.

Quelle que soit la méthode utilisée, Windows doit pouvoir reconnaître automatiquement l'appareil photo ou le lecteur de carte lorsque vous le branchez dessus.

Puis, procédez comme suit :

1. Connectez votre appareil photo numérique à votre ordinateur.

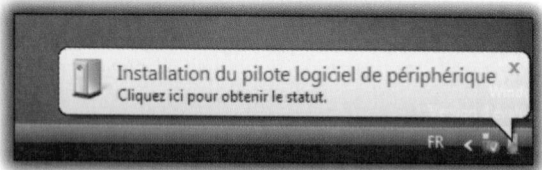

▲ Figure 7.6 : *Connexion de l'appareil photo*

2. Dans la boîte de dialogue **Exécution automatique** qui apparaît, cliquez sur **Importer des images et des vidéos**. Windows détectera les images sur votre carte mémoire.

◀ Figure 7.7 :
Importer les images

3. Une fois que Windows a détecté vos images, vous êtes invité à créer une balise (un mot ou une phrase courte décrivant le groupe) pour les images importées. Le cas échéant, tapez le nom de la balise dans la zone *Baliser ces images (facultatif)*. Si les images importées n'ont aucun point en commun, ignorez cette étape. Vous pourrez plus tard ajouter des balises aux images individuelles. Quand vous êtes prêt, cliquez sur **Importer**.

▲ Figure 7.8 : *Importation d'images et de vidéos en cours*

4. Lorsque Windows commence l'importation des images, activez la case à cocher *Effacer après l'importation* si vous souhaitez que les images soient supprimées de la carte mémoire à la fin de l'importation. Cela libère de l'espace sur votre carte et vous permet de prendre de nouvelles photos.

5. Une fois les images importées, elles s'affichent dans la Galerie de photos Windows.

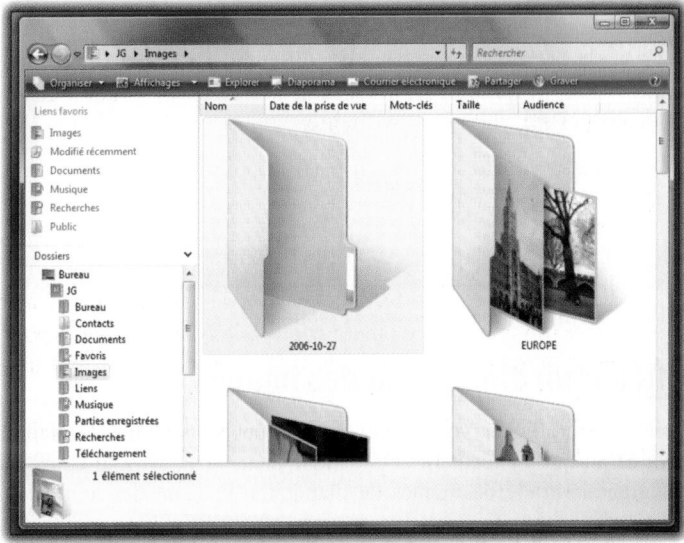

▲ Figure 7.9 : *Affichage des images dans la Galerie*

Utilisez la Galerie de photos Windows pour visualiser les nouvelles photos importées.

Faire pivoter une image

Les images verticales peuvent s'afficher de côté dans la Galerie de photos. Pour faire pivoter ces images dans le bon sens, cliquez sur le bouton **Faire pivoter vers la gauche** ou **Faire pivoter vers la droite**.

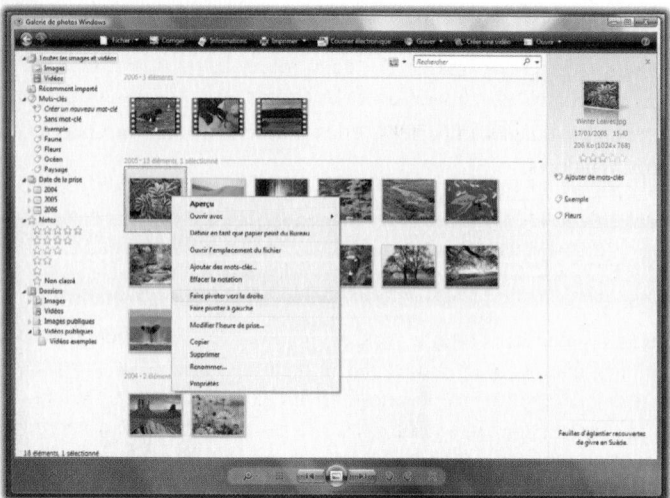

▲ Figure 7.10 : *Faire pivoter vers la droite*

Afficher un diaporama des images

Vous pouvez afficher vos images numériques sous forme de diaporama plein écran qui s'exécutera automatiquement. Vous avez le choix parmi une grande variété de thèmes de diaporama incluant des animations et autres effets visuels. Certains thèmes affichent plusieurs images sur l'écran simultanément.

Pour lancer un diaporama, procédez comme suit :

1. Sélectionnez les images souhaitées.

2. Cliquez sur le bouton **Diaporama** dans la partie inférieure de la Galerie de photos. Si vous ne sélectionnez aucune image, le diaporama inclura toutes les images de l'affichage en cours.

▲ Figure 7.11 : *Lancement du diaporama*

Lorsqu'un diaporama est en cours d'exécution, des commandes vous permettent de l'interrompre, de régler sa vitesse, d'aller en avant ou en arrière et d'afficher les images de façon aléatoire ou dans l'ordre. Pour afficher ces contrôles, cliquez avec le bouton droit de la souris sur le diaporama pour afficher un menu.

Pour arrêter un diaporama, cliquez sur **Quitter** sur les commandes du diaporama ou appuyez sur la touche (Échap) du clavier.

7.3 Retouchez vos photos

Vous pouvez maintenant éditer vos photos pour les retoucher. Pour cela, sélectionnez une photo et cliquez sur le bouton **Corriger** puis ajustez les paramètres désirés, comme la retouche des yeux rouges, la couleur, etc. Lorsque vous corrigez une photo, il n'y a pas de procédure d'enregistrement de la photo retouchée : elle est automatiquement enregistrée. Par contre, les boutons **Annuler** et **Rétablir** en bas à droite de la fenêtre vous permettent de revenir en arrière (à la photo d'origine) si les corrections ne vous semblent pas appropriées.

▲ Figure 7.12 : *Retouche d'images sous Galerie de photos Windows*

Vous avez déjà eu l'occasion de prendre des photos au flash, et vous avez probablement noté que les personnes ont parfois les yeux rouges. Ce phénomène appelé "yeux rouges" est provoqué par le reflet du flash de l'appareil photo sur la rétine du sujet photographié. Vous pouvez minimiser ce phénomène en utilisant la fonctionnalité d'atténuation des yeux rouges de votre appareil photo. Vous pouvez également utiliser la Galerie de photos Windows pour atténuer ou supprimer les yeux rouges sur vos photos.

1. Ouvrez la **Galerie de photos Windows**.

2. Cliquez sur l'image à corriger, puis dans la barre d'outils, cliquez sur **Corriger**.

3. Dans le volet de correction, cliquez sur **Corriger les yeux rouges**.

▲ Figure 7.13 : *Correction des yeux rouges*

4. Cliquez dans l'angle supérieur gauche du premier œil rouge à corriger, puis faites glisser le pointeur de la souris vers son angle inférieur droit pour créer une sélection autour de l'œil. La correction des yeux rouges se fait automatiquement.

5. Répétez la sélection pour chaque œil à corriger.

▲ Figure 7.14 : *Sélection de l'œil*

Vous pouvez atténuer davantage les yeux rouges en sélectionnant plusieurs fois l'œil à corriger.

7.4 Numérisez vos images

En utilisant la Galerie de photos Windows, vous pouvez numériser, modifier et organiser des images. Les images numérisées sont automatiquement stockées dans votre dossier *Images*, exactement comme celles que vous pouvez importer d'un appareil photo.

Pour numériser une image en utilisant la Galerie de photos Windows, procédez comme suit :

1. Avant de commencer, vérifiez que vous avez installé le scanner sur l'ordinateur et que le scanner est allumé. Consultez le manuel de votre matériel.

2. Ouvrez la **Galerie de photos Windows**.

3. Cliquez sur **Fichier**, puis sur **Importer depuis un appareil photo ou un scanner**.

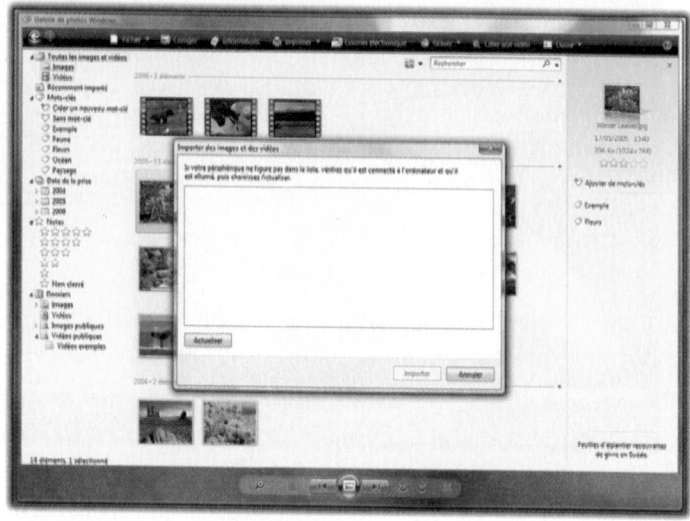

▲ Figure 7.15 : *Importation d'images*

4. Dans la fenêtre **Importer des images et des vidéos**, cliquez sur le scanner à utiliser, puis cliquez sur **Importer**.

5. Dans la boîte de dialogue **Nouvelle numérisation**, cliquez sur la liste des *Profils*, puis cliquez sur **Photo**. Les paramètres par défaut pour numériser une image sont automatiquement affichés.

6. Si vous utilisez un scanner équipé d'un bac d'alimentation, cliquez sur la liste *Format du papier*, puis cliquez sur la taille de l'image que vous avez placée sur le scanner ou sur la taille la plus proche de l'image.

7. Cliquez sur la liste *Format de la couleur*, puis cliquez sur le format de couleur que vous souhaitez que le fichier numérisé affiche.

8. Cliquez sur la liste *Type de fichier*, puis cliquez sur le type de fichier à utiliser pour enregistrer le fichier numérisé.

9. Cliquez sur la liste *Résolution (ppp)*, puis cliquez sur la résolution, en points par pouce, à utiliser.

10. Réglez les paramètres de luminosité et de contraste ou tapez les valeurs à utiliser.

11. Pour voir comment apparaîtra l'image une fois numérisée, cliquez sur **Aperçu**. Si nécessaire, modifiez vos paramètres de numérisation, puis affichez de nouveau un aperçu de l'image. Recommencez cette procédure jusqu'à ce que vous soyez satisfait des résultats affichés dans l'aperçu. Avec certains scanners, il peut être nécessaire de placer l'image dans le bac d'alimentation à chaque numérisation.

12. Cliquez sur **Numériser**. Une fois la numérisation terminée, la Galerie de photos Windows vous invite à baliser l'image afin de la retrouver et l'organiser plus facilement.

7.5 Organisez vos images

Vous pouvez créer une copie d'une image avant de la modifier dans la Galerie de photos Windows. Vous pourrez ainsi créer deux versions différentes d'une image ou modifier une version sans toucher à la copie d'origine.

1. Ouvrez la **Galerie de photos Windows**.

2. Double-cliquez sur l'image ou la vidéo à copier.

3. Cliquez dans le menu **Fichier**, puis cliquez sur **Effectuer une copie** (voir Figure 7.16).

4. Choisissez un emplacement d'enregistrement de la copie et tapez un nouveau nom pour l'image ou cliquez simplement sur **Enregistrer**.

Si vous enregistrez l'image dans un dossier inclus dans la Galerie de photos, la copie et l'original apparaîtront dans la Galerie de photos. Le nouveau fichier comportera la même date de prise de vue et la même balise que l'original.

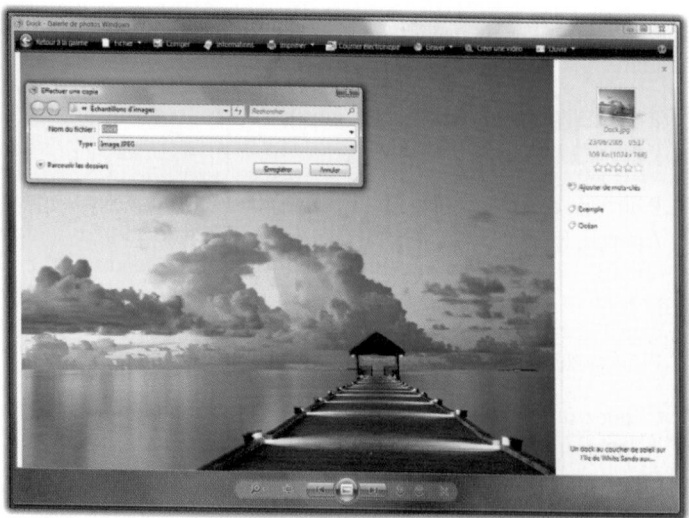

▲ Figure 7.16 : *Copie d'images*

Si vous avez peur de perdre la version originale de l'image en la modifiant, n'oubliez pas que vous pouvez toujours annuler vos modifications. Vous n'avez pas nécessairement besoin de dupliquer une image avant de la modifier, sauf si vous souhaitez à la fois une version originale et une version modifiée. Si les modifications apportées à une image dans la Galerie de photos ne vous satisfont pas, il vous suffit d'ouvrir le volet de correction à tout moment, de cliquer sur **Annuler** en bas du volet de correction, puis de cliquer sur **Revenir à l'original**. Toutes les modifications que vous avez apportées seront ignorées et l'image retrouvera son format d'origine.

Vous pouvez classer intelligemment toutes ces photos à l'aide des méthodes de classement proposées : soit en leur affectant une note grâce à des niveaux d'étoiles, soit en créant des catégories (des balises), soit en les classant plus simplement dans des répertoires.

▲ Figure 7.17 : *Toutes les photos classées 5 étoiles dans Galerie de photos Windows*

Vous pouvez envoyer vos photos très simplement par e-mail en sélectionnant votre photo et en cliquant sur le bouton **Courrier électronique**. Une fenêtre s'affiche vous permettant de compresser l'image.

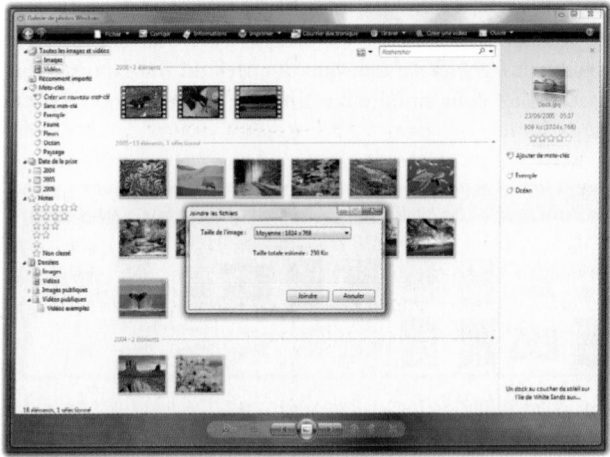

▲ Figure 7.18 : *Option de compression avant envoi par e-mail*

Cliquez sur le bouton **Joindre** et vous serez en mesure d'envoyer votre e-mail avec la photo sélectionnée comme pièce jointe.

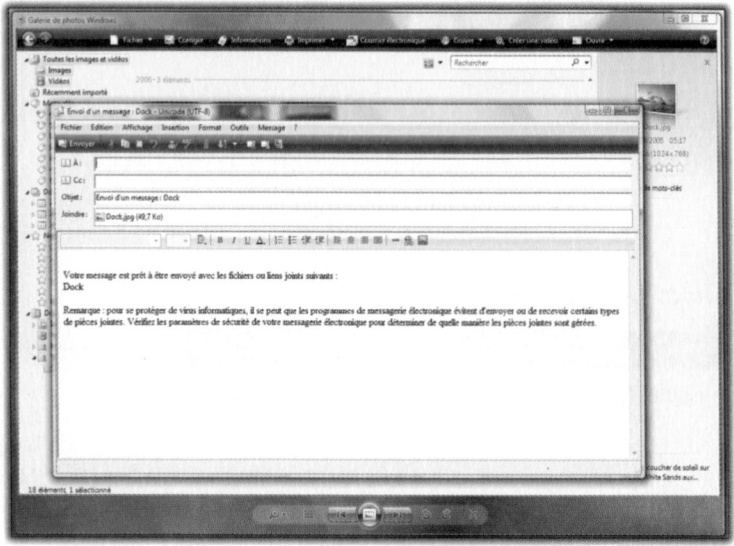

▲ Figure 7.19 : *Envoi de photo par e-mail*

Pour terminer, vous pouvez archiver vos images en créant des DVD de style diaporama ou les graver en tant que données ou les exporter vers Windows Movie Maker pour en faire des films, le tout en cliquant sur le bouton **Graver**.

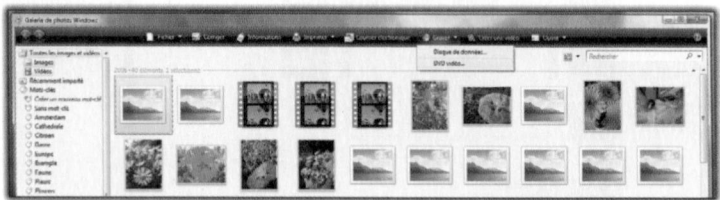

▲ Figure 7.20 : *Sélectionnez la façon dont vous voulez archiver vos images*

8

Windows
Media
Center

Windows Media Center, appelé Media Center dans le langage courant, est un lecteur de fichiers multimédia optimisé pour être utilisé à partir d'une télévision, confortablement installé dans son salon, grâce à une interface graphique pilotable par une télécommande.

Auparavant, Media Center était inclus dans une version spéciale de Windows XP, nommée d'ailleurs Windows XP Media Center. Cette version était destinée à un ordinateur dont les composants graphiques étaient capables de se connecter à un téléviseur ; ainsi l'ordinateur, et surtout les loisirs numériques pouvaient être pilotés directement depuis une interface (interface Media Center) sur la télévision, à partir d'une télécommande fournie.

Dorénavant, pas besoin de version dédiée Media Center, puisque Windows Vista Édition familiale Premium et Windows Vista Intégrale intègrent la nouvelle version du Media Center. Vous pourrez profiter de vos loisirs numériques (télévision en direct et en différé, films, musique et photos) depuis une interface grâce au menu et à la télécommande Windows Media Center. Cette télécommande doit être fournie par votre revendeur.

La version Windows Media Center de Windows Vista a été améliorée et intègre aujourd'hui la télévision hertzienne, numérique et câblée en haute définition, un menu amélioré et une fonction multimédia audio-vidéo. De nouvelles options sont également disponibles pour accéder depuis plusieurs pièces à votre contenu multimédia, à travers la fonction Media Center Extender, notamment depuis la console Xbox 360.

La version Windows Media Center de Windows Vista dispose d'un système de menu entièrement repensé.

Pour y accéder, à partir de Windows Vista Édition familiale Premium et Windows Vista Intégrale, cliquez sur le logo **Windows** de démarrage, sur **Tous les programmes** puis **Windows Media Center** (voir Figure 8.1).

La version Windows Media Center de Windows Vista facilite la recherche, la lecture et la gestion de vos fichiers multimédias numériques, sur votre ordinateur ou sur votre téléviseur qui deviennent de nos jours de plus en plus grands et sophistiqués.

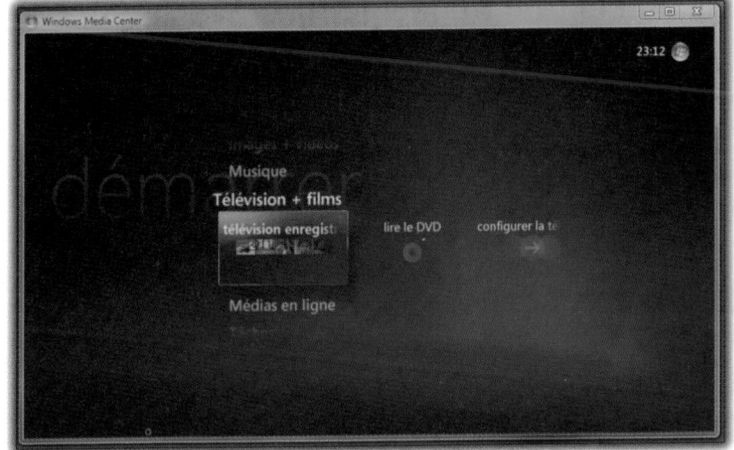

▲ Figure 8.1 : *Windows Media Center*

Vous pouvez organiser vos fichiers multimédias numériques de différentes façons pour faciliter les recherches. En activant l'affichage des miniatures, vous pouvez identifier rapidement un CD, une photo, un film ou une émission de télévision. De plus, lorsque vous naviguez entre les différentes options, dans Windows Media Center, vous n'avez pas à interrompre la lecture en cours. Les menus restent disponibles à tout moment.

Avec les versions de Windows Vista intégrant Windows Media Center, vous pouvez profiter de vos données multimédias sur votre ordinateur, mais également à partir d'autres PC (jusqu'à 5) ou téléviseurs, grâce à la fonction Media Center Extender.

La console de jeux Xbox 360, elle aussi, possède une fonction intégrée vous permettant d'étendre votre utilisation du Media Center au moyen de sa fonction Media Center Extender. Vous pouvez ainsi laisser votre ordinateur dans une pièce de la maison et profiter de photos, musiques, films et de la télévision dans d'autres pièces de la maison, via l'interface Media Center Extender de la Xbox 360.

8.1 Écouter de la musique avec Media Center

Vous pouvez utiliser Windows Media Center pour écouter de la musique, mettre des morceaux en file d'attente de lecture ou créer des sélections de vos morceaux de musique préférés. Si vous le souhaitez, vous pouvez également écouter de la musique tout en regardant vos images favorites s'afficher en diaporama.

Rechercher des fichiers de musique dans votre bibliothèque

Vous pouvez parcourir votre bibliothèque musicale automatiquement au moyen des touches fléchées (Gauche) et (Droite).

1. Sur l'écran de démarrage du Media Center, accédez à **Musique**, puis cliquez sur **Audiothèque**.

2. Pour utiliser la fonction de recherche, sur l'écran de démarrage, accédez à **Musique**, faites défiler l'affichage vers la droite et cliquez sur **Rechercher**. Entrez les lettres en utilisant le pavé numérique ou votre clavier. Vous pouvez également utiliser la télécommande pour entrer vos critères de recherche.

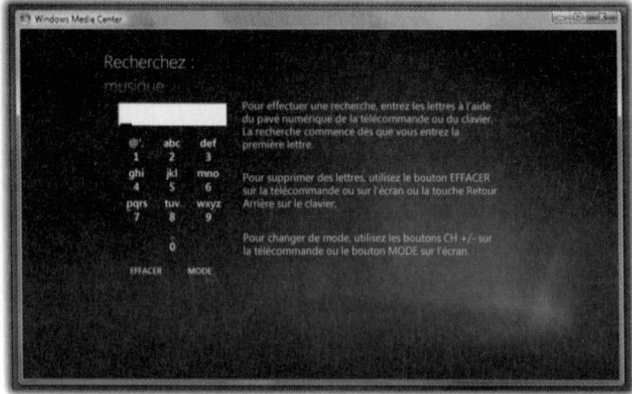

▲ Figure 8.2 : *Rechercher des fichiers*

Écouter de la musique

Vous pouvez parcourir vos bibliothèques musicales automatiquement en utilisant les touches fléchées (Gauche) et (Droite).

1. Sur l'écran de démarrage, accédez à **Musique**, puis cliquez sur **Audiothèque**.

2. Cliquez sur **Artiste de l'album**, **Album**, **Artiste**, **Genre**, **Chanson**, **Sélection**, **Compositeur** ou **Année**, puis accédez à la musique que vous souhaitez écouter.

3. Cliquez sur un titre ou un nom, puis sur **Lire l'album** ou **Lire le morceau**. La lecture de la musique commence.

4. Pour voir les morceaux qui seront lus ensuite, cliquez sur **Afficher la file d'attente**.

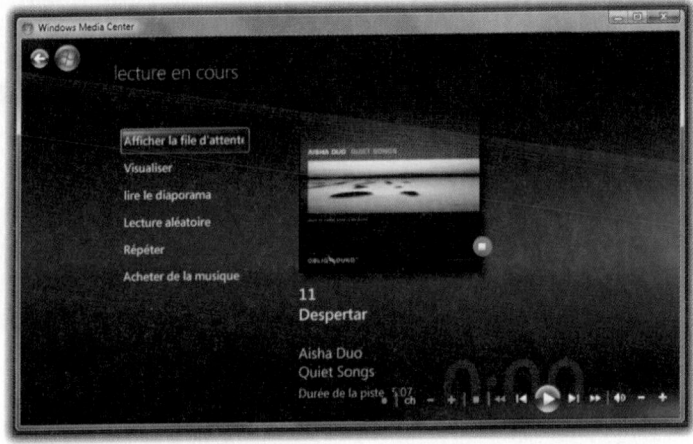

▲ Figure 8.3 : *Écouter de la musique*

Voir un diaporama avec de la musique

1. Sur l'écran de démarrage, accédez à **Musique**, puis cliquez sur **Audiothèque**.

2. Cliquez sur **Artiste de l'album**, **Album**, **Artiste**, **Genre**, **Chanson**, **Sélection**, **Compositeur** ou **Année**, puis accédez à la musique que vous souhaitez écouter.

3. Cliquez sur un titre ou un nom, puis sur **Lire l'album** ou **Lire le morceau**. La lecture de la musique commence.

4. Cliquez sur **Lire le diaporama**.

▲ Figure 8.4 : *Diaporama et musique*

Ajouter un morceau à la file d'attente

La file d'attente est une liste temporaire de morceaux de musique que vous souhaitez écouter. Vous pouvez mettre de la musique en file d'attente pour ne pas avoir à sélectionner sans arrêt les chansons à écouter.

1. Sur l'écran de démarrage, accédez à **Musique**, puis cliquez sur **Audiothèque**.

2. Cliquez sur **Artiste de l'album**, **Album**, **Artiste**, **Genre**, **Chanson**, **Sélection**, **Compositeur** ou **Année**, puis accédez à la musique que vous souhaitez ajouter à la file d'attente.

3. Cliquez sur un titre ou un nom, puis sur **Ajouter à la file d'attente**.

▲ Figure 8.5 : *Ajouter à la file d'attente*

Afficher et modifier la file d'attente

1. Dans l'écran de démarrage, cliquez sur **Lecture en cours + File d'attente**, puis sur **Afficher la file d'attent***e*. La file d'attente apparaît.

2. Cliquez sur **Modifier la file d'attente**, puis effectuez l'une des actions suivantes :

   – Pour faire monter ou descendre un morceau de musique dans la liste, cliquez sur les touches fléchées [Haut] ou [Bas].

   – Pour retirer un morceau de musique de la liste d'attente, cliquez sur le bouton **Supprimer**.

3. Cliquez sur **Terminé**.

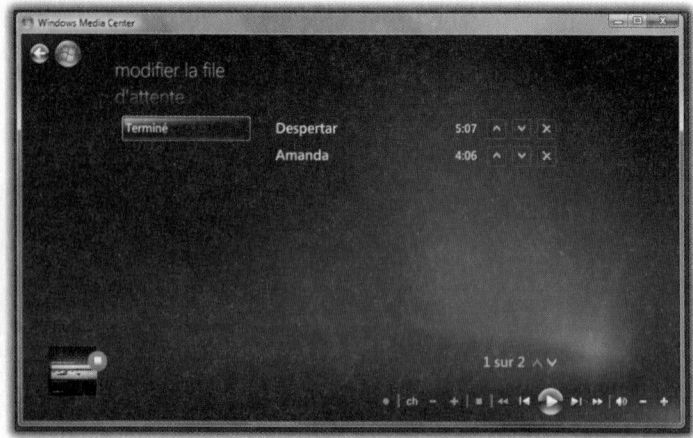

▲ Figure 8.6 : *Modifier la file d'attente*

Enregistrer la file d'attente comme sélection

Si vous appréciez particulièrement les morceaux de musique de votre file d'attente, vous pouvez les enregistrer comme sélection afin de pouvoir les réécouter par la suite. Les sélections offrent un très bon moyen pour contrôler la lecture de votre musique. En créant une sélection, vous pouvez regrouper n'importe quelle combinaison de morceaux de musique dans une liste que vous pourrez ensuite écouter, graver ou synchroniser. Pour savoir comment graver de la musique, voyez la partie **Graver un CD ou un DVD**.

1. Dans l'écran de démarrage, cliquez sur **Lecture en cours + File d'attente**, puis sur **Afficher la file d'attente**. La file d'attente apparaît.

2. Cliquez sur **Enregistrer comme sélection**.

3. Utilisez le pavé numérique pour entrer un nom pour la sélection, puis cliquez sur **Enregistrer**. Lorsque vous enregistrez la file d'attente comme sélection, elle est ajoutée à votre ensemble de sélections permanentes. Vous pouvez accéder à vos sélections permanentes dans Windows Media Center ou dans le Lecteur Windows Media sous **Sélections**.

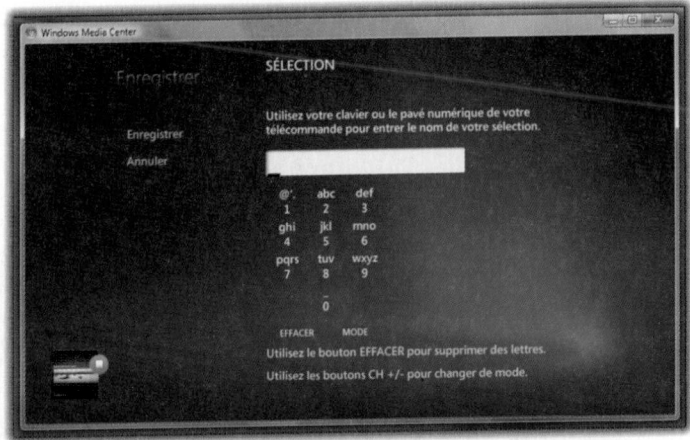

▲ Figure 8.7 : *Enregistrer la file d'attente*

4. La file d'attente sera supprimée si vous effectuez l'une des actions suivantes :

   - Cliquer sur **Lire** au lieu de **Ajouter à la file d'attente** pour un autre morceau de musique ou un album dans **Musique**.

   - Lire un support dans **Radio, TV + Films** ou **Images + Vidéos**. (Seules les images seront supprimées de la bibliothèque, pas les vidéos.)

   - Fermer Windows Media Center (en fermant la session, en éteignant ou en redémarrant votre ordinateur, ou en mettant votre ordinateur en mode Veille).

Visualiser les sélections

1. Sur l'écran de démarrage, accédez à **Musique**, puis cliquez sur **Audiothèque**.

2. Cliquez sur **Sélections**.

3. Cliquez sur une sélection.

4. Sélectionnez l'une des options suivantes :
   - **Lire** ;
   - **Ajouter à la file d'attente** ;
   - **Graver un CD ou un DVD** ;
   - **Supprimer**.

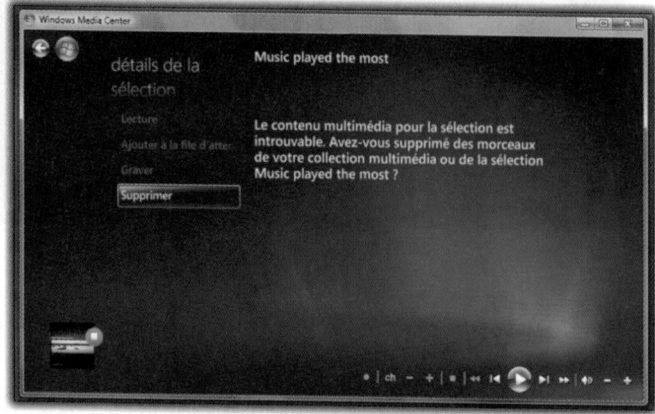

▲ Figure 8.8 : *Visualiser les sélections*

Supprimer une musique de l'ordinateur

Si vous supprimez un morceau de musique, un album ou une sélection à partir de Windows Media Center, il sera définitivement supprimé de la bibliothèque musicale et de l'ordinateur.

1. Sur l'écran de démarrage, accédez à **Musique**, puis cliquez sur **Audiothèque**.

2. Cliquez sur un album, un morceau de musique ou une sélection, puis cliquez avec le bouton droit de la souris pour faire apparaître le menu contextuel.

3. Cliquez sur **Supprimer**.

4. Cliquez sur **Oui** pour confirmer la suppression.

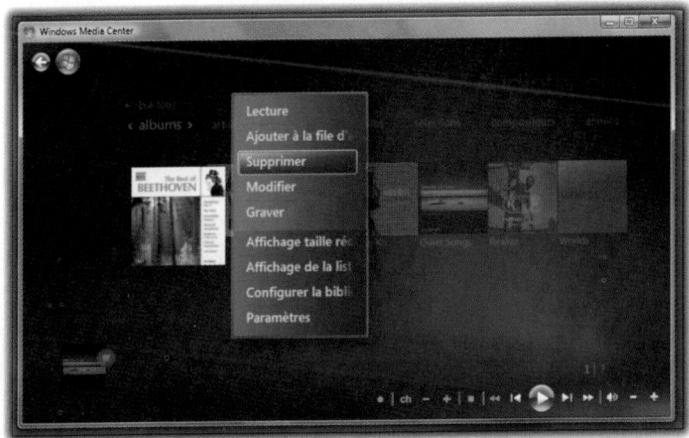

▲ Figure 8.9 : *Suppression d'un morceau*

Choisir la visualisation qui pourra apparaître pendant la lecture de la musique

Vous pouvez regarder différentes visualisations dont les formes changent au rythme du morceau de musique écouté. Les visualisations sont groupées en collections thématiques, telles qu'Alchimie, Barres et ondulations ou Batterie.

1. Sur l'écran de démarrage, accédez à **Tâches**, cliquez sur **Paramètres**, puis sur **Musique**.

2. Cliquez sur **Visualisations** puis sélectionnez une catégorie de visualisation. Chaque catégorie contient un grand choix de visualisations.

3. Cliquez sur **Enregistrer**.

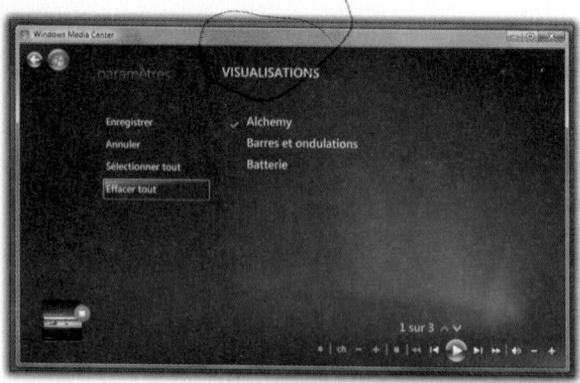

▲ Figure 8.10 : *Choix de visualisations*

Regarder des visualisations pendant la lecture d'un morceau de musique

1. Sur l'écran de démarrage, accédez à **Musique**, puis cliquez sur **Audiothèque**.

2. Cliquez sur un album, un morceau de musique ou une sélection.

3. Cliquez sur **Lire le morceau** ou sur **Lire l'album**, puis sur **Visualiser**.

▲ Figure 8.11 : *Affichage des visualisations*

Toujours démarrer une visualisation à chaque lecture de musique

1. Sur l'écran de démarrage, accédez à **Tâches**, cliquez sur **Paramètres**, puis sur **Musique**.

2. Cliquez sur **Options de visualisation** puis activez la case à cocher *Toujours lancer les visualisations pendant la musique*.

3. Dans **Afficher des informations sur les morceaux pendant la visualisation**, sélectionnez une option.

4. Cliquez sur **Enregistrer**.

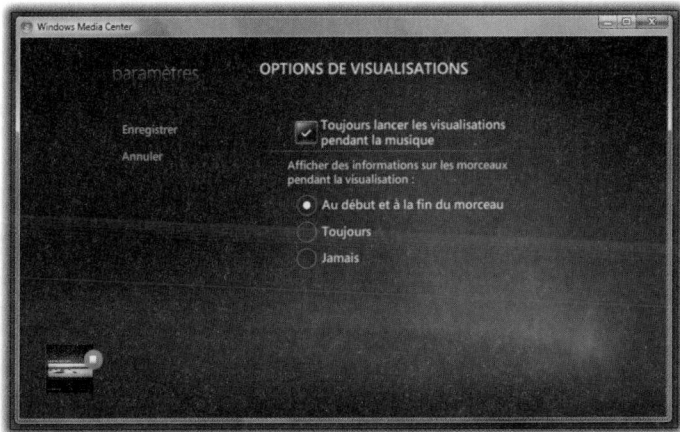

▲ Figure 8.12 : *Démarrage automatique des visualisations*

8.2 Lire une vidéo et regarder des images

Windows Media Center vous permet de regarder des images en diaporama et de lire des vidéos. Vous pouvez utiliser différents critères pour rechercher des fichiers multimédias tels que des films, des vidéos, de la musique, des images ou des émissions de télévision enregistrées. Ces fichiers sont stockés dans les bibliothèques de votre ordinateur Media Center.

Vous pouvez parcourir vos bibliothèques d'images et de vidéos automatiquement en utilisant les touches fléchées ⌜Gauche⌝ et ⌜Droite⌝.

Rechercher et lire un fichier vidéo

Si vous avez des problèmes pour retrouver un fichier vidéo, essayez de changer la façon dont le Media Center groupe vos vidéos.

1. Sur l'écran de démarrage, accédez à **Images + Vidéos**, puis cliquez sur **Vidéothèque**.

2. Accédez à l'un des critères de tri et recherchez votre fichier. Vous pouvez trier les fichiers par **Dossiers** ou **Date de la prise**.

3. Recherchez la vidéo que vous voulez regarder, puis cliquez sur le fichier vidéo pour le lire.

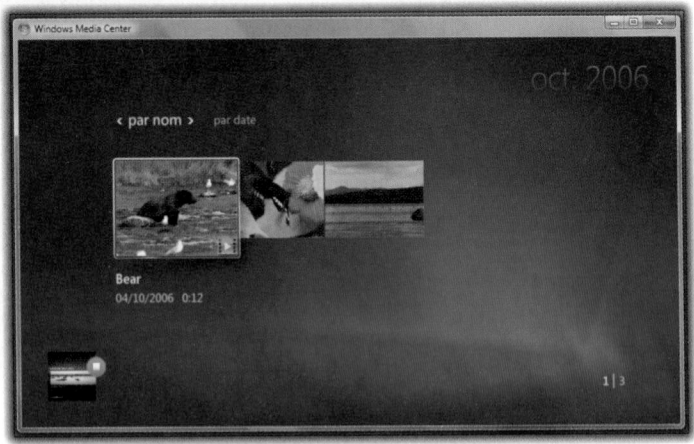

▲ Figure 8.13 : *Recherche et lecture d'une vidéo*

Modifier la couleur d'arrière-plan de la vidéo

Pour éviter le marquage d'un écran plasma haut de gamme pendant la lecture de la vidéo, vous pouvez changer la couleur d'arrière-plan. (Le marquage ou la persistance survient si vous laissez une image statique affichée sur l'écran pendant un long moment. Vous verrez alors peut-être une trace floue de l'image même après son remplacement par une nouvelle image.)

1. Sur l'écran de démarrage, accédez à **Tâches**, cliquez sur **Paramètres**, sur **Général**, sur **Effets visuels et sonores**, puis sur **Couleur d'arrière-plan de la vidéo**.

2. Pour changer la couleur d'arrière-plan de la vidéo, cliquez sur le bouton - ou + jusqu'à obtenir la couleur souhaitée. La couleur par défaut est le noir et les couleurs possibles vont du gris à 90 pour cent au gris à 10 pour cent puis au blanc.

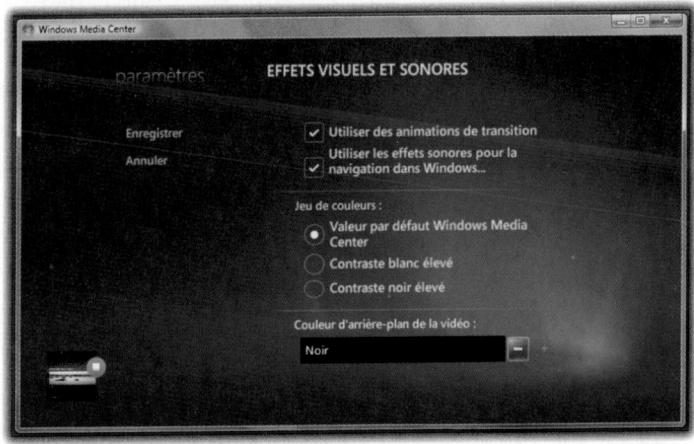

▲ Figure 8.14 : *Modification de l'arrière-plan*

Rechercher et visionner un fichier image

Si vous avez des problèmes pour trouver un fichier image, essayez de changer la façon dont Windows Media Center groupe vos images.

1. Sur l'écran de démarrage, accédez à **Images + Vidéos**, puis cliquez sur **Bibliothèque d'images**.

2. Accédez à l'un des critères de recherche et recherchez votre image. Vous pouvez trier les images par **Date de la prise**, **Dossiers** ou **Balises**.

3. Cliquez sur l'image que vous voulez afficher.

▲ Figure 8.15 : *Recherche et lecture d'une image*

Lire un diaporama

Un diaporama est une série d'images généralement groupées dans un dossier, par date de prise ou par balise. Utilisez les boutons de la barre d'outils du diaporama pour démarrer, suspendre, aller à la diapositive précédente ou suivante ou pour terminer le diaporama.

Si la barre d'outils n'est pas affichée, déplacez le pointeur sur l'écran et elle apparaîtra dans le coin inférieur droit de l'écran.

Vous pouvez également choisir de lire un diaporama en écoutant de la musique. Vous profiterez ainsi en même temps de vos images et de vos musiques.

1. Sur l'écran de démarrage, accédez à **Images + Vidéos**, puis cliquez sur **Bibliothèque d'images**.

2. Cliquez sur une collection d'images. Selon la manière dont Windows Media Center a groupé votre contenu, les images sont triées par **Dossiers**, **Date de la prise** ou **Balises**.

3. Cliquez sur **Lire le diaporama**.

▲ Figure 8.16 : *Diaporama d'images*

Personnaliser un diaporama

Vous pouvez spécifier l'ordre dans lequel les images doivent être affichées, déterminer si les images des sous-dossiers doivent s'afficher, indiquer si les légendes doivent ou non apparaître, afficher des informations sur les morceaux, spécifier le type de transition voulue, définir la durée des transitions et déterminer la couleur d'arrière-plan.

1. Sur l'écran de démarrage, accédez à **Tâches**, cliquez sur **Paramètres**, puis sur **Images**. Personnalisez votre diaporama à l'aide des options proposées sur l'écran.

2. Cliquez sur **Enregistrer** pour enregistrer les personnalisations du diaporama.

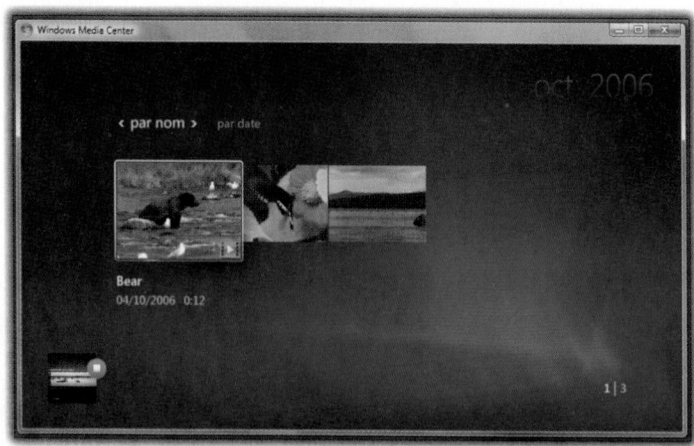

▲ Figure 8.17 : *Personnalisation d'un diaporama*

8.3   Regarder la télévision

Pour pouvoir profiter des fonctionnalités autour de la télévision, votre ordinateur doit posséder une carte tuner TV. Si votre ordinateur n'a pas de tuner TV, un tuner TV analogique ou numérique optionnel est nécessaire pour lire et enregistrer les programmes télévisés dans le Media Center.

Vous pouvez utiliser Windows Media Center pour regarder la télévision et des films. Vous pouvez également choisir d'interrompre la télévision en direct pour faire autre chose sans manquer des parties de vos émissions télévisées préférées. Lorsque vous interrompez la télévision en direct ou un film, l'émission télévisée ou le film en cours de diffusion est temporairement enregistré dans un fichier vidéo. Vous pouvez ensuite rembobiner ou avancer rapidement l'émission télévisée ou le film enregistré pour rattraper votre retard.

Avec la télévision en direct, une des méthodes les plus courantes pour rechercher une émission télévisée consiste à se servir du Guide de Windows Media Center. Le Guide vous permet de voir ce qui va être diffusé à la télévision et de rechercher des émissions télévisées de différentes façons.

Regarder la télévision en direct

1. Pour commencer à regarder la TV en direct, utilisez l'une des méthodes suivantes :

   – Sur l'écran de démarrage, accédez à **TV + Films**, puis cliquez sur **TV en direct**.

   – Sur la télécommande de Windows Media Center, appuyez sur **TV en direct**.

   – Sur l'écran de démarrage, accédez à **TV + Films**, cliquez sur **Guide** afin de repérer l'émission télévisée que vous voulez voir, puis cliquez sur une émission en cours de diffusion.

2. Pour afficher des informations sur le programme télévisé que vous êtes en train de regarder, cliquez avec le bouton droit de la souris sur l'émission en cours de diffusion, puis cliquez sur **Informations sur le programme**. Cliquez sur **Regarder** pour revenir à l'émission télévisée.

3. Pour changer de chaîne, déplacez la souris, puis cliquez sur **CH -** ou sur **CH +** pour passer respectivement à la chaîne suivante ou à la chaîne précédente.

4. Pour accéder à la dernière chaîne que vous avez regardée, appuyez sur la touche (Entrée) de la télécommande.

Suspendre la télévision en direct ou un film

1. En regardant une émission télévisée en direct ou un film, déplacez la souris puis cliquez sur **Suspendre**.

2. Lorsque vous êtes prêt, vous pouvez utiliser les contrôles de transport pour contrôler la lecture de l'émission télévisée ou du film suspendu. Déplacez la souris puis cliquez sur **Retour rapide**, **Rembobiner** ou **Avance rapide**.

3. Pour regarder à nouveau l'émission télévisée ou le film, déplacez la souris, puis dans les contrôles de transport, cliquez sur **Lecture**.

Arrêter la télévision en direct ou un film

1. En regardant une émission télévisée en direct ou un film, déplacez la souris puis cliquez sur **Arrêter**.

2. Lorsque vous êtes prêt, sur l'écran de démarrage, accédez à **TV + Films** puis cliquez sur **TV en direct** pour regarder à nouveau la télévision.

Régler le volume pendant que vous regardez une émission télévisée en direct ou un film

1. Pendant que vous regardez une émission télévisée en direct ou un film, déplacez la souris puis cliquez sur le bouton - ou + pour augmenter ou réduire le volume .

2. Cliquez sur le bouton **Muet** représentant un haut-parleur barré pour supprimer le son. Cliquez à nouveau sur le bouton **Muet** pour rétablir le son.

Utiliser le télétexte en regardant la télévision

Certaines chaînes TV diffusent un service télétexte qui peut être affiché par le récepteur de télévision pour fournir des pages d'informations, des jeux et d'autres services. Le Media Center prend en charge l'affichage du télétexte. Le télétexte n'est pas disponible dans toutes les régions et pour toutes les chaînes. Si vous ouvrez le télétexte pour une chaîne qui ne dispose pas de ce service, une page blanche apparaît.

1. Sur l'écran de démarrage, accédez à **TV + Films** puis cliquez sur **TV en direct**. Pour lancer le télétexte, appuyez sur la touche [Text] de la télécommande ou cliquez avec le bouton droit de la souris sur le menu **Contexte** et sélectionnez l'entrée **Télétexte**.

2. Pour naviguer dans les pages **Télétexte** à l'aide du clavier, procédez comme suit :

   – Pour accéder directement à une page spécifique ou revenir à la page principale, entrez le numéro de page sur trois chiffres à l'aide du pavé numérique du clavier.

- Pour accéder à la page suivante disponible, cliquez sur **CH/PG+**.
- Pour accéder à la page précédente, cliquez sur **CH/PG-**.
- Pour passer à la sous-page suivante, cliquez sur le bouton fléché **Bas**. Des sous-pages peuvent ne pas être disponibles pour certaines pages télétexte. Lorsqu'elles sont disponibles, Windows Media Center passe automatiquement à la sous-page suivante toutes les 30 secondes.
- Pour revenir à la sous-page précédente, cliquez sur le bouton fléché **Haut**.
- Pour accéder à la dernière page télétexte affichée, cliquez sur **Retour**.

3. Pour effectuer une action sur une page télétexte sélectionnée, procédez comme suit :

- Pour accéder directement à une page spécifique ou revenir à la page principale, entrez le numéro de page à trois chiffres à l'aide du pavé numérique du clavier. La barre d'outils indique la page en cours d'affichage.
- Pour passer à une page **Fastext**, cliquez sur l'un des quatre boutons **Fastext** de la barre d'outils correspondant à la couleur de la page que vous souhaitez afficher.
- Pour afficher le texte masqué, cliquez sur **Afficher le texte** sur la barre d'outils.
- Pour activer ou désactiver l'affichage automatique des sous-pages, cliquez sur **Attente** sur la barre d'outils. Si le bouton **Attente** est sélectionné, l'affichage automatique des sous-pages est désactivé.
- Pour changer le mode de visualisation du télétexte, cliquez sur **Mixage** sur la barre d'outils afin de modifier la façon dont la télévision et le télétexte sont affichés. Vous pouvez regarder la télévision avec le télétexte ou bien le télétexte seulement sur un fond noir.

Utiliser des sous-titres en regardant la télévision

Certains programmes télévisés sont diffusés en version originale sous-titrée ; dans ce cas, les diffuseurs incluent parfois une fonctionnalité de sous-titrage comme service de télétexte de la chaîne associée. Windows

Media Center prend en charge le rendu des sous-titres dans le télétexte. Notez que les sous-titres sont parfois directement inclus dans la vidéo, auquel cas l'affichage de télétexte par Windows Media Center ne sera pas nécessaire.

Windows Media Center prend en charge les sous-titres dans le télétexte de deux manières. Dans le mode d'affichage du télétexte, l'utilisateur peut localiser la page sur laquelle les informations de télétexte sont diffusées (par exemple, 888), puis entrer directement le numéro de cette page. L'utilisateur peut également définir une page de télétexte à afficher lorsque le bouton **Muet** est activé sur la télécommande. Cette deuxième possibilité est plus appropriée dans le cas de configurations régionales où des sous-titres sont diffusés invariablement sur la même page de télétexte.

Pour définir une page de télétexte à afficher lorsque le bouton **Muet** est activé, procédez comme suit :

1. Sur l'écran de démarrage, accédez à **Tâches**, puis cliquez sur l'écran **Paramètres**.

2. Cliquez sur **TV** puis sur **Sous-titre**.

3. Cliquez sur **Activé**, sur **Désactivé**, ou sur **Effectif** lorsque le bouton **Muet** est activé.

4. Si l'option **Effectif** lorsque le bouton **Muet** est activé est sélectionnée, entrez le numéro de la page dans la zone de saisie affichée à l'écran.

Rechercher et regarder des films à la télévision

1. Sur l'écran de démarrage, accédez à **TV + Films** puis cliquez sur **Guide des films**.

2. Selon l'heure ou le type de film que vous recherchez à la télévision, cliquez sur **Meilleur classement**, **En cours**, **Suivant** ou **Genres**.

3. Cliquez sur un film en cours de diffusion à la télévision.

4. Cliquez sur **Regarder**.

5. Pour afficher des informations sur le film que vous êtes en train de regarder, cliquez sur le film en question avec le bouton droit de la souris, puis cliquez ensuite sur **Détails du film**. Cliquez sur **Regarder** pour revenir au film.

Rechercher des films à la télévision

1. Sur l'écran de démarrage, accédez à **TV + Films**, cliquez avec le bouton **Flèche droite** pour atteindre la fin de la catégorie, puis cliquez sur **Rechercher**.

2. En fonction des critères de recherche que vous souhaitez utiliser, cliquez sur **Titre**, **Mot-clé**, **Catégories**, **Acteur de cinéma** ou **Réalisateur**.

3. Entrez les critères de recherche.

4. Dans les résultats, cliquez sur un film pour obtenir plus d'informations à son sujet et sur ses éventuelles diffusions à venir.

8.4   Écouter la radio

Si vous souhaitez écouter la radio avec le Media Center, alors une carte tuner FM optionnelle est nécessaire.

Vous pouvez utiliser Windows Media Center pour écouter des stations de radio FM et Internet disponibles dans votre région et créer des présélections pour vos stations de radio attitrées.

Rechercher et écouter une station de radio FM

1. Sur l'écran de démarrage, accédez à **Musique**, cliquez sur **Radio**, puis sur **Radio FM**.

2. Pour permettre à Windows Media Center de rechercher une station de radio, dans **Recherche** ou **Régler**, cliquez sur - ou + pour rechercher les stations de radio disponibles. Si vous connaissez la fréquence de la station, entrez les chiffres à l'aide du pavé numérique de la télécommande ou du clavier.

3. Utilisez les contrôles de transport dans la partie inférieure droite de l'écran pour contrôler la lecture, notamment changer de station, régler le volume et suspendre ou arrêter l'écoute.

Modifier une présélection existante

1. Sur l'écran de démarrage, accédez à **Musique**, cliquez sur **Radio**, sur **Préréglages**, puis sur la présélection que vous souhaitez modifier.

2. Pour modifier la fréquence de la présélection, dans **Régler**, cliquez sur le bouton - ou +, puis cliquez sur **Enregistrer comme présélection**.

3. Pour modifier le nom de la présélection, cliquez sur **Modifier la présélection**. Sur l'écran **Modifier la présélection**, entrez vos modifications puis cliquez sur **Enregistrer**.

Créer des présélections de stations de radio FM

1. Sur l'écran de démarrage, accédez à **Musique**, cliquez sur **Radio**, puis sur **Radio FM**.

2. Dans **Recherche** ou **Régler**, cliquez sur - ou + pour rechercher la station de radio voulue.

3. Lorsque la station recherchée a été trouvée, cliquez sur **Enregistrer comme présélection**.

4. Entrez le nom de la station, puis cliquez sur **Enregistrer**.

Écouter une station de radio présélectionnée

1. Sur l'écran de démarrage, accédez à **Musique**, puis cliquez sur **Radio**.

2. Dans la galerie **Radio**, cliquez sur **Préréglages**, puis choisissez une station de radio présélectionnée. Vous pouvez également accéder à la dernière station présélectionnée.

Rechercher et écouter des stations de radio Internet

Certains programmes partenaires de radio Internet sont uniquement disponibles par abonnement.

1. Sur l'écran de démarrage, accédez à **Média en ligne**, puis cliquez sur **Parcourir les catégories**.

2. Cliquez sur **Musique & radio**.

3. Cliquez sur la station de radio en ligne.

9

Utiliser Internet Explorer

Au cours de ces dernières années, l'utilisation d'Internet et le comportement de l'utilisateur face aux services proposés ont beaucoup évolué. Si l'on revient au milieu des années 90 avec ce qui a fait le succès et l'explosion d'Internet, cela peut se résumer à la consultation passive de pages web et l'envoi d'e-mails sous sa forme la plus basique. Aujourd'hui, la nouvelle ère des logiciels et des services Internet est née. Internet se diversifie, il est possible d'envoyer des e-mails sophistiqués avec une messagerie digne de celle des entreprises. Il est possible également de discuter en temps réel sous forme audio ou écrite. En somme, ce sont là quantité de services qui font qu'aujourd'hui Internet et ses services sont au cœur de l'utilisation de nos ordinateurs. Pour tirer le meilleur parti de ces services, Windows Vista bénéficie d'Internet Explorer dans sa version 7 et comme toute nouvelle version, Internet Explorer 7 apporte son lot de nouveautés et améliorations.

Prise en main d'Internet Explorer

Pour se familiariser avec certains principes comme le hameçonnage ou les sites sécurisés, Microsoft met à disposition des utilisateurs des adresses Internet. Nous utiliserons ces adresses pour faire ces tests en toute sécurité.

9.1 Les nouvelles fonctionnalités d'IE7

Comme toute nouvelle version, il est normal qu'Internet Explorer apporte son lot de nouveautés. Bien loin d'être exhaustive, la liste suivante dresse les quelques nouveautés de cette version :

- La navigation par onglets est une nouvelle fonctionnalité d'Internet Explorer qui vous permet d'ouvrir plusieurs sites web dans une seule fenêtre du navigateur. Si plusieurs onglets sont ouverts, utilisez les **Onglets rapides** pour passer facilement à d'autres onglets. Pour plus d'informations à ce sujet, consultez l'utilisation des **Onglets rapides** dans Internet Explorer.

- La nouvelle zone **Recherche instantanée** vous permet d'effectuer des recherches sur le Web à partir de la barre d'adresses. Vous pouvez aussi lancer des recherches à l'aide de différents moteurs de recherche pour obtenir de meilleurs résultats. Pour plus d'informations, consultez **Modifier ou choisir un moteur de recherche dans Internet Explorer** et **Astuces pour rechercher sur Internet**.

■ Internet Explorer vous permet désormais de supprimer vos fichiers temporaires, vos cookies, votre historique des pages web et vos données de formulaire dans un emplacement central. Vous pouvez supprimer uniquement certaines catégories ou tout à la fois.

■ Cliquez sur le bouton **Centre des favoris** pour l'ouvrir et gérer les favoris, les flux et l'historique dans un même emplacement. Pour plus d'informations sur l'utilisation des favoris, consultez **Gestion de vos favoris Internet Explorer**.

■ Lorsque vous imprimez des pages web, celles-ci sont désormais mises à l'échelle pour les ajuster au papier que vous utilisez. L'aperçu avant impression vous offre un plus grand contrôle, en vous proposant une mise à l'échelle manuelle et une vue précise de ce que vous allez imprimer. Pour plus d'informations sur l'impression, consultez **Afficher l'aperçu avant impression d'une page web**.

■ La fonctionnalité de zoom vous permet d'agrandir ou de réduire le texte, les images et certaines commandes. Pour plus d'informations sur l'utilisation du zoom, consultez **Faire un zoom avant sur une page web**.

Nouveautés d'Internet Explorer 7

Pour avoir plus d'informations sur les nouveautés et les améliorations liées à la version 7 d'Internet Explorer, reportez-vous à l'adresse suivante : `http://www.microsoft.com/france/windows/ie/ie7/about/features/default.mspx`.

9.2   Sécurité et confidentialité

Nous l'avons vu en introduction, l'utilisation et les services d'Internet ont beaucoup évolué. Il était normal qu'Internet Explorer évolue lui aussi en termes de sécurité et de confidentialité. Voici quelques améliorations réalisées au niveau de la sécurité :

■ Le filtre d'hameçonnage peut vous protéger des attaques par hameçonnage, des fraudes en ligne et des sites web falsifiés. Pour plus d'informations, consultez **Filtre d'hameçonnage : Foire aux questions**.

- Le **Mode protégé** peut protéger votre ordinateur des sites web qui tentent d'installer des logiciels malveillants ou d'enregistrer des fichiers sur votre ordinateur à votre insu. Pour plus d'informations, consultez **Quelle est la fonction du mode protégé d'Internet Explorer ?**

- Des niveaux de sécurité supérieurs peuvent vous protéger contre les intrus et les attaques web.

- La **Barre d'état de sécurité** affiche l'identité des sites web sécurisés pour vous aider à prendre des décisions informées lorsque vous utilisez des banques ou des commerçants en ligne.

- Vous avez la possibilité de démarrer Internet Explorer sans barres d'outils, contrôles ActiveX ou autres modules complémentaires qui peuvent ralentir votre ordinateur ou vous empêcher d'accéder à Internet.

9.3   Utilisation des onglets

L'une des nouveautés d'Internet Explorer est la navigation par onglet, bien que la plupart des navigateurs le fassent déjà. Microsoft a rectifié le tir avec Internet Explorer dans sa version 7. Cette fonctionnalité vous permet d'ouvrir plusieurs sites web dans une seule fenêtre du navigateur. Si plusieurs onglets sont ouverts, utilisez les **Onglets rapides** pour passer facilement à d'autres onglets.

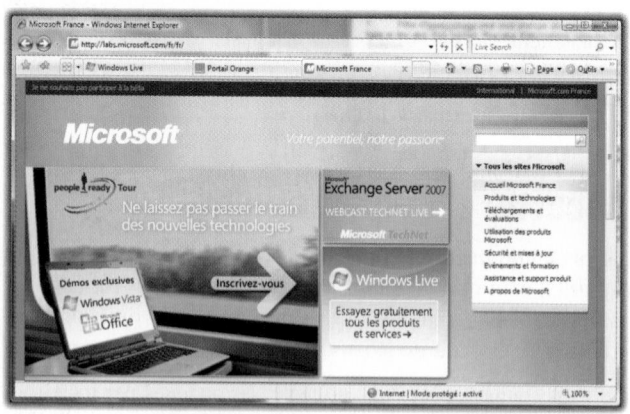

▲ Figure 9.1 : *Internet Explorer avec plusieurs fenêtres ouvertes dans les onglets*

Pour ouvrir une fenêtre Internet, procédez comme suit :

1. Sélectionnez **Démarrer**, ensuite **Tous les programmes** puis **Internet Explorer**.

2. Cliquez sur **Nouvel Onglet** ou utilisez la combinaison de touches suivante : [Ctrl]+[T].

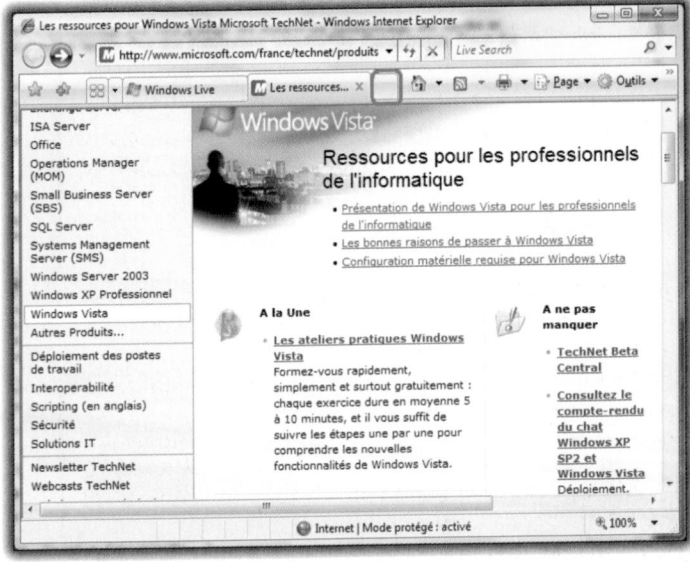

▲ Figure 9.2 : *Ouverture d'une nouvelle fenêtre*

Pour fermer une fenêtre Internet, cliquez sur l'onglet ou utilisez la combinaison de touches suivante : [Ctrl]+[W] (voir Figure 9.3).

Pour parcourir en mode Liste les différents sites Internet que vous avez ouverts, vous pouvez utiliser les onglets rapides (voir Figure 9.4).

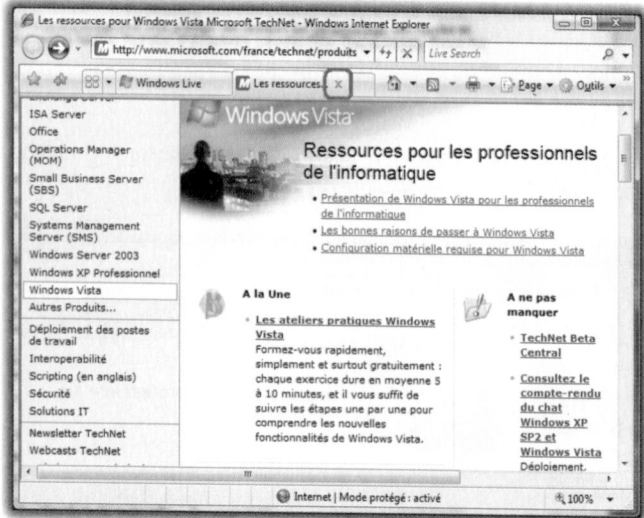

▲ Figure 9.3 : *Fermeture d'un onglet*

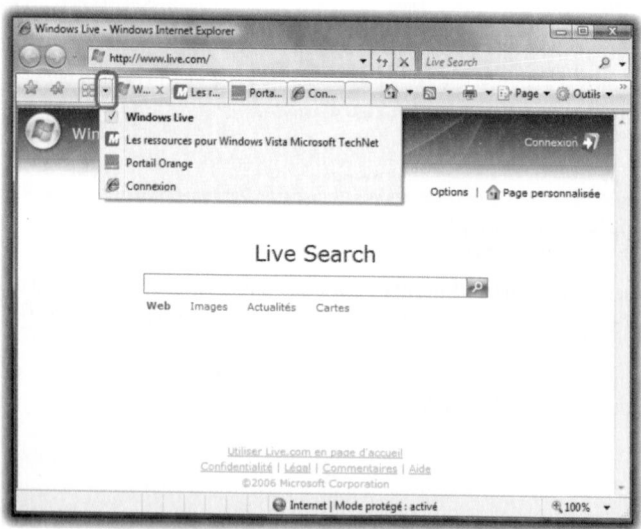

▲ Figure 9.4 : *Utilisation des onglets rapides*

Si vous souhaitez visualiser l'ensemble des sites que vous avez ouverts, sélectionnez l'aperçu mosaïque en cliquant sur Ctrl+Q.

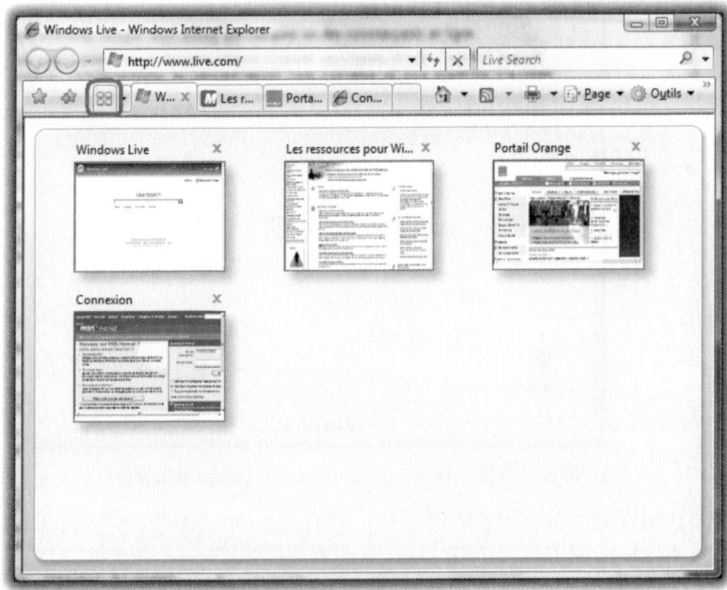

▲ Figure 9.5 : *L'aperçu mosaïque*

Menu classique

Si vous souhaitez utiliser le menu classique d'Internet Explorer comme dans sa version précédente, placez-vous sur la fenêtre d'Internet Explorer et appuyez sur la touche Alt.

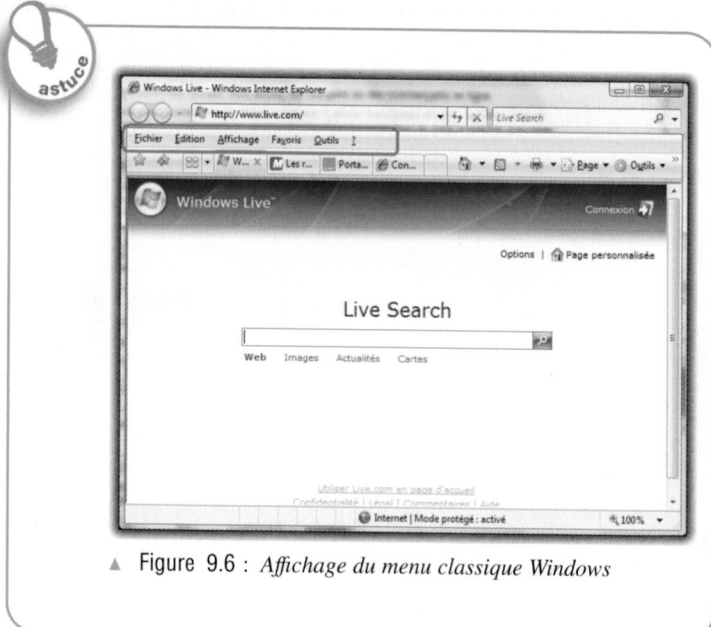

▲ Figure 9.6 : *Affichage du menu classique Windows*

Désactiver les onglets

Même si les onglets sont un plus dans le confort d'utilisation d'Internet Explorer, il peut arriver que cela ne soit pas du goût de tout le monde. En réponse à cela, vous avez la possibilité de désactiver les onglets. Pour cela, procédez de la façon suivante :

1. Sélectionnez **Démarrer**, ensuite **Tous les programmes** puis **Internet Explorer**.

2. Cliquez sur le bouton **Outils**, puis sur **Options Internet**.

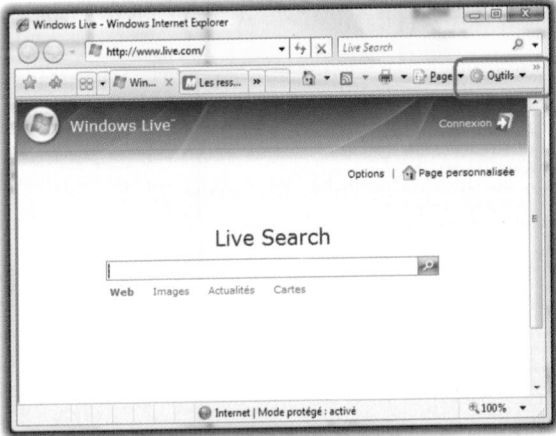

▲ Figure 9.7 : *Bouton Outils*

3. Cliquez sur l'onglet **Général**, puis, dans la section **Onglets**, cliquez sur **Paramètres**.

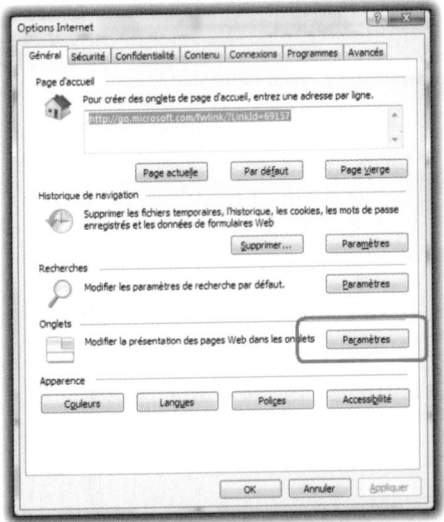

▲ Figure 9.8 : *Onglet Général des options Internet*

4. Désactivez la case à cocher *Activer la navigation avec onglets*.

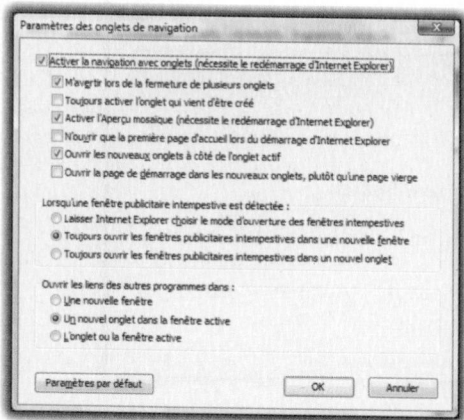

▲ Figure 9.9 : *Paramètres des onglets de navigation*

5. Cliquez deux fois sur OK.

6. Fermez **Internet Explorer**, puis rouvrez-le.

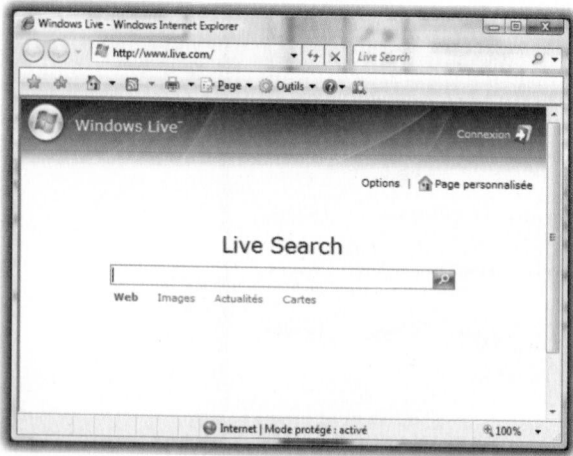

▲ Figure 9.10 : *Internet Explorer sans les onglets*

9.4 Les favoris

Les favoris sont un moyen pratique de capitaliser ses visites sur Internet. Internet Explorer vous permet d'enregistrer vos sites favoris, ce qui a comme côté pratique de ne plus avoir à taper l'adresse. Surtout quand on sait qu'il est rare aujourd'hui de ne consulter qu'une seule page. Prenons, comme exemple, une personne qui consulte régulièrement les sites boursiers, l'actualité informatique mais aussi l'actualité au sens large et cela à chaque visite sur Internet. Vous l'avez compris. Saisir toutes ces adresses devient vite mission impossible. La bonne solution consiste à ajouter un favori quand l'on sait que l'on va consulter la page à plusieurs reprises, et à utiliser les favoris pour ouvrir ses pages et organiser ses favoris pour ne pas s'y perdre.

Ajouter des favoris

Dans cet exemple, nous allons donc ajouter les sites favoris liés à l'informatique, à la bourse et l'actualité.

Saisissez l'adresse suivante : `http://labs.microsoft.com/fr/fr/`. Ajoutez cette adresse dans les favoris à l'aide de la combinaison de touches [Alt]+[Z] ou en cliquant sur l'icône *Ajouter aux favoris*.

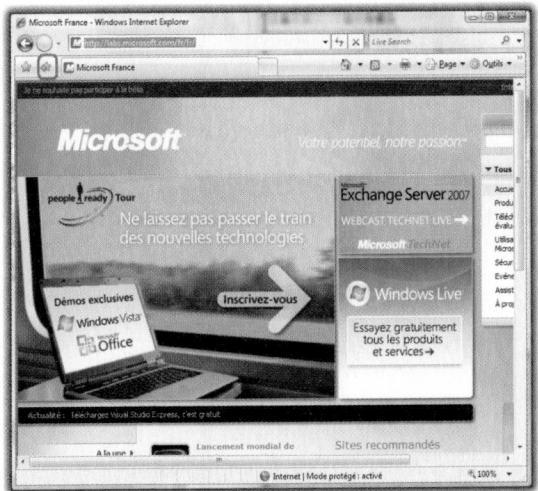

▲ Figure 9.11 : *Ajouter une adresse Internet aux favoris*

Répétez cette opération avec les adresses suivantes :

- `http://www.pcinpact.com/`
- `http://technet.microsoft.com/fr-fr/default.aspx`
- `http://www.lemonde.fr/`
- `http://www.lefigaro.fr/`
- `http://tf1.lci.fr/`
- `http://www.radiofrance.fr/index.php?host=www.france-info.com`
- `http://www.boursorama.com/`
- `http://www.boursier.com/`
- `http://bourse.lesechos.fr/`
- `http://www.abcbourse.com/`

Nous voici à présent avec onze sites Internet. Il est facile d'imaginer que la liste pourrait s'allonger davantage.

Consulter les favoris

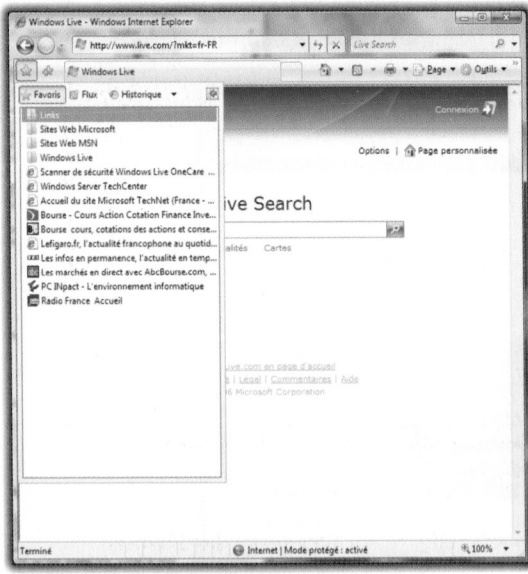

▲ Figure 9.12 : *Consultation des Favoris*

Le fait d'avoir archivé vos favoris vous permet de consulter vos sites préférés en très peu de temps sans avoir à saisir les adresses et risquer de faire des erreurs ou tout simplement oublier le nom exact de l'adresse. Pour consulter vos favoris, cliquez sur l'étoile d'Internet Explorer ou sur la combinaison de touches [Alt]+[C].

Organiser les favoris

Désormais, l'utilisation des favoris apporte beaucoup de souplesse dans l'utilisation d'Internet. Il devient important de pouvoir les organiser, car il deviendrait vite impossible d'avoir environ une dizaine de centres d'intérêt avec pour chaque centre une quinzaine d'adresses ! Pour répondre à cette problématique, nous allons organiser les favoris :

1. Sélectionnez **Démarrer**, ensuite **Tous les programmes** puis **Internet Explorer**.

2. Appuyer sur les touches [Alt]+[Z] pour ouvrir le menu des favoris.

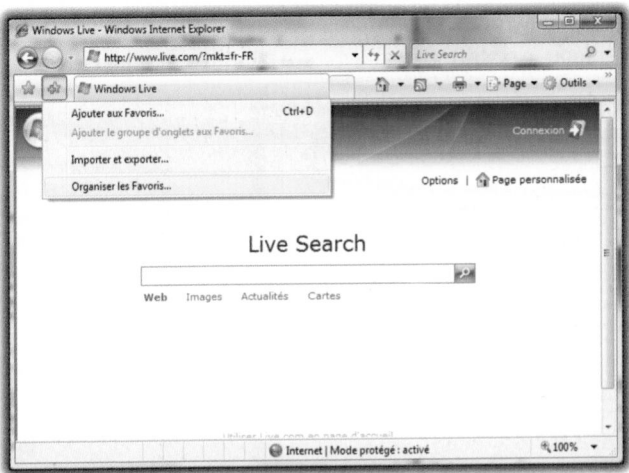

▲ Figure 9.13 : *Organiser les Favoris*

3. Dans le menu **Favoris**, cliquez sur **Organiser les Favoris**.

4. Dans la fenêtre **Organiser les Favoris**, cliquez sur **Nouveau dossier**.

▲ Figure 9.14 : *La fenêtre Organiser les Favoris*

5. Dans le nouveau dossier, tapez **Actualité informatique**. Répétez l'opération avec **Sites boursiers** et **Actualité générale**.

▲ Figure 9.15 : *Création des nouveaux dossiers favoris*

6. Pour commencer à organiser vos sites, sélectionnez par exemple le site **Les marchés en direct avec AbcBourse.com, l'indispensable pour investir en bourse** et cliquez sur **Déplacer**.

◄ Figure 9.16 :
*Fenêtre
Rechercher*

7. Dans la fenêtre **Recherche d'un dossier** sélectionnez **Sites boursiers** et cliquez sur OK. Répétez cette action pour chacun de vos favoris. Puis cliquez sur **Fermer**.

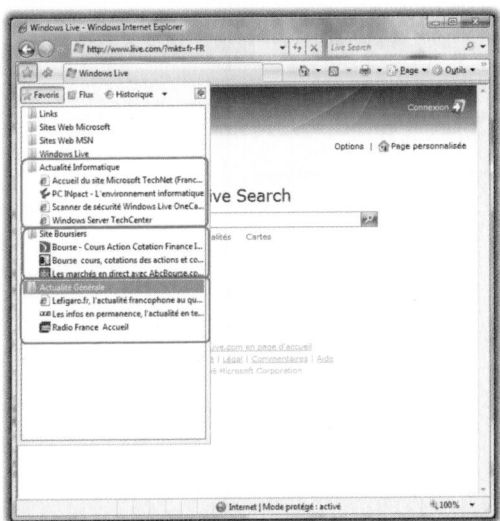

▲ Figure 9.17 : *Organisation des Favoris par dossier*

9.5   Paramétrer Internet explorer

Comme toute partie de Windows Vista, Internet Explorer possède des paramètres. Ces paramètres sont destinés à plusieurs fonctions. Voici un bref descriptif.

Modifier les paramètres généraux d'Internet Explorer

La modification des paramètres généraux d'Internet Explorer va vous permettre de modifier votre page d'accueil, de supprimer l'historique de navigation, modifier les paramètres de recherche, modifier les paramètres des onglets et personnaliser l'apparence d'Internet Explorer.

Pour accédez à la fenêtre, procédez comme suit :

1. Sélectionnez **Démarrer**, ensuite **Tous les programmes** puis **Internet Explorer**.

2. Cliquez sur le bouton **Outils**, puis sur **Options Internet**.

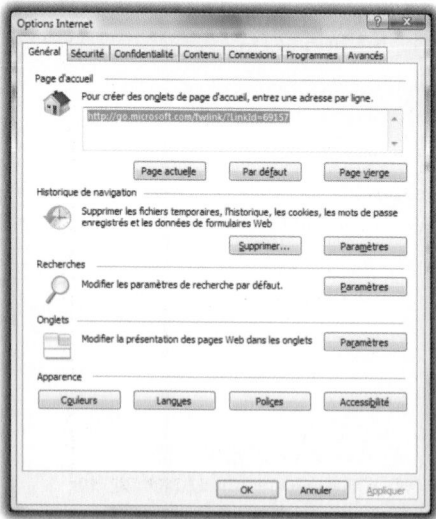

▲ Figure 9.18 : *Onglet général des options Internet*

Modifier les paramètres de sécurité d'Internet Explorer

La modification des paramètres de sécurité d'Internet Explorer va vous permettre de définir les paramètres de sécurité par défaut et les paramètres personnalisés pour Internet, l'intranet et des sites web spécifiques.

1. Sélectionnez **Démarrer**, ensuite **Tous les programmes** puis **Internet Explorer**.

2. Cliquez sur le bouton **Outils**, puis sur **Options Internet**.

3. Sélectionnez l'onglet **Sécurité**.

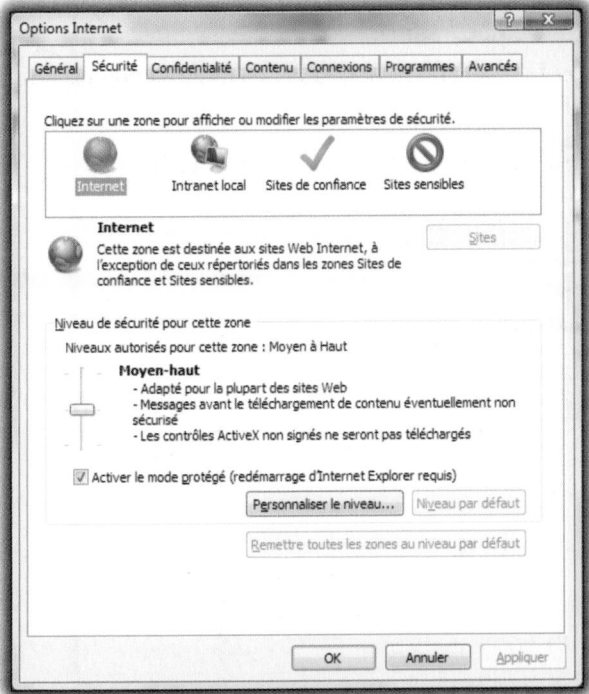

▲ Figure 9.19 : *Onglet Sécurité des options Internet*

Modifier les paramètres de confidentialité d'Internet Explorer

La modification des paramètres de confidentialité d'Internet Explorer va vous permettre de modifier les paramètres des cookies et du bloqueur de fenêtres publicitaires intempestives.

1. Sélectionnez **Démarrer**, ensuite **Tous les programmes** puis **Internet Explorer**.

2. Cliquez sur le bouton **Outils**, puis sur **Options Internet**.

3. Sélectionnez l'onglet **Confidentialité**.

▲ Figure 9.20 : *Onglet Confidentialité des options Internet*

Modifier les paramètres de contenu d'Internet Explorer

La modification des paramètres de contenu d'Internet Explorer va vous permettre d'activer le gestionnaire d'accès ou modifier ses paramètres, afficher et gérer les certificats de sécurité, modifier les paramètres de saisie semi-automatique ou les paramètres des flux (RSS).

Pour créer une connexion Internet, ajouter ou modifier les paramètres d'accès à distance et du réseau privé virtuel (VPN) ou modifier les paramètres du réseau local, procédez comme suit :

1. Sélectionnez **Démarrer**, ensuite **Tous les programmes** puis **Internet Explorer**.

2. Cliquez sur le bouton **Outils**, puis sur **Options Internet**.

3. Sélectionnez l'onglet **Confidentialité**.

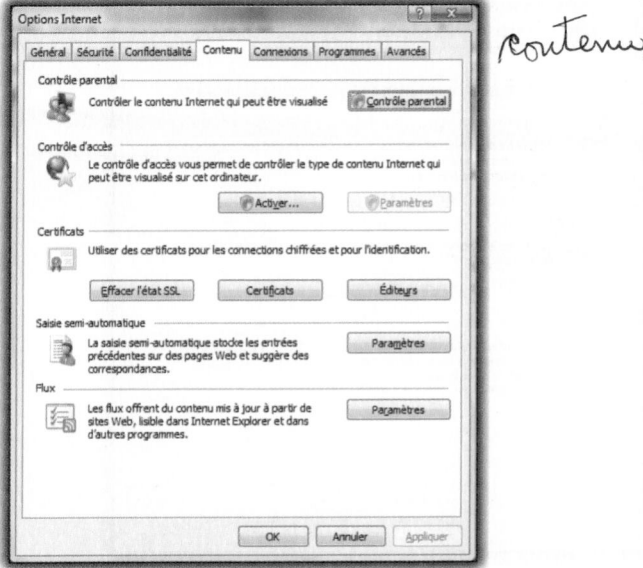

▲ Figure 9.21 : *Onglet Contenu des options Internet*

Modifier les paramètres des programmes d'Internet Explorer

La modification des paramètres des programmes d'Internet Explorer va vous permettre de modifier votre navigateur web par défaut, votre programme de messagerie électronique, votre éditeur HTML, votre lecteur de groupes de discussion ou votre téléphone Internet, mais aussi de gérer les modules complémentaires de navigateur web.

1. Sélectionnez **Démarrer**, ensuite **Tous les programmes** puis **Internet Explorer**.

2. Cliquez sur le bouton **Outils**, puis sur **Options Internet**.

3. Sélectionnez l'onglet **Confidentialité**.   *Programmes*

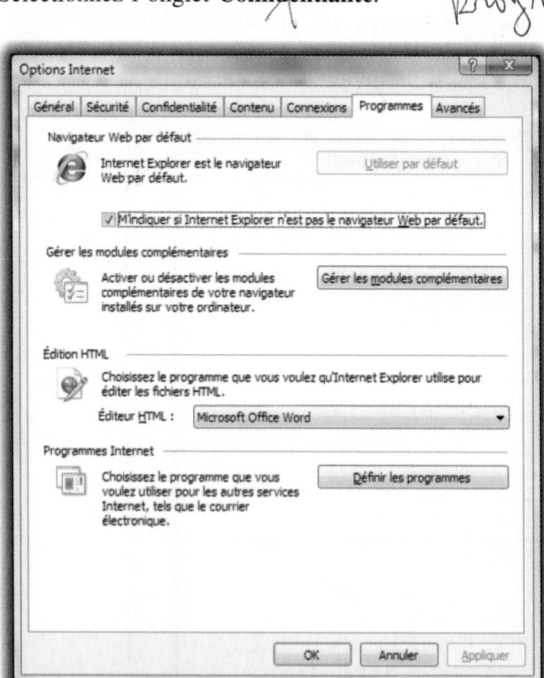

▲ Figure 9.22 : *Onglet Programmes des options Internet*

Modifier les paramètres avancés d'Internet Explorer

La modification des paramètres avancés d'Internet Explorer va vous permettre de modifier les paramètres avancés d'accessibilité, de navigation, de gestion de protocole HTTP, les noms de domaines internationaux, l'utilisation de la machine virtuelle Java, le multimédia, l'impression, la recherche et la sécurité. Vous pouvez aussi rétablir les paramètres par défaut d'Internet Explorer.

1. Sélectionnez **Démarrer**, ensuite **Tous les programmes** puis **Internet Explorer**.

2. Cliquez sur le bouton **Outils**, puis sur **Options Internet**.

3. Sélectionnez l'onglet **Confidentialité**.

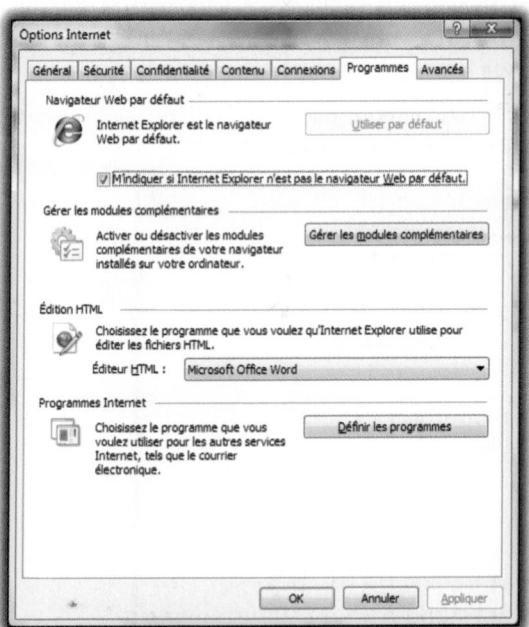

▲ Figure 9.23 : *Onglet Avancées des options Internet*

9.6   Comprendre le hameçonnage

Pour découvrir et comprendre ce qu'est le hameçonnage, nous allons utiliser les sites Internet que Microsoft met à disposition à cet effet.

Pour utiliser le filtre contre le hameçonnage, procédez comme suit :

1. Sélectionnez **Démarrer**, ensuite **Tous les programmes** puis **Internet Explorer**.

2. Dans **Internet Explorer**, tapez l'adresse URL `http://207.68.169` `.170/woodgrovebank/index.html.html`, et appuyez sur (Entrée) pour accéder au site web.

   On peut constater que la barre d'adresses est devenue orange et noter la présence d'un bouclier avec un point d'exclamation. Internet Explorer vous informe que le site web est suspect.

3. Dans **Internet Explorer**, tapez l'adresse URL `http://207.68.169` `.170/contoso/enroll_auth.html`, et appuyez sur (Entrée) pour accéder au site web

   Internet Explorer vous informe que le site web est un hameçonnage. La barre d'adresses est devenue rouge.

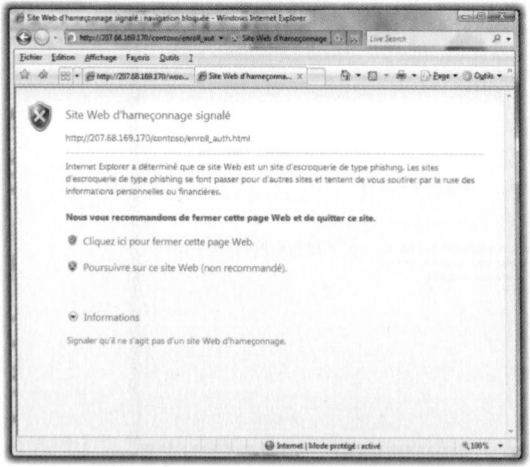

▲ Figure 9.24 : *Exemple de site de hameçonnage*

9.7   Modifier le niveau de sécurité

Pour effectuer ce test, nous allons diminuer volontairement la sécurité d'Internet Explorer, ce qui est non recommandé :

1. Sélectionnez **Démarrer**, ensuite **Tous les programmes** puis **Internet Explorer**.

2. Cliquez sur **Outils**, puis cliquez sur **Options Internet**.

3. Une fois la fenêtre **Options Internet** ouverte, sélectionnez l'onglet **Sécurité**.

4. Dans **Niveau de sécurité de cette zone**, baissez le niveau à **Moyenne**.

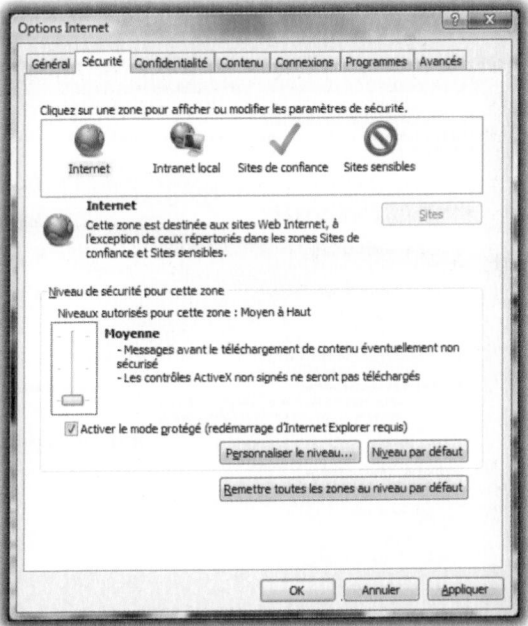

▲ Figure 9.25 : *Réduction du niveau de sécurité d'une zone*

5. Cliquez sur OK.

6. Double-cliquez sur l'icône représentée par un bouclier rouge dans la zone de notification de la barre des tâches.

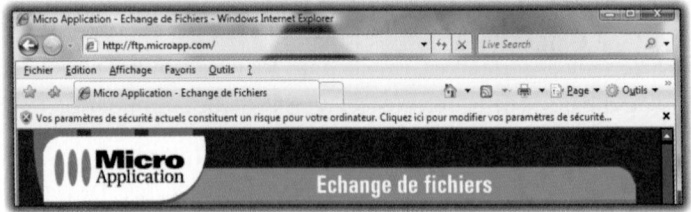

▲ Figure 9.26 : *Alerte de sécurité de la part d'Internet Explorer*

Le centre de sécurité Windows s'ouvre. On remarquera que la catégorie **Autres paramètres de sécurité** est passée au rouge, ce qui est dû au changement des paramètres de sécurité d'Internet Explorer.

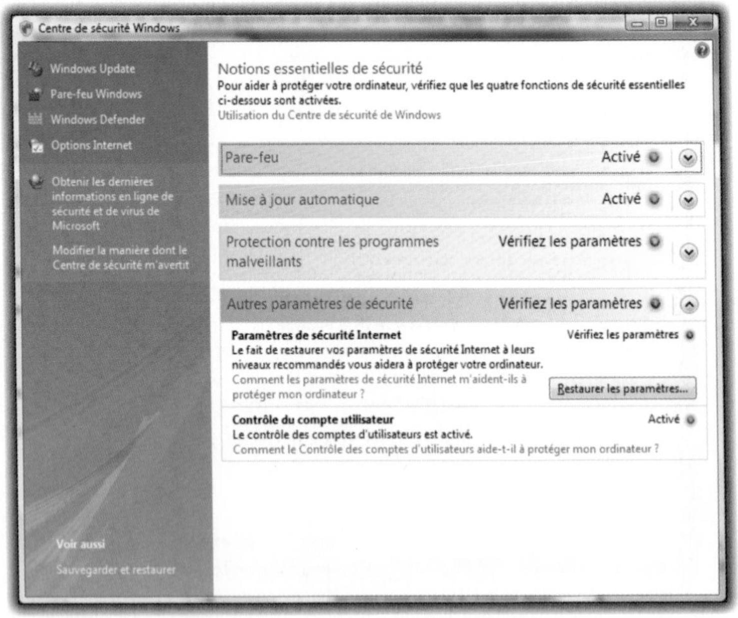

▲ Figure 9.27 : *Alerte du centre de sécurité sur les problèmes de sécurité liés à Internet Explorer*

7. Fermez la fenêtre du **Centre de sécurité Windows**.

9.8 Supprimer toutes les traces d'Internet Explorer

1. Sélectionnez **Démarrer**, ensuite **Tous les programmes** puis **Internet Explorer**.

2. Cliquez sur **Outils**, puis cliquez sur **Options Internet**. Dans la partie **Historique de navigation**, cliquez sur **Supprimer**.

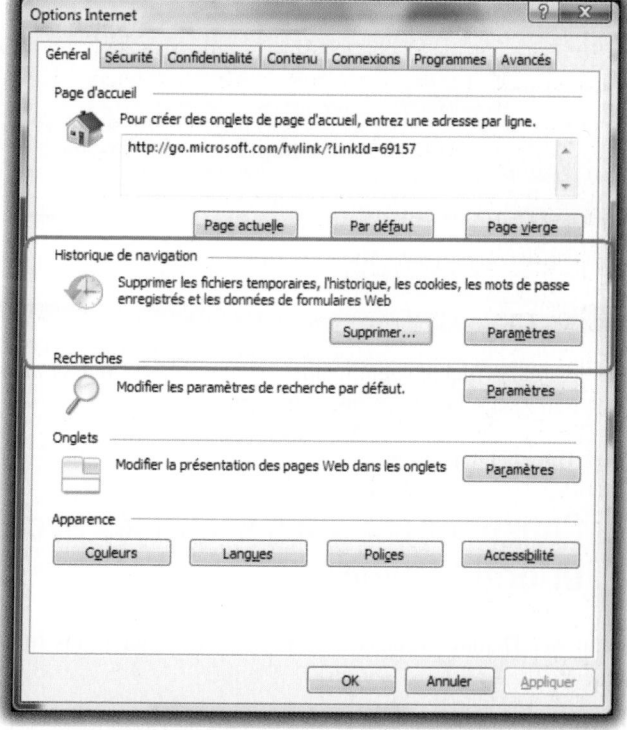

▲ Figure 9.28 : *Historique de navigation de l'onglet Général*

3. Dans la fenêtre **Supprimer l'historique de navigation**, cliquez sur **Tout supprimer**.

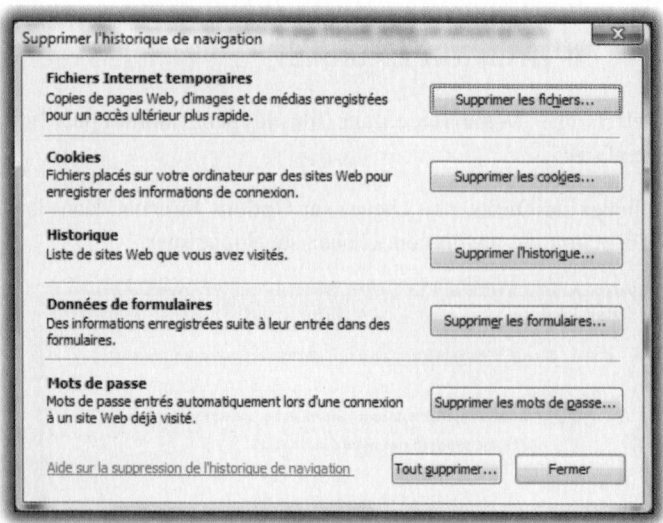

▲ Figure 9.29 : *Supprimer l'historique de navigation*

4. Cliquez sur OK.

Toutes les traces (fichiers temporaires, cookies, historique et mots de passe) sont ainsi effacées en une seule action.

5. Fermez **Internet Explorer**.

9.9 Consulter des sites sécurisés avec Internet Explorer

1. Sélectionnez **Démarrer**, ensuite **Tous les programmes** puis **Internet Explorer**.

2. Dans **Internet Explorer**, tapez l'adresse URL https://www.cmocean .fr et appuyez sur [Entrée] pour accéder au site web. Vous observerez la présence d'un cadenas dans la barre d'adresses.

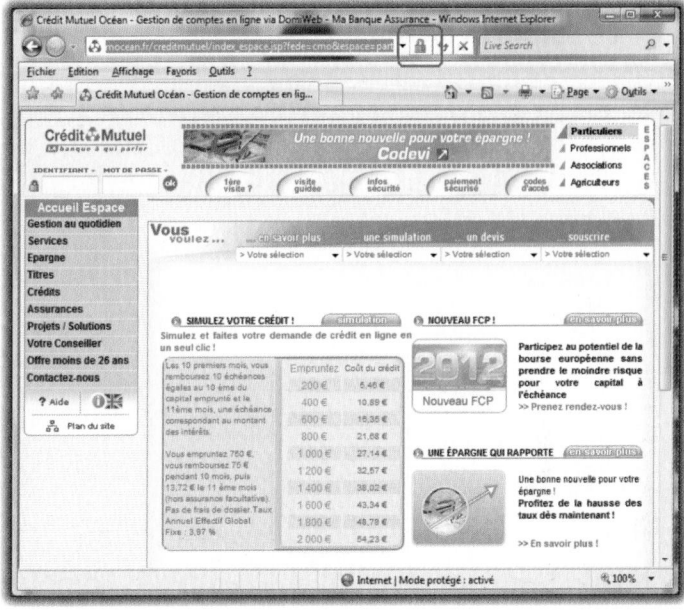

▲ Figure 9.30 : *Accès à un site sécurisé*

10

Le contrôle parental

Les ordinateurs sont de plus en plus présents dans notre vie de tous les jours. L'ordinateur est même devenu au centre de notre vie et a remplacé bon nombre de nos habitudes, et cela vaut pour toute la famille. Les jeux se font sur ordinateur, les discussions entre amis passent par Internet, la musique aussi et bien d'autres activités encore. Par rapport à cet état de fait, se pose un problème, celui de surveiller et contrôler les activités. Quoi de plus normal que de vouloir protéger son enfant des sites ou jeux qui ne lui sont pas autorisés, un peu comme la télévision ? Pour cela, Windows Vista vous propose d'utiliser le contrôle parental. Celui-ci vous permet de désigner facilement quels jeux les enfants peuvent utiliser. Les parents peuvent autoriser ou restreindre des titres de jeux spécifiques, limiter les enfants à jouer uniquement aux jeux classés à un certain niveau d'âge ou sous celui-ci, ou bloquer encore les jeux caractérisés par certains types de contenus auxquels vous ne souhaitez pas exposer vos enfants.

10.1   L'objectif du contrôle parental

Vous pouvez utiliser le contrôle parental pour gérer la façon dont vos enfants utilisent l'ordinateur. Vous pouvez ainsi limiter l'accès de vos enfants à Internet, limiter les heures auxquelles ils peuvent se connecter à votre ordinateur, contrôler les jeux auxquels ils peuvent jouer et les programmes qu'ils peuvent exécuter.

Lorsque le contrôle parental bloque l'accès à une page Internet ou un jeu, un message s'affiche et indique que la page web ou le programme a été bloqué. Ainsi, votre enfant peut cliquer sur un lien dans la notification pour demander l'autorisation d'accéder à cette page web ou ce programme. Vous pouvez autoriser l'accès en entrant les informations relatives à votre compte.

remarque

Utilisation du contrôle parental

Avant de commencer, assurez-vous que chaque enfant auquel appliquer le contrôle parental possède un compte d'utilisateur standard car le contrôle parental ne peut être appliqué que dans ce cas. Pour configurer le contrôle parental pour votre enfant, vous devez posséder un compte d'utilisateur administrateur. Le contrôle parental ne peut pas être appliqué à un compte d'utilisateur administrateur.

10.2 Afficher le contenu bloqué par le contrôle parental

Si vous utilisez le contrôle parental et que vous tentez de visiter un site web bloqué ou dont le contenu est bloqué, le contenu sera entièrement bloqué par un message plein écran ou partiellement bloqué par la barre d'informations. Si vous souhaitez consulter le contenu bloqué, il vous faut respecter les étapes ci-après.

10.3 Les limites de durée

Vous pouvez définir des limites horaires pour contrôler quand vos enfants sont autorisés à se connecter à l'ordinateur. Ces limites permettent d'empêcher les enfants de se connecter aux heures spécifiées. Vous pouvez définir différentes heures de connexion chaque jour de la semaine. S'ils sont connectés au moment où le temps qui leur est alloué prend fin, ils sont déconnectés automatiquement.

Pour contrôler quand les enfants peuvent utiliser l'ordinateur, procédez comme suit :

1. Sélectionnez le menu **Démarrer**.

2. Cliquez sur **Panneau de configuration**.

3. Dans le volet droit du **Panneau de configuration**, cliquez sur **Comptes d'utilisateurs et protection des utilisateurs** (voir Figure 10.1).

4. Cliquez sur **Contrôle parental**.

5. Dans la fenêtre du **Contrôle du compte utilisateur**, cliquez sur **Continuer**.

6. Sélectionnez le compte pour lequel définir des limites horaires.

7. Sous **Contrôle parental** de la fenêtre **Configurer la manière dont l'utilisateur utilisera l'ordinateur**, cliquez sur **Activé, les paramètres actuels sont appliqués**.

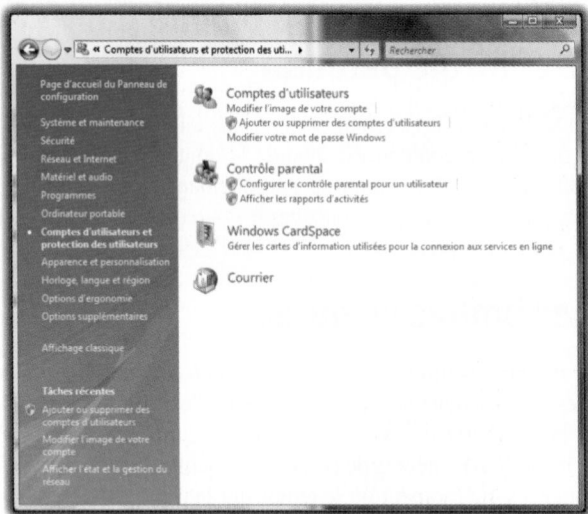

▲ Figure 10.1 : *Comptes d'utilisateurs et protection des utilisateurs du Panneau de configuration*

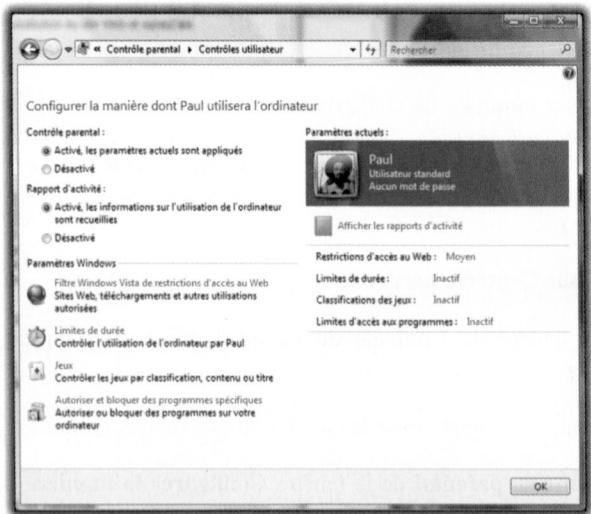

▲ Figure 10.2 : *Activation du contrôle parental pour l'utilisateur*

8. La limite de durée est actuellement inactive, cliquez donc sur **Limites de durée** pour l'activer

9. Dans la fenêtre **Restriction de temps**, sélectionnez les heures autorisées puis cliquez sur OK. Le status de **Limites de durée** doit être à présent **Actif**.

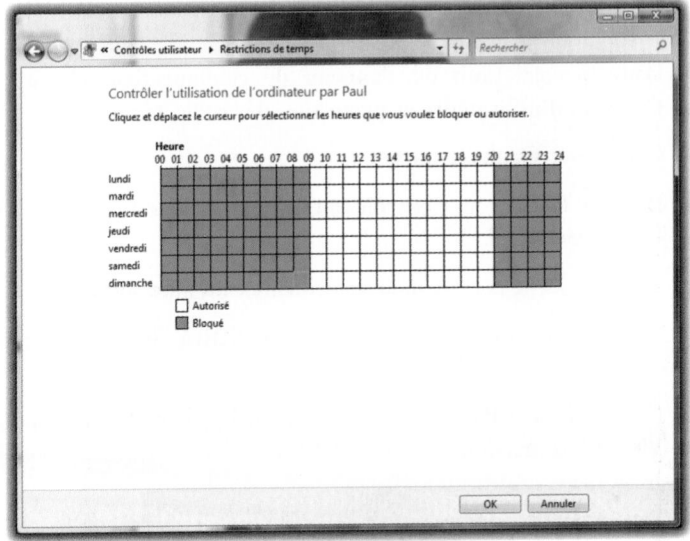

▲ Figure 10.3 : *Fenêtre de restriction de temps du contrôle parental*

10.4 Les restrictions d'accès au Web

Vous pouvez également restreindre les sites web que les enfants peuvent visiter, vérifier une catégorie d'âge, indiquer si vous autorisez les téléchargements de fichiers et configurer le contenu que les filtres doivent bloquer ou autoriser. Vous pouvez également bloquer ou autoriser des sites web spécifiques. Pour plus d'informations, consultez la page **Limiter le contenu que les enfants peuvent afficher sur le Web**.

Pour autoriser ou bloquer des sites web spécifiques

Pour mettre en place des autorisations ou des restrictions de sites Internet, procédez de la façon suivante :

1. Sélectionnez le menu **Démarrer**.

2. Cliquez sur **Panneau de configuration**.

3. Dans le volet droit du **Panneau de configuration**, cliquez sur **Comptes d'utilisateurs et protection des utilisateurs**.

4. Cliquez sur **Contrôle parental**.

5. Dans la fenêtre du **Contrôle du compte utilisateur**, cliquez sur **Continuer**.

6. Sélectionnez le compte pour lequel définir un filtre web.

7. Vérifiez que **Contrôle parental** soit sur **Activé**. Si cela n'est pas le cas, cliquez sur **Activer**.

8. Dans la section **Paramètres Windows**, cliquez sur **Filtre Windows Vista de restrictions d'accès au Web**.

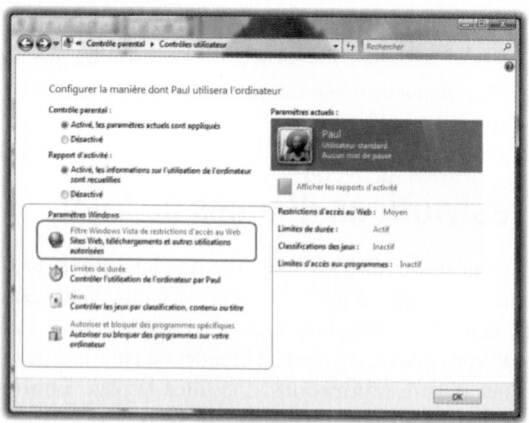

▲ Figure 10.4 : *Paramétrage de Filtre Windows Vista de restrictions d'accès au Web*

9. Dans la fenêtre **À quelles parties d'Internet peut accéder l'utilisateur**, cliquez sur **Bloquer certains sites Web ou contenus**.

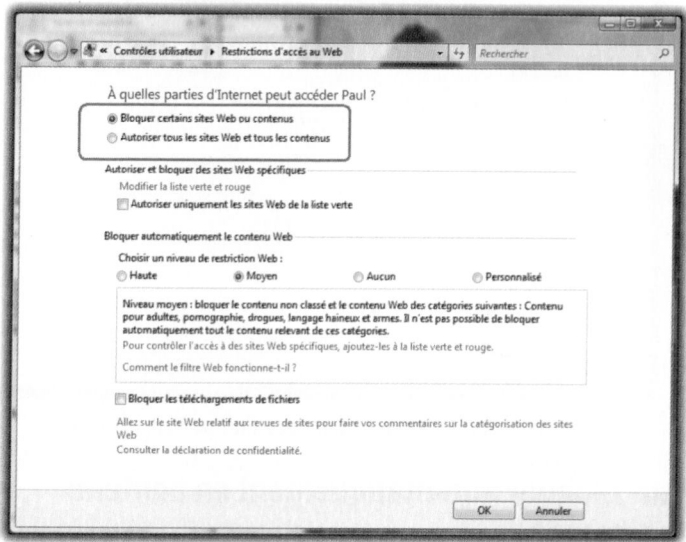

▲ Figure 10.5 : *Blocage de sites Internet*

10. Toujours dans la même fenêtre, cliquez sur **Modifier la liste verte et rouge**.

11. Dans la zone **Adresse du site Web** de la fenêtre **Autoriser ou bloquer des sites Web spécifiques**, tapez l'adresse du site web à autoriser ou bloquer, puis cliquez sur **Autoriser** ou **Bloquer** (voir Figure 10.6).

12. Une fois votre liste terminée, cliquez sur OK.

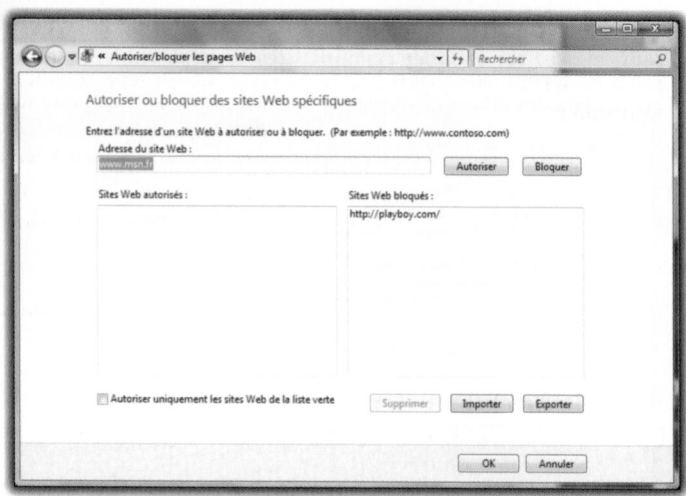

▲ Figure 10.6 : *Autoriser ou bloquer des sites web spécifiques*

Pour bloquer automatiquement un contenu de site web

L'activation du filtre web doit normalement limiter grandement les sites web que les enfants risquent de visiter et dont le contenu, selon vous, n'est pas pour eux. Toutefois, la notion de contenu répréhensible étant subjective, le filtre risque de ne pas bloquer tous les contenus que vous souhaiteriez voir bloqués. Par ailleurs, étant donné que de nouvelles pages web sont créées en permanence, le filtre met un certain temps à analyser et à évaluer les contenus.

Pour bloquer automatiquement le contenu d'une page web, procédez comme suit :

1. Sélectionnez le menu **Démarrer**.

2. Cliquez sur **Panneau de configuration**.

3. Dans le volet droit du **Panneau de configuration**, cliquez sur **Comptes d'utilisateurs et protection des utilisateurs**.

4. Cliquez sur **Contrôle parental**.

5. Dans la fenêtre du **Contrôle du compte utilisateur**, cliquez sur **Continuer**.

6. Sélectionnez le compte pour lequel définir un filtre web.

7. Vérifiez que **Contrôle parental** soit sur **Activé**. Si cela n'est pas le cas, cliquez sur **Activer**.

8. Dans la section **Paramètres Windows**, cliquez sur **Filtre Windows Vista de restrictions d'accès au Web**.

9. Dans la fenêtre **À quelles parties d'Internet peut accéder l'utilisateur**, cliquez sur **Bloquer certains sites Web ou contenus**.

10. Sous **Bloquer automatiquement le contenu Web**, sélectionnez le niveau de contenu de votre choix.

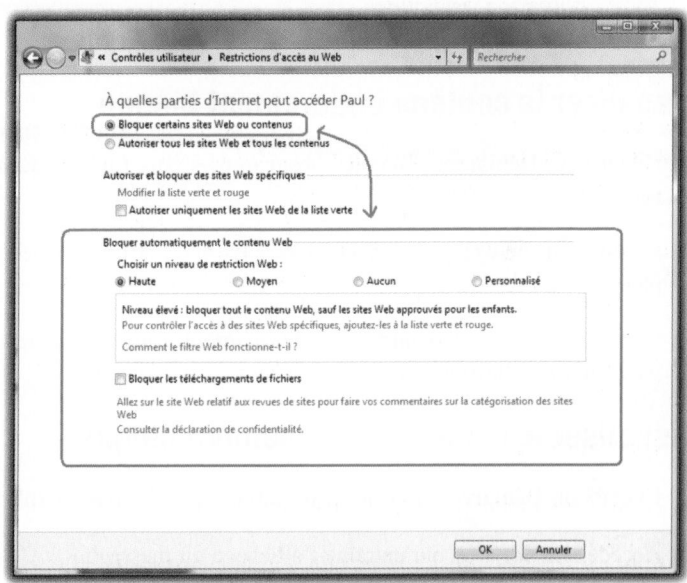

▲ Figure 10.7 : *Niveau de restriction de contenus web*

11. Cliquez sur OK puis encore une fois sur OK.

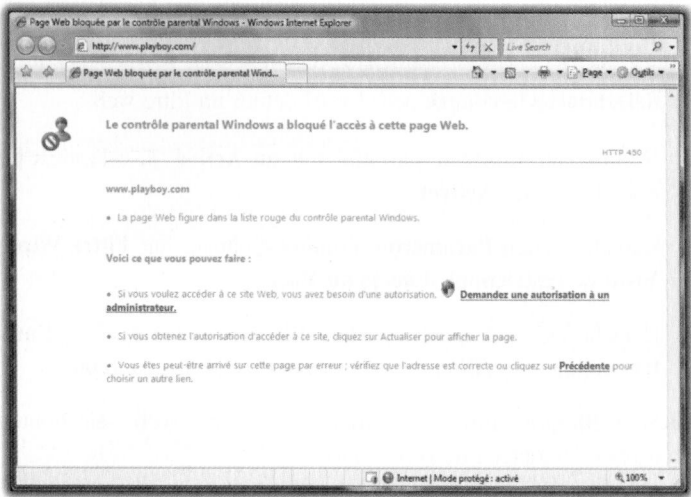

▲ Figure 10.8 : *Blocage d'un site Internet par le contrôle parental*

Visualiser le contenu entièrement bloqué

1. Cliquez sur **Démarrer**, **Tous les programmes** puis **Internet Explorer**.

2. Accédez au site web pour lequel Internet Explorer affiche un message plein écran.

3. Cliquez sur le lien *Demandez une autorisation à un administrateur*, puis suivez les instructions qui s'affichent.

Visualiser le contenu partiellement bloqué

1. Cliquez sur **Démarrer**, **Tous les programmes** puis **Internet Explorer**.

2. Accédez au site web qui entraîne l'affichage du message.

3. Cliquez sur la barre d'informations puis sur le lien *Demander la substitution du site web* et suivez les instructions qui s'affichent.

Niveau de restriction pour bloquer un contenu automatiquement

Il existe quatre niveaux de restriction conçus pour identifier le contenu à bloquer :

- **Haut**. Le contenu des sites est dédié aux enfants et il est compréhensible et utilisable par eux. Le contenu n'est pas répréhensible. Le langage utilisé sur un site pour enfant cible les enfants entre 8 et 12 ans et les concepts présentés sont accessibles aux jeunes enfants. Lorsque vous choisissez ce niveau, vous autorisez votre enfant à consulter des sites pour enfants, ainsi que les sites Web que vous ajoutez à la liste des sites autorisés.

- **Moyen**. Ce niveau permet de filtrer les sites web en fonction des catégories du contenu. Vos enfants peuvent explorer Internet mais ne sont pas autorisés à consulter des contenus répréhensibles. Il est conseillé de consulter le rapport d'activités en ligne pour vérifier les sites que vos enfants ont visités ou tenté de consulter.

- **Aucun**. Aucun contenu web n'est bloqué.

- **Personnalisé**. Ce niveau permet également d'utiliser des catégories de contenu pour filtrer les sites web, mais vous autorise à filtrer davantage de catégories.

10.5 Les autorisations ou les blocages de programmes spécifiques

Vous pouvez empêcher les enfants d'exécuter des programmes que vous ne souhaitez pas qu'ils utilisent. Pour cela, procédez comme suit :

1. Sélectionnez le menu **Démarrer**.

2. Cliquez sur **Panneau de configuration**.

3. Dans le volet droit du **Panneau de configuration**, cliquez sur **Comptes d'utilisateurs et protection des utilisateurs**.

4. Cliquez sur **Contrôle parental**.

5. Dans la fenêtre du **Contrôle du compte utilisateur**, cliquez sur **Continuer**.

6. Sélectionnez le compte pour lequel définir un filtre web.

7. Vérifiez que **Contrôle parental** soit sur **Activé**. Si cela n'est pas le cas, cliquez sur **Activer**.

8. Dans la section **Paramètres Windows**, cliquez sur **Autoriser et bloquer des programmes spécifiques**.

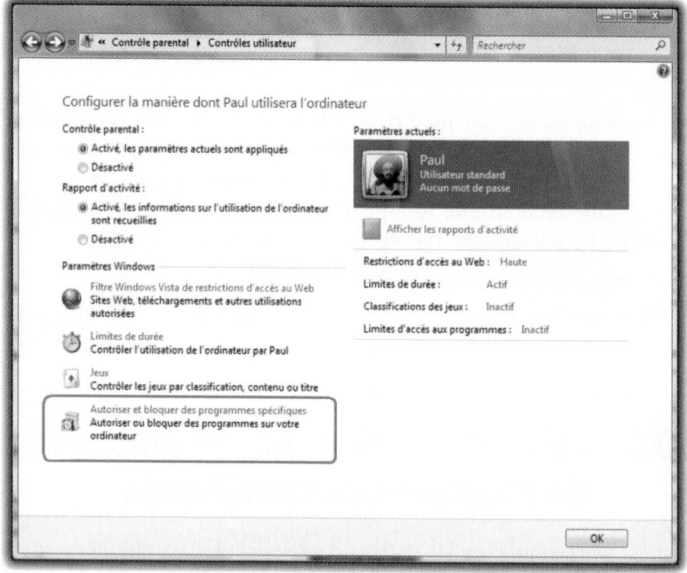

▲ Figure 10.9 : *Autoriser et bloquer des programmes spécifiques*

9. Dans la fenêtre **Quels programmes peut utiliser l'utilisateur ?**, choisissez entre les deux options suivantes et cliquez sur OK :

– *L'utilisateur peut utiliser tous les programmes* ;

– *L'utilisateur peut uniquement utiliser les programmes que j'autorise.*

Si l'on prend la seconde option, il vous sera demandé de choisir les programmes autorisés à travers une liste avec des cases à cocher. Une fois la sélection réalisée, cliquez sur OK.

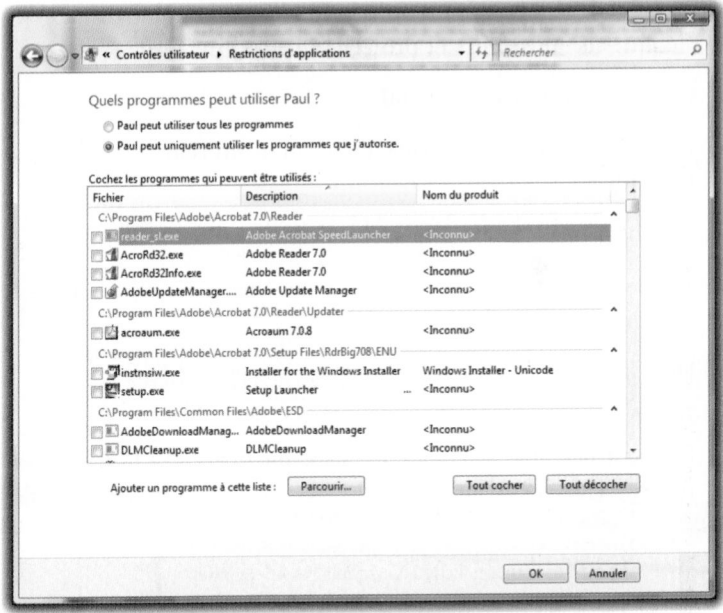

▲ Figure 10.10 : *Sélection des programmes autorisés à être utilisés*

10.6 Empêcher les enfants de jouer aux jeux qui ne leur conviennent pas

Vous pouvez contrôler l'accès aux jeux, choisir des catégories, des types de contenus à bloquer et décider si vous souhaitez autoriser ou bloquer des jeux spécifiques.

Pour bloquer tous les jeux

1. Sélectionnez le menu **Démarrer**.

2. Cliquez sur **Panneau de configuration**.

3. Dans le volet droit du **Panneau de configuration**, cliquez sur **Comptes d'utilisateurs et protection des utilisateurs**.

4. Cliquez sur **Contrôle parental**.

5. Dans la fenêtre du **Contrôle du compte utilisateur**, cliquez sur **Continuer.**

6. Sélectionnez le compte pour lequel définir un filtre web.

7. Vérifiez que **Contrôle parental** soit sur **Activé**. Si cela n'est pas le cas, cliquez sur **Activer**.

8. Dans la section **Paramètres Windows**, cliquez sur **Jeux**.

9. Dans le champ *Est-ce que l'utilisateur peut jouer à des jeux ?* de la fenêtre **Contrôler les types de jeux auxquels l'utilisateur peut jouer**, sélectionnez **Non**. Et cliquez sur OK.

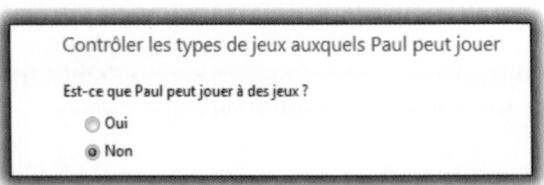

▲ Figure 10.11 : *Refuser l'utilisation de tous les jeux*

Pour bloquer les jeux en fonction de l'âge

1. Sélectionnez le menu **Démarrer**.

2. Cliquez sur **Panneau de configuration**.

3. Dans le volet droit du **Panneau de configuration**, cliquez sur **Comptes d'utilisateurs et protection des utilisateurs**.

4. Cliquez sur **Contrôle parental**.

5. Dans la fenêtre du **Contrôle du compte utilisateur**, cliquez sur **Continuer.**

6. Sélectionnez le compte pour lequel définir un filtre web.

7. Vérifiez que **Contrôle parental** soit sur **Activé**. Si cela n'est pas le cas, cliquez sur **Activer**.

8. Dans la section **Paramètres Windows**, cliquez sur **Jeux**.

9. Dans le champ *Est-ce que l'utilisateur peut jouer à des jeux ?* de la fenêtre **Contrôler les types de jeux auxquels l'utilisateur peut jouer**, sélectionnez **Oui**.

10. Dans la section **Bloquer (ou autoriser) les jeux en fonction de leur classification et leur contenu**, cliquez sur **Définir la classification des jeux**.

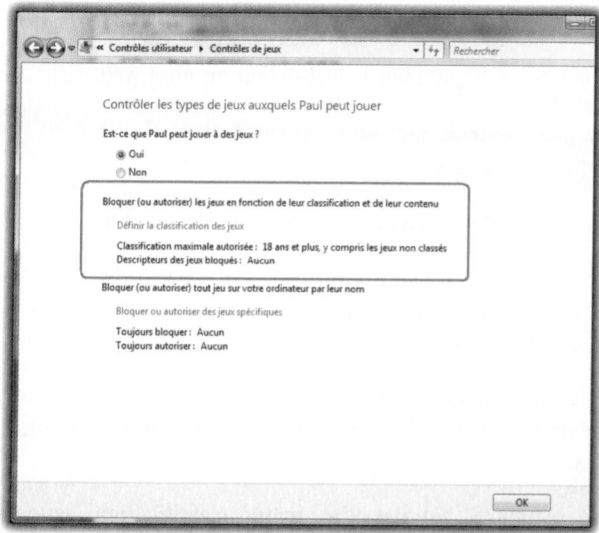

▲ Figure 10.12 : *Bloquer (ou autoriser) les jeux en fonction de leur classification et leur contenu*

11. Dans la section **Si un jeu n'a aucune classification, est-ce que l'utilisateur peut y jouer ?**, sélectionnez **Bloquer les jeux sans classification**.

12. Dans la section **Quelles classifications conviennent à l'utilisateur ?**, sélectionnez la classification de votre choix et cliquez sur OK.

Pour bloquer les jeux en fonction du contenu

1. Sélectionnez le menu **Démarrer**.

2. Cliquez sur **Panneau de configuration**.

3. Dans le volet droit du **Panneau de configuration**, cliquez sur **Comptes d'utilisateurs et protection des utilisateurs**.

4. Cliquez sur **Contrôle parental**.

5. Dans la fenêtre du **Contrôle du compte utilisateur**, cliquez sur **Continuer**.

6. Sélectionnez le compte pour lequel définir un filtre web.

7. Vérifiez que **Contrôle parental** soit sur **Activé**. Si cela n'est pas le cas, cliquez sur **Activer**.

8. Dans la section **Paramètres Windows**, cliquez sur **Jeux**.

9. Dans le champ *Est-ce que l'utilisateur peut jouer à des jeux ?* de la fenêtre **Contrôler les types de jeux auxquels l'utilisateur peut jouer**, sélectionnez **Oui**.

10. Dans la section **Bloquer (ou autoriser) les jeux en fonction de leur classification et leur contenu**, cliquez sur **Définir la classification des jeux**.

11. Dans la section **Si un jeu n'a aucune classification, est-ce que l'utilisateur peut y jouer ?**, sélectionnez **Bloquer les jeux sans classification**.

12. Sous **Bloquer ces types de contenu**, sélectionnez les types de contenus que vous souhaitez bloquer puis cliquez sur OK.

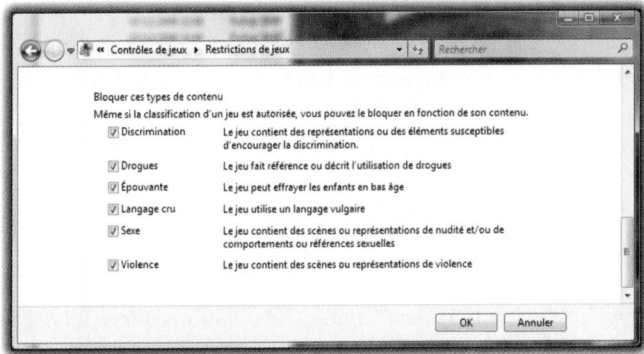

▲ Figure 10.13 : *Types de contenu bloqués*

Pour bloquer des jeux spécifiques

1. Sélectionnez le menu **Démarrer**.

2. Cliquez sur **Panneau de configuration**.

3. Dans le volet droit du **Panneau de configuration**, cliquez sur **Comptes d'utilisateurs et protection des utilisateurs**.

4. Cliquez sur **Contrôle parental**.

5. Dans la fenêtre du **Contrôle du compte utilisateur**, cliquez sur **Continuer**.

6. Sélectionnez le compte pour lequel définir un filtre web.

7. Vérifiez que **Contrôle parental** soit sur **Activé**. Si cela n'est pas le cas, cliquez sur **Activer**.

8. Dans la section **Paramètres Windows**, cliquez sur **Jeux**.

9. Dans le champ *Est-ce que l'utilisateur peut jouer à des jeux ?* de la fenêtre **Contrôler les types de jeux auxquels l'utilisateur peut jouer**, sélectionnez **Oui**.

10. Sélectionnez **Bloquer ou autoriser des jeux spécifiques**, puis bloquer les jeux que vous souhaitez et cliquez sur OK.

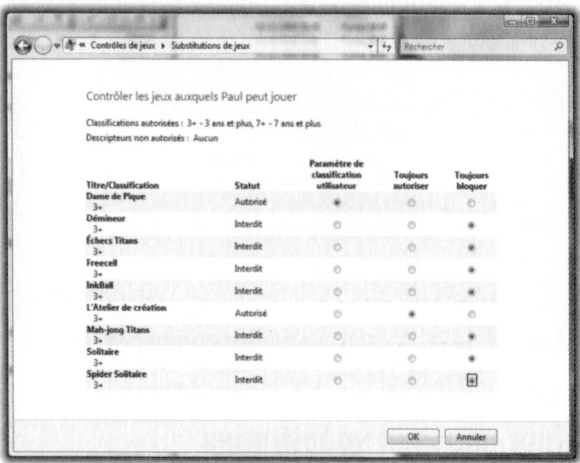

▲ Figure 10.14 : *Contrôle des jeux auxquels l'utilisateur peut jouer*

Voici ce que voit l'utilisateur une fois le paramétrage appliqué.

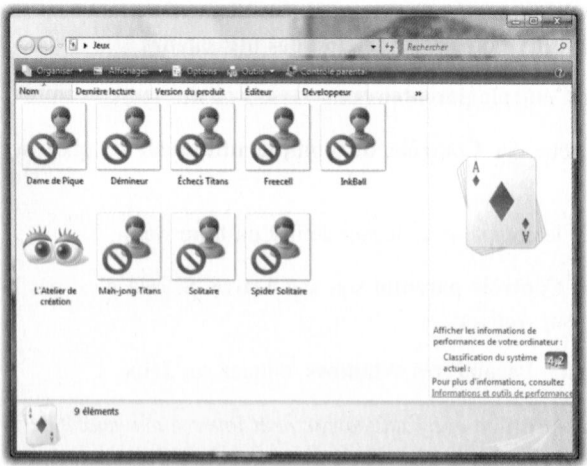

▲ Figure 10.15 : *Liste des jeux interdits par le contrôle parental*

Si jamais l'utilisateur venait à lancer les jeux, cela ne serait pas possible et l'utilisateur recevrait un message d'interdiction.

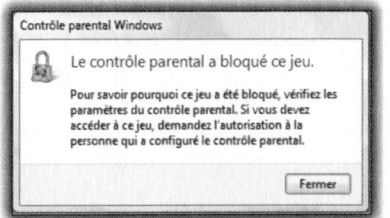

◀ Figure 10.16 :
*Contrôle
parental
Windows*

10.7 Configurer les rapports d'activités du contrôle parental

Vous pouvez utiliser les rapports d'activités pour visualiser les activités en ligne de vos enfants.

Pour activer les rapports d'activités

1. Sélectionnez le menu **Démarrer**.

2. Cliquez sur **Panneau de configuration**.

3. Dans le volet droit du **Panneau de configuration**, cliquez sur **Comptes d'utilisateurs et protection des utilisateurs**.

4. Cliquez sur **Contrôle parental**.

5. Dans la fenêtre du **Contrôle du compte utilisateur**, cliquez sur **Continuer**.

6. Sélectionnez le compte pour lequel activer les rapports d'activités.

7. Sous **Contrôle parental**, cliquez sur **Activé**.

8. Sous **Rapport d'activités**, cliquez sur **Activé, les informations sur l'utilisation de l'ordinateur sont recueillies**.

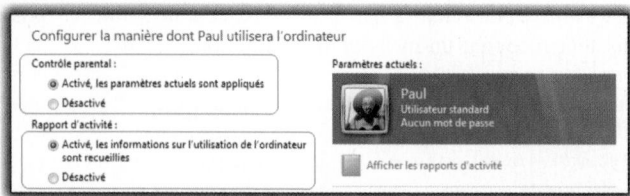

▲ Figure 10.17 : *Activé, les informations sur l'utilisation de l'ordinateur sont recueillies*

Pour visualiser les rapports d'activités

1. Sélectionnez le menu **Démarrer**.

2. Cliquez sur **Panneau de configuration**.

3. Dans le volet droit du **Panneau de configuration**, cliquez sur **Comptes d'utilisateurs et protection des utilisateurs**.

4. Cliquez sur **Contrôle parental**.

5. Dans la fenêtre du **Contrôle du compte utilisateur**, cliquez sur **Continuer**.

6. Sélectionnez le compte pour lequel activer les rapports d'activités.

7. Cliquez sur **Afficher les rapports d'activités**.

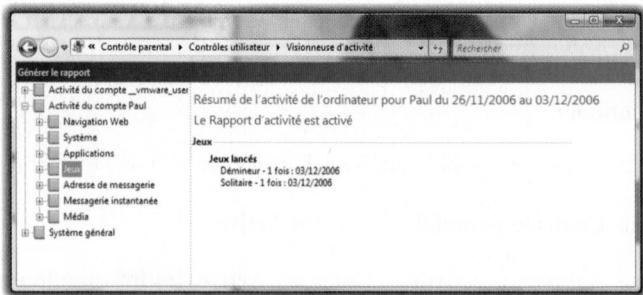

▲ Figure 10.18 : *Rapports d'activités*

11

Windows Live

Les services nouvelle génération Windows Live placent l'utilisateur au cœur de l'expérience Internet pour lui apporter davantage de personnalisation, de simplicité, de synergie et davantage de sécurité.

Comment ? En regroupant en un seul lieu l'ensemble des services en ligne les plus importants, accessibles partout, à tout moment, quel que soit votre équipement : depuis votre PC, votre terminal mobile, voire à terme depuis votre Media Center.

Avec Windows Live, vous allez bénéficier également d'une sécurité renforcée. En effet, Windows Live Safety Center et Windows Live OneCare faciliteront la protection des PC contre les virus et les logiciels espions.

11.1   Les services Windows Live

L'objectif de ce chapitre n'est pas de vous montrer ou vous faire utiliser l'ensemble des services proposés par Windows mais plutôt de vous présenter ceux qui pourraient avoir un intérêt dans votre expérience d'utilisateur Internet. Puis, nous verrons comment utiliser les services essentiels du nouvel internaute.

Live.com

Live.com est la page d'accueil pour accéder à toutes les fonctionnalités du nouveau moteur de recherche Windows Live Search. C'est également une page personnalisable que l'internaute peut organiser à son image avec ses fils d'actualités préférés, les liens vers ses sites favoris et ses gadgets.

Pour utiliser Windows Live, rendez-vous à l'adresse suivante : `http://www.live.com/`.

Pour se connecter à Windows Live, procédez de la façon suivante :

1. Cliquez sur **Démarrer**, **Tous les programmes** puis **Internet Explorer**.

2. Dans la barre d'adresses d'Internet Explorer, tapez l'adresse suivante : `http://www.live.com/`.

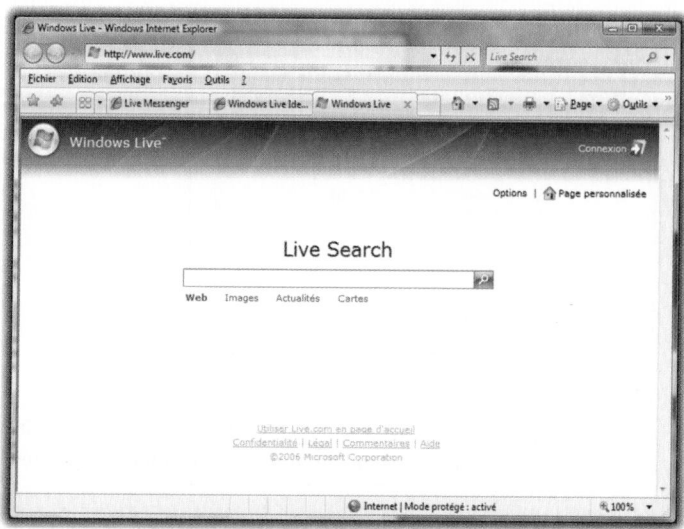

▲ Figure 11.1 : *Page d'accueil de Live.com*

Windows Live Search

Windows Live Search est le nouveau moteur de recherche de Microsoft. Il vous permet d'effectuer n'importe quelle recherche de façon innovante grâce à une ergonomie simplifiée et des fonctionnalités de recherche très précises (Web, images, flux RSS, actualités, Spaces, etc.).

Le moteur de recherche de Windows Live Search vous permet de réaliser différents types de recherche. Vous pouvez rechercher des informations en saisissant vos mots-clés de la façon suivante :

1. Cliquez sur **Démarrer**, **Tous les programmes** puis **Internet Explorer**.

2. Dans la barre d'adresses d'Internet Explorer, tapez l'adresse suivante : http://www.live.com/.

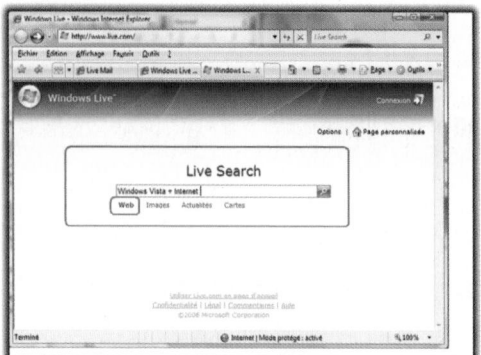

◄ Figure 11.2 :
Moteur de
recherche
Windows Live
Search

3. Appuyez sur Entrée ou cliquez sur la loupe. Windows Live Search vous remonte une liste de sites qui possèdent les mots-clés demandés.

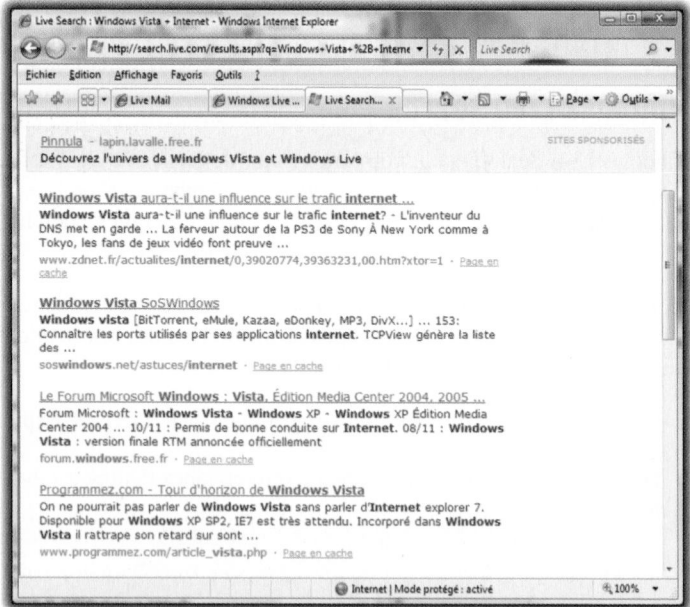

▲ Figure 11.3 : *Résultat de la recherche avec les mots Windows, Vista et Internet*

Efficacité de recherche

Pour ne pas vous retrouver avec des centaines de pages sur des mots standard, n'hésitez pas à donner plusieurs mots qui vous permettront de réduire le nombre de réponses.

Le moteur de recherche vous permet également de rechercher des images :

1. Cliquez sur **Démarrer**, **Tous les programmes** puis **Internet Explorer**.

2. Dans la barre d'adresses d'Internet Explorer, tapez l'adresse suivante : http://www.live.com/.

3. Sélectionnez **Images** sous la zone de recherche, saisissez les mots-clés de votre recherche et appuyez sur (Entrée).

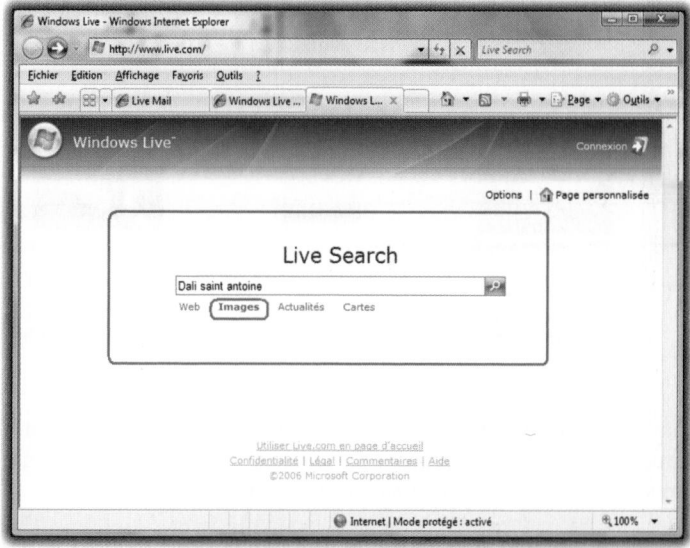

▲ Figure 11.4 : *Recherche d'images à partir de Windows Live Search*

4. Une fois le résultat affiché, vous pouvez consulter simplement les images ou cliquer sur l'image de votre choix pour accéder au site d'où elle provient.

▲ Figure 11.5 : *Résultat de la recherche*

Une autre fonctionnalité très sympathique de Windows Live Search est la partie Cartes. Vous allez pouvoir rechercher n'importe quoi, n'importe où. Prenons l'exemple de restaurants dans la ville de Cannes :

1. Cliquez sur **Démarrer**, **Tous les programmes** puis **Internet Explorer**.

2. Dans la barre d'adresses d'Internet Explorer, tapez l'adresse suivante : `http://www.live.com/`.

3. Sélectionnez **Cartes** sous la zone de recherche et appuyez sur ⎣Entrée⎤.

4. Dans la fenêtre **Live Local Search**, deux champs apparaissent *Quoi* et *Où*. Dans le champ *Quoi*, saisissez restaurant et dans le champ *Où* saisissez Cannes puis appuyez sur ⎣Entrée⎤.

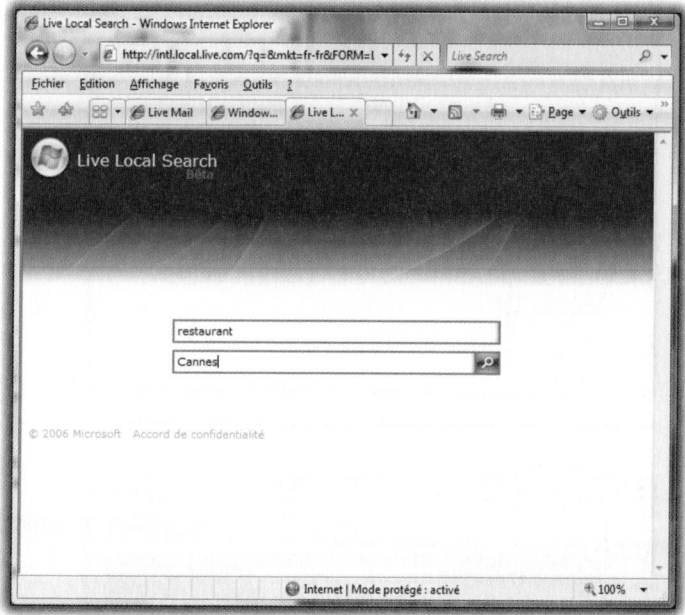

▲ Figure 11.6 : *Exemple de recherche de restaurants dans la ville de Cannes*

5. Dans le résultat de la recherche, vous pouvez cliquer sur le résultat de votre choix et planifier un itinéraire (voir Figure 11.7).

6. Après avoir obtenu les informations sur votre restaurant, vous pouvez cliquer sur le signe ⊞ de la carte pour voir dans quelle rue se trouve le restaurant en question. Si vous souhaitez planifier un itinéraire, cliquez sur **Itinéraire** (voir Figures. 11.8, 11.9).

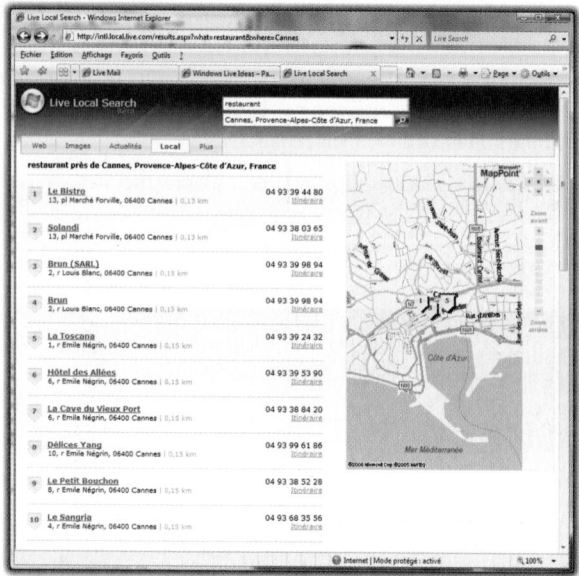

▲ Figure 11.7 : *Résultat de la recherche des restaurants*

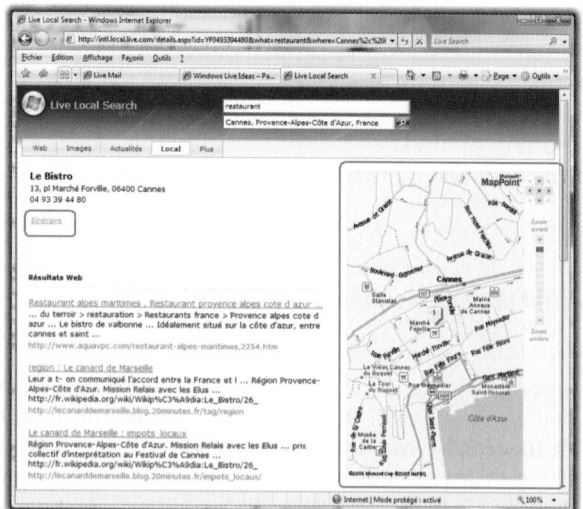

▲ Figure 11.8 : *Carte Microsoft MapPoint sur la ville de votre recherche*

▲ Figure 11.9 : *Itinéraire*

Windows Live Mail

La nouvelle interface de Windows Live Mail apporte plus de simplicité, plus de capacité, plus de rapidité, plus de personnalité et plus de sécurité. Windows Live Mail est le successeur de MSN Hotmail ! Pour pouvoir utiliser cette messagerie, vous devez commencer par vous créer un passeport. La création de ce passeport va vous permettre d'utiliser tous les services Windows Live qui nécessitent une authentification. En fait, cela consiste à prouver que vous êtes bien la personne que vous prétendez être. Plus simplement, je suis Bob Durant et je ne souhaite pas que Madame Michu puisse utiliser ma messagerie et envoyer des e-mails à mon nom, ou encore utiliser ma messagerie instantanée à des fins personnelles. En bref, il s'agit de préserver votre confidentialité.

Pour créer un passeport, procédez de la façon suivante :

1. Cliquez sur **Démarrer**, **Tous les programmes** puis **Internet Explorer**.

2. Dans la barre d'adresses d'Internet Explorer, tapez l'adresse suivante : `http://www.live.com/`.

3. Dans la fenêtre **Live Search**, cliquez sur **Connexion**.

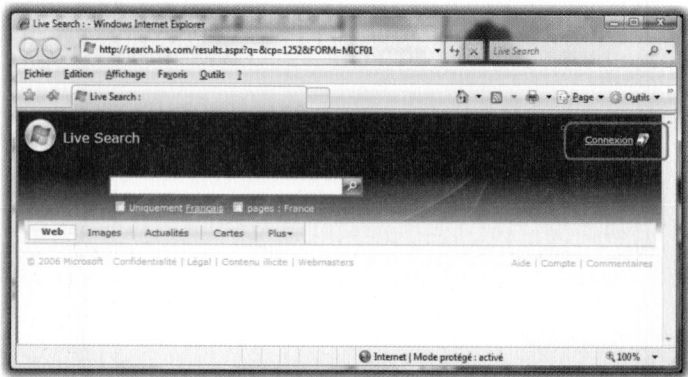

▲ Figure 11.10 : *Connexion de l'onglet Live Search*

4. Dans la fenêtre de connexion **Windows Live**, cliquez sur **Inscrivez-vous !** (voir Figure 11.11)

5. Dans la fenêtre **Avez-vous une adresse de messagerie ?**, sélectionnez **Non, je souhaite créer une adresse de messagerie MSN Hotmail gratuite** puis cliquez sur **Continuer** (voir fig. 11.12).

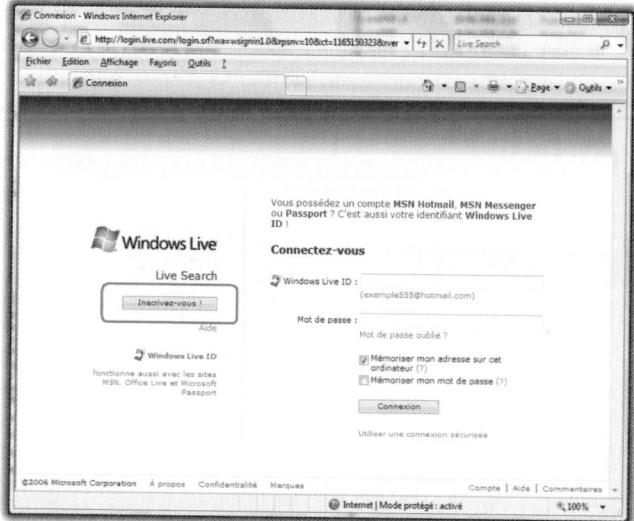

▲ Figure 11.11 : *Fenêtre d'inscription*

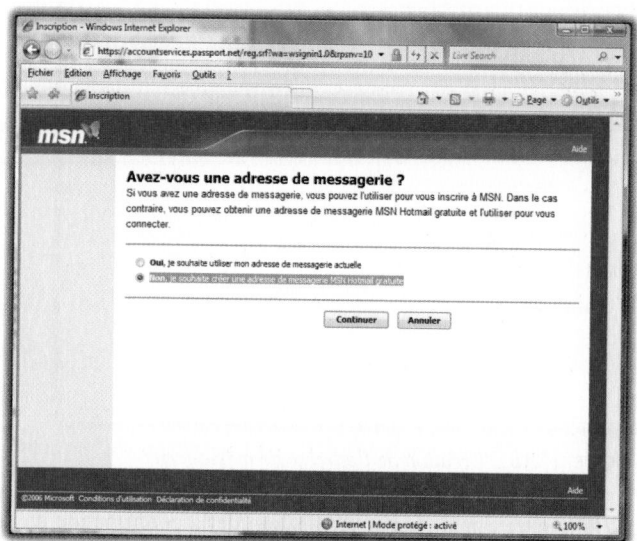

▲ Figure 11.12 : *Demande d'adresse e-mail*

6. Dans la fenêtre e-mail, remplissez les champs qui vous sont demandés. Dans le champ *Adresse de messagerie*, entrez l'adresse de messagerie que vous souhaitez et cliquez sur **Vérifier la disponibilité**. Une fois que vous avez renseigné l'ensemble des cases, cliquez sur **Accepter**.

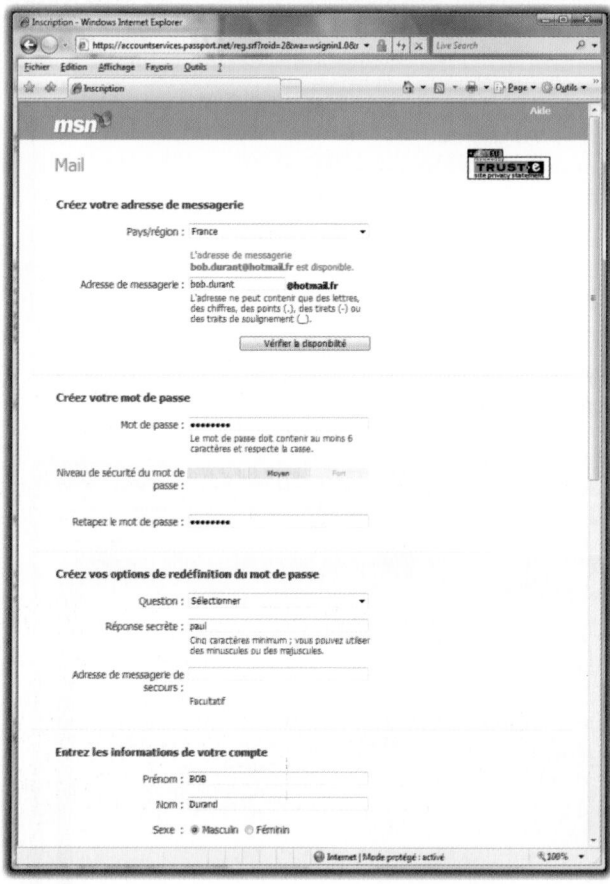

▲ Figure 11.13 : *Création de l'adresse de messagerie*

7. Dans la fenêtre e-mail, après vérification de la confirmation de votre adresse, cliquez sur **Continuer**.

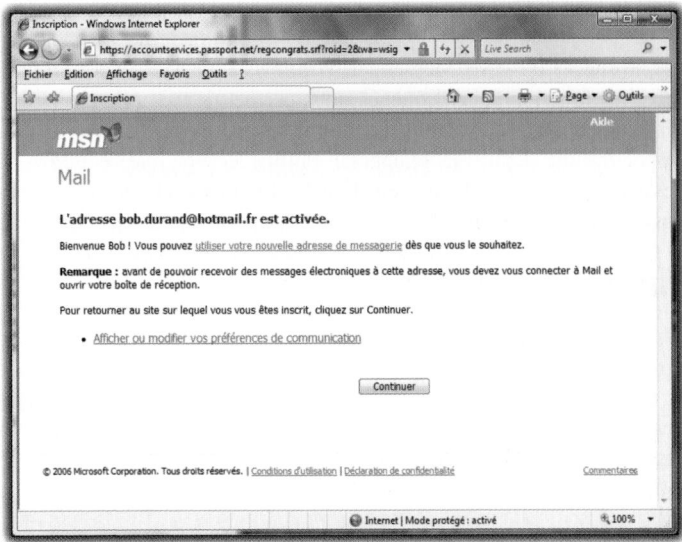

▲ Figure 11.14 : *Confirmation de la création de votre adresse*

Votre status est passé en utilisateur connecté puisque si l'on regarde la fenêtre Windows Live, le bouton **Connexion** a été remplacé par **Déconnexion**.

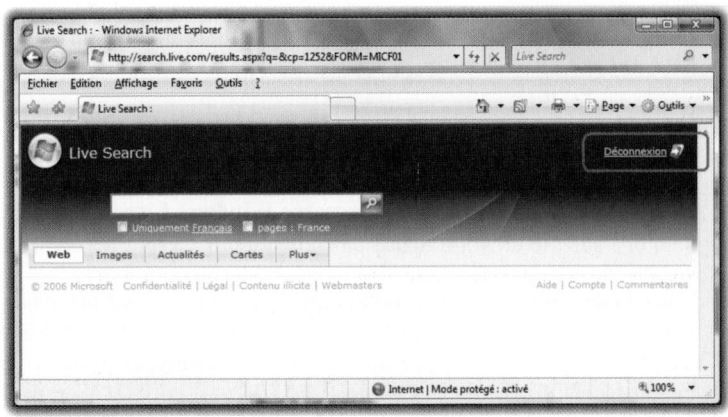

▲ Figure 11.15 : *Status d'utilisateur connecté*

Windows Live Messenger

Fort du succès de MSN Messenger, Windows Live Messenger propose de nouvelles fonctionnalités conçues pour permettre aux utilisateurs d'enrichir leurs échanges instantanés. Parmi les nouveautés, vous trouverez l'appel gratuit depuis le téléphone Philips compatible Windows Live Messenger vers ses amis "en ligne", l'interopérabilité avec Yahoo! Messenger, et une nouvelle option bien pratique : le dossier de partage !

Windows Live Spaces

Vous allez désormais pouvoir partager votre univers et découvrir celui des autres. MSN Spaces est le service de blogs le plus fréquenté du monde, et cet espace est devenu Windows Live Spaces. Depuis son lancement, en décembre 2004, les internautes ont créé plus de 49 millions d'espaces perso, et ce nombre devrait encore s'accroître dans les mois qui viennent…

Pour rejoindre Windows Live Space, rendez-vous à l'adresse suivante : http://www.windowslivespaces.fr/.

Si vous souhaitez vous connecter à Windows Live Space, procédez comme suit :

1. Cliquez sur **Démarrer**, **Tous les programmes** puis **Internet Explorer**.

2. Dans la barre d'adresses d'Internet Explorer, tapez l'adresse suivante : http://www.windowslivespaces.fr/.

3. Dans la fenêtre **Live Spaces**, cliquez sur **Créer mon Space** (voir Figure 11.16).

4. Dans la fenêtre **Créez votre espace perso Windows Live**, saisissez le nom et l'adresse de votre Space puis cliquez sur **Créer**.

5. Dans **Vous avez créé votre espace perso !**, vous pouvez noter que votre espace perso est situé à l'adresse suivante : http://Bob-durand .spaces.live.com/. Cliquez sur **Accéder à votre espace perso** (voir Figure 11.17).

▲ Figure 11.16 : *Fenêtre Windows Live Spaces*

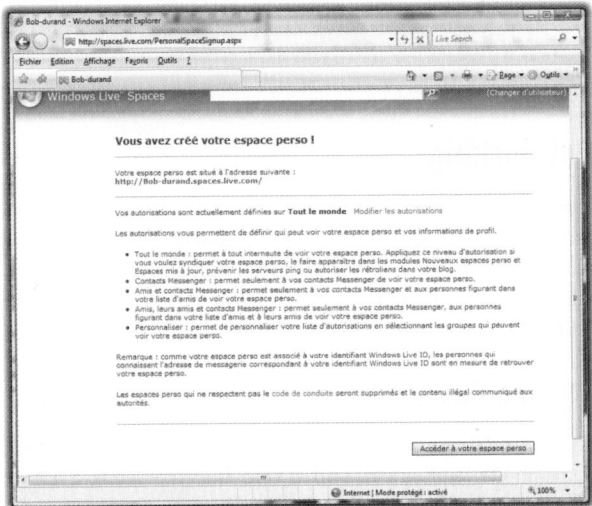

▲ Figure 11.17 : *Création de votre espace perso*

6. Une fois ouvert, remplissez votre Space comme bon vous semble. Il peut s'apparenter à un de vos loisirs ou vous servir d'outil de communication professionnel.

▲ Figure 11.18 : *Votre Space*

Social Networking

Dans Windows Live, le Social Networking s'articule autour d'une liste de contacts unifiée. Chaque utilisateur peut contacter les personnes qui partagent ses centres d'intérêt, même si elles ne font pas partie de son cercle initial. Ensuite, c'est à chacun d'accepter ou non les propositions d'agrandissement des communautés.

Windows Live Favorites

Aujourd'hui, utiliser l'informatique au-delà de sa propre machine reste chose bien commode, seulement voilà. Une fois que vous avez défini toutes vos préférences, il peut être pratique de pouvoir profiter de ces préférences nomades... Windows Live Favorites permet d'accéder à ses favoris définis dans Microsoft Internet Explorer et MSN Explorer depuis n'importe quel PC connecté.

Pour accédez à Windows Live Favorites, rendez-vous à l'adresse suivante : `http://favorites.live.com/?mkt=fr-fr`.

1. Cliquez sur **Démarrer**, **Tous les programmes** puis **Internet Explorer**.

2. Dans la barre d'adresses d'Internet Explorer, tapez l'adresse suivante : `http://favorites.live.com/?mkt=fr-fr`.

3. Dans la fenêtre **Windows Live Favorites**, cliquez sur **Connexion**. Dans la fenêtre de passeport, cliquez sur votre passeport de connexion et entrez votre mot de passe.

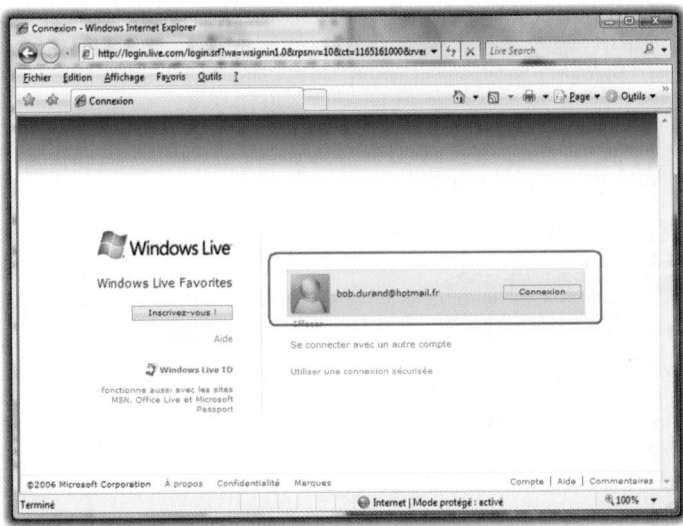

▲ Figure 11.19 : *Connexion à votre passeport Windows Live*

4. Dans la fenêtre **Windows Live Favorites**, cliquez sur **Ajouter** pour ajouter des favoris.

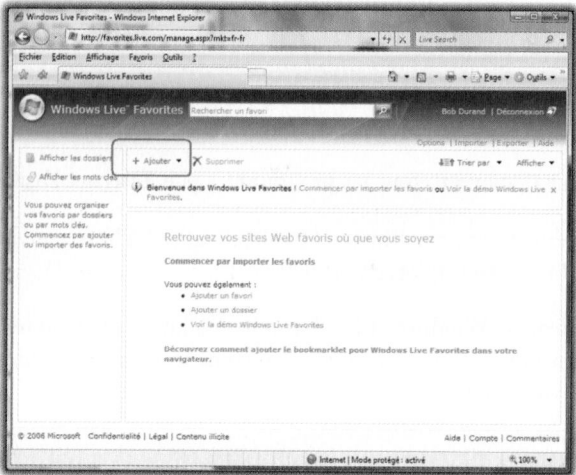

▲ Figure 11.20 : *Fenêtre Windows Live Favorites*

5. Une fois vos adresses ajoutées, vous pouvez les partager, les trier et les organiser depuis n'importe quel ordinateur.

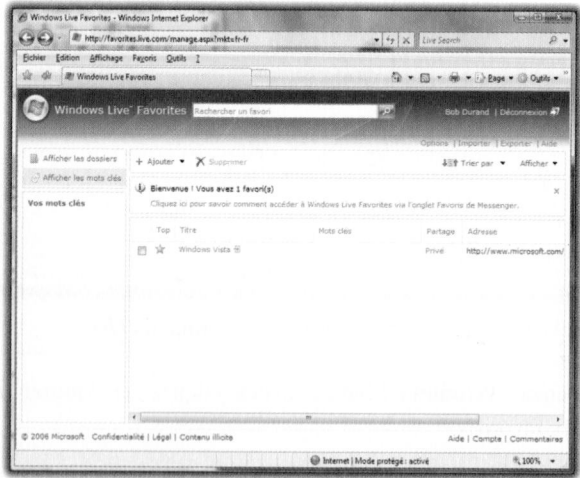

▲ Figure 11.21 : *Liste des favoris ajoutés*

Windows Live Safety Centre

Ce tout nouveau service gratuit permet aux utilisateurs de rechercher et d'éliminer les virus présents sur leur ordinateur, et offre, si on le souhaite, des fonctions complémentaires pour protéger les PC et les services Windows Live.

Pour accéder à Windows Live Safety Centre, rendez-vous à l'adresse suivante : `http://safety.live.com/site/fr-fr/default.htm?mkt=fr-fr`.

1. Cliquez sur **Démarrer**, **Tous les programmes** puis **Internet Explorer**.

2. Dans la barre d'adresses d'Internet Explorer, tapez l'adresse suivante : `http://safety.live.com/site/fr-fr/default.htm?mkt=fr-fr`.

3. Cliquez sur **Analyse complète** pour analyser votre ordinateur

▲ Figure 11.22 : *Analyse de votre ordinateur par Safety Centre*

4. Dans la fenêtre **Scanner de sécurité de Windows Live OneCare**, cliquez sur **Lancer une analyse complète pour Vista**.

5. Dans la fenêtre **Choisissez l'analyse à effectuer**, cliquez sur **Analyse complète (recommandée)**.

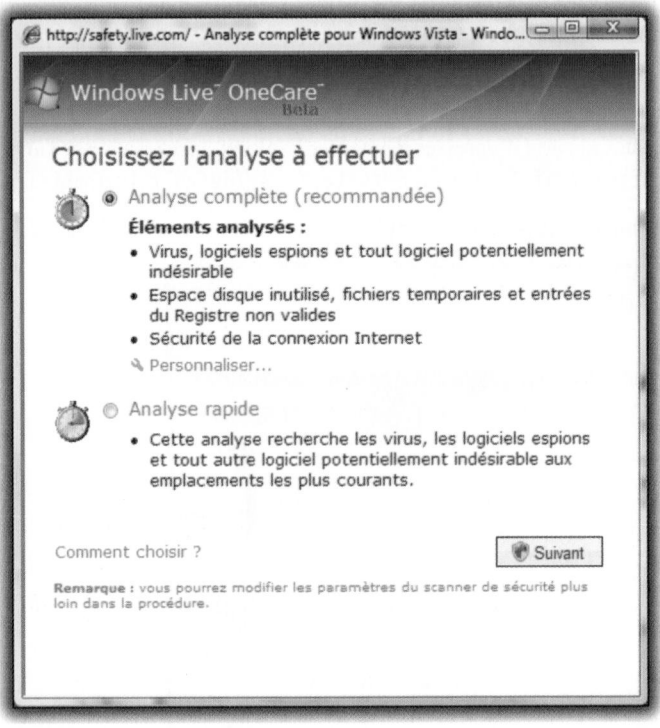

▲ Figure 11.23 : *Choix de l'analyse*

6. Une fois l'analyse terminée, Windows Live Safety Centre vous propose un rapport détaillé et des actions.

▲ Figure 11.24 : *Rapport d'analyse*

Windows Live OneCare

Windows Live OneCare est un service sur abonnement. Il combine des fonctions de protection des PC contre les virus et les logiciels espions et assure des mises à jour automatiques et des optimisations régulières. Ce service prend également en charge la gestion des sauvegardes, pour ne plus jamais perdre aucun fichier.

12

Communiquer avec l'extérieur

Pour communiquer avec l'extérieur, Microsoft vous propose plusieurs outils de la suite Windows Live. Comme l'ensemble des outils de cette suite, le grand avantage est de pouvoir en disposer gratuitement sous contrepartie d'accepter quelques espaces publicitaires, mais surtout de pouvoir y accéder depuis n'importe quel ordinateur, n'importe où dans le monde où se trouve une connexion Internet. Pour cela, vous devez disposer d'un passeport que vous allez pouvoir créer en même temps que la création de votre boîte aux lettres. Ce passeport est très important car il va vous suivre sur l'ensemble des sites Microsoft.

12.1 Windows Live Mail

C'est une messagerie rapide et simple qui vous facilite la lecture, l'envoi et l'organisation de vos messages. Longtemps connu sous le nom de Hotmail, la messagerie Internet de Microsoft devient Windows Live Mail. Pour les personnes qui possèdent déjà une adresse Hotmail, cela ne va rien changer. Les seuls changements sont les nouveautés apportées par Windows Live Mail. À présent, vous allez pouvoir prévisualiser tous vos messages électroniques sans quitter votre boîte de réception, mais vous allez pouvoir également organiser vos messages par un simple glisser/déposer. À présent, vous allez utiliser le clic droit du bouton de la souris pour répondre, supprimer, transférer en un clic vos messages électroniques ; sans compter que la capacité de la boîte aux lettres passe à 2 Go.

Créer sa boîte aux lettres sur Internet

Pour créer votre boîte aux lettres et pour vous connecter à Windows Live, procédez de la façon suivante :

1. Cliquez sur **Démarrer**, **Tous les programmes** puis **Internet Explorer**.

2. Dans la barre d'adresses d'Internet Explorer, tapez l'adresse suivante : `http://www.windowslive.fr/` puis cliquez sur **Live Mail**.

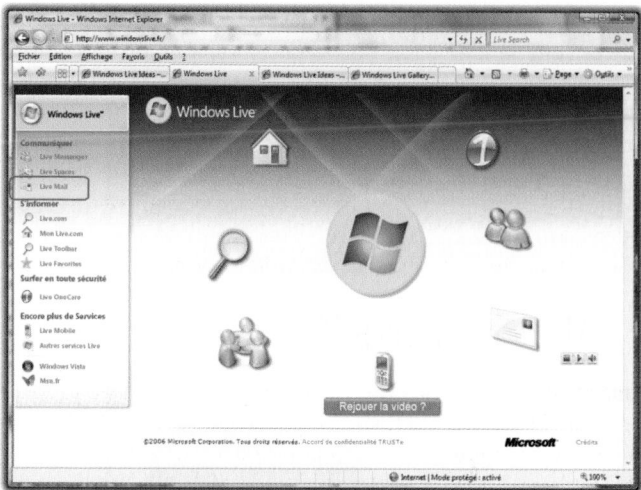

▲ Figure 12.1 : *Windows Live*

3. Dans la fenêtre **Windows Live Mail**, cliquez sur **Accéder à Live Mail**.

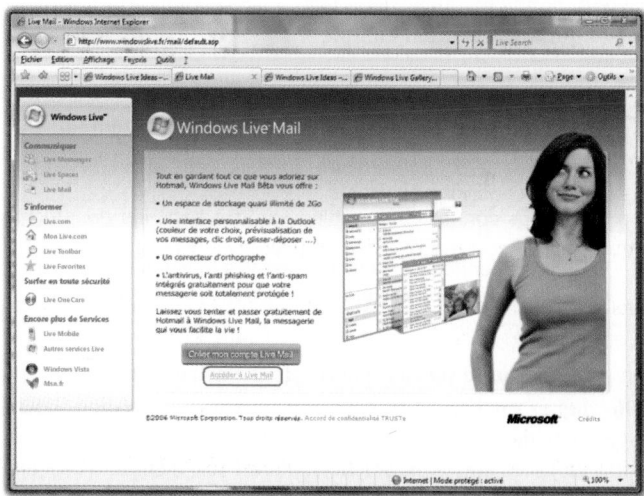

▲ Figure 12.2 : *Accès à Live Mail*

4. Sur la page d'authentification Hotmail, tapez votre adresse de messagerie et votre mot de passe puis appuyez sur **Connexion**.

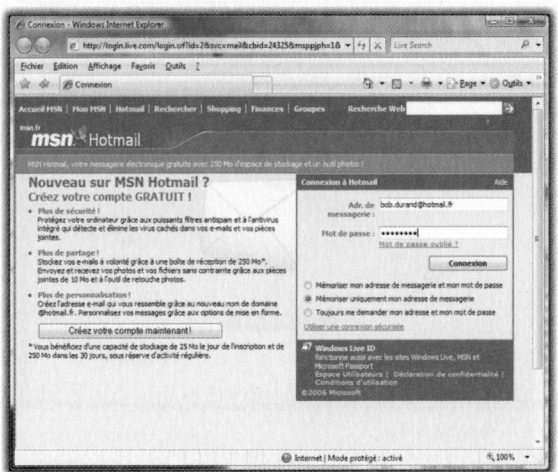

▲ Figure 12.3 : *Connexion à Hotmail*

5. À votre première connexion, une fenêtre **Félicitations !** s'ouvre. Cliquez sur **Activer mon compte**.

> **Condition d'activation de votre boîte aux lettres**
>
> Après avoir activé votre compte, celui-ci ne restera actif qu'aux conditions suivantes :
>
> ■ Vous vous connectez au moins une fois dans les dix prochains jours.
> ■ Vous vous connectez au moins une fois tous les trente jours à la suite de la période initiale de (dix) jours.

6. Dans le **Contrat de service Microsoft Dernière mise à jour : juillet 2006**, cliquez sur **J'accepte**. Un certain nombre de questions vous sont posées afin de pouvoir identifier votre profil et vous proposer des informations et autres newsletters. Parmi les thèmes, vous pouvez trouver :

- actualités ;
- loisirs ;
- bien-être ;
- automobile ;
- finance et business ;
- rencontres ;
- voyages ;
- shopping.

Prenons comme exemple le domaine de la finance. Si vous souhaitez recevoir des informations en provenance de différents sites boursiers, cliquez sur Finance et Business, cliquez ensuite sur les sites de votre choix puis cliquez sur **Continuer**. Une fenêtre s'affiche avec le message suivant : "Bienvenue dans votre nouvelle boîte aux lettres".

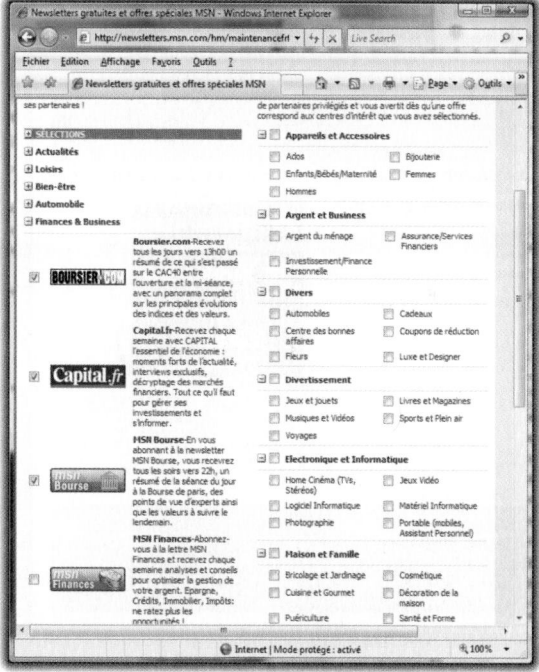

▲ Figure 12.4 : *Sélection d'informations liées à votre profil*

Consulter ses messages

Pour consulter les messages de votre boîte aux lettres, procédez comme suit :

1. Cliquez sur **Démarrer**, **Tous les programmes** puis **Internet Explorer**.

2. Dans la barre d'adresses d'Internet Explorer, tapez l'adresse suivante : http://www.windowslive.fr/ puis cliquez sur **Live Mail**.

3. Dans la fenêtre **Windows Live Mail**, cliquez sur **Accéder à Live Mail**.

4. Sur la page d'authentification Hotmail, tapez votre adresse de messagerie et votre mot de passe puis appuyez sur **Connexion**.

▲ Figure 12.5 : *Page d'accueil de votre boîte aux lettres*

5. Pour consulter vos messages, cliquez sur **Mes messages**.

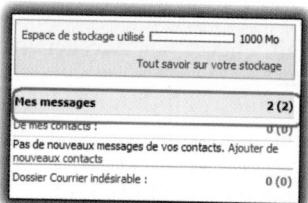

◄ Figure 12.6 :
*Mes Messages, suivi du
nombre de messages dans
la boîte aux lettres ainsi
que le nombre de
messages non lus*

6. Pour lire un message, cliquez sur tout le message pour le lire.

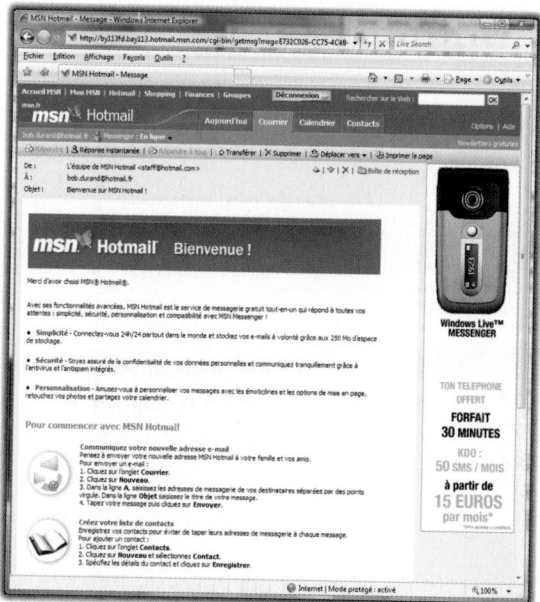

▲ Figure 12.7 : *Exemple de message e-mail*

Rédiger des messages

Pour rédiger des messages, procédez comme suit :

1. Cliquez sur **Démarrer**, **Tous les programmes** puis **Internet Explorer**.

2. Dans la barre d'adresses d'Internet Explorer, tapez l'adresse suivante : `http://www.windowslive.fr/` puis cliquez sur **Live Mail**.

3. Dans la fenêtre **Windows Live Mail**, cliquez sur **Accéder à Live Mail**.

4. Sur la page d'authentification Hotmail, tapez votre adresse de messagerie et votre mot de passe puis appuyez sur **Connexion**.

5. Cliquez sur **Nouveau**. Une fenêtre s'ouvre dans le champ *A:*. Saisissez l'adresse de votre destinataire, par exemple *marilyne.michu@wanadoo.fr*, puis dans le champ *Objet* saisissez la motivation de votre message, par exemple *Confirmation du repas de Noël à Bordeaux* puis saisissez votre message dans le reste de la fenêtre. Cliquez sur **Envoyer**.

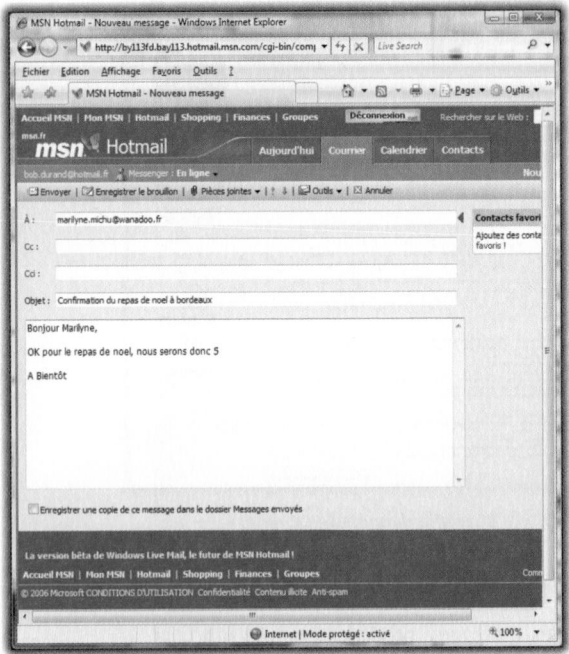

▲ Figure 12.8 : *Rédaction d'un message*

Gérer son calendrier

L'autre fonctionnalité bien pratique de Windows Live Mail est la gestion de votre agenda. En effet, Windows Live Mail vous propose au moyen d'un calendrier de gérer votre emploi du temps sous forme de journées, de semaine ou de mois.

Pour accéder à votre calendrier, procédez comme suit :

1. Cliquez sur **Démarrer**, **Tous les programmes** puis **Internet Explorer**.

2. Dans la barre d'adresses d'Internet Explorer, tapez l'adresse suivante : `http://www.windowslive.fr/` puis cliquez sur **Live Mail**.

3. Dans la fenêtre **Windows Live Mail**, cliquez sur **Accéder à Live Mail**.

4. Sur la page d'authentification Hotmail, tapez votre adresse de messagerie et votre mot de passe puis appuyez sur **Connexion**.

5. Sélectionnez l'onglet **Calendrier**.

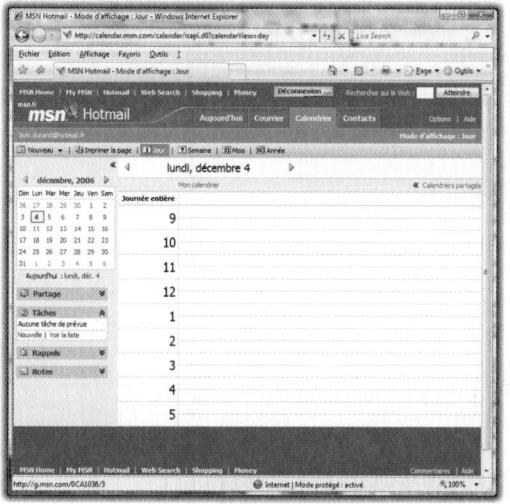

◁ Figure 12.9 :
Fenêtre de calendrier

Créer un rendez-vous

La création d'un rendez-vous se passe de la façon suivante :

1. Cliquez sur **Démarrer**, **Tous les programmes** puis **Internet Explorer**.

2. Connectez-vous à **Live Mail**.

3. Dans la fenêtre **Calendrier**, cliquez sur **Nouveau**.

4. Remplissez les champs de votre rendez-vous :
   - *Description* ;
   - *Lieu* ;
   - *Début* ;
   - *Fin* ;
   - *Notes* ;
   - *Catégorie* ;
   - *Disponiblité.*

   Puis cliquez sur **Inviter les participants**.

5. Dans le champ *Participants*, il vous est possible d'entrer plusieurs adresses pour la même invitation. Saisissez vos adresses puis cliquez sur **Envoyer**.

▲ Figure 12.10 : *Création d'un rendez-vous*

Windows Live Messenger

Il n'est pratiquement plus nécessaire de présenter Windows Live Messenger. Cet outil est l'outil qui illustre par excellence la puissance d'Internet aujourd'hui. Windows Live Messenger a su réconcilier toutes les générations et tous les profils avec Internet. La recette de ce succès, ce sont les services offerts par la messagerie instantanée. Windows Live Messenger vous permet de communiquer en temps réel par écrit et à plusieurs, par audio ou/et par vidéo. Windows Live Messenger a pour ainsi dire démocratisé la visioconférence par Internet.

Pour lancer Windows Live Messenger, procédez comme suit :

1. Cliquez sur **Démarrer**, **Tous les programmes** puis **Windows Live Messenger**.

2. Dans la fenêtre de connexion, entrez votre adresse e-mail, ainsi que votre mot de passe puis cliquez sur **Connexion**. Si vous le souhaitez, la fenêtre de connexion peut mémoriser votre adresse de messagerie, votre mot de passe et vous connecter automatiquement.

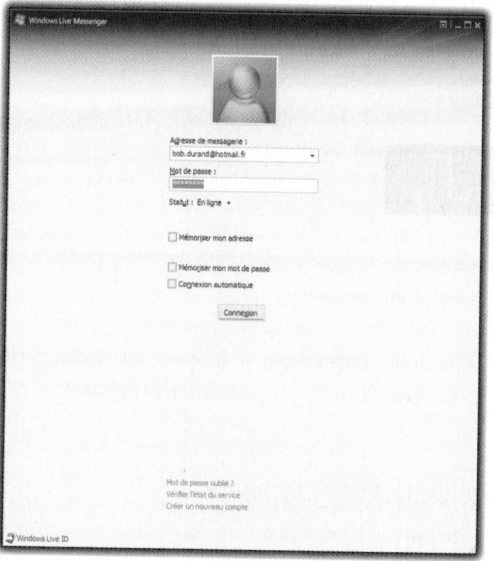

◄ Figure 12.11 :
*Fenêtre de
connexion de
Windows Live
Messenger*

Ajouter des contacts

Pour ajouter des contacts dans Windows Live Messenger, procédez comme suit :

1. Cliquez sur **Démarrer**, **Tous les programmes** puis **Windows Live Messenger**.

2. Dans la fenêtre de connexion, entrez votre adresse e-mail, ainsi que votre mot de passe puis cliquez sur **Connexion**.

3. Dans la fenêtre **Windows Live Messenger**, cliquez sur l'icône *Ajouter un contact*.

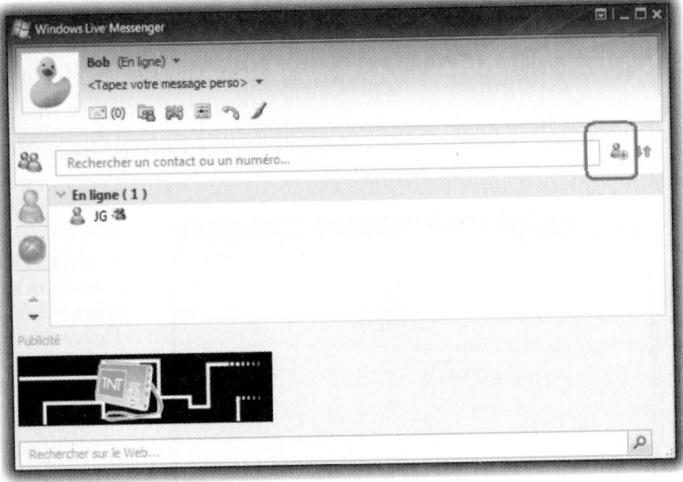

▲ Figure 12.12 : *Ajout d'un contact*

4. Saisissez les informations concernant l'adresse de messagerie, le surnom et le choix du groupe puis cliquez sur **Enregistrer**.

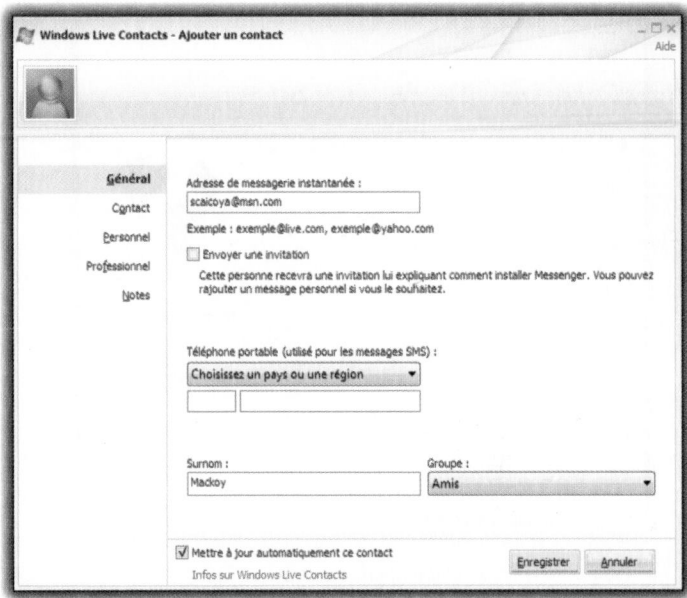

▲ Figure 12.13 : *Ajout du contact*

Démarrer une discussion

Pour démarrer une discussion avec Windows Live Messenger, procédez comme suit :

1. Cliquez sur **Démarrer**, **Tous les programmes** puis **Windows Live Messenger**.

2. Dans la fenêtre de connexion, entrez votre adresse e-mail, ainsi que votre mot de passe puis cliquez sur **Connexion**.

3. Cliquez sur le contact avec lequel vous souhaitez démarrer une discussion.

▲ Figure 12.14 : *Exemple de discussion*

13

Windows Mail

La messagerie fait partie de nos activités préférées et Windows Vista se devait d'apporter certaines améliorations pour rendre notre travail et notre utilisation plus simples et efficaces.

L'outil de messagerie de base installé sur les versions clientes de Windows (jusqu'à Windows XP) était Outlook Express. Avec Windows-Vista, Outlook Express change de nom et devient Windows Mail.

Pour ouvrir Windows Mail :

1. Cliquez sur le logo Windows de démarrage.

2. Cliquez sur **Tous les programmes** puis **Windows Mail**.

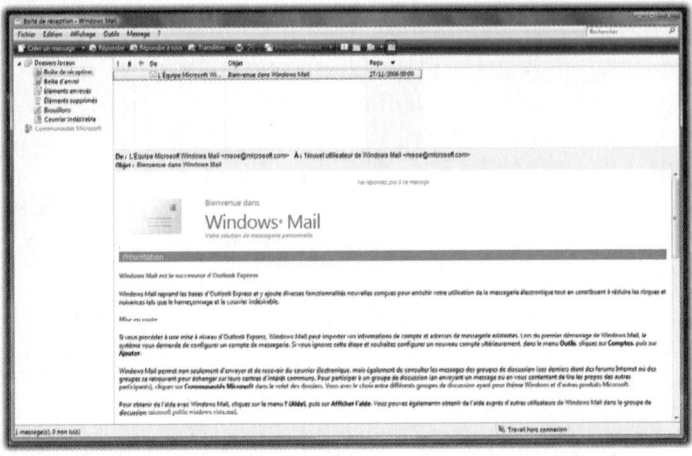

▲ Figure 13.1 : *Premier contact avec Windows Mail*

Premier coup d'œil à Windows Mail : l'interface ressemble à celle d'Outlook Express tout en y associant le look de Windows Vista, ce qui vous permettra de retrouver rapidement vos repères. En profondeur, l'outil se base maintenant sur une nouvelle technologie de stockage des messages qui améliore considérablement la fiabilité des données. Cependant, plusieurs autres améliorations sont à noter.

13.1 Configuration de Windows Mail

Commençons d'abord par mettre en service la messagerie en créant un compte de messagerie et en le configurant correctement pour permettre l'envoi et la réception de messages électroniques.

Ajout d'un compte Windows Mail

Vous avez la possibilité de configurer toute une série de comptes Windows Mail différents. Vous pouvez ainsi créer un compte de messagerie personnel unique, ou y adjoindre votre compte de messagerie du bureau et quelques groupes de discussion. Windows Mail facilite la gestion de plusieurs comptes en plaçant chaque compte dans un dossier qui lui est propre.

Windows Mail prend en charge trois types de comptes :

- les comptes de messagerie (tel le compte créé par votre fournisseur d'accès Internet) ;
- les comptes de newsgroups (groupes de discussions) ;
- les comptes de services d'annuaire (les services d'annuaire sont des carnets d'adresses en ligne généralement proposés par des entreprises).

Avant d'ajouter un compte, assurez-vous de disposer des informations de connexion et des informations sur le serveur pour votre compte de messagerie. Contactez votre administrateur réseau favori ou votre fournisseur d'accès à Internet.

Pour ajouter un compte Windows Mail, plusieurs cas peuvent se présenter : si vous lancez Windows Mail pour la première fois, l'assistant d'ajout d'un nouveau compte de messagerie se lance automatiquement. Sinon, effectuez la procédure suivante :

1. Cliquez sur le logo Windows de démarrage.

2. Cliquez sur **Tous les programmes** puis sur **Windows Mail**.

3. Dans le menu **Outils**, cliquez sur **Comptes**.

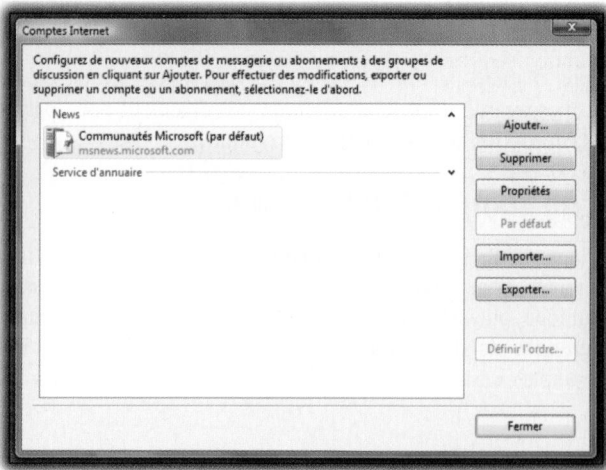

▲ Figure 13.2 : *Fenêtre Comptes de Windows Mail*

4. Cliquez sur **Ajouter**. Choisissez alors le type de compte à ajouter (un compte de messagerie par exemple), puis cliquez sur **Suivant**.

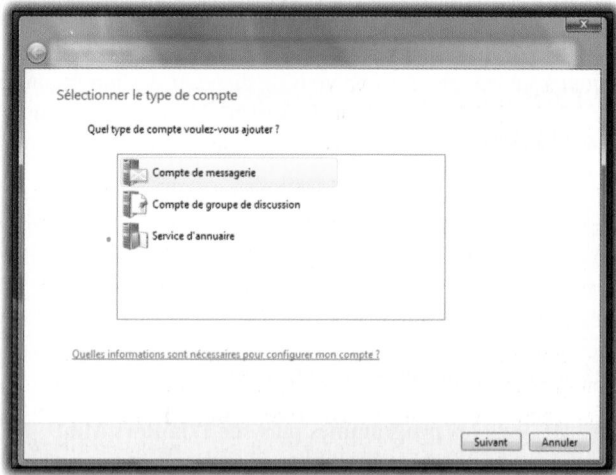

▲ Figure 13.3 : *Ajout d'un compte de messagerie*

5. Suivez les instructions qui s'affichent d'entrée sur votre nom et la configuration des serveurs du compte de messagerie.

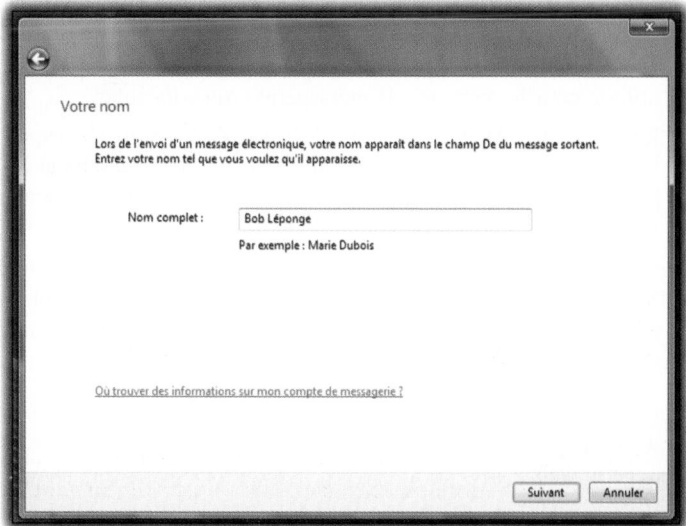

▲ Figure 13.4 : *Assistant d'ajout de compte de messagerie*

Configuration des types de serveurs de messagerie

Lorsque vous renseignez l'assistant d'ajout de compte de messagerie, vous devez préciser le type de serveur de messagerie que votre compte utilise. Windows Mail prend en charge les types de serveurs de messagerie suivants. Si vous n'êtes pas certain du type utilisé, contactez votre fournisseur de messagerie électronique.

■ Les serveurs POP3 (*Post Office Protocol*) conservent les messages électroniques entrants jusqu'au moment où, en relevant votre courrier, vous déclenchez leur transfert sur votre ordinateur. Le type POP3 est le type de compte le plus répandu pour la messagerie électronique personnelle, c'est-à-dire lorsque vous êtes abonné à un fournisseur d'accès Internet. En règle générale, les messages sont supprimés du serveur lorsque vous relevez votre courrier électronique.

■ Les serveurs IMAP (*Internet Message Access Protocol*) vous permettent de gérer votre courrier électronique sans être obligé de télécharger préalablement les messages sur votre ordinateur. Vous pouvez afficher un aperçu, supprimer et organiser ces messages directement sur le serveur de messagerie où des copies sont conservées jusqu'à ce que vous décidiez de les supprimer. La technologie IMAP est couramment utilisée pour les comptes de messagerie professionnelle.

■ Les serveurs SMTP (*Simple Mail Transfer Protocol*) s'occupent de l'envoi de vos messages électroniques sur Internet. Le serveur SMTP gère le courrier électronique sortant et il est utilisé conjointement avec un serveur de messagerie entrant POP3 ou IMAP.

Windows Mail prend également en charge d'autres types de serveurs : NNTP (*Network News Transfer Protocol*), utilisé pour lire et publier des messages de groupe de discussion, et LDAP (*Lightweight Directory Access Protocol*), utilisé pour accéder aux services d'annuaire.

Windows Mail ne prend pas en charge le protocole *http://* qui a été utilisé par Outlook Express pour accéder à Hotmail et à d'autres services de messagerie web.

13.2 Utilisation de Windows Mail

Une fois votre compte de messagerie créé et configuré, vous pouvez utiliser Windows Mail. Voici les actions à connaître pour une utilisation quotidienne.

Vérifier l'arrivée de nouveaux messages électroniques

Vous pouvez planifier Windows Mail pour qu'il vérifie automatiquement l'arrivée de nouveaux messages, ou procéder vous-même manuellement à cette vérification. La vérification manuelle est utile si vous ne voulez pas attendre la prochaine tentative de récupération automatisée des nouveaux messages par Windows Mail, ou si vous utilisez un accès réseau à distance pour vous connecter à Internet et ainsi éviter que Windows Mail s'y connecte automatiquement.

Pour vérifier automatiquement l'arrivée de nouveaux courriers électroniques :

1. Cliquez sur le logo Windows de démarrage.

2. Cliquez sur **Tous les programmes** puis sur **Windows Mail**.

3. Dans le menu **Outils**, cliquez sur **Options**.

4. Cliquez sur l'onglet **Général**, puis activez la case à cocher *Vérifier l'arrivée de nouveaux messages toutes les X minute(s)*.

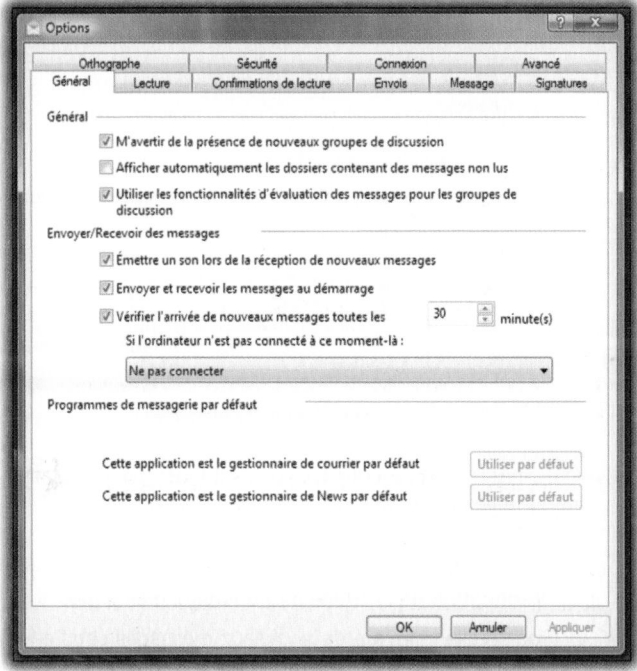

▲ Figure 13.5 : *Onglet Général des options de Windows Mail*

5. Pour modifier la fréquence de vérification des nouveaux messages de Windows Mail, entrez un nombre compris entre 1 et 480 dans la zone *Vérifier l'arrivée de nouveaux messages toutes les X minute(s)*.

Pour vérifier manuellement l'arrivée de nouveaux courriers électroniques, procédez comme suit :

1. Cliquez sur le logo Windows de démarrage.

2. Cliquez sur **Tous les programmes** puis sur **Windows Mail**.

3. Cliquez sur le menu **Outils**, pointez sur **Envoyer et recevoir**, puis cliquez sur **Envoyer et recevoir tout**.

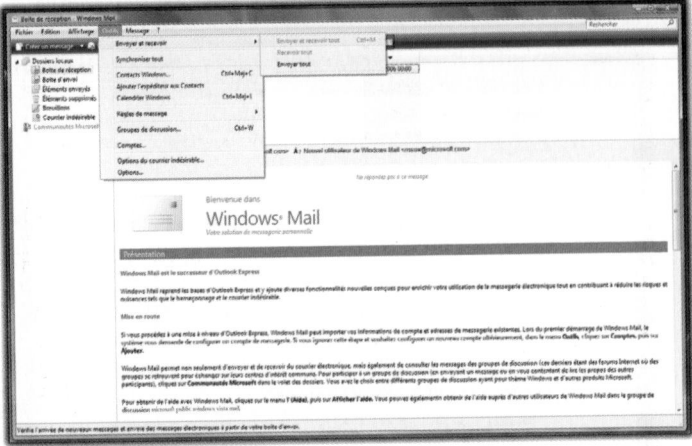

▲ Figure 13.6 : *Envoyer et recevoir tous les messages*

Windows Mail enverra tous les courriers électroniques présents dans votre Boîte d'envoi et téléchargera tous les nouveaux messages.

Vérification de l'arrivée de nouveaux messages

Pour vérifier l'arrivée de nouveaux messages sans envoyer le courrier présent dans votre Boîte d'envoi, cliquez sur le menu **Outils**, pointez sur **Envoyer et recevoir** et cliquez sur **Recevoir tout**.

Pour désactiver le téléchargement automatique des nouveaux courriers électroniques, procédez comme suit :

1. Cliquez sur le menu **Outils**, puis sur **Options**.

2. Cliquez sur l'onglet **Général** et désactivez la case à cocher *Vérifier l'arrivée de nouveaux messages toutes les X minute(s)*.

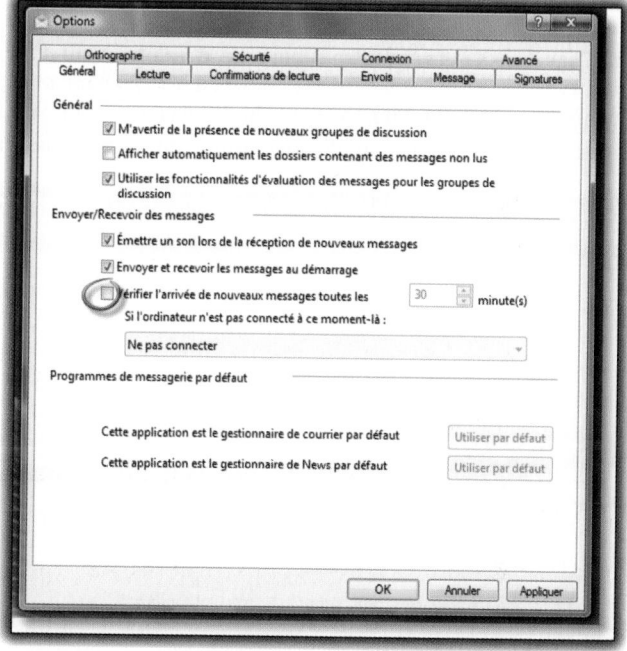

▲ Figure 13.7 : *Désactivation du téléchargement automatique des nouveaux courriers électroniques*

Alors, vous utiliserez manuellement le bouton **Envoyer/recevoir** à partir de la fenêtre d'accueil de Windows Mail.

Écrire un message électronique

Composer un message électronique revient tout simplement à rédiger une note dans un logiciel de traitement de texte. Une fois la rédaction du message achevée, il suffit d'indiquer les adresses de messagerie des destinataires, l'objet du message dans les zones appropriées, et le courrier est prêt pour l'envoi.

N'oubliez pas que vous devez créer un compte de messagerie pour vous-même dans Windows Mail pour être en mesure d'envoyer des messages électroniques.

1. Cliquez sur le logo Windows de démarrage.

2. Cliquez sur **Tous les programmes** puis sur **Windows Mail**.

3. Cliquez sur le menu **Fichier**, pointez sur **Nouveau** puis cliquez sur **Message** pour ouvrir la fenêtre de composition du nouveau message.

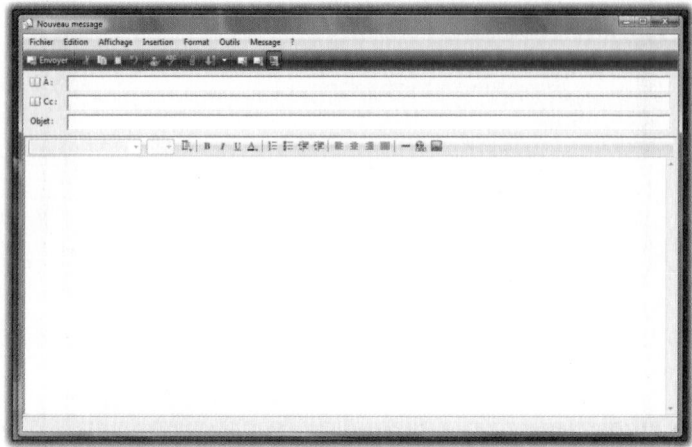

▲ Figure 13.8 : *Création d'un nouveau message électronique*

4. Dans la zone À, tapez l'adresse de messagerie de chacun de vos principaux destinataires. Dans la zone *Cc*, indiquez l'adresse de messagerie de chacun des destinataires secondaires à qui adresser une copie du courrier. Si vous tapez plusieurs adresses, séparez-les par des points-virgules.

▲ Figure 13.9 : *Adresse du destinataire*

5. Dans la zone *Objet*, tapez le titre de votre message.

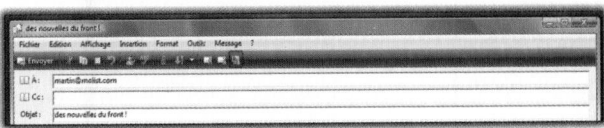

▲ Figure 13.10 : *Objet du message*

6. Cliquez dans la zone principale du message et tapez votre texte.

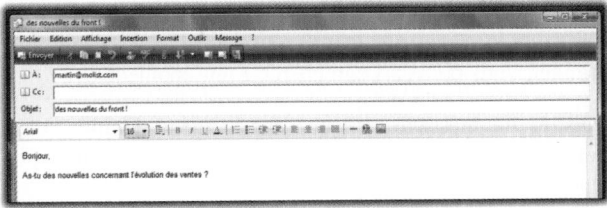

▲ Figure 13.11 : *Texte du message électronique*

Lorsque votre message vous donne entière satisfaction, effectuez l'une des opérations suivantes :

1. Pour envoyer le message immédiatement, cliquez sur le bouton **Envoyer**.

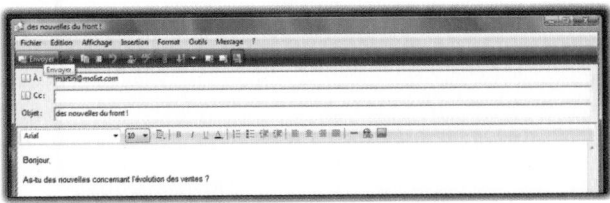

▲ Figure 13.12 : *Envoi du courrier électronique*

2. Pour envoyer le message ultérieurement, cliquez sur le menu **Fichier**, puis sur **Envoyer plus tard**.

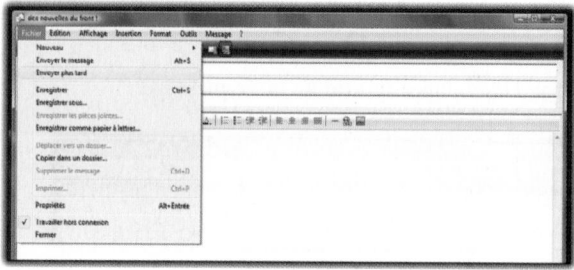

▲ Figure 13.13 : *Envoi ultérieur du courrier électronique*

Le courrier sera envoyé la prochaine fois que vous cliquerez sur le bouton **Envoyer/recevoir**.

Si vous écrivez un long message et que vous souhaitez y revenir plus tard pour le terminer, vous pouvez l'enregistrer à tout moment.

Pour enregistrer un message : cliquez sur le menu **Fichier**, puis sur **Enregistrer**. Les messages enregistrés qui ne sont pas envoyés sont stockés dans le dossier *Brouillons*.

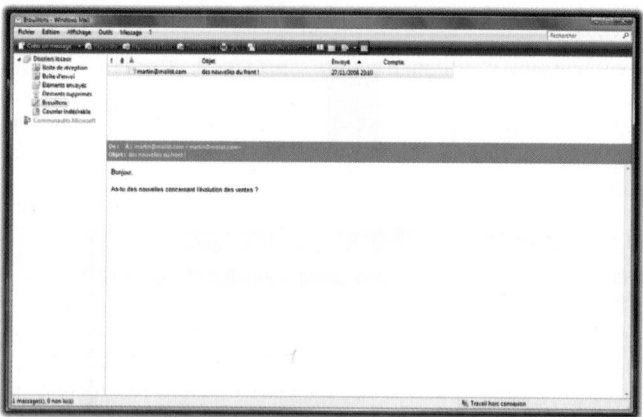

▲ Figure 13.14 : *Le dossier Brouillons de Windows Mail contient les messages électroniques enregistrés*

Ouvrir ou enregistrer une pièce jointe dans Windows Mail

Grâce à l'utilisation de Windows Mail, vous envoyez des documents, des images et d'autres fichiers sous forme de pièces jointes avec vos messages électroniques. Les messages qui contiennent des pièces jointes sont signalés par une icône représentant un trombone dans la colonne *Pièce jointe* de la liste des messages. Vous pouvez ouvrir des pièces jointes directement à partir de Windows Mail, ou les enregistrer dans un dossier sur votre ordinateur afin d'y accéder facilement par la suite sans être obligé de retrouver le message auquel elles étaient attachées.

Pour ouvrir une pièce jointe directement à partir d'un message, procédez comme suit :

1. Cliquez sur le logo Windows de démarrage.

2. Cliquez sur **Tous les programmes** puis sur **Windows Mail**.

3. Ouvrez un message qui contient une pièce jointe en double-cliquant dessus dans la liste de messages.

4. En haut de la fenêtre du message, double-cliquez sur l'icône de la pièce jointe dans l'en-tête du message.

Pour enregistrer des pièces jointes dans un dossier sur votre ordinateur, procédez comme suit :

1. Ouvrez un message qui contient une pièce jointe en double-cliquant dessus dans la liste de messages.

2. Dans la fenêtre du message, cliquez sur **Fichier**, puis sur **Enregistrer les pièces jointes**.

3. Sélectionnez le dossier dans lequel vous voulez enregistrer les pièces jointes. Par défaut, Windows Mail enregistre les pièces jointes dans votre dossier *Documents*. Si vous voulez enregistrer les pièces jointes dans un autre dossier, cliquez sur **Parcourir**, puis sélectionnez un dossier.

4. Sélectionnez les pièces jointes à enregistrer, puis cliquez sur **Enregistrer**.

Même si Windows Mail bloque les types de fichiers réputés dangereux, faites toujours preuve de vigilance lorsque vous ouvrez des pièces jointes. Soyez sûr et certain de bien connaître la personne qui vous envoie le fichier attaché et soyez sûr et certain d'être protégé par un antivirus.

13.3   Améliorations de Windows Mail

Recherche rapide

Windows Mail fait maintenant partie des applications qui intègrent une barre de recherche rapide.

En effet, elle s'avère particulièrement utile pour ceux d'entre nous qui ont plusieurs centaines de messages stockés dans leur boîte de réception, ce qui rend difficile toute recherche spécifique. En intégrant la barre de recherche rapide, vous pouvez effectuer presque instantanément une exploration de l'ensemble de votre messagerie, sans quitter Windows Mail.

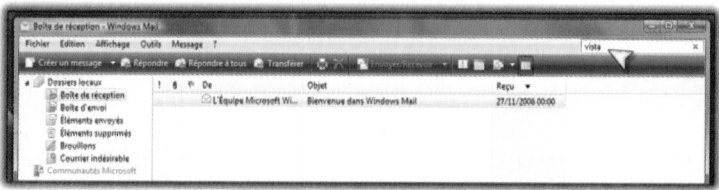

▲   Figure 13.15 : *La barre de recherche dans Windows Mail*

Filtrage du courrier indésirable

Windows Mail intègre un filtre antispam paramétré et démarré automatiquement au lancement de Windows Mail.

Nous avons tous été confrontés à la réception de messages indésirables (spams) et nous savons à quel point il est irritant de devoir faire le tri dans tous ces messages inutiles. Nous savons aussi à quel point cela prend un certain temps. Pour faire face à ce problème, Windows Mail est doté d'un filtre intégré qui bloque automatiquement les messages, les identifie et sépare les messages légitimes du courrier indésirable.

1. Pour ouvrir Windows Mail, cliquez sur le logo Windows de démarrage, puis sur **Tous les programmes** puis sur **Windows Mail**.

2. Les e-mails de type spam sont stockés dans **Courrier indésirable** dès leur réception.

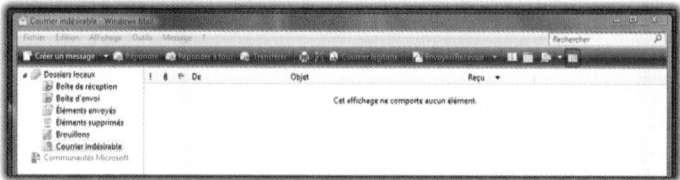

▲ Figure 13.16 : *Répertoire Courrier indésirable*

Le filtre du courrier indésirable est tout de même configurable :

1. Une fois Windows Mail ouvert, cliquez sur **Outils** puis sur **Options du courrier indésirable**.

2. Dans la fenêtre de configuration qui apparaît, dans l'onglet **Options**, vous pouvez sélectionner votre niveau de protection. Par défaut, celui-ci est configuré à *Faible* pour ne pas non plus empêcher l'arrivée de courrier qui n'est pas du spam. Dans cette même fenêtre, vous pouvez également faire en sorte que tout spam soit automatiquement détruit au lieu d'être déposé dans le répertoire **Courrier indésirable**. Veillez cependant à ce que tous ces messages soient des spams (voir Figure 13.17).

3. Cliquez sur l'onglet **Expéditeurs approuvés** pour ajouter ou modifier la liste des adresses e-mails que vous considérez comme sûres, c'est-à-dire celle dont les e-mails ne doivent pas être considérés comme des spams (voir Figure 13.18).

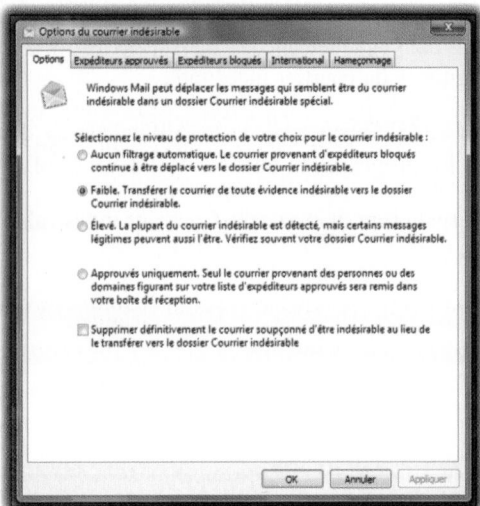

▲ Figure 13.17 : *Onglet Options des paramètres du filtre de courrier indésirable*

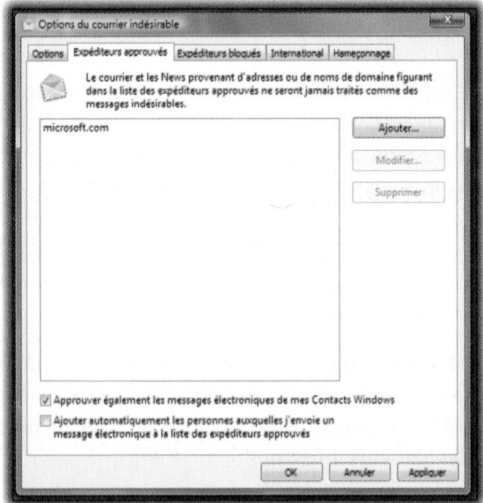

▲ Figure 13.18 : *Onglet Expéditeurs approuvés des paramètres du filtre de courrier indésirable*

4. A contrario, cliquez sur l'onglet **Expéditeurs bloqués** pour renseigner les adresses e-mails dont vous voulez bloquer les messages.

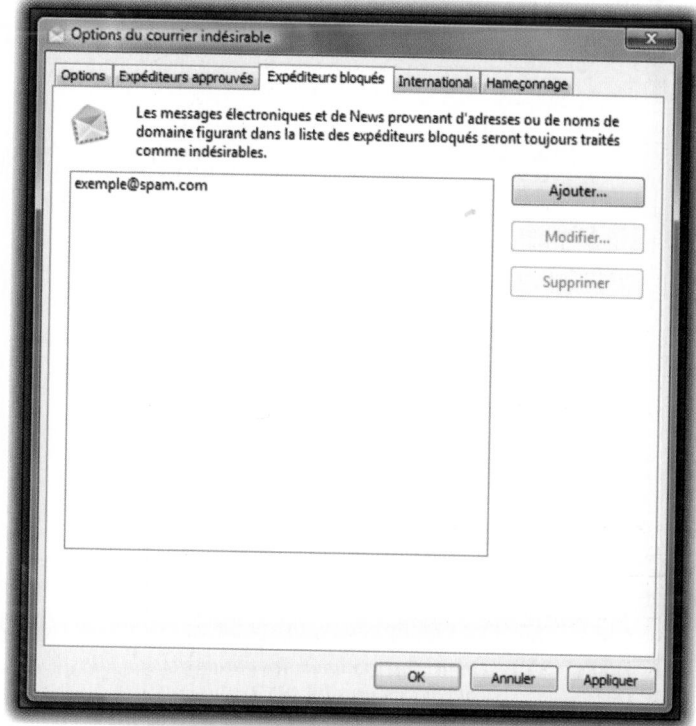

▲ Figure 13.19 : *Onglet Expéditeurs bloqués des paramètres du filtre de courrier indésirable*

5. Vous avez également, dans l'onglet **International**, la possibilité de bloquer tous les e-mails provenant de certains domaines de premier niveau (c'est-à-dire de certains pays) et également la possibilité de bloquer tous les e-mails écrits avec certains types de caractères en cliquant sur **Liste de chiffrement bloqué** (voir Figure 13.20).

Contrairement à d'autres filtres qui exigent un peu de paramétrage pour identifier les messages indésirables, Windows Mail les identifie automatiquement, sans action nécessaire de votre part.

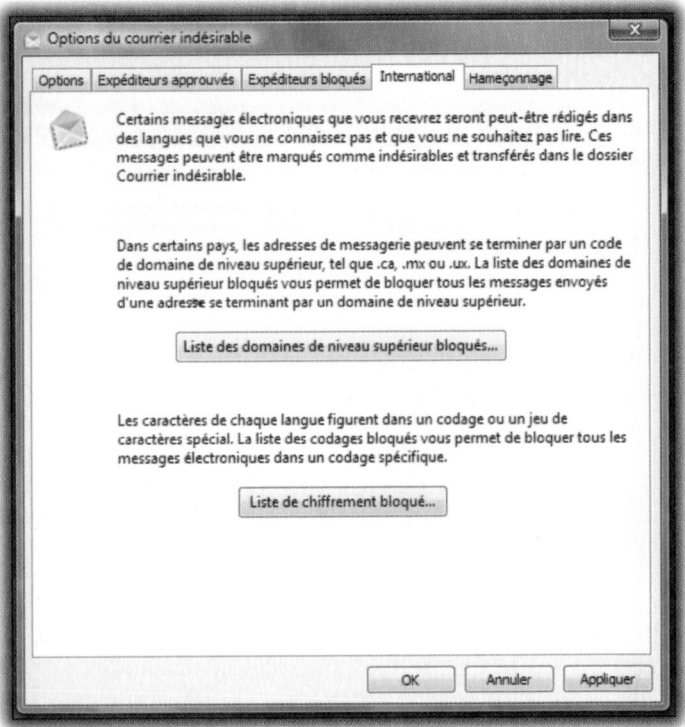

▲ Figure 13.20 : *Onglet International des paramètres du filtre de courrier indésirable*

Filtre antiphishing

Le phishing (hameçonnage) est un type de fraude informatique destiné à usurper l'identité de l'utilisateur. Dans les escroqueries par phishing, les pirates vous envoient des e-mails et tentent de vous amener à dévoiler des données personnelles précieuses (numéro de carte de crédit, mot de passe, numéro de compte ou autre) en vous faisant croire qu'ils sont des entités légitimes, comme des banques. Les e-mails ainsi envoyés sont toujours très bien formatés et peuvent prêter à confusion. En incluant des liens vers des sites web frauduleux, ces messages présentent toutes les apparences du sérieux pour vous inciter à communiquer des informations personnelles.

Windows Mail est doté d'un filtre antiphishing qui analyse les messages en tentant de détecter ces faux liens, pour vous protéger contre ce type d'escroquerie.

Ce filtre est activé par défaut, dès le premier démarrage de Windows Mail. Il est possible de le configurer :

1. Une fois Windows Mail ouvert, cliquez sur **Outils** puis sur **Options du courrier indésirable**.

2. Cliquez sur l'onglet **Hameçonnage**.

3. Vous avez la possibilité de désactiver le filtre, ce qui n'est absolument pas conseillé, et de déplacer les e-mails frauduleux vers le répertoire des e-mails de spam.

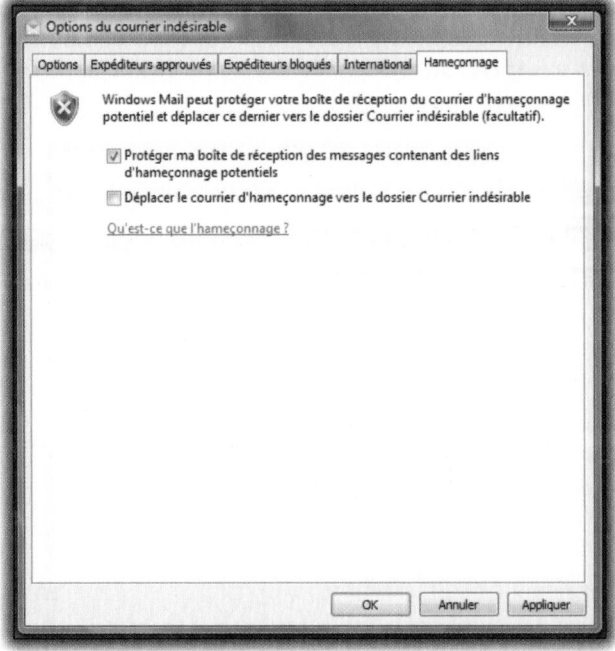

▲ Figure 13.21 : *Paramètres du filtre antiphishing*

Configuration des newsgroups

Enfin, Windows Mail est désormais automatiquement configuré pour que vous accédiez facilement aux groupes de discussion de Microsoft. Les groupes de discussion de Microsoft sont un moyen de plus mis à votre disposition pour exposer vos problèmes, vos remarques et peut-être y trouver des réponses. C'est un groupe d'entraide où professionnels et passionnés se retrouvent. On parle de communauté. Qui sait ? Peut-être nous y croiserez-vous ?

1. Pour ouvrir Windows Mail, cliquez sur le logo Windows de démarrage, puis sur **Tous les programmes** et enfin sur **Windows Mail**.

2. Dans la colonne de gauche, cliquez sur **Communautés Microsoft**.

3. Au premier lancement, un message apparaît vous informant que vous n'avez souscrit à aucun groupe de discussion et vous demandant si vous souhaitez consulter la liste des groupes de discussion disponibles. Cliquez sur *Afficher les groupes de discussion disponibles et activer les communautés*.

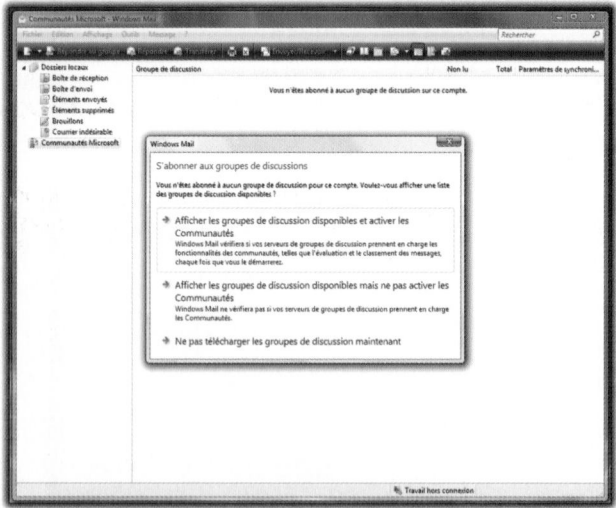

▲ Figure 13.22 : *Premier lancement de Communautés Microsoft avec Windows Mail*

4. La liste apparaît. Choisissez le ou les groupes de discussion auxquels vous voulez participer et cliquez sur **Souscrire**. Vous y trouverez un groupe par technologie Microsoft : par exemple un groupe de discussion appelé *microsoft.public.fr.windows.vista.general* représente un groupe de discussion en français traitant de toutes les questions globales sur Windows Vista.

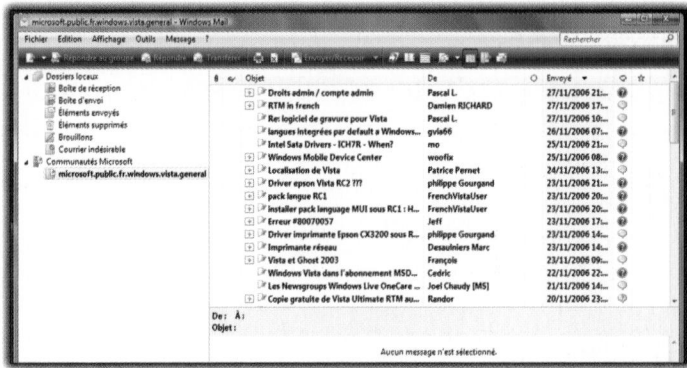

▲ Figure 13.23 : *Les newsgroups Microsoft*

Si vous souhaitez participer et poser votre question :

1. Sélectionnez le groupe de discussion à qui vous voulez poser votre question.

2. Cliquez sur le menu **Fichier**, pointez sur **Nouveau** puis cliquez sur **Message de news** pour ouvrir la fenêtre de composition du nouveau message et rédigez votre texte.

14

Calendrier Windows

À la gestion des e-mails intégrés d'office dans Windows Vista via Windows Mail, vient s'ajouter le **Calendrier Windows**, un puissant outil de calendrier, utilisable au travail comme à la maison.

Ce calendrier vous permet de créer facilement des rendez-vous. Une fois qu'un rendez-vous a été créé dans votre calendrier, vous pouvez lui affecter une alerte pour être averti peu avant l'échéance. Vous pouvez programmer le calendrier Windows afin qu'il vous prévienne quelques minutes, quelques heures ou même quelques jours à l'avance, suivant vos besoins.

Pour ouvrir le Calendrier Windows :

1. Cliquez sur le logo Windows de démarrage, puis sur **Tous les programmes** et **Calendrier Windows**.

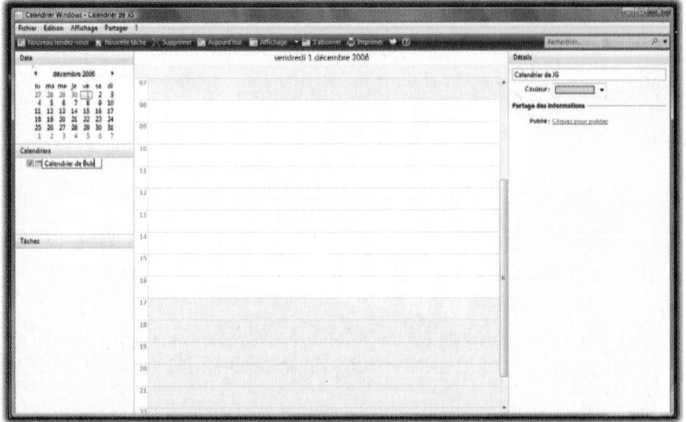

▲ Figure 14.1 : *Premier contact avec Calendrier Windows*

2. Par défaut, le calendrier s'ouvre à la date du jour. Cliquez sur **Affichage** pour sélectionner votre affichage :

   – jour ;
   – semaine de travail ;
   – semaine ;
   – mois.

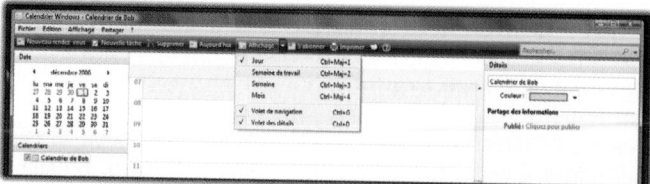

▲ Figure 14.2 : *Les différentes vues d'affichage*

14.1 Créer un nouveau calendrier

Bien que le calendrier correspondant à votre compte utilisateur soit créé par défaut, vous avez la possibilité d'en créer plusieurs. Par exemple, un calendrier pour les autres membres de la famille, pour les activités des enfants ou un calendrier spécial pour suivre les matchs de Ligue 1 de football.

Pour créer un nouveau calendrier, procédez comme suit :

1. Cliquez sur le logo Windows de démarrage, puis sur **Tous les programmes** et **Calendrier Windows**.

2. Cliquez sur **Fichier**, puis sur **Nouveau calendrier**.

3. Donnez un nom à ce nouveau calendrier et affectez-lui une couleur afin de le distinguer des autres calendriers.

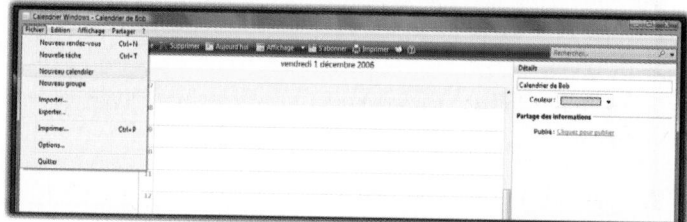

▲ Figure 14.3 : *Création d'un nouveau calendrier*

14.2 Créer un groupe de calendriers

Vous avez également la possibilité de créer des groupes de calendriers dans lesquels vous classerez une série de calendriers. De cette manière, vous pouvez créer un groupe appelé Calendriers de football dans lequel vous placerez un calendrier spécifique pour la Ligue 1, un autre pour la Ligue 2, un autre pour le National, etc.

La création de groupe vous sera utile notamment si vous souhaitez publier vos calendriers. En effet, avec cette possibilité, vous n'aurez qu'à publier le groupe pour que tous vos calendriers soient publiés.

 Vous verrez comment publier un calendrier ou un groupe plus loin dans ce chapitre.

Pour créer un nouveau groupe :

1. Cliquez sur le logo Windows de démarrage, puis sur **Tous les programmes** et **Calendrier Windows**.

2. Cliquez sur **Fichier**, puis sur **Nouveau groupe**.

3. Donnez un nom à ce nouveau groupe et affectez-lui une couleur afin de le distinguer des autres groupes.

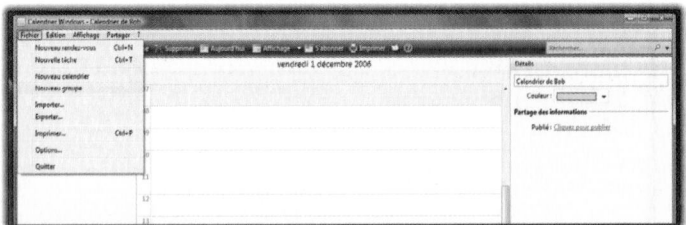

▲ Figure 14.4 : *Création d'un nouveau groupe de calendriers*

4. Sélectionnez le groupe que vous venez de fraîchement créer.

5. Cliquez sur **Fichier**, puis sur **Nouveau calendrier** pour créer un calendrier à l'intérieur du groupe.

6. Donnez un nom à ce nouveau calendrier et affectez-lui une couleur afin de le distinguer des autres calendriers.

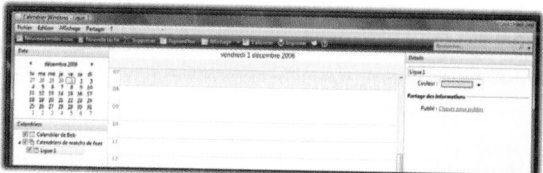

▲ Figure 14.5 : *Création d'un nouveau calendrier dans un groupe*

14.3 Créer et configurer un rendez-vous

Après avoir créé votre ou vos calendriers, il ne vous reste qu'à les agrémenter de rendez-vous et de tâches diverses afin de l'utiliser au quotidien.

Pour créer et configurer un rendez-vous, procédez comme suit :

1. Dans **Calendrier Windows**, cliquez sur le bouton **Nouveau rendez-vous** qui se trouve dans la barre bleue d'actions.

2. La colonne de droite s'enrichit d'informations qu'il vous faut renseigner. Entrez la description de votre rendez-vous, son lieu, les personnes présentes, les dates et heures de début et de fin (très important), etc.

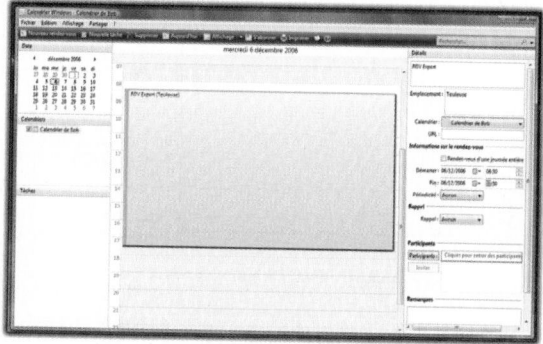

▲ Figure 14.6 : *Création d'un rendez-vous sous Calendrier Windows*

3. Vous pouvez configurer un rappel en cliquant sur le bouton **Rappel** puis configurer combien de temps avant le rendez-vous vous souhaitez être alerté.

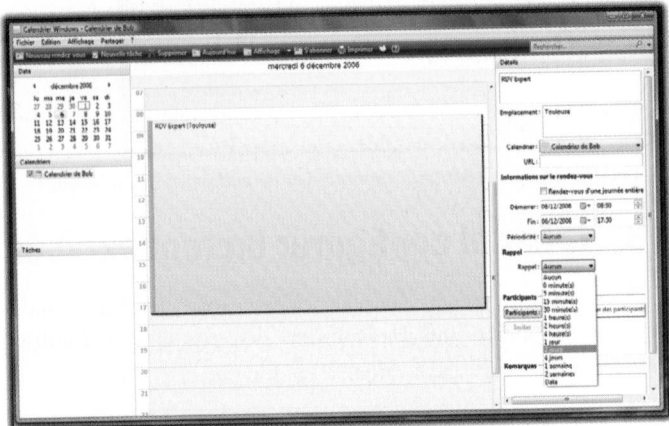

▲ Figure 14.7 : *Configuration d'un rappel*

4. Vous pouvez créer un rendez-vous répétitif en cliquant sur le bouton **Périodicité** et en configurant la fréquence. Par exemple, si vous avez rendez-vous chez le dentiste une fois par mois.

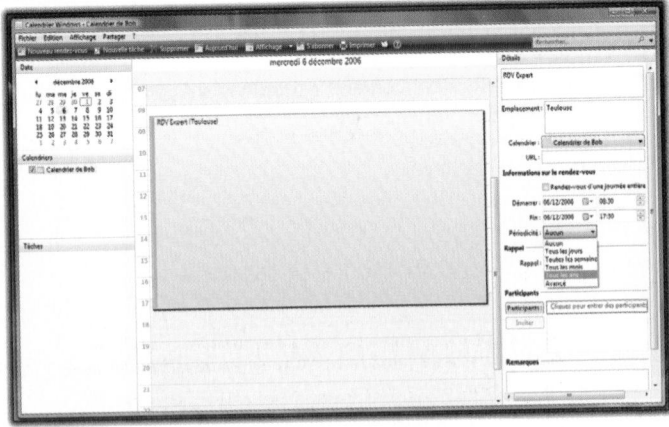

▲ Figure 14.8 : *Configuration de la périodicité*

5. Une fois tous les champs correctement renseignés, le rendez-vous est enregistré automatiquement. Il n'y a pas d'autres procédures à suivre et donc, vous voyez clairement apparaître votre rendez-vous dans le calendrier. Dès que vous cliquez à nouveau sur le rendez-vous, vous verrez apparaître dans la colonne de droite toutes les informations relatives à l'événement.

Si vous avez configuré un rappel, un message vous préviendra au moment venu de l'échéance de votre rendez-vous, même si le calendrier Windows n'est pas ouvert.

Avec le calendrier Windows, vous pouvez utiliser la messagerie électronique pour envoyer et recevoir des demandes de rendez-vous et des invitations.

À ce titre, si vous avez créé un nouveau rendez-vous et que vous souhaitez l'envoyer par message électronique à un ami :

1. Sélectionnez le rendez-vous en question.

2. Cliquez sur le menu **Partager**, puis sur **Envoyer par courrier électronique**.

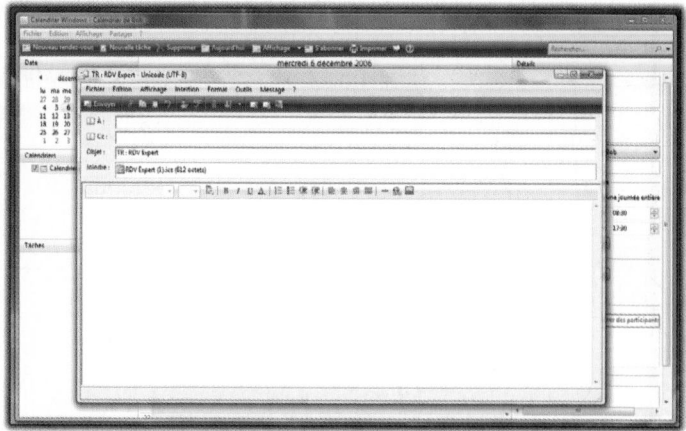

▲ Figure 14.9 : *Option d'envoi d'un rendez-vous par courrier électronique*

3. Un message électronique s'ouvre avec votre rendez-vous en pièce jointe et vous n'avez plus qu'à renseigner les paramètres de base d'envoi du message : adresse du destinataire, etc.

14.4 Créer et configurer une tâche

Le calendrier Windows offre également une liste de tâches à réaliser, qui facilite l'organisation et la planification de vos obligations. Pour chaque tâche de la liste, vous pouvez inclure une description, définir une échéance, choisir une priorité (pour éventuellement hiérarchiser les tâches) et effectuer un suivi de votre progression. Vous pouvez également créer des rappels lorsqu'une tâche va arriver à échéance.

Pour créer et configurer une tâche, procédez comme suit :

1. Dans **Calendrier Windows**, cliquez sur **Nouvelle tâche**.

2. La colonne de droite s'enrichit d'informations qu'il vous faut renseigner. Entrez la description de votre tâche, le calendrier associé, sa priorité, la date de début et la date souhaitée pour sa fin, son option de rappel, puis ses remarques.

▲ Figure 14.10 : *Création d'une tâche sous Calendrier Windows*

Une fois tous les champs correctement renseignés, la tâche est enregistrée automatiquement. Il n'y a pas d'autres procédures à suivre et donc, vous voyez clairement apparaître votre tâche dans la colonne des tâches à gauche du calendrier. Dès que vous cliquez à nouveau sur la tâche, alors vous voyez apparaître dans la colonne de droite toutes les informations relatives à l'événement.

Une fois la tâche terminée, il vous suffit de la cocher dans la liste des tâches à gauche. Vous aurez la satisfaction de la voir s'effacer.

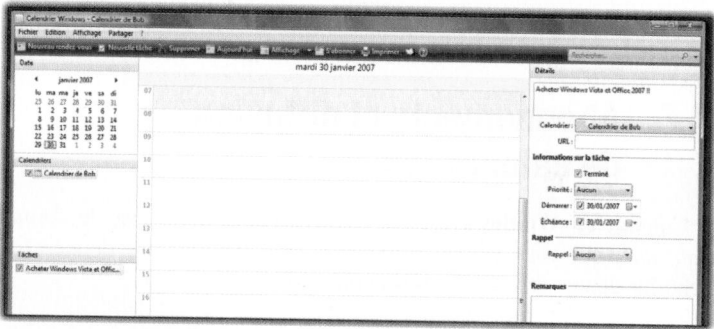

▲ Figure 14.11 : *Fin d'une tâche sous Calendrier Windows*

14.5 Calendriers partagés

Le **Calendrier Windows** propose des calendriers individuels pour plusieurs personnes. Cette fonction est particulièrement utile lorsqu'une famille ou un groupe de personnes partagent le même ordinateur. Ce calendrier facilite ainsi la coordination des différents plannings, en permettant de comparer et d'afficher en une seule vue tous les calendriers individuels.

Pour créer un nouveau calendrier dans **Calendrier Windows**, cliquez sur **Fichier** puis sur **Nouveau calendrier**.

Les rendez-vous de chaque calendrier s'affichent dans une couleur différente, pour distinguer l'emploi du temps de chacun.

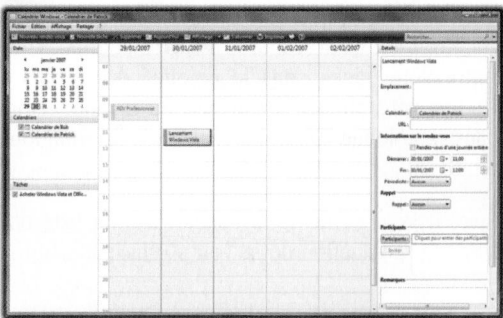

▲ Figure 14.12 : *Visualisation commune de plusieurs calendriers*

14.6 Abonnements et diffusion de calendriers

Le **Calendrier Windows** est entièrement compatible avec le format *.iCalendar*, qui vous permet d'importer et d'exporter des données de calendrier depuis et vers d'autres applications et sites web.

Avec le **Calendrier Windows**, vous pouvez vous abonner à des calendriers en ligne, hébergés sur des sites web et disponibles au format *.iCalendar*, puis afficher ces calendriers en même temps que votre emploi du temps.

Pour cela, procédez de la sorte :

1. Dans **Calendrier Windows**, cliquez sur **Partager** puis **S'abonner**.

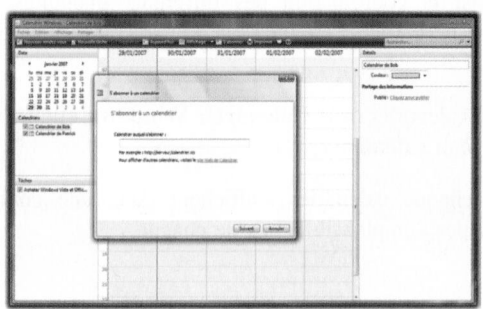

◄ Figure 14.13 :
Souscrire à un calendrier Internet

2. Entrez l'adresse du calendrier Internet *iCalendar* auquel vous souhaitez souscrire.

Vous pouvez vous abonner au calendrier de la saison de votre équipe de football préférée fourni par un site sportif, au calendrier des activités de l'école de vos enfants, etc. Vous pouvez ensuite intégrer automatiquement toute modification ultérieure de ces événements.

La compatibilité *.iCalendar* du calendrier Windows facilite également la diffusion de votre propre calendrier sur Internet, via un hôte web. Vous pouvez utiliser l'une des vues du calendrier Windows pour créer un emploi du temps spécifique et le diffuser sur Internet pour que d'autres puissent y avoir accès. Vous pourrez vous-même y avoir accès même si vous ne travaillez pas sur votre propre ordinateur. Si vous le souhaitez, vous pouvez publier votre calendrier personnel avec une protection par mot de passe, pour que seuls vos amis et les membres de votre famille y aient accès.

Pour cela, procédez de la sorte :

1. Dans **Calendrier Windows**, cliquez sur **Partager** puis **Publier**.

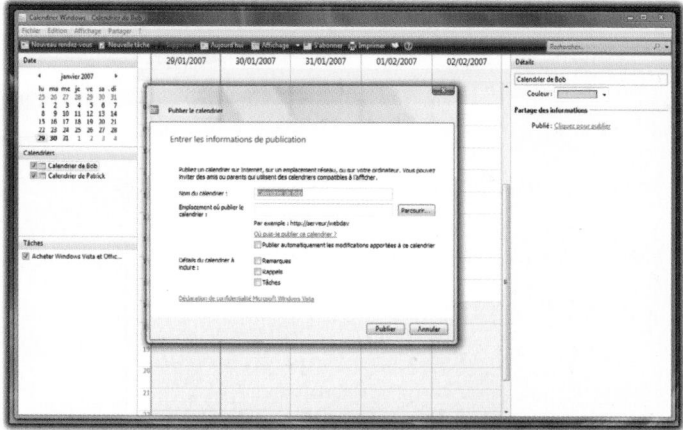

▲ Figure 14.14 : *Partager son calendrier sur Internet*

2. Entrez l'adresse web à partir de laquelle vous allez publier votre calendrier ainsi que les éléments à y inclure comme les notes, les rappels ou les tâches.

3. Cliquez sur **Publier**.

Il existe des sites Internet spécialisés dans l'hébergement de calendriers personnels. Faites une recherche sur Internet à l'aide de votre moteur de recherche favori afin de trouver le site qui vous correspond.

15

Espace de collaboration Windows

L'explosion d'Internet ces dernières années a vu l'arrivée d'offres de connexion de plus en plus abordables, rapides et surtout vous permettant de rester connecté en permanence. Du coup, de nouveaux usages et de nouveaux besoins ont fait leur apparition, notamment celui de pouvoir collaborer avec des amis, des collègues de travail, ou encore des clients, et ce tout en restant connecté au monde entier grâce à l'Internet ou bien en créant un petit réseau vite fait bien fait dans une salle de réunion.

Quand on parle de collaboration, on parle d'échange de fichiers divers mais également de la possibilité de travailler en même temps et à plusieurs sur le même document ou sur le bureau d'un des participants. En entreprise, le besoin de collaboration entre des individus se matérialise par le besoin de créer des réunions de travail virtuelles ; à la maison, le besoin de collaboration entre camarades se matérialise par l'échange de fichiers.

L'**Espace de collaboration Windows** est un nouvel outil présent par défaut sous Windows Vista qui permet d'améliorer la collaboration entre personnes connectées via leur ordinateur, qu'elles soient dans la même entreprise, en déplacement, à la maison, ou connectées par Internet au même endroit et en même temps.

L'**Espace de collaboration Windows** vous permet :

- de créer des réunions virtuelles ;
- d'inviter des personnes ou de participer à des réunions ;
- de partager un agenda, des documents ou des fichiers ;
- de visionner des présentations.

15.1   Avant de commencer

Pour utiliser l'**Espace de collaboration Windows**, vous avez besoin d'un minimum de deux ordinateurs Windows Vista connectés en réseau. La connexion réseau peut être filaire, sans fil ou une combinaison des deux, du moment que les deux ordinateurs peuvent se contacter l'un l'autre.

Selon votre utilisation, vous aurez également besoin d'un accès à votre messagerie et d'au moins une application, comme Microsoft Office, permettant le partage au travers d'une session de collaboration.

Ceci fait, un prérequis important est de permettre le fonctionnement d'**Espace de collaboration Windows** au travers du pare-feu de Windows Vista. Par défaut, quand vous démarrez **Espace de collaboration Windows** pour la première fois, vous avez la possibilité de paramétrer l'application. Pour un premier démarrage, procédez comme suit :

1. Cliquez sur le logo Windows de démarrage, puis cliquez sur **Tous les programmes** et enfin sur **Espace de collaboration Windows**.

2. Une fenêtre s'affiche vous expliquant que vous devez activer la réplication de fichiers, le service Voisinage immédiat et autoriser la communication via le pare-feu Windows.

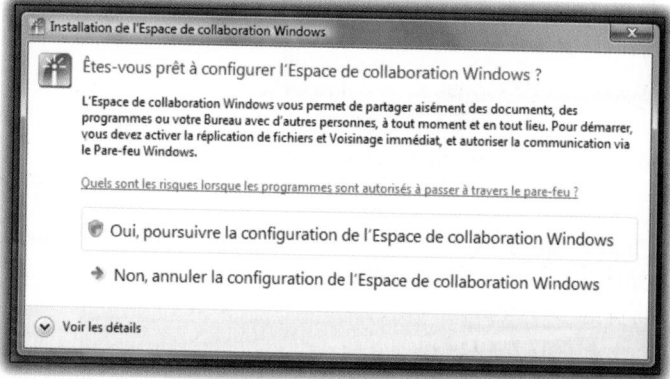

▲ Figure 15.1 : *Fenêtre de premier démarrage de l'Espace de collaboration Windows*

3. Cliquez sur **Oui, poursuivre la configuration de l'Espace de collaboration Windows**.

4. Validez le message de contrôle du compte utilisateur.

5. Dans la fenêtre de voisinage immédiat qui apparaît alors, entrez votre nom et activez le service Voisinage immédiat en cliquant sur OK (voir Figure 15.2).

Voisinage immédiat vous permet d'identifier les personnes sur le réseau le plus proche qui sont en mesure d'exécuter **Espace de collaboration Windows** et donc de potentiellement participer à des réunions avec vous.

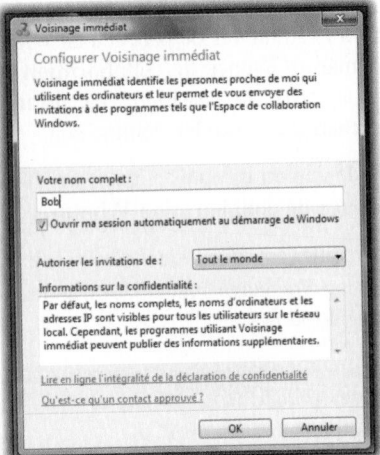

◄ Figure 15.2 :
*Activation de
voisinage
immédiat*

Toutefois, si vous n'activez pas les exceptions dans le pare-feu à cette étape, vous pouvez le faire manuellement :

1. Cliquez sur le logo Windows de démarrage puis sur **Panneau de Configuration** et sur **Sécurité**.

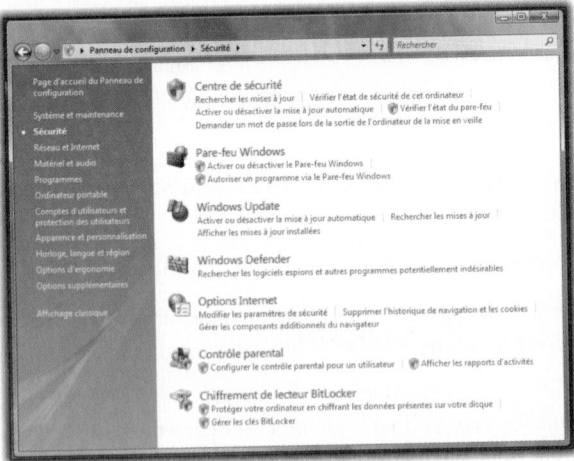

▲ Figure 15.3 : *La fenêtre Sécurité du Panneau de configuration*

2. Sous la section **Pare-feu Windows**, cliquez sur **Autoriser un programme via le Pare-feu Windows**.

3. Validez le message de contrôle du compte utilisateur.

4. Cliquez sur l'onglet **Exceptions**.

5. Dans **Programme ou port**, cochez la case en face de **Espace de collaboration Windows** puis cliquez sur OK.

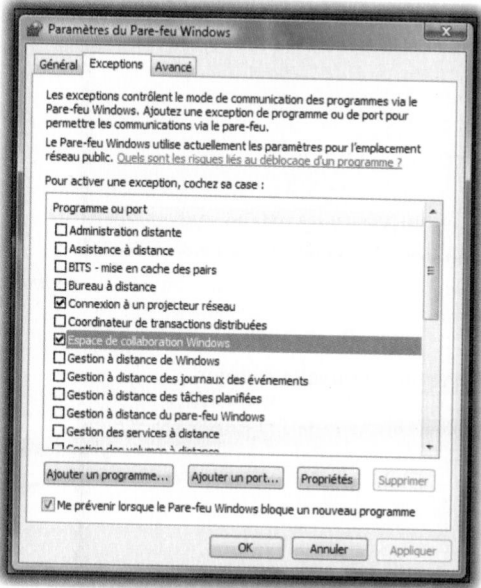

▲ Figure 15.4 : *Activation d'une exception de pare-feu pour Espace de collaboration Windows*

15.2 Créer une session

Le point de départ d'une collaboration avec **Espace de collaboration Windows** est la création d'une session. Créer une session consiste à donner un nom et un mot de passe à une session et donc à déclarer la réunion ouverte, en attente de participants.

Pour créer une nouvelle session :

1. Cliquez sur le logo Windows de démarrage, sur **Tous les programmes** puis sur **Espace de collaboration Windows**.

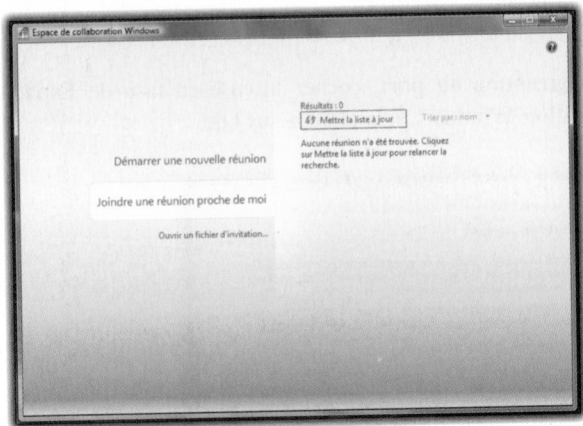

▲ Figure 15.5 : *Premier contact avec l'interface Espace de collaboration Windows*

2. Cliquez sur **Démarrer une nouvelle réunion**.

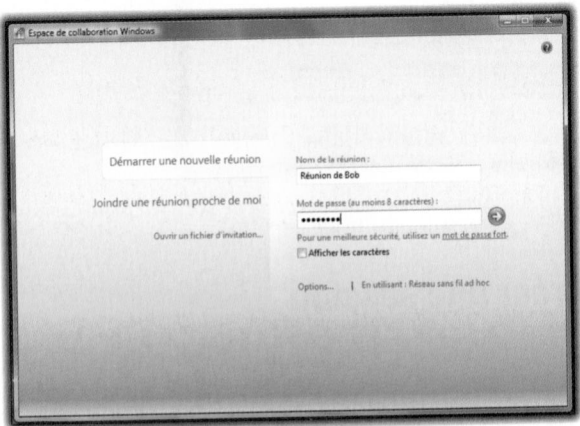

▲ Figure 15.6 : *Création d'une nouvelle réunion*

3. Entrez un nom et un mot de passe pour la session.

4. Cliquez sur la flèche verte de création.

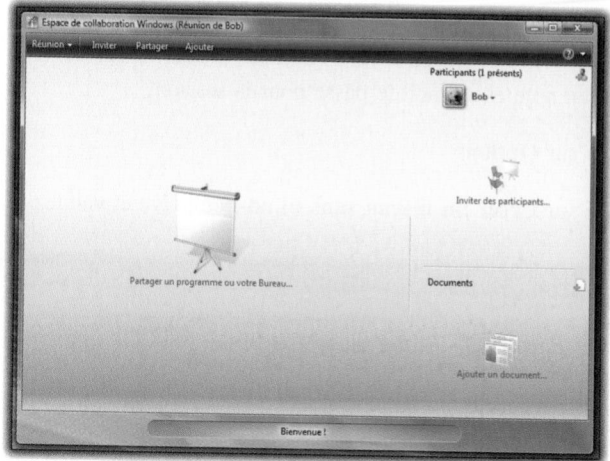

▲ Figure 15.7 : *Une session Espace de collaboration Windows est créée*

Telle quelle, cette procédure considère par défaut que vous êtes connecté à Internet ou à un réseau local et que les participants rejoindront cette réunion par Internet ou par le même réseau local que le vôtre.

15.3 Créer une session d'ordinateur à ordinateur via le réseau sans fil

Vous pouvez également créer une session **Espace de collaboration Windows** même si vous n'êtes pas connecté à un réseau et si vous possédez une carte réseau sans fil qui vous permet une connexion d'ordinateur à ordinateur (connexion ad-hoc). Par exemple, vous possédez un ordinateur portable et vous vous retrouvez dans le même lieu avec des collègues qui ont aussi des ordinateurs portables et vous souhaitez vous échanger et travailler sur les mêmes fichiers le plus simplement possible. À ce moment-là, vous allez, juste avant de démarrer une nouvelle réunion, définir que vous voulez créer un réseau sans fil privé.

Pour créer une session d'ordinateur à ordinateur via le réseau sans fil :

1. Cliquez sur le logo Windows de démarrage, sur **Tous les programmes** puis **Espace de collaboration Windows**.

2. Cliquez sur **Démarrer une nouvelle réunion**.

3. Entrez un nom et un mot de passe pour la session.

4. Cliquez sur **Options**.

5. Cliquez sur **Créer un réseau sans fil ad-hoc privé** et validez.

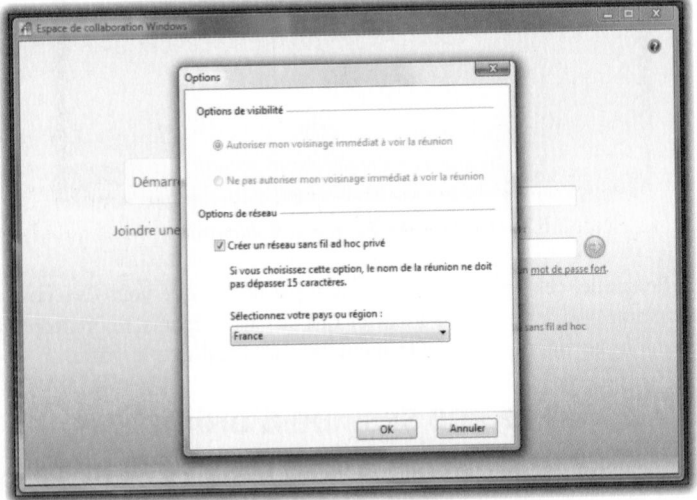

▲ Figure 15.8 : *Création d'une session d'ordinateur à ordinateur*

15.4 Inviter un participant à une session

Une fois la session créée, il faut que les participants vous rejoignent pour collaborer. C'est la suite logique des opérations. Pour qu'ils vous rejoignent, il faut qu'ils soient au courant de la création de votre session. Pour cela, vous devez lancer des invitations si la réunion se déroule via Internet ou le réseau local ou bien communiquer les identifiants de connexion à la réunion à vos collègues et amis présents au même endroit que vous. L'**Espace de collaboration Windows** met plusieurs méthodes à votre disposition pour inviter des participants : via e-mail et via fichier.

Inviter un participant via e-mail

Vous pouvez inviter un participant à joindre une session en lui envoyant un e-mail. Dans cet e-mail se trouvera un fichier en pièce jointe comprenant toutes les informations de connexion à la session **Espace de collaboration Windows**. Si vous avez respecté les prérequis relatifs aux exceptions du pare-feu Windows, le destinataire de l'e-mail de destination pourra se connecter. Cette méthode d'invitation est particulièrement utile pour les personnes en déplacement, à la maison, du moment qu'elles sont connectées sur Internet.

Une fois que vous avez créé une session, procédez comme suit pour inviter un participant via e-mail :

1. Dans la fenêtre de session, cliquez sur **Inviter des participants**.

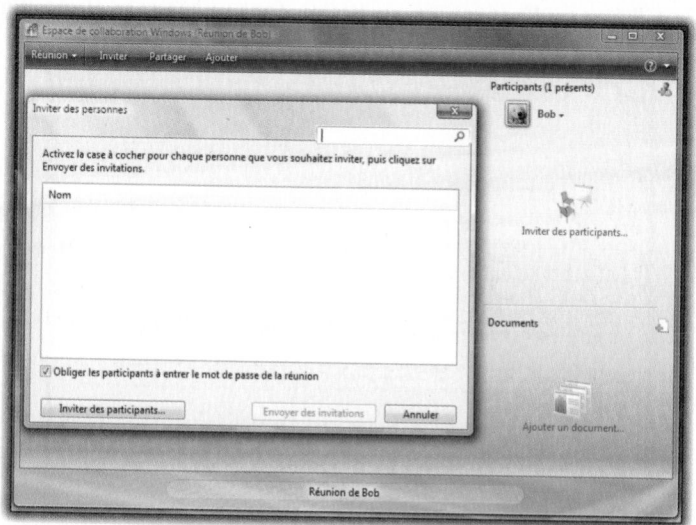

▲ Figure 15.9 : *Fenêtre d'invitation d'un participant*

2. Dans la fenêtre qui apparaît, cliquez sur **Inviter des participants**.

Espace de collaboration Windows

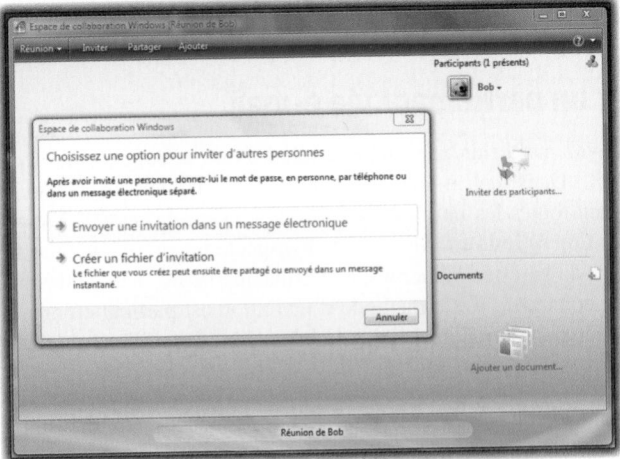

▲ Figure 15.10 : *Fenêtre de sélection du mode d'invitation*

3. Cliquez sur **Envoyer une invitation dans un message électronique**.

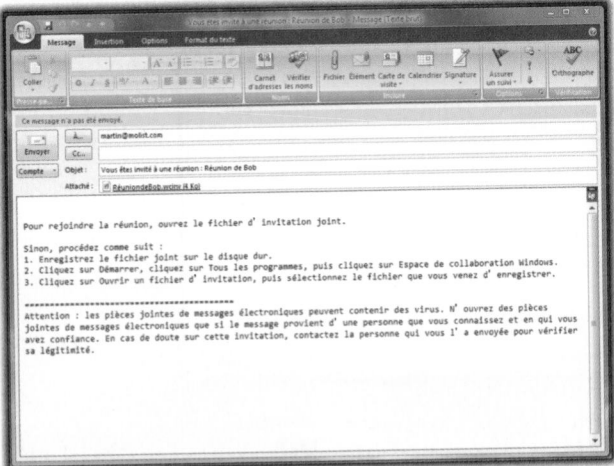

▲ Figure 15.11 : *Envoi de l'e-mail d'invitation*

4. Adressez l'e-mail à la personne que vous souhaitez grâce à votre outil de messagerie. Remarquez le fichier attaché en pièce jointe. Modifiez le texte, si bon vous semble, et envoyez-le.

Inviter un participant via fichier

Une autre méthode d'invitation consiste à créer un fichier contenant toutes les informations de connexion à la collaboration, de le récupérer puis de l'adresser au participant que l'on souhaite, soit via une clé USB, un partage réseau ou par le biais de la messagerie instantanée.

Cette méthode est également utile pour les personnes à la maison, n'ayant pas d'accès à la messagerie d'entreprise mais accès à Internet.

Une fois que vous avez créé une session, procédez comme suit pour inviter un participant via un fichier :

1. Dans la fenêtre de session, cliquez sur **Inviter des participants**.

2. Dans la fenêtre qui apparaît, cliquez sur **Inviter des participants**.

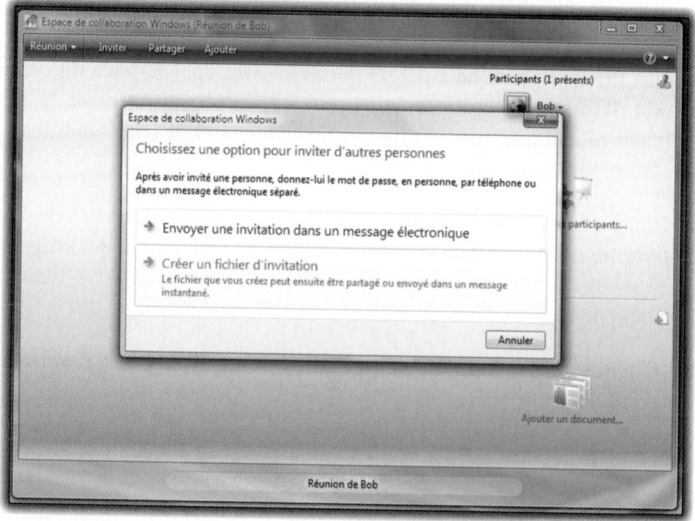

▲ Figure 15.12 : *Fenêtre de sélection du mode d'invitation*

3. Cliquez sur **Créer un fichier d'invitation**.

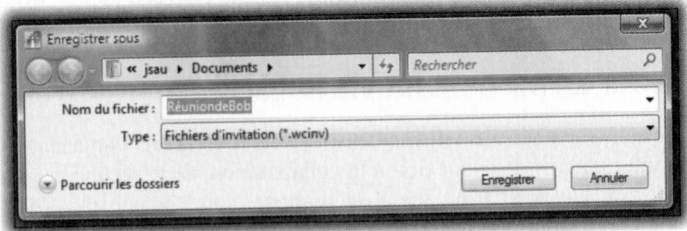

▲ Figure 15.13 : *Récupération du fichier d'invitation*

4. Sauvegardez le fichier qui porte l'extension *.wcinv* et faites-le parvenir au participant.

Voisinage immédiat

Voisinage immédiat est un service de Windows Vista qui vous permet d'identifier les personnes sur le réseau situées à proximité et qui sont en mesure d'exécuter **Espace de collaboration Windows** et donc de potentiellement participer à des réunions avec vous. La limitation de Voisinage immédiat est qu'il est restreint au même réseau local. Si vous voulez inviter quelqu'un à collaborer avec vous via l'**Espace de collaboration Windows**, l'ordinateur de cette personne doit être sur le même segment réseau que vous. Dans tous les autres cas, il vous faudra utiliser une autre méthode d'invitation.

Voisinage immédiat s'exécute automatiquement au lancement de l'outil **Espace de collaboration Windows**. C'est une application qui utilisera ce service si elle en a besoin. Toutefois, si vous souhaitez l'exécuter manuellement :

1. Cliquez sur le logo Windows de démarrage puis sur **Panneau de configuration**.

2. Dans la fenêtre du panneau de configuration cliquez sur **Réseau et Internet**.

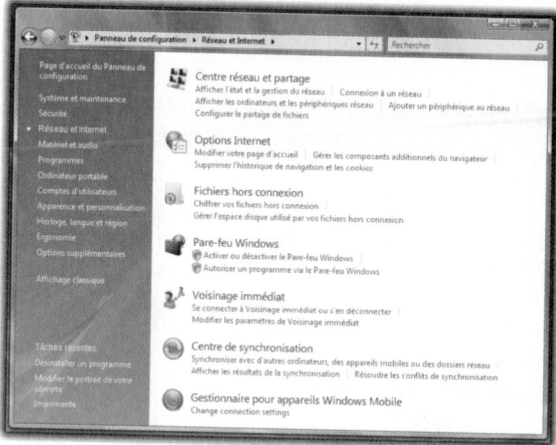

▲ Figure 15.14 : *Catégorie Réseau et Internet du Panneau de configuration*

3. Alors, cliquez sur **Voisinage immédiat**

▲ Figure 15.15 : *Voisinage immédiat*

4. Vous pouvez alors entrer votre nom et en cliquant sur l'onglet **S'inscrire**, vous connecter au service de Voisinage immédiat.

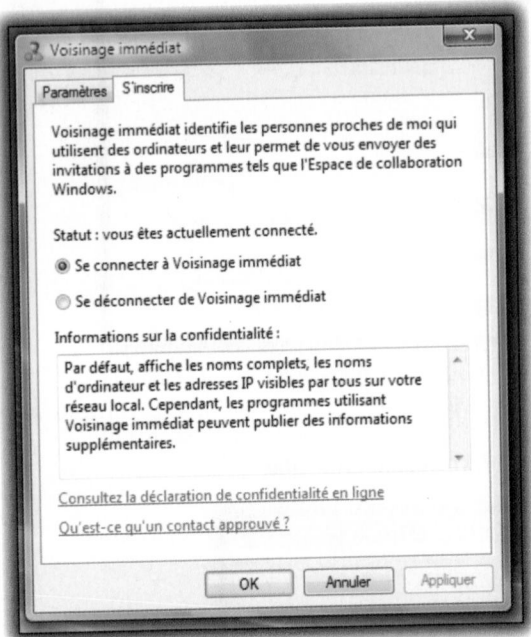

▲ Figure 15.16 : *Onglet S'inscrire du Voisinage immédiat*

15.5 Joindre une session

Une fois que l'utilisateur a reçu son invitation, d'une manière ou d'une autre, il ne lui reste plus qu'à joindre la session. Il sera connecté avec les autres participants, pourra échanger des fichiers, profiter des outils de partage et visionner ce que tous les participants visionnent.

Comme plusieurs méthodes d'invitation existent, il existe plusieurs méthodes pour joindre une session : via la détection de sessions proches, via e-mail ou via fichier.

Joindre une session via la détection de sessions proches

Vous êtes en salle de réunion et vous souhaitez joindre la réunion créée par votre collègue en réseau ad-hoc. Tout d'abord, vous devez avoir été invité et connaître le nom et le mot de passe de connexion pour joindre la session. Dans ce cas, la méthode la plus simple pour atteindre cette session est d'utiliser **Espace de collaboration Windows** afin de voir la liste des sessions en cours les plus proches de vous.

Pour joindre une session via la détection de sessions proches :

1. Cliquez sur le logo Windows de démarrage, sur **Tous les programmes** puis sur **Espace de collaboration Windows**.

2. Cliquez sur **Joindre une réunion proche de moi**.

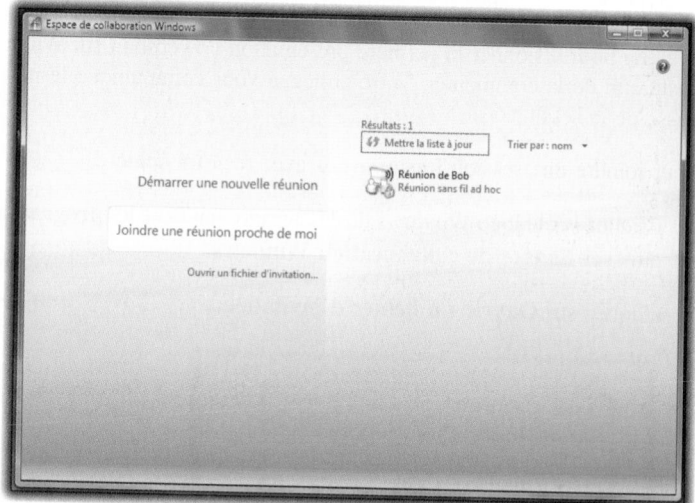

▲ Figure 15.17 : *Choix d'une session proche de moi*

3. Vous obtenez la liste des sessions proches de vous. Si l'une d'entre elles correspond à celle dont vous possédez les identifiants, sélectionnez-la et authentifiez-vous.

Joindre une session via e-mail

Vous venez de recevoir un e-mail d'invitation à une session **Espace de collaboration Windows** et vous souhaitez y participer. Comment faire ? C'est très simple :

1. Assurez-vous que vous êtes connecté à Internet (nous supposons que vous avez reçu un e-mail car vous êtes en déplacement et donc déconnecté du réseau local).

2. Cliquez deux fois sur le fichier attaché à l'e-mail que vous avez reçu et entrez le mot de passe de connexion (qui vous a été communiqué par un quelconque moyen).

Joindre une session via fichier

Dernier cas : vous avez reçu un fichier d'invitation par votre messagerie instantanée et votre collègue souhaite que vous participiez à la session avec lui pour visionner la dernière présentation Powerpoint sur Windows Vista afin de la commenter. Votre collègue vous communique le mot de passe de la session.

Pour joindre une session lorsque vous avez reçu un fichier :

1. Cliquez sur le logo Windows de démarrage, sur **Tous les programmes** puis sur **Espace de collaboration Windows**.

2. Cliquez sur **Ouvrir un fichier d'invitation**.

◄ Figure 15.18 :
Sélection du fichier d'invitation

3. Sélectionnez le fichier de collaboration sur votre disque dur.

4. Entrez le mot de passe de connexion.

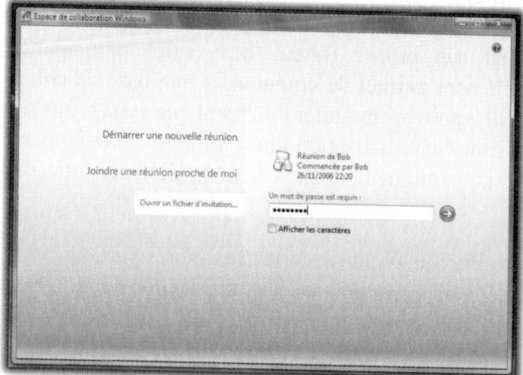

▲ Figure 15.19 : *Connexion à la session*

15.6 Animer une session

Maintenant que tous les participants ont rejoint la session, attardons-nous sur l'étendue des possibilités de collaboration de l'outil.

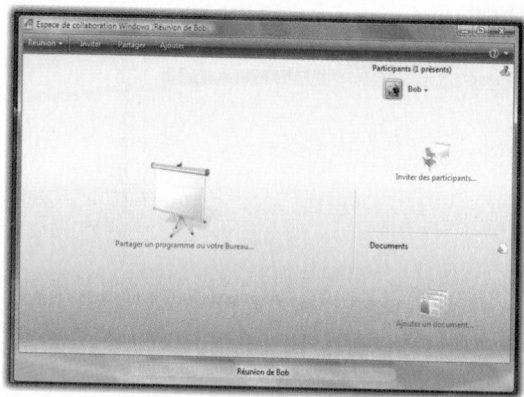

▲ Figure 15.20 : *Fenêtre principale d'une session Espace de collaboration Windows*

Présentation du Bureau ou d'une application dans une session

Lorsque tous les participants sont connectés, celui qui organise la réunion peut commencer à présenter des applications (comme le calendrier ou un document Word) ou son propre Bureau aux autres participants. La présentation d'un élément permet de commencer une base de collaboration. Vous êtes le seul à pouvoir modifier l'élément que vous présentez, les autres participants sont en visualisation pure. Toutefois, vous pourrez si vous le souhaitez laisser momentanément le contrôle à un autre participant.

Pour présenter votre Bureau Windows Vista aux autres participants, vous devez être connecté à une session et les utilisateurs ne doivent rien présenter en même temps. Procédez ainsi :

1. Cliquez sur le bouton **Partager**.

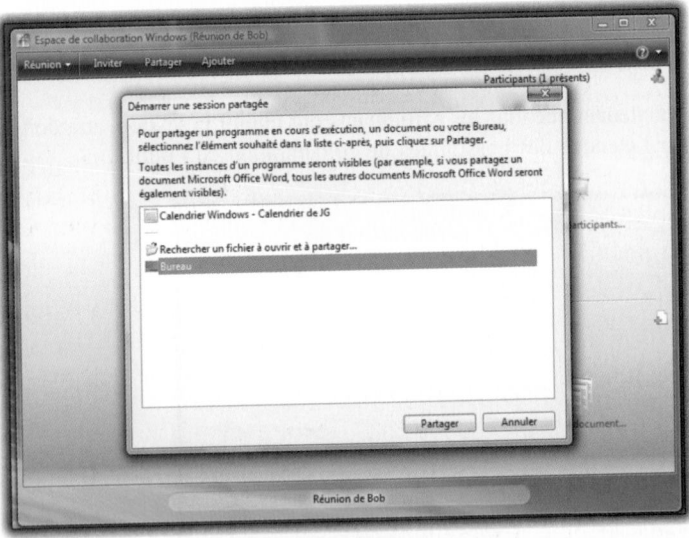

▲ Figure 15.21 : *Sélection des applications à partager*

2. Sélectionnez l'application, dans notre cas le Bureau, que vous souhaitez présenter. Validez.

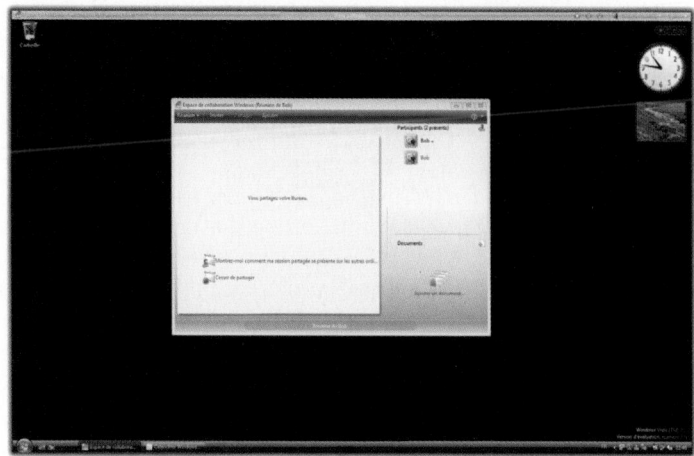

▲ Figure 15.22 : *Vue du partage du Bureau par Espace de collaboration Windows*

Votre Bureau Windows est à présent vu par tous les participants.

Partage d'un fichier dans une session

La présentation implique qu'un participant peut modifier le document Word et les autres peuvent uniquement le visualiser. Si vous souhaitez que tous les participants puissent travailler sur le même fichier, vous devez le partager dans la session.

Quand vous partagez un document dans une session, **Espace de collaboration Windows** en crée une copie, associée à cette session, et la réplique à tous les participants. Chacun son tour, les participants peuvent éditer le document. L'original ne sera pas modifié. Les changements sont sauvegardés par la dernière personne qui sauvegarde le fichier. Si deux participants ouvrent le document en même temps et que l'un sauvegarde ses modifications avant l'autre, les modifications de l'autre sont écrasées.

Pour partager un fichier dans une session, vous devez être connecté à une session :

1. Cliquez sur **Ajouter un document**.

▲ Figure 15.23 : *Sélection du document à partager*

2. Sélectionnez un fichier à partager et validez.

Communiquer pendant une session

Lorsque vous êtes connecté à une session **Espace de collaboration Windows** et que vous travaillez en équipe sur la refonte d'un document, vous serez amené à vouloir communiquer avec vos collègues de session. Plusieurs solutions s'offrent à vous : le téléphone, la messagerie instantanée, etc.

Également, **Espace de collaboration Windows** permet de communiquer en mode texte, de type chat, avec les autres participants. Pour cela, procédez comme suit :

1. Cliquez deux fois sur le logo d'un participant.

2. Tapez votre texte et envoyez.

Changer son statut pendant une session

Vous pouvez avertir les participants de votre statut de disponibilité lors d'une session, un peu comme dans votre messagerie instantanée.

1. Dans une session **Espace de collaboration Windows**, cliquez sur votre nom.

2. Sélectionnez le statut qui vous convient.

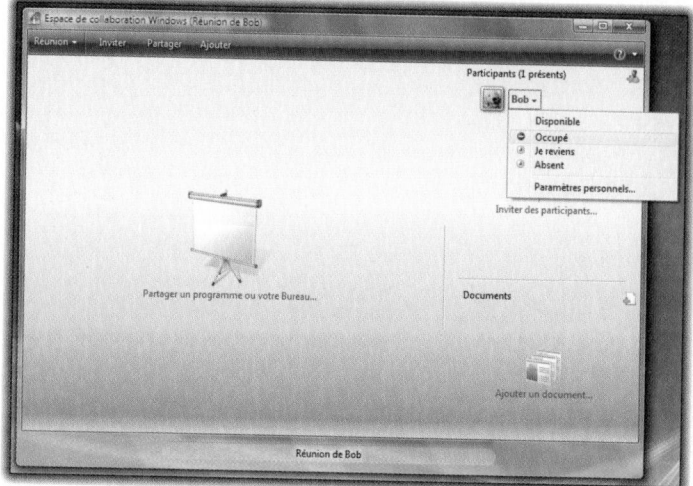

▲ Figure 15.24 : *Modification du statut de disponibilité dans Espace de collaboration Windows*

La modification de votre statut dans **Espace de collaboration Windows** ne modifie pas votre statut de disponibilité dans votre messagerie instantanée.

15.7 En résumé

L'**Espace de collaboration Windows** vous simplifie la collaboration avec vos collègues : que ce soit pour de l'échange de fichiers ou pour du travail collaboratif sur les mêmes documents. Mais ce qui est encore plus appréciable, c'est qu'on peut créer une réunion virtuelle vraiment très simplement, que l'on soit connecté sur Internet, sur un réseau local ou même en montant son propre réseau sans fil de réunion.

16

Le centre de mobilité Windows

L'utilisation de l'ordinateur portable est de plus en plus courante, en entreprise comme à la maison. Non seulement il s'avère très pratique en déplacement, mais les configurations matérielles sont de plus en plus puissantes. Des études tendent d'ailleurs à démontrer que la vente d'ordinateurs portables dépassera la vente de stations de travail.

Avec les connexions réseaux sans fil, les batteries de plus en plus performantes, les sorties TV et vidéo, les usages, besoins et exigences ont radicalement évolué : on peut ainsi être connecté partout où l'on est, d'un hôtel à l'autre.

Également, tout un nombre de périphériques externes gravitent de plus en plus autour de nos ordinateurs.

Windows Vista se devait de prendre en compte tous ces nouveaux usages et de simplifier encore plus notre utilisation de l'ordinateur portable. Le but, bien sûr, de cette simplification est d'améliorer la productivité de l'utilisateur.

16.1 Présentation

Grâce au Centre de mobilité Windows, vous pouvez accéder rapidement aux paramètres de votre ordinateur portable à partir d'un emplacement unique et pratique. Vous pouvez régler le volume des haut-parleurs, vérifier l'état de votre connexion réseau sans fil et ajuster la luminosité de l'affichage, le tout, à partir d'un emplacement unique.

Il n'est plus nécessaire de se rappeler où sont situés les paramètres dans le Panneau de configuration, ce qui s'avère particulièrement utile lorsque vous avez besoin de régler rapidement les paramètres afin d'utiliser votre ordinateur portable dans des lieux différents, notamment lors des déplacements entre votre bureau et un lieu de réunion ou lorsque vous quittez votre domicile pour l'aéroport. Le fait de pouvoir régler ces paramètres à partir d'un emplacement unique vous permet de gagner du temps, que vous utilisiez votre ordinateur portable à des fins professionnelles ou personnelles.

Pour ouvrir le Centre de mobilité Windows, appliquez l'une des méthodes suivantes :

■ Cliquez sur le bouton **Démarrer**, sur **Panneau de configuration**, sur **Ordinateur portable**, puis sur **Centre de mobilité Windows**.

ou

■ Cliquez sur l'icône de la jauge de la batterie dans la zone de notification de la barre des tâches Windows, puis sur **Centre de mobilité Windows**.

ou

■ Appuyez sur les touches (Windows)+(X).

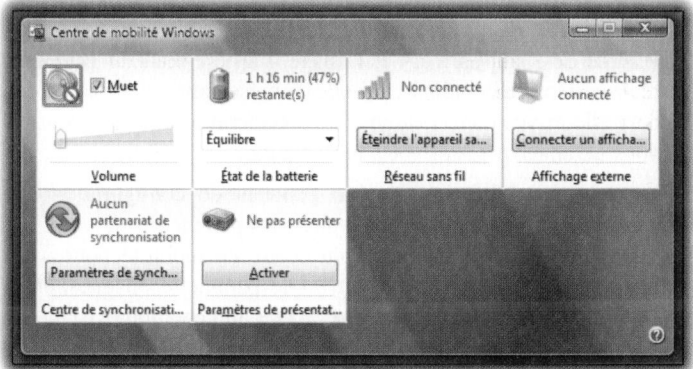

▲ Figure 16.1 : *Le Centre de mobilité Windows*

Le Centre de mobilité Windows est constitué de plusieurs des paramètres d'ordinateur portable les plus couramment utilisés. Selon votre système, la fenêtre du Centre de mobilité Windows comporte certaines des mosaïques suivantes mais peut-être pas toutes :

■ **Luminosité**. Déplacez le curseur pour régler temporairement la luminosité de votre affichage. Pour régler les paramètres de luminosité de l'affichage de votre mode de gestion de l'alimentation, cliquez sur l'icône sur la mosaïque pour ouvrir **Options d'alimentation** dans le Panneau de configuration.

■ **Volume**. Déplacez le curseur pour régler le volume des haut-parleurs de votre ordinateur portable ou activez la case à cocher *Muet*.

- **État de la batterie**. Affichez le niveau de charge de votre batterie ou sélectionnez un mode de gestion de l'alimentation dans la liste.

- **Réseaux sans fil**. Affichez l'état de votre connexion réseau sans fil ou activez ou désactivez votre carte réseau sans fil.

- **Orientation de l'écran**. Changez l'orientation de l'écran de votre tablet PC, de mode Portrait à Paysage ou vice-versa.

- **Écran externe**. Connectez un moniteur supplémentaire à votre ordinateur portable ou personnalisez les paramètres d'affichage.

- **Centre de synchronisation**. Affichez l'état d'une synchronisation de fichiers en cours, démarrez une nouvelle synchronisation ou configurez un partenariat de synchronisation, puis réglez vos paramètres dans le Centre de synchronisation.

- **Paramètres de présentation**. Réglez les paramètres, tels que le volume des haut-parleurs et l'image d'arrière-plan du Bureau, pour réaliser une présentation. Le mode de présentation vous coupe l'écran de veille et vos conversations de messagerie instantanée pour ne pas vous déranger pendant votre présentation.

Si vous avez besoin d'accéder au Panneau de configuration afin de procéder à des réglages supplémentaires des paramètres de votre ordinateur portable, cliquez sur l'icône du centre de mobilité pour ouvrir le Panneau de configuration pour activer le paramètre en question. Vous pouvez sélectionner un mode de gestion de l'alimentation existant à partir de la mosaïque *Niveau de la batterie* ou cliquer sur l'icône du centre de mobilité pour ouvrir **Options d'alimentation** dans le Panneau de configuration afin de créer un mode de gestion de l'alimentation.

Certaines mosaïques qui figurent dans le Centre de mobilité Windows sont ajoutées par le fabricant de votre ordinateur portable. Si une mosaïque ne s'affiche pas, il est possible que le matériel requis, une carte de réseau sans fil ou des pilotes par exemple, manque.

Nouveautés des paramètres de gestion de l'alimentation

Dans cette version de Windows, vous contrôlez plus que jamais la manière dont votre ordinateur utilise et gère l'alimentation.

Vous pouvez vous servir de la jauge de la batterie pour activer un mode de gestion de l'alimentation différent. Même si la jauge de la batterie est plus communément utilisée avec les ordinateurs portables, elle peut également s'afficher sur un ordinateur de bureau si celui-ci est branché à un onduleur ou tout autre périphérique d'alimentation de type batterie de courte durée.

La jauge de la batterie se situe dans la zone de notification de la barre des tâches Windows. La jauge de la batterie vous facilite la gestion de la consommation d'énergie de votre ordinateur portable pendant que vous utilisez celui-ci.

Lorsque vous pointez sur l'icône de la batterie, le pourcentage de la charge restante de la batterie s'affiche, ainsi que le mode de gestion de l'alimentation qu'utilise Windows.

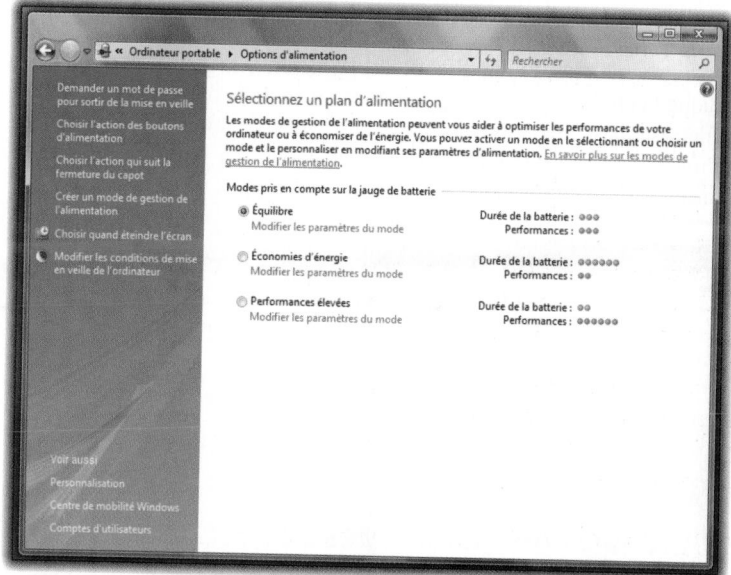

▲ Figure 16.2 : *Gestion de l'alimentation*

Pointez sur l'icône de la batterie pour afficher le mode de gestion de l'alimentation actif et la quantité de charge qui reste sur votre batterie.

De nombreux ordinateurs portables sont équipés de plusieurs batteries. Cliquez sur l'icône de la batterie pour afficher la charge qui reste sur chaque batterie. Pointez sur l'icône pour afficher la charge combinée.

La jauge de la batterie indique également si votre ordinateur portable fonctionne sur secteur ou sur batterie. Lorsque la charge de votre batterie atteint un niveau faible, la jauge de la batterie affiche une notification directement au-dessus de l'icône de la batterie.

L'apparence de l'icône de la batterie change pour refléter l'état en cours de votre batterie ; vous pouvez ainsi vérifier le niveau de charge restant. Lorsque le niveau de charge de la batterie est supérieur à 25 pour cent, l'icône de la batterie est verte. Lorsque le niveau de charge de la batterie atteint 25 pour cent, un triangle jaune comportant un point d'exclamation (!) s'affiche au-dessus de l'icône de batterie verte. Lorsque la charge de la batterie atteint un niveau de batterie faible, un cercle rouge comportant une croix (X) blanche s'affiche au-dessus de l'icône de batterie verte.

Lorsque vous cliquez sur l'icône de la batterie, la jauge de la batterie indique la charge restante. À partir de la jauge de la batterie, vous pouvez également basculer entre les différents types de modes de gestion de l'alimentation (par exemple, passer d'un mode qui optimise les performances système à un mode qui permet d'économiser l'énergie).

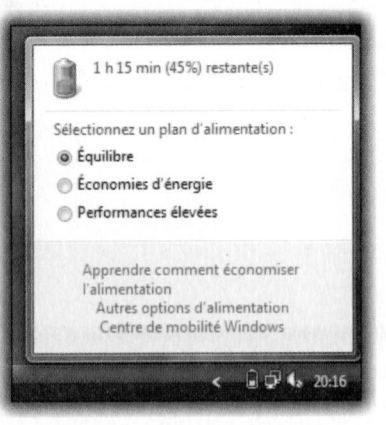

◄ Figure 16.3 :
La jauge de la batterie

Pour modifier les paramètres d'un mode de gestion de l'alimentation ou pour sélectionner un mode de gestion de l'alimentation qui n'est pas répertorié par la jauge de la batterie, cliquez sur **Autres options d'alimentation**.

Modes de gestion de l'alimentation

Les paramètres de l'alimentation de cette version de Windows sont basés sur les modes de gestion de l'alimentation. Un mode de gestion de l'alimentation est un ensemble de paramètres matériels et système qui permettent de gérer la manière dont votre ordinateur utilise l'énergie. Les modes de gestion de l'alimentation vous permettent d'économiser de l'énergie, d'optimiser les performances système ou de parvenir à un équilibre entre les deux. Les trois modes de gestion de l'alimentation (Équilibre, Économies d'énergie et Performances élevées) répondent aux besoins de la plupart des utilisateurs. Vous pouvez modifier les paramètres de chacun de ces modes ou, si ces modes ne répondent pas à vos besoins, vous pouvez créer vos propres modes de gestion de l'alimentation en vous basant sur l'un de ces modes.

Il est possible que le fabricant de l'ordinateur fournisse des modes de gestion de l'alimentation supplémentaires.

Lorsque vous démarrez Windows, le mode de gestion de l'alimentation Équilibre est le mode actif par défaut. Ce mode permet des performances système maximales lorsque votre travail ou activité en a besoin, et économise l'énergie lorsque vous n'utilisez pas votre ordinateur.

Le tableau suivant décrit chaque mode de gestion de l'alimentation par défaut.

Tab. 16.1 : Les modes de gestion de l'alimentation	
Mode	**Description**
Équilibre	Ce mode établit l'équilibre entre la consommation d'énergie et les performances système en adaptant la vitesse du processeur de l'ordinateur à votre activité.
Économies d'énergie	Ce mode économise l'énergie sur votre ordinateur portable en réduisant les performances système. Son objectif principal est d'optimiser la durée de vie de la batterie.
Performances élevées	Ce mode fournit le niveau le plus élevé de performances sur votre ordinateur portable en adaptant la vitesse du processeur à votre travail ou activité et en optimisant les performances système.

Vous pouvez gérer tous les paramètres des modes de gestion de l'alimentation à l'aide des **Options d'alimentation** dans le Panneau de configuration. Vous pouvez optimiser davantage la consommation d'énergie et les performances système en modifiant les paramètres d'alimentation avancés. Peu importe le nombre de paramètres que vous modifiez, vous avez toujours la possibilité de les restaurer à leurs valeurs d'origine.

16.2 Windows SideShow

Windows SideShow est davantage une nouvelle technologie d'affichage utile aux ordinateurs portables plutôt qu'une nouveauté du centre de mobilité.

Si vous êtes utilisateur régulier d'un ordinateur portable, vous savez certainement qu'allumer votre ordinateur juste pour consulter votre messagerie ou trouver une adresse ou un numéro de téléphone n'est pas toujours une solution très pratique.

La technologie Windows SideShow, intégrée à Windows Vista, permettra aux constructeurs d'ordinateurs portables d'inclure un écran secondaire ou auxiliaire dans la conception de leurs futurs ordinateurs. Cet écran pourra être utilisé pour afficher facilement les informations dont vous avez besoin, que l'ordinateur soit allumé, éteint ou en veille. Cette fonctionnalité pratique permettra de gagner du temps et d'améliorer la durée de vie de la batterie, en vous permettant d'afficher rapidement le planning de vos réunions, votre répertoire téléphonique, votre carnet d'adresses et les derniers messages électroniques reçus, sans avoir à démarrer votre ordinateur.

◄ Figure 16.4 :
*Prototype
d'ordinateur
portable incluant
un affichage
externe*

Grâce à Windows SideShow, vous accédez rapidement à vos informations clés telles que votre agenda, vos messages électroniques ou vos notes, sans avoir à allumer votre ordinateur portable.

La plate-forme Windows Vista SideShow permet également aux fabricants de matériel de créer des écrans auxiliaires pour une large gamme de périphériques tels que les claviers, les écrans LCD sur les boîtiers, les télécommandes et les téléphones portables. Ces périphériques peuvent ainsi afficher des informations provenant d'un PC Windows Vista, ce qui améliore encore l'expérience de l'utilisateur.

Pour configurer les éléments qui s'afficheront sur l'écran secondaire, vous devez d'abord posséder le matériel adéquat puis procédez de la sorte :

1. Cliquez sur le logo de démarrage **Windows** puis sur **Panneau de configuration** et **Matériel et audio** pour ouvrir le Panneau de configuration.

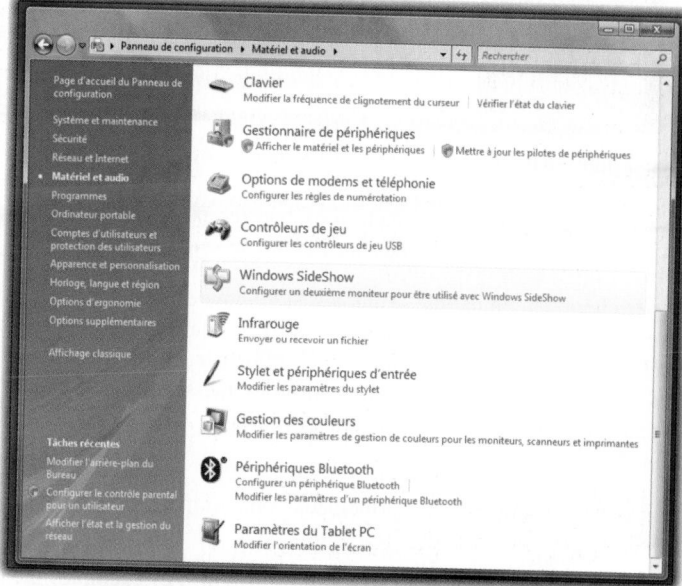

▲ Figure 16.5 : *Panneau de configuration de Windows Vista*

2. Ouvrez **Windows SideShow**.

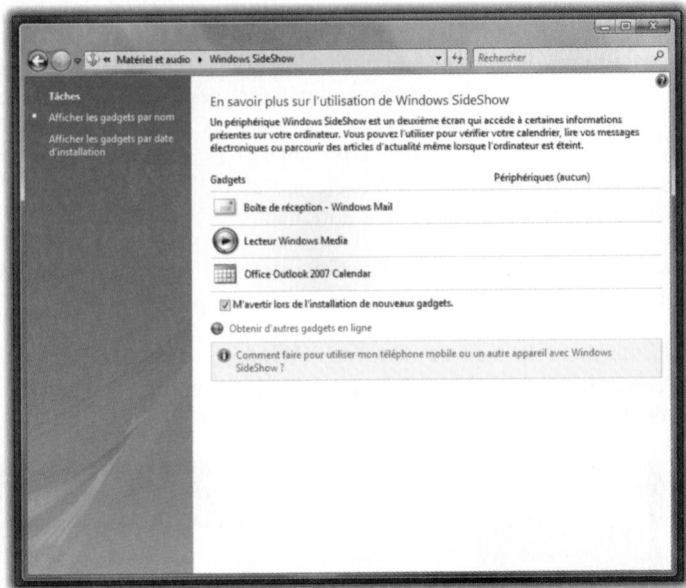

▲ Figure 16.6 : *La fenêtre de configuration de Windows SideShow*

Si votre matériel vous le permet, vous pourrez paramétrer les éléments que vous souhaitez voir affichés sur l'écran secondaire.

Un périphérique compatible Windows SideShow est un affichage secondaire qui accède à des informations sur votre ordinateur. Vous pouvez faire appel à ce type de périphérique pour effectuer les tâches suivantes : rechercher votre prochaine réunion, lire des messages électroniques ou passer en revue les dernières nouvelles, sans avoir à allumer votre ordinateur.

Deux types de périphériques principaux sont compatibles avec Windows SideShow :

- Les périphériques intégrés à votre ordinateur. Les exemples incluent les petits affichages couleur qui sont intégrés au couvercle d'un ordinateur portable, et les affichages monochromes incorporés à un clavier d'ordinateur de bureau.

■ Les périphériques distincts de votre ordinateur. Ces périphériques comprennent les affichages dédiés comme les LCD sans fil situés dans une pièce différente de l'ordinateur et les autres périphériques, tels que les téléphones portables et les télévisions équipés des fonctions Windows SideShow.

Pour déterminer si votre périphérique est compatible avec Windows SideShow, recherchez le logo Windows SideShow sur votre périphérique, vérifiez les informations fournies avec celui-ci ou accédez au site web du fabricant. Si vous utilisez un périphérique distinct de votre ordinateur, vous devez installer le périphérique pour l'utiliser avec Windows SideShow.

Vous pouvez modifier vos paramètres de périphérique dans Windows SideShow dans le Panneau de configuration. Selon votre périphérique, vous pouvez modifier les paramètres suivants :

■ Apparence de l'écran et comportement. Cela concerne le choix d'un thème, le changement de langue, la sélection d'un délai pour l'écran et le réglage de la luminosité.

■ Sécurité et confidentialité. Cela concerne le choix du verrouillage du périphérique après une période d'inactivité, la saisie d'un code confidentiel (PIN) et la suppression des informations relatives au périphérique lorsque vous vous déconnectez de Windows.

■ Et bien plus encore. Votre fabricant de périphérique peut fournir des paramètres supplémentaires que vous pouvez personnaliser.

Vous pouvez choisir les informations qui s'affichent sur vos périphériques compatibles Windows SideShow en installant des gadgets ou des programmes complémentaires. Pour rechercher des gadgets en ligne, accédez au site web de Windows SideShow. Après avoir installé un gadget, vous devez activer celui-ci dans Windows SideShow du Panneau de configuration.

Les gadgets s'affichent sur votre périphérique dans l'ordre de leur installation. Pour afficher des gadgets installés sur votre périphérique, pour télécharger et installer d'autres gadgets ou pour modifier l'ordre des gadgets sur votre périphérique, accédez à Windows SideShow dans le Panneau de configuration.

Certains gadgets ont peut être été installés et activés par votre fabricant de périphérique, dans ce cas il est possible qu'ils ne s'affichent pas dans le Panneau de configuration.

Certains gadgets sont destinés à un périphérique compatible Windows SideShow spécifique et peuvent ne pas être compatibles avec votre périphérique.

Pour tenir à jour les informations lorsque votre ordinateur est en mode Veille, celui-ci doit être mis en éveil régulièrement pour mettre à jour les informations sur votre périphérique. Au bout de quelques minutes, votre ordinateur repasse en mode Veille.

16.3 Connexion des périphériques mobiles

Ces dernières années ont vu l'apparition de nombreux périphériques externes, connectables à l'ordinateur, qui interagissent avec celui-ci et qui ont donc modifié notre comportement informatique. Au rang de ces périphériques, nous pouvons citer :

- les clés USB ;
- les disques durs externes ;
- les baladeurs numériques ;
- les Pocket PC ;
- les Smartphones et téléphones portables ;
- les consoles de jeux.

Windows Vista, en tant que nouveau système d'exploitation, se devait de s'adapter à ces nouvelles tendances, à ces nouveaux usages en proposant des fonctionnalités inédites ou en améliorant des fonctionnalités existantes. Plus Windows Vista facilitera ces usages et plus la productivité de l'utilisateur augmentera.

Voici quelques-unes des principales réponses de Windows Vista à la problématique de la connectivité.

Gestionnaire pour appareils Windows Mobile

Windows Vista inclut en natif le Gestionnaire pour appareils Windows Mobile qui devient le remplaçant d'ActiveSync. Le Gestionnaire pour appareils Windows Mobile fournit toutes les fonctionnalités de connexion et de gestion des périphériques mobiles à base de Windows Mobile, tels les Smartphones ou Pocket PC. Pour les utilisateurs actuels d'ActiveSync, toutes les fonctionnalités sont maintenant reportées dans le Gestionnaire pour appareils Windows Mobile. Cela comprend le paramétrage du partenariat, la synchronisation d'e-mails, l'installation d'applications, etc. Pour autant, l'interface graphique change radicalement afin de vous rendre les tâches plus simples, plus intuitives et plus efficaces.

Prérequis matériel

La compatibilité de vos périphériques mobiles ne vous posera pas de problèmes avec l'arrivée de Windows Vista et Gestionnaire pour appareils Windows Mobile puisque le Gestionnaire pour appareils Windows Mobile supporte les Smartphones et Pocket PC fonctionnant sous Windows Mobile 5 comme sous Windows Mobile 2003.

La suite de la démonstration se fera à partir d'un périphérique Pocket PC.

Connecter son périphérique mobile à l'ordinateur en USB

Avant la première connexion d'un périphérique Windows mobile sur Windows Vista, il n'est pas possible d'exécuter le Gestionnaire pour appareils Windows Mobile. Vous ne le trouverez ni dans le Panneau de configuration, ni dans l'ajout/suppression de programmes.

C'est uniquement à la première connexion du Pocket PC à Windows Vista que le pilote va se charger, que l'application se lancera et, que par la suite, elle restera accessible au travers du Panneau de configuration ou d'un raccourci sur le Bureau.

La première étape consiste donc à connecter votre Pocket PC. Pour cela, utilisez le câble USB ou la station d'accueil USB fournie avec le périphérique.

Pour connecter votre périphérique Windows Mobile à l'ordinateur en USB, procédez comme suit :

1. Connectez une partie du câble USB sur l'ordinateur.

2. Connectez l'autre partie sur le Pocket PC.

3. Le Gestionnaire pour appareils Windows Mobile se lance.

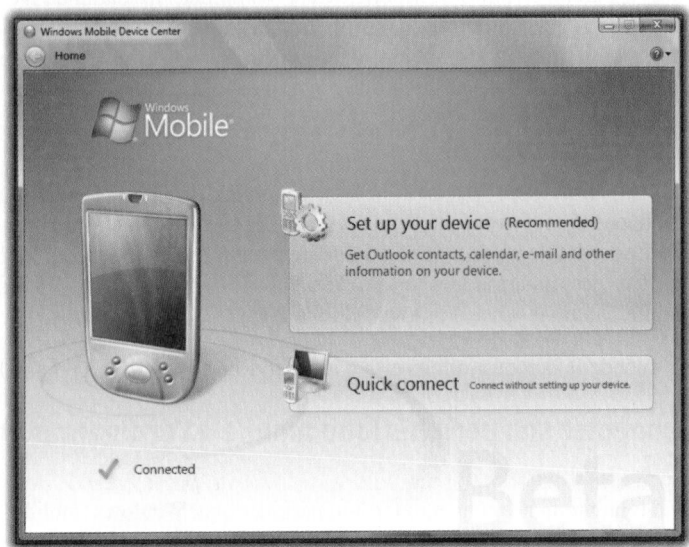

▲ Figure 16.7 : *Premier contact avec le Gestionnaire pour appareils Windows Mobile*

Configurer un partenariat

Le principe du partenariat est de configurer la façon dont le périphérique mobile et l'ordinateur vont interagir au travers du Gestionnaire pour appareils Windows Mobile.

1. Lorsque le Pocket PC est connecté à l'ordinateur et le Gestionnaire pour appareils Windows Mobile lancé, cliquez sur **Set up your device**.

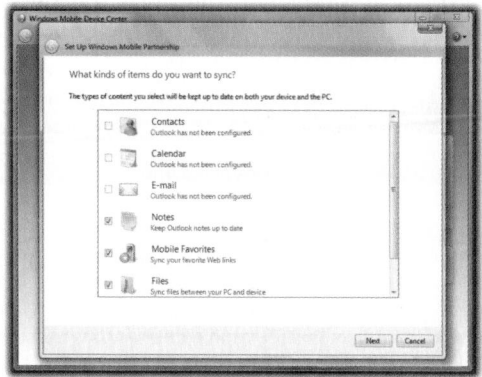

◄ Figure 16.8 :
Définition du
partenariat

2. Une fenêtre de configuration s'ouvre, vous permettant de sélectionner les éléments que vous souhaitez maintenir à jour entre le Pocket PC et l'ordinateur.

Explorer le contenu de son périphérique mobile

Commencez par explorer le contenu de votre périphérique Windows Mobile.

1. Une fois votre Pocket PC connecté et le Gestionnaire pour appareils Windows Mobile lancé, passez le curseur de la souris sur **File Management**.

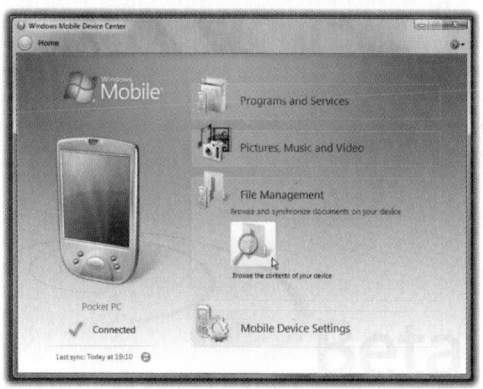

◄ Figure 16.9 :
Menu File
Management du
Gestionnaire
pour appareils
Windows Mobile

2. Cliquez sur **Browse the contents of your device** qui ouvre le répertoire représentant votre Pocket PC.

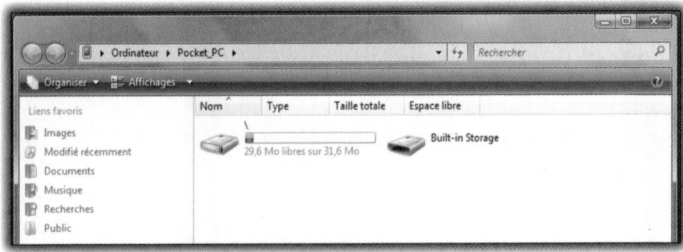

▲ Figure 16.10 : *Explorateur des fichiers du Pocket PC*

3. Explorez vos fichiers, qu'ils soient en mémoire ou sur un stockage externe, de la même manière que sur votre ordinateur. Ne vous étonnez pas si l'ouverture des répertoires est un peu plus longue que sur votre ordinateur. Il faut que Windows Vista interroge à chaque fois votre Pocket PC.

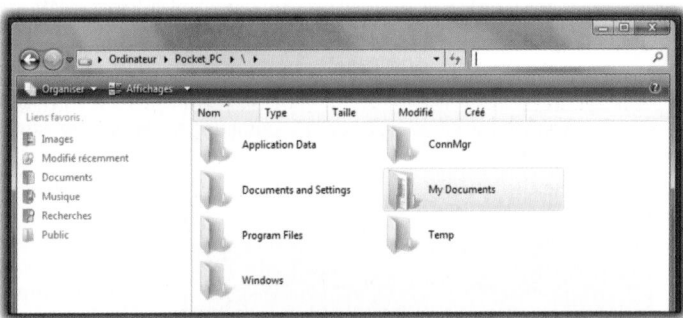

▲ Figure 16.11 : *Les fichiers du Pocket PC*

Lorsque vous explorez vos fichiers, voici la liste des actions que vous pouvez réaliser :

■ ouvrir les fichiers ;

■ copier les fichiers (de l'ordinateur vers le Pocket PC et du Pocket PC vers l'ordinateur) ;

- supprimer les fichiers ;
- renommer les fichiers ;
- éditer les propriétés des fichiers.

Copier le contenu du périphérique mobile vers le Bureau

En utilisant le Gestionnaire pour appareils Windows Mobile, vous pouvez copier des fichiers de l'ordinateur vers le Pocket PC et du Pocket PC vers l'ordinateur. La copie de fichiers au travers du Gestionnaire pour appareils Windows Mobile crée des versions séparées des fichiers entre le Pocket PC et l'ordinateur. Comme il n'y a pas de synchronisation au niveau des fichiers entre le Pocket PC et l'ordinateur, les fichiers copiés sur le Pocket PC et modifiés sur l'ordinateur ne sont pas modifiés automatiquement sur le Pocket PC.

Pour copier des fichiers du Pocket PC vers le Bureau Windows Vista, procédez comme suit :

1. Connectez votre Pocket PC à l'ordinateur Windows Vista.

2. Une fois votre Pocket PC connecté et le Gestionnaire pour appareils Windows Mobile lancé, passez le curseur de la souris sur **File Management** puis cliquez sur **Browse the contents of your device** qui ouvre le répertoire représentant votre Pocket PC.

3. Sélectionnez les fichiers, du Pocket PC ou de l'ordinateur Windows-Vista à copier selon le sens de copie que vous souhaitez.

4. Effectuez l'une des actions suivantes :

   - Pour copier le fichier de l'ordinateur vers le Pocket PC, cliquez avec le bouton droit de la souris sur le fichier et cliquez sur **Copier**. Cliquez avec le bouton droit de la souris sur le dossier de destination du Pocket PC et cliquez sur **Coller** (voir Figure 16.12).
   - Pour copier le fichier du Pocket PC vers l'ordinateur, cliquez avec le bouton droit de la souris sur le fichier et cliquez sur **Copier**. Cliquez avec le bouton droit de la souris sur le dossier de destination de l'ordinateur et cliquez sur **Coller**.

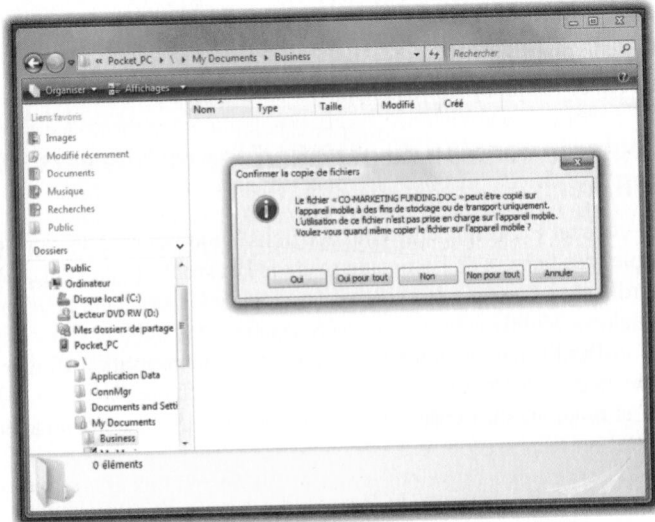

▲ Figure 16.12 : *Boîte de dialogue de confirmation de copie d'un fichier entre l'ordinateur et le Pocket PC*

– Faites un glisser-déplacer du fichier de la source vers la destination.

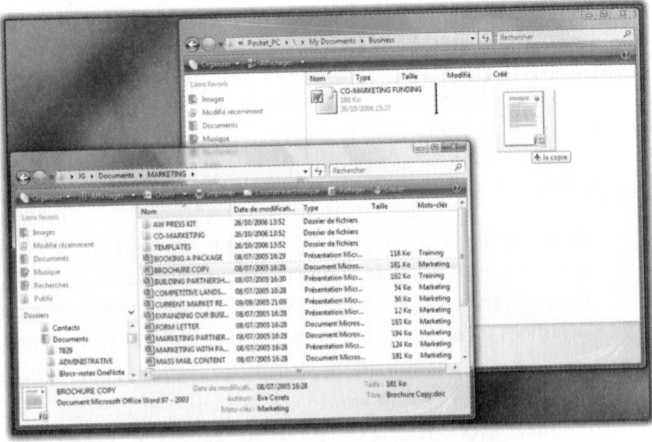

▲ Figure 16.13 : *Glisser-déplacer vers le Pocket PC*

Synchroniser le périphérique mobile avec la messagerie

L'un des avantages du Pocket PC ou du Smartphone est la possibilité d'emporter dans sa poche tous ses e-mails. Vous pouvez utiliser le Gestionnaire pour appareils Windows Mobile de Windows Vista pour que le périphérique mobile, une fois connecté à l'ordinateur, emploie la configuration réseau de celui-ci pour synchroniser ses messages (envoyer et recevoir) avec le serveur de messagerie Exchange Server. Le Pocket PC se synchronise au serveur Exchange directement en passant au travers de l'ordinateur Windows Vista.

Vous pouvez même maintenant configurer votre Pocket PC à l'aide de Windows Mobile Device Manager pour qu'il se synchronise au serveur Exchange, même quand l'ordinateur est éteint. Pour ce faire, il faut que le Pocket PC possède une connectique sans fil et que le serveur Exchange soit correctement configuré et accessible depuis l'extérieur, via un réseau Wi-Fi.

Pour configurer la synchronisation du Pocket PC au serveur Exchange de façon autonome, procédez comme suit :

1. Connectez votre Pocket PC à l'ordinateur Windows Vista.

2. Une fois votre Pocket PC connecté et le Gestionnaire pour appareils Windows Mobile lancé, passez le curseur de la souris sur le menu **Mobile Device Settings**.

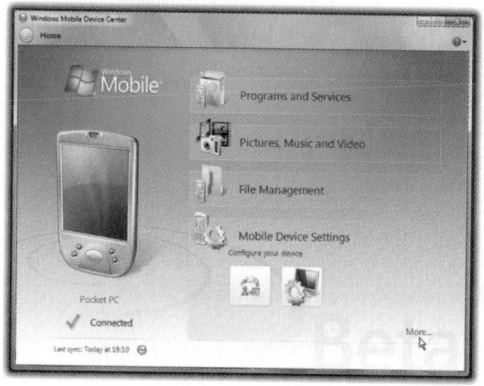

◄ Figure 16.14 :
Menu Mobile Device Settings du Gestionnaire pour appareils Windows Mobile

3. Cliquez sur le lien **More…** en bas à droite.

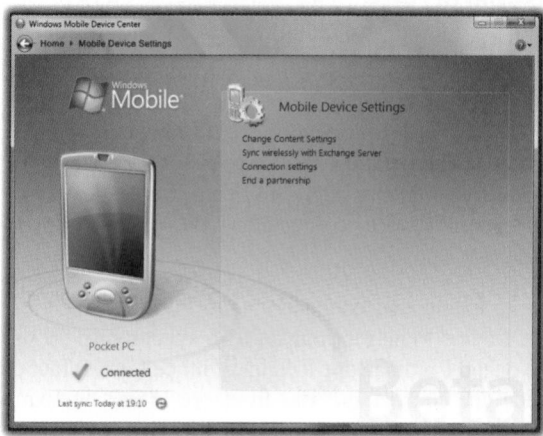

▲ Figure 16.15 : *Sous-menu de configuration du menu Mobile Device Settings*

4. Un sous-menu apparaît. Cliquez sur **Sync wirelessly with Exchange Server**.

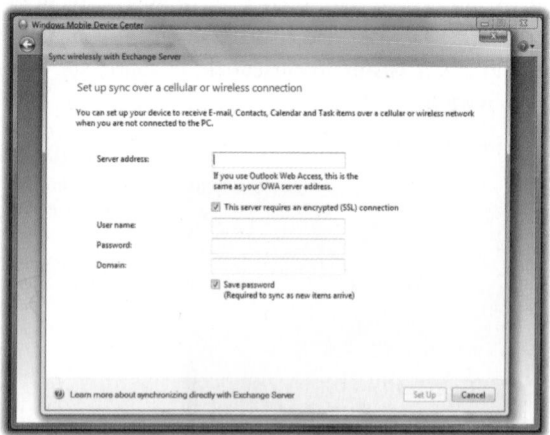

▲ Figure 16.16 : *Configuration des paramètres de synchronisation Exchange*

5. Entrez les informations de configuration d'accès au serveur Exchange. La plupart du temps, ces informations vous seront communiquées par votre administrateur système.

6. Votre Pocket PC se synchronisera au serveur Exchange de façon autonome (en sous-entendant que le serveur Exchange est disponible et correctement configuré).

Ajouter des fichiers multimédias au périphérique mobile à partir de Windows Media Player

Le Pocket PC est fréquemment utilisé comme baladeur numérique. Vous pouvez donc ajouter des fichiers multimédias, de la musique, des photos ou des vidéos, directement de Windows Media Player vers le Pocket PC au travers du Gestionnaire pour appareils Windows Mobile.

Pour ajouter des fichiers multimédias à votre Pocket PC, procédez comme suit :

1. Connectez votre Pocket PC à l'ordinateur Windows Vista.

2. Une fois votre Pocket PC connecté et le Gestionnaire pour appareils Windows Mobile lancé, passez le curseur de la souris sur le menu **Pictures, Music and Video**.

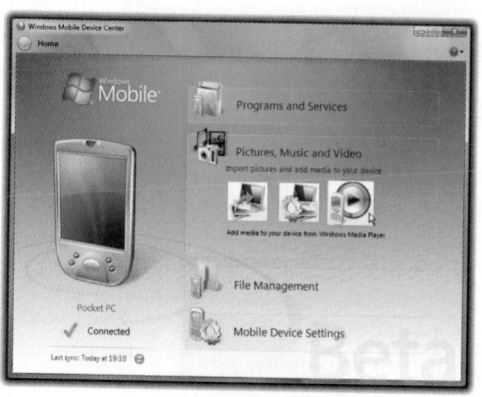

◄ Figure 16.17 :
Menu Pictures, Music and Video du Gestionnaire pour appareils Windows Mobile

3. Trois fonctions vous sont proposées : le réglage des paramètres d'importation des photos et vidéos, la recherche des nouveaux fichiers multimédias sur le Pocket PC et l'ajout de fichiers musicaux à partir de Windows Media Player. Cliquez sur **Add media to your device from Windows Media Player**.

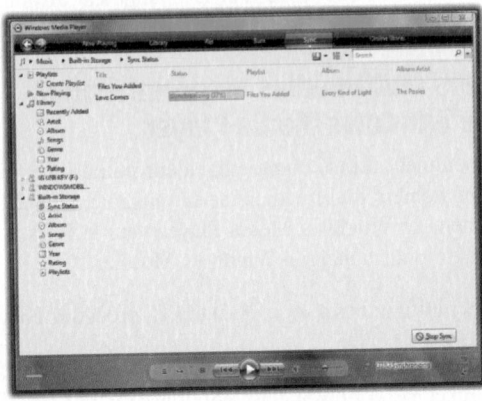

◄ Figure 16.18 :
Synchronisation à partir de Windows Media Player

4. Windows Media Player s'ouvre. Glissez les morceaux que vous souhaitez transférer sur votre Pocket PC et cliquez sur le bouton **Start Sync**.

◄ Figure 16.19 :
Transfert d'un morceau sur le Pocket PC

Installer une application

Le processus d'installation d'une application sur Pocket PC reste toujours piloté par l'exécutable d'installation. Vous connectez votre Pocket PC à l'ordinateur, vous lancez l'exécutable sur l'ordinateur et vous vous laissez guider. L'installation copiera les fichiers nécessaires sur le Pocket PC.

Le Gestionnaire pour appareils Windows Mobile vous aide à superviser cette installation :

1. Connectez votre Pocket PC à l'ordinateur Windows Vista.

2. Une fois votre Pocket PC connecté et le Gestionnaire pour appareils Windows Mobile lancé, passez le curseur de la souris sur le menu **Programs and Services**.

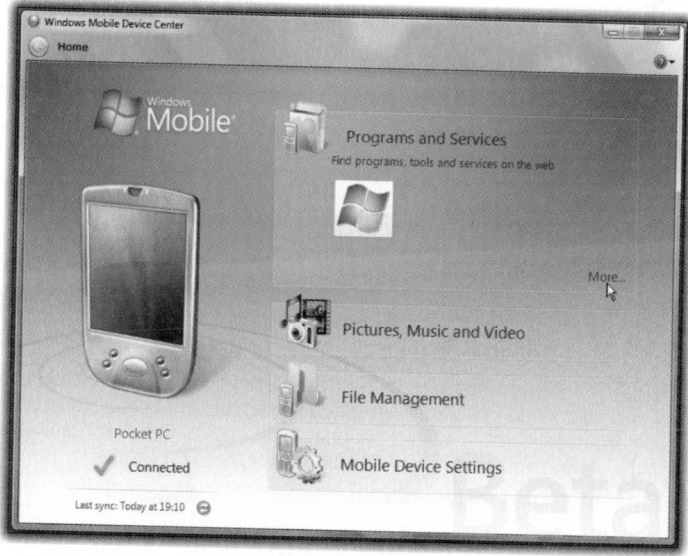

▲ Figure 16.20 : *Menu Programs and services du Gestionnaire pour appareils Windows Mobile*

3. Cliquez sur le lien **More...** en bas à droite.

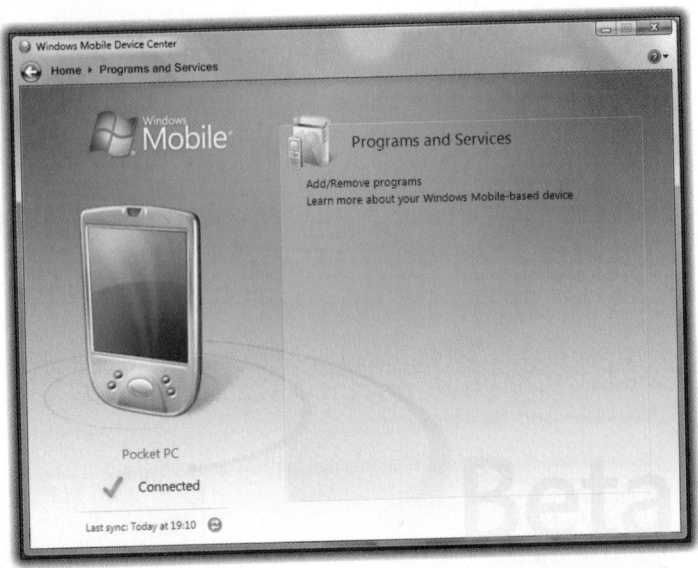

▲ Figure 16.21 : *Sous-menu de configuration du menu Programs and services*

4. Vous pouvez contrôler si des applications doivent être installées en cliquant sur **Add/Remove Programs**.

> **Windows Mobile**
>
> Vous trouverez toutes les informations que vous souhaitez sur Windows Mobile et les périphériques mobiles Pocket PC et Smartphone en vous connectant à l'adresse suivante : http://www.microsoft.com/windowsmobile/default.mspx.

Le Centre de synchronisation

Avec la multiplication des périphériques mobiles, aucune méthode simple n'existait jusqu'à présent pour gérer toutes les opérations de synchronisation individuelles. Il était souvent nécessaire de procéder au cas par cas, en fonction de chaque périphérique ou source de données spécifique.

Windows Vista introduit un nouvel outil : le Centre de synchronisation permet de regrouper en un lieu toutes les synchronisations. Le Centre de synchronisation vous aide à démarrer une synchronisation manuelle, arrêter une synchronisation en cours, afficher le statut des activités de synchronisation en cours et recevoir des notifications pour la résolution des conflits et l'élimination des doublons.

Pour ouvrir le Centre de synchronisation, procédez comme suit :

1. Cliquez sur le logo **Windows** de démarrage puis sur **Panneau de configuration** et **Ordinateur portable**.

2. Dans le **Panneau de configuration**, cliquez deux fois sur **Centre de synchronisation**.

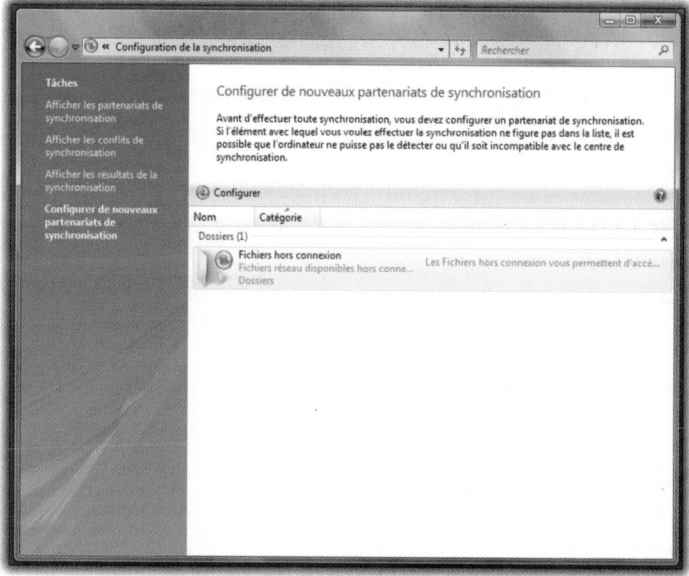

▲ Figure 16.22 : *Le Centre de synchronisation*

Le Centre de synchronisation Windows Vista est un outil à partir duquel vous gérez la synchronisation des données dans divers cas de figure : entre plusieurs ordinateurs, entre des serveurs réseau et des ordinateurs et avec les périphériques connectés à votre ordinateur.

Dans l'exemple précédent, le Centre de synchronisation vous permet de lancer la synchronisation de fichiers vers un Pocket PC et la synchronisation vers un serveur de fichiers au travers des fichiers synchronisés hors connexion.

Vous n'avez qu'à sélectionner un objet de synchronisation et cliquer sur le bouton **Synchroniser**.

17

La sécurité

Nous sommes de plus en plus nombreux à être connectés et interconnectés. Et pour que nous puissions adhérer collectivement à l'ensemble des scénarios proposés par Windows Vista, qu'ils soient en local sur notre ordinateur ou bien sur Internet, il est nécessaire de pouvoir faire totalement confiance à la sécurité de son ordinateur.

Microsoft doit faire passer impérativement les utilisateurs du stade de la méfiance au stade de la confiance. Pour cela, Microsoft a donc effectué des investissements technologiques stratégiques pour assurer une meilleure sécurité des utilisateurs.

Les efforts entrepris sont importants et comportent l'utilisation d'un cycle de vie de développement de la sécurité visant à créer des logiciels plus sûrs. Cependant, même si votre ordinateur se trouve totalement sécurisé à un instant T, il n'en reste pas moins que quelques semaines plus tard cela ne soit plus le cas. Il est très important de maintenir son ordinateur à jour régulièrement que ce soit au niveau de l'antivirus et du pare-feu ou encore Windows Vista lui-même.

Pour faire simple, la sécurité de Windows Vista permet d'atténuer les menaces, et donc de lutter contre les logiciels malveillants et les intrusions. Cette atténuation peut se modéliser autour de trois briques :

- **La prévention**. Elle consiste à stopper les attaques connues et inconnues. Cela se fait au travers des logiciels antivirus, pare-feu et le logiciel antispyware. La surveillance est alors une surveillance en temps réel, mais cette surveillance en temps réel est souvent accompagnée d'une surveillance à la demande ou programmée au travers des planificateurs de tâches.

- **L'isolation**. Elle consiste à limiter l'impact. Cela veut dire que seuls un logiciel ou un répertoire peuvent être touchés, ce qui s'oppose au fait d'imaginer que la totalité de la machine est corrompue.

- **Le rétablissement**. Il consiste à revenir à un état connu. Globalement, cela veut dire pouvoir faire à nouveau confiance à son ordinateur, même si pourtant cela ne reste pas toujours aussi simple. Prenons l'exemple d'un virus qui ouvre une porte dérobée sur votre ordinateur. Bien souvent, votre antivirus va retirer le virus mais en aucun cas il va vérifier la porte dérobée. Et si par mégarde une personne mal intentionnée prend la main sur votre ordinateur, ce dernier perd toute sa fiabilité. La seule parade à cette mauvaise expérience se traduit souvent par une réinstallation.

Centre de sécurité

Si vous souhaitez obtenir plus d'informations sur les notions de sécurité, vous pouvez consulter le site Internet suivant : `http://www.microsoft.com/france/athome/security/protect /windows9x/Default.mspx`.

17.1 Centre de sécurité

Bien que Windows Vista apporte une grande part de nouveauté au niveau de la sécurité, il n'empêche que le centre de sécurité existe déjà depuis la version de Windows XP. Son rôle est de vous permettre d'améliorer la sécurité de l'ordinateur en vérifiant l'état de plusieurs points clés de la sécurité, notamment les paramètres du pare-feu, les mises à jour automatiques, les paramètres des logiciels de protection contre les programmes malveillants, les paramètres de sécurité Internet et les paramètres du **Contrôle du compte utilisateur**. Si Windows détecte un problème parmi l'un de ces points clés de sécurité (par exemple, l'obsolescence ou l'absence de la signature de protection de votre antivirus), le centre de sécurité affiche une notification et insère son icône dans la zone de notification.

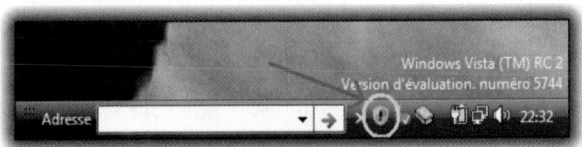

▲ Figure 17.1 : *Icône de notification du centre de sécurité : cette icône change de couleur et de forme selon le seuil de criticité du problème*

Cliquez sur la notification ou double-cliquez sur l'icône pour ouvrir le **Centre de sécurité** et obtenir des informations sur la correction du problème.

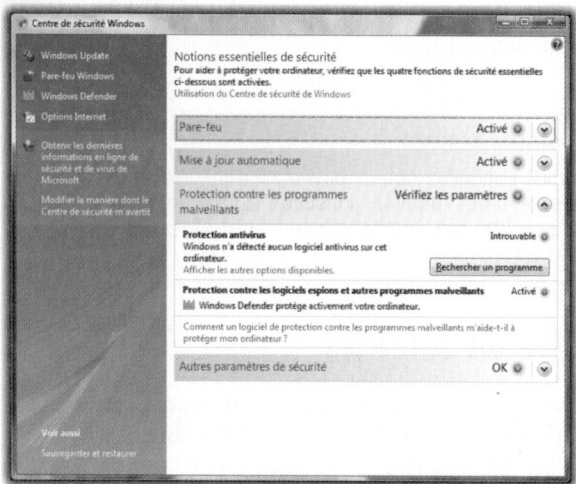

▲ Figure 17.2 : *Centre de sécurité de Windows Vista : celui-ci reste le même que celui de Windows XP*

Pour lancer le centre de sécurité, procédez comme suit :

1. Sélectionnez le menu **Démarrer** puis cliquez sur **Panneau de configuration**.

2. Dans la partie droite du **Panneau de configuration**, sélectionnez l'icône *Centre de sécurité*.

▲ Figure 17.3 : *Panneau de configuration avec l'affichage classique*

Le centre de sécurité se décompose en deux parties. La partie de gauche vous propose d'ouvrir les logiciels Windows Update, le Pare-feu Windows, Windows Defender ainsi que les options d'Internet Explorer. Un seul clic de souris suffit pour lancer ces logiciels. La partie droite, quant à elle, vous donne des informations et des états sur les logiciels de pare-feu, de mise à jour automatiques, de protection contre les programmes malveillants et autres programmes de sécurité. Si vous souhaitez avoir plus d'informations sur la sécurité, vous pouvez afficher une vue globale de la sécurité au travers du **Panneau de configuration**. Procédez comme suit :

1. Sélectionnez le menu **Démarrer** puis cliquez sur **Panneau de configuration**.

2. Allez dans la partie droite du **Panneau de configuration** et sélectionnez **Accueil Windows**.

3. Dans la partie gauche du panneau de configuration, sélectionnez **Page d'accueil du Panneau de configuration**.

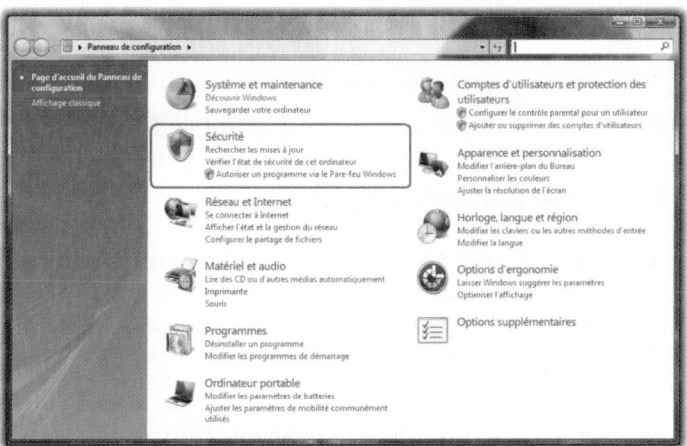

▲ Figure 17.4 : *Page d'accueil du Panneau de configuration*

4. Sélectionnez l'icône *Sécurité*.

▲ Figure 17.5 : *Les diverses fonctions de sécurité disponibles dans Windows Vista*

Centre de sécurité

Si vous souhaitez obtenir plus d'informations sur le centre de sécurité, vous pouvez consulter le site Internet suivant : http://www.microsoft.com/france/securite/gpublic/protect /windowsxpsp2/wsc.mspx.

17.2 Pare-feu intégré

Le pare-feu de Windows Vista vous aide à empêcher les utilisateurs ou logiciels non autorisés (comme les vers) d'accéder à votre ordinateur depuis un réseau ou Internet. Un pare-feu peut également empêcher votre ordinateur d'envoyer des éléments logiciels nuisibles à d'autres ordinateurs.

Pour lancer le Pare-feu Windows, procédez de la façon suivante :

1. Cliquez sur **Démarrer**, puis sur **Panneau de configuration** (voir Figure 17.6).

2. Sélectionnez le **Centre de sécurité** (voir Figure 17.7).

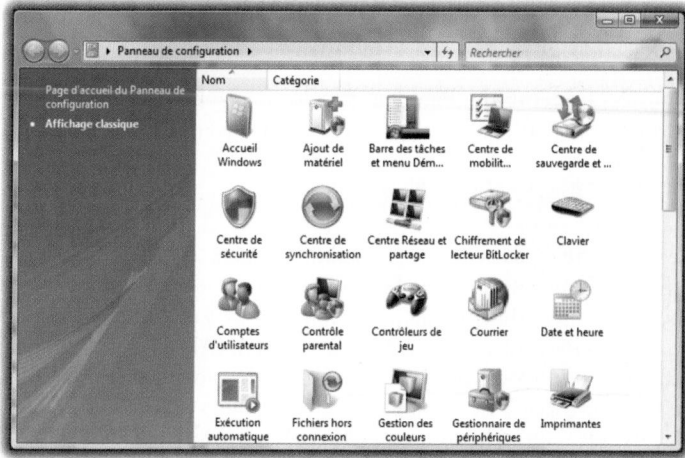

▲ Figure 17.6 : *Panneau de configuration de Windows Vista*

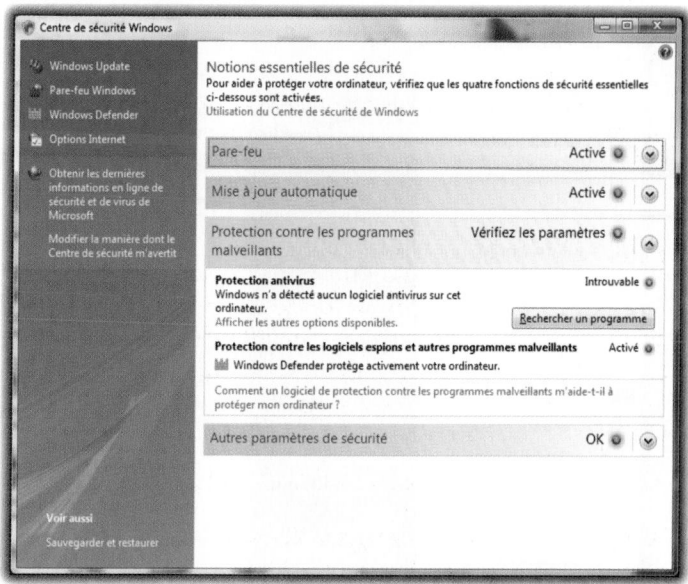

▲ Figure 17.7 : *Centre de sécurité*

3. Dans le volet de gauche de la fenêtre **Centre de sécurité Windows**, sélectionnez le **Pare-feu Windows**.

L'onglet **Général** du Pare-feu Windows comporte trois paramètres. Voyons ce que vous pouvez faire avec ces paramètres et quand les utiliser.

17.3 Fonction Activé

Ce paramètre est sélectionné par défaut. Lorsque le Pare-feu Windows est activé, la communication est bloquée pour la plupart des programmes. Si vous souhaitez débloquer un programme, vous pouvez l'ajouter à la liste des exceptions (dans l'onglet **Exceptions**). Ainsi, vous ne pourrez peut-être pas envoyer de photos à l'aide d'un programme de messagerie instantanée avant d'avoir ajouté ce programme à la liste des exceptions.

Pour activer le Pare-feu Windows, procédez de la façon suivante :

1. Cliquez sur **Démarrer**, puis sur **Panneau de configuration**.

▲ Figure 17.8 : *Menu Démarrer*

2. Sélectionnez le **Centre de sécurité**.

3. Dans le volet de gauche de la fenêtre **Centre de sécurité Windows**, sélectionnez le **Pare-feu Windows**.

4. Cliquez sur **Activer ou Désactiver le Pare-feu Windows**.

5. Cliquez sur **Activé (recommandé)**, puis sur OK.

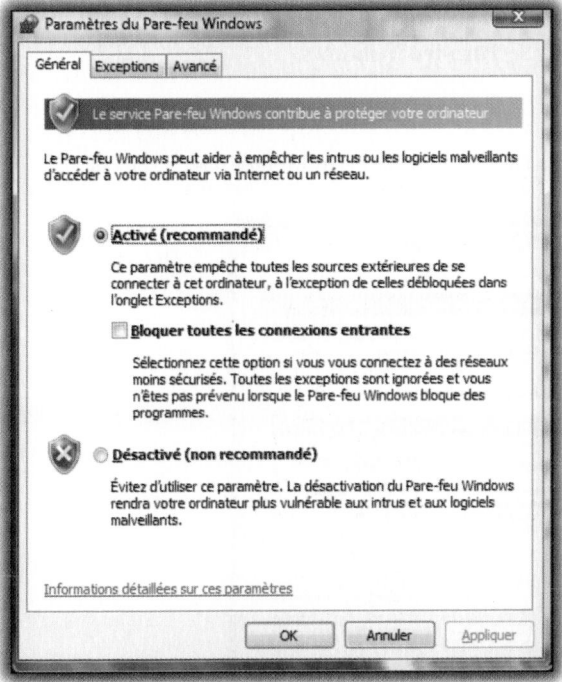

▲ Figure 17.9 : *Activer le pare-feu*

Fonction Désactivé

Évitez d'utiliser ce paramètre à moins qu'un autre pare-feu ne soit exécuté sur votre ordinateur. La désactivation du Pare-feu Windows peut rendre votre ordinateur (et votre réseau si vous en utilisez un) plus vulnérable à des attaques de pirates informatiques ou de logiciels malveillants tels que des vers.

Pour désactiver le Pare-feu Windows, procédez de la façon suivante :

1. Cliquez sur **Démarrer**, puis sur **Panneau de configuration**.

2. Sélectionnez le **Centre de sécurité**.

3. Dans le volet de gauche de la fenêtre **Centre de sécurité Windows**, sélectionnez le **Pare-feu Windows**.

4. Cliquez sur **Activer ou Désactiver le Pare-feu Windows**.

5. Cliquez sur **Désactivé (non recommandé)**, puis sur OK.

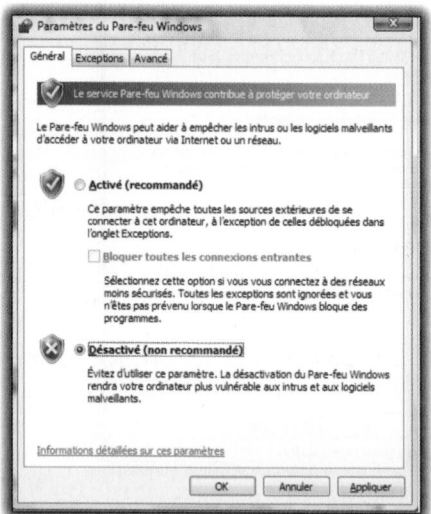

◁ Figure 17.10 :
Désactiver le Pare-feu

Désactivation du Pare-feu

Vous devez désactiver le Pare-feu Windows uniquement si un autre pare-feu est activé sur votre ordinateur. La désactivation

> du Pare-feu Windows peut rendre votre ordinateur (et votre réseau si vous en utilisez un) plus vulnérable à des attaques de vers ou de pirates informatiques.

Fonction Bloquer toutes les connexions

Ce paramètre bloque toutes les tentatives non sollicitées de connexion à votre ordinateur. Utilisez ce paramètre lorsque vous avez besoin d'une protection maximale pour votre ordinateur, lorsque vous vous connectez à un réseau public dans un hôtel ou un aéroport ou lorsqu'un ver dangereux se répand sur Internet. Si ce paramètre est activé, vous n'êtes pas averti lorsque le Pare-feu Windows bloque tous les programmes, et les programmes de la liste des exceptions sont ignorés.

Lorsque vous sélectionnez **Bloquer toutes les connexions**, vous pouvez quand même afficher la plupart des pages web, et recevoir et envoyer du courrier électronique ainsi que des messages instantanés.

1. Cliquez sur **Démarrer**, puis sur **Panneau de configuration**.

2. Sélectionnez le **Centre de sécurité**.

3. Dans le volet de gauche de la fenêtre **Centre de sécurité Windows**, sélectionnez le **Pare-feu Windows**.

4. Cliquez sur **Activer ou Désactiver le Pare-feu Windows**.

5. Cliquez sur **Activé (recommandé)**, puis sur **Bloquer toutes les connexions entrantes** et terminez en cliquant sur OK (voir Figure 17.11).

> **Centre de sécurité**
>
> Si vous souhaitez obtenir plus d'informations sur le centre de sécurité, vous pouvez consulter le site Internet suivant :
> http://www.microsoft.com/france/athome/security/protect/windows9x/firewall.mspx.

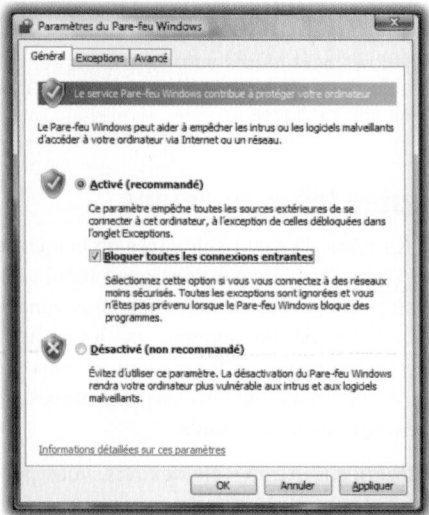

▲ Figure 17.11 : *Blocage de toutes les connexions entrantes*

17.4 Windows Defender

Le rôle de Windows Defender se limite à protéger individuellement les machines contre les spywares. Un des points positifs de Windows Defender est qu'il fonctionne avec un service nommé Windows Defender (quoi de plus logique), et ce service fonctionne avec l'autorité LocalSystem. Il sera en charge de faire le nettoyage. L'avantage est que si un utilisateur n'est pas administrateur de l'ordinateur, il pourra quand même déclencher des actions de nettoyage, y compris si ces actions impliquent le fait d'être administrateur. Windows Defender assure deux fonctions.

remarque

Information sur Windows Defender

Pour plus d'informations sur Windows Defender et les options de support disponibles, visitez le site
`http://www.microsoft.com/france/technet/produits/windowsvista`
`/security/windfndr.mspx`.

Exécuter Windows Defender

Pour lancer Windows Defender, procédez comme suit :

1. Cliquez sur le logo **Windows Vista** (anciennement le menu **Démarrer**) puis sur **Panneau de configuration**.

2. Sélectionnez l'icône *Sécurité*.

3. Cliquez sur l'icône *Windows Defender*.

Pour que Windows Defender soit efficace, il est nécessaire de mettre les signatures à jour. Cela lui permet de connaître la liste des derniers spywares sortis. Pour mettre à jour la liste des signatures, procédez comme suit :

1. Sélectionnez le menu **Démarrer**.

2. Cliquez sur **Tous les programmes**.

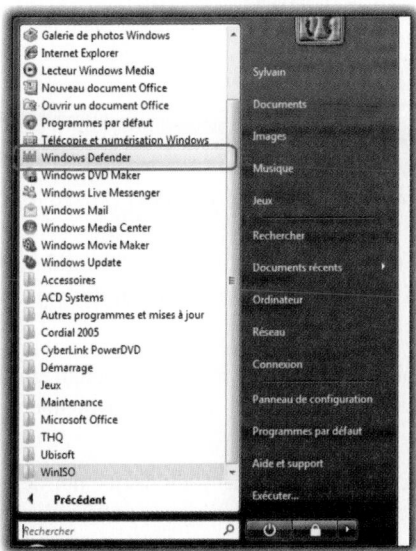

▲ Figure 17.12 : *Lancement de Windows Defender depuis le menu Démarrer*

3. Sélectionnez **Windows Defender**. Lorsque le logiciel se lance, vous arrivez sur la page d'accueil. C'est à partir de celle-ci qu'il est possible de mettre les signatures à jour. Cliquez **Rechercher maintenant les mises à jour**.

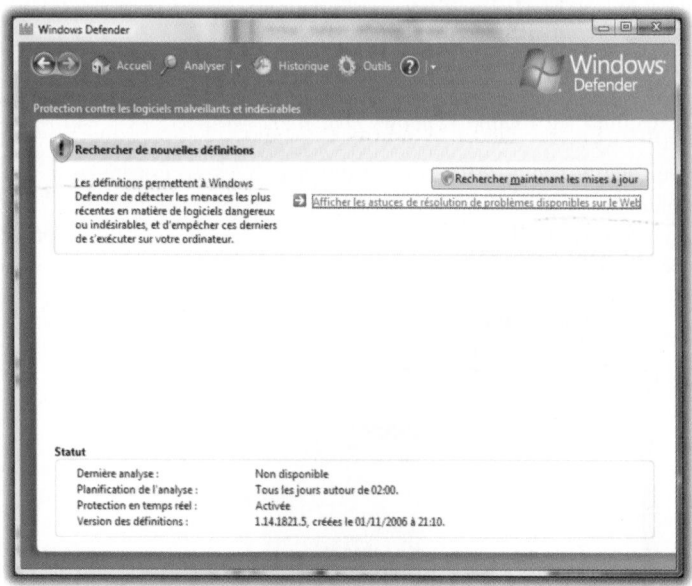

▲ Figure 17.13 : *Page d'accueil de Windows Defender*

4. Le contrôle du compte utilisateur vous demande de valider votre action : cliquez sur **Continuer**. Une fois la mise à jour des signatures effectuée, le petit bouclier repasse en vert.

Malgré le fonctionnement d'analyse en temps réel, il est recommandé de lancer régulièrement des analyses. Pour cela, Windows Defender vous propose trois types d'analyse :

■ **Analyse rapide**. Elle vérifie les emplacements du disque dur de votre ordinateur qu'un logiciel espion ou tout autre logiciel indésirable est le plus susceptible d'infecter.

■ **Analyse complète**. Elle vérifie l'ensemble de vos données.

■ **Analyse des fichiers et des dossiers sélectionnés**. Elle vous permet de sélectionner uniquement les fichiers ou les emplacements que vous souhaitez analyser.

17.5 Lancer une analyse

Pour lancer une analyse de Windows Defender, procédez comme suit :

1. Sélectionnez le menu **Démarrer** puis cliquez sur **Tous les programmes**. Ensuite, lancez **Windows Defender**.

2. Si vous souhaitez démarrer une analyse rapide, cliquez sur **Analyse**, sinon sélectionnez le type d'analyse que vous désirez puis cliquez sur **Analyser maintenant**.

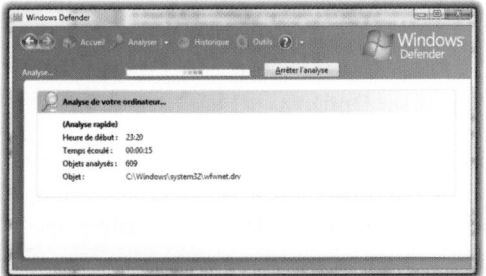

◄ Figure 17.14 :

3. À la fin de l'analyse, un statut (status) rapide est effectué.

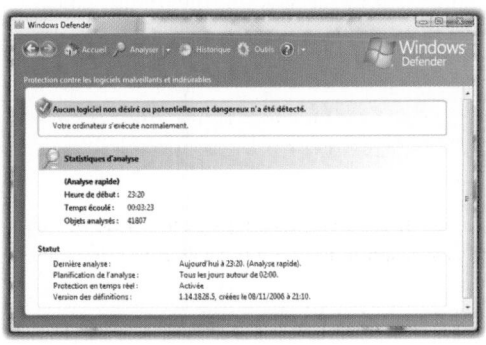

◄ Figure 17.15 :
Statut de l'analyse

Planifier une analyse

Cependant, si vous souhaitez automatiser le lancement des analyses, Windows Defender vous propose un planificateur de tâches. Il fonctionne à partir de trois critères :

- la fréquence ;
- l'heure d'exécution ;
- le type d'analyse.

Pour planifier une analyse de Windows Defender, procédez comme suit :

1. Cliquez sur le logo **Windows Vista** (anciennement le menu **Démarrer**) puis sur **Panneau de configuration**.

2. Sélectionnez l'icône *Sécurité*.

3. Cliquez sur l'icône *Windows Defender*.

4. Cliquez sur **Outils**, puis sur **Options**.

5. Sous **Analyse automatique**, activez la case à cocher *Analyser automatiquement mon ordinateur (recommandé)*, puis définissez la fréquence, l'heure de la journée et le type d'analyse que vous souhaitez.

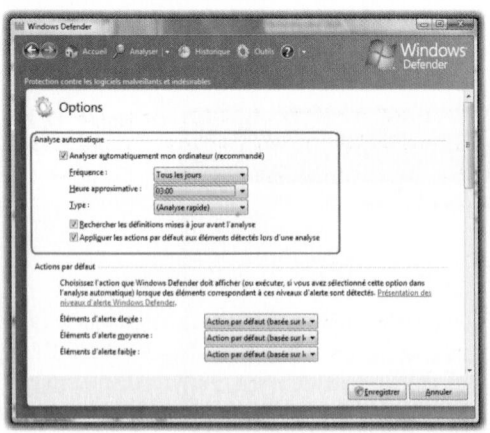

◄ Figure 17.16 :
Paramétrage de l'analyse automatique

6. Pour supprimer automatiquement les logiciels espions et autres logiciels indésirables, activez la case à cocher *Appliquer les actions par défaut aux éléments détectés lors d'une analyse*.

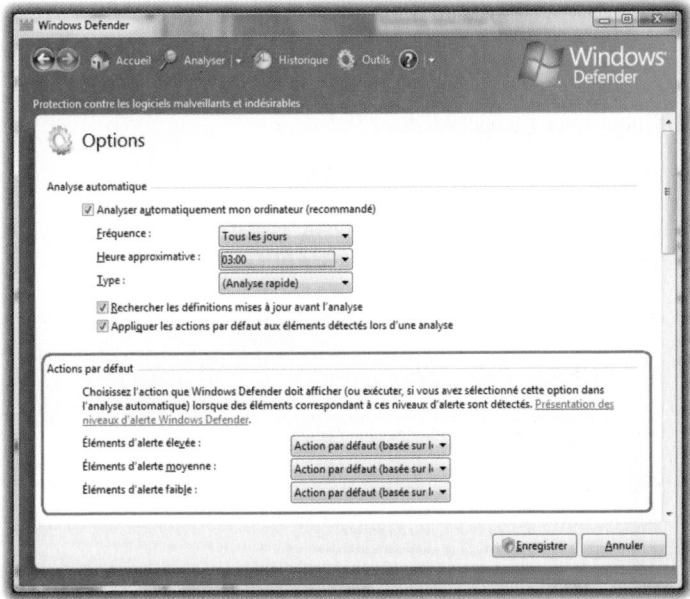

▲ Figure 17.17 : *Paramétrage des actions par défaut*

7. Sous **Actions par défaut**, sélectionnez l'action à réaliser en fonction de chacune des alertes émises par Windows Defender, puis cliquez sur **Enregistrer**. Si vous êtes invité à fournir un mot de passe administrateur ou une confirmation, fournissez le mot de passe ou la confirmation.

Désactiver l'analyse en temps réel

Il peut arriver que, pour diverses raisons, vous ayez besoin de désactiver quelques instants l'analyse en temps réel. Cette désactivation n'est pas définitive et ne nécessite pas un redémarrage de Windows Vista. Il est important de noter également que l'analyse peut se réactiver aussi facilement qu'elle a été désactivée.

Pour désactiver ou activer la protection en temps réel de Windows Defender, procédez comme suit :

1. Cliquez sur le logo **Windows Vista** (anciennement le menu **Démarrer**) puis sur **Panneau de configuration**.

2. Sélectionnez l'icône *Sécurité*.

3. Cliquez sur l'icône *Windows Defender*.

4. Cliquez sur **Outils**, puis sur **Options**.

5. Sous **Options de protection en temps réel**, activez la case à cocher *Utiliser la protection en temps réel (recommandé)*.

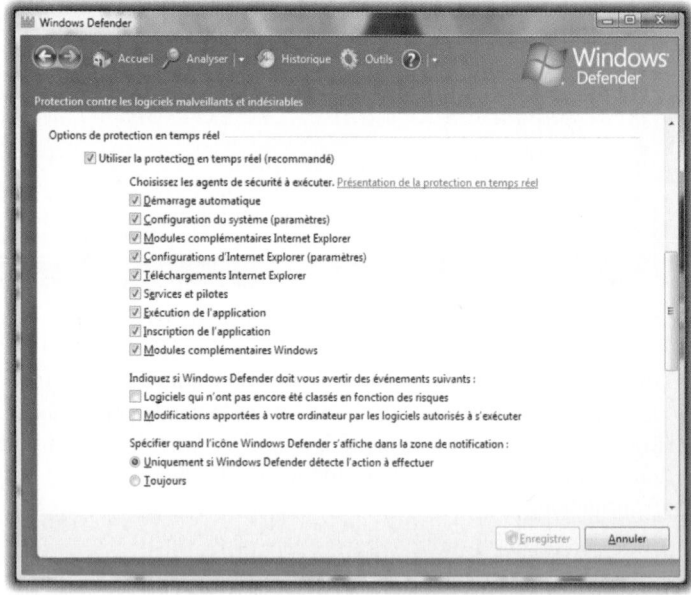

▲ Figure 17.18 : *Sélection des options d'analyse en temps réel*

6. Sélectionnez les options voulues. Pour préserver vos données personnelles et protéger votre ordinateur, il est recommandé de sélectionner toutes les options de protection en temps réel.

7. Sous **Indiquez si Windows Defender doit vous avertir des événements suivants**, sélectionnez les options requises, puis cliquez sur **Enregistrer**.

Consulter l'historique

Vous pouvez, si vous le souhaitez, activer l'historique de Windows Defender, car il conserve la trace d'un grand nombre d'actions. Pour afficher l'historique de Windows Defender, procédez de la façon suivante :

1. Sélectionnez le menu **Démarrer** puis cliquez sur **Tous les programmes**. Ensuite, lancez **Windows Defender**.

2. Cliquez sur **Historique**.

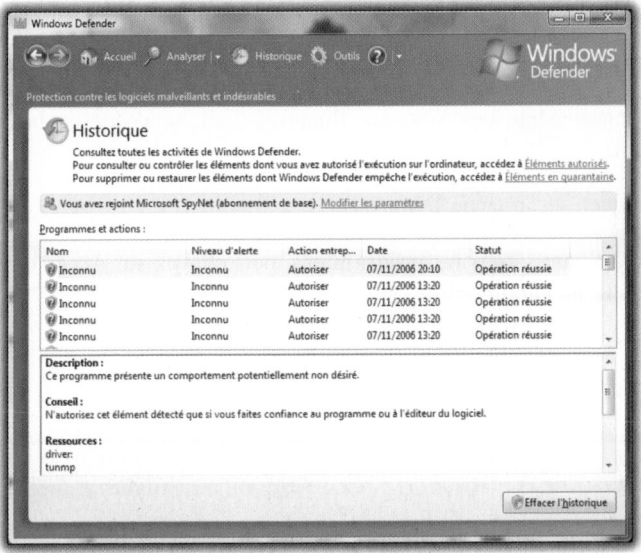

▲ Figure 17.19 : *Historique de Windows Defender*

3. Pour supprimer tous les éléments de la liste, cliquez sur **Effacer l'historique**. Si vous êtes invité à fournir un mot de passe administrateur ou une confirmation, fournissez le mot de passe ou la confirmation.

Protection en temps réel

Windows Defender émet une alerte lorsque des logiciels espions ou autres programmes indésirables tentent de s'installer ou de s'exécuter sur votre ordinateur. Une alerte est également émise si des programmes tentent de modifier des paramètres importants de Windows.

17.6 Malicious Software Removal Tool

Malicious Software Removal Tool est un outil de nettoyage. Il ne remplace en rien un antivirus mais permet de détecter un grand nombre de logiciels malveillants. La liste de logiciels malveillants est régulièrement mise à jour par Microsoft.

Lancer Malicious Software Removal Tool

Pour lancer Malicious Software Removal Tool, procédez de la façon suivante :

1. Cliquez sur le menu **Démarrer**.

2. Sélectionnez **Tous les programmes**, puis cliquez sur **Accessoires** et **Invite de commandes**.

3. À l'ouverture de l'**Invite de commandes**, tapez mrt puis appuyez sur Entrée.

▲ Figure 17.20 : *Invite de commandes*

Créer un raccourci sur le bureau

La façon de lancer l'utilitaire Malicious Software Removal Tool par le biais de l'**Invite de commandes** fonctionne, mais cependant cette méthode reste davantage liée aux entreprises par les options ainsi offertes.

Si vous souhaitez connaître les possibilités d'utilisation de Malicious Software Removal Tool, procédez de la façon suivante :

1. Cliquez sur le menu **Démarrer**.

2. Sélectionnez **Tous les programmes**, puis cliquez sur **Accessoires** et **Invite de commandes**.

3. À l'ouverture de l'**Invite de commandes**, tapez mrt /? puis appuyez sur ⌈Entrée⌋.

4. Dans la fenêtre **Contrôle du compte utilisateur**, cliquez sur **Continuer**. Les différentes façons de lancer l'outil apparaissent dans la fenêtre **Outil de suppression de logiciels malveillants**.

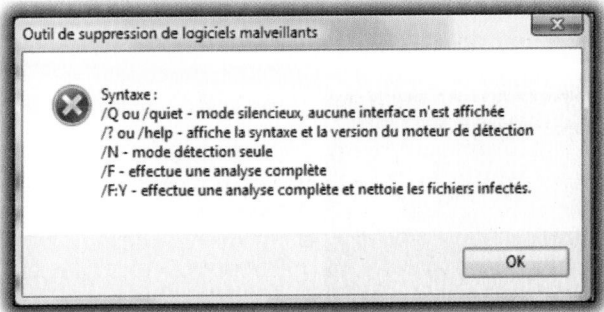

▲ Figure 17.21 : *Options d'utilisation*

Vous pouvez tout aussi bien utiliser Malicious Software Removal Tool en créant un raccourci sur le bureau. Pour cela, procédez de la façon suivante :

1. Cliquez avec le bouton droit de la souris sur le Bureau.

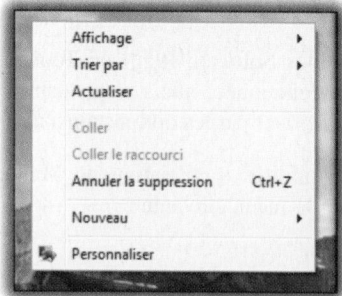

◄ Figure 17.22 :
Menu contextuel

2. Cliquez sur **Nouveau**, puis **Raccourci**.

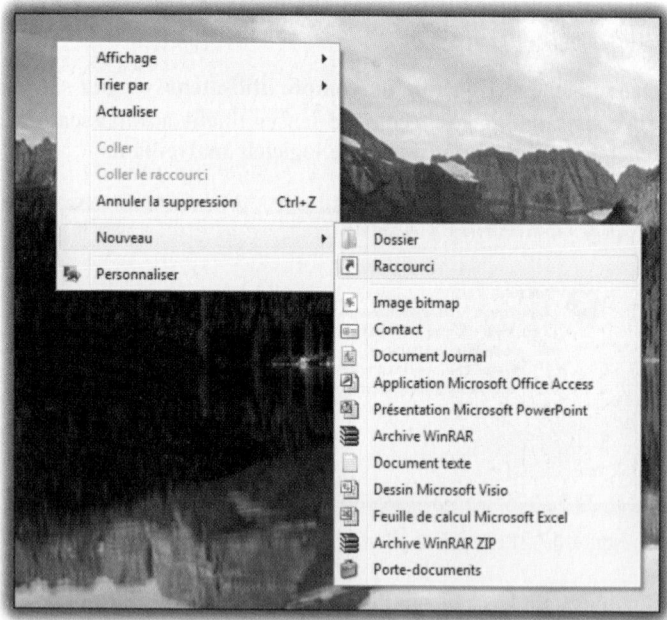

▲ Figure 17.23 : *Sélection de l'option de raccourci*

3. Dans le champ *Entrez l'emplacement de l'élément* de la fenêtre **Créer un raccourci**, tapez mrt puis cliquez sur **Suivant**.

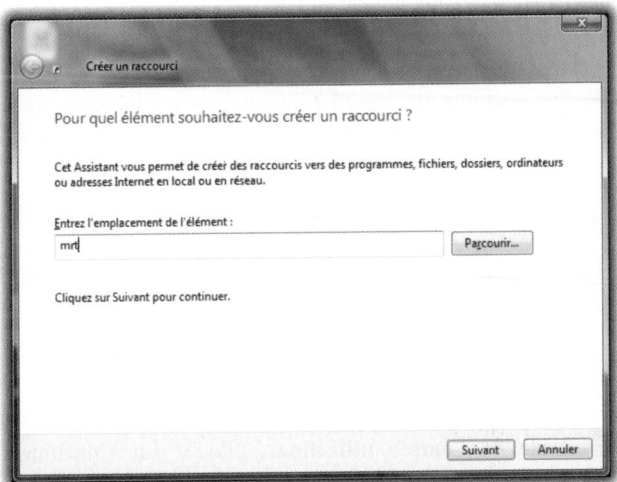

▲ Figure 17.24 : *Fenêtre de création du raccourci*

4. Dans la fenêtre **Comment souhaitez-vous nommer ce raccourci**, laissez mrt et cliquez sur **Terminer**. Le raccourci apparaît sur le Bureau.

◄ Figure 17.25 :
*Raccourci du logiciel Malicious
Software Removal Tool*

Vérifier les mises à jour

Si vous souhaitez connaître le mois de mises à jour du moteur de Malicious Software Removal Tool à l'**Invite de commandes**, tapez mrt / ?

```
Microsoft Windows [version 6.0.5744]
Copyright (c) 2006 Microsoft Corporation. Tous droits réservés.

C:\Users\Sylvain>mrt /?
```

Consulter la liste des logiciels malveillants

Si vous désirez connaître la liste des logiciels malveillants, l'utilitaire vous offre la possibilité de regarder la totalité des logiciels qu'il est capable de reconnaître et supprimer. Pour consulter cette liste, procédez de la façon suivante :

1. Cliquez sur le menu **Démarrer**.

2. Sélectionnez **Tous les programmes**, puis cliquez sur **Accessoires** et **Invites de commandes**.

3. À l'ouverture de l'**Invite de commandes**, tapez mrt puis appuyez sur [Entrée].

4. Au **Contrôle du compte utilisateur**, cliquez sur **Continuer**. La fenêtre **Outil de suppression de logiciels malveillants Microsoft Windows - Le mois de la dernière mise à jour** apparaît. Cliquez sur **Affichez la liste des logiciels malveillants que cet outil peut détecter et supprimer**.

▲ Figure 17.26 : *Fenêtre d'Outil de suppression de logiciels malveillants Microsoft Windows*

Consulter des informations sur un logiciel malveillant

Pour avoir des informations sur un logiciel malveillant détecté par l'outil, procédez de la manière suivante :

1. Lancez Windows Defender depuis votre raccourci par exemple.

2. Au **Contrôle du compte utilisateur**, cliquez sur **Continuer**. La fenêtre **Outil de suppression de logiciels malveillants Microsoft Windows - Le mois de la dernière mise à jour** apparaît. Cliquez sur **Affichez la liste des logiciels malveillants que cet outil peut détecter et supprimer**.

3. Dans la fenêtre **Outil de suppression de logiciels malveillants**, sélectionnez le nom de votre choix et double-cliquez dessus. Une page Internet s'affiche avec les informations concernant le logiciel.

Cette page vous informe de la date de découverte, des variantes que le logiciel possède ainsi que de son niveau de sécurité.

Des informations plus techniques indiquent les parties de la base de registre que le logiciel a infectées :

```
HKEY_LOCAL_MACHINE\Software\Microsoft\Windows\CurrentVersion\Run
HKEY_CURRENT_USER\Software\Microsoft\Windows\CurrentVersion\Run
HKEY_CURRENT_USER\CLSID\{E6FB5E20-DE35-11CF-9C87-00AA005127ED}
>< \InProcServer32
HKEY_CURRENT_USER\CLSID\{35CEC8A3-2BE6-11D2-8773-92E220524153}
>< \InProcServer32
```

Programme antilogiciels espions

remarque

Si vous souhaitez obtenir plus d'informations sur les logiciels anti-espions, consultez l'adresse Internet suivante : http://www .microsoft.com/france/securite/gpublic/protect/windowsxpsp2 /antispy.mspx.

17.7 Windows Update

Comme nous avons pu le voir en introduction dans ce chapitre, il se peut que votre ordinateur soit sécurisé à un certain moment mais que quelques semaines plus tard, des failles de sécurité soient détectées. À partir de cet instant, votre ordinateur court de nouveau des risques. Pour mettre de nouveau votre ordinateur en conformité, Microsoft met gratuitement à disposition des correctifs. Pour se procurer les mises à jour, vous devez utiliser Windows Update.

Lancer Windows Update

Pour lancer Windows Update, vous pouvez utiliser les deux façons suivantes :

1. Cliquez sur **Démarrer**, puis **Tous les programmes** et sélectionnez **Windows Update**.

2. Cliquez sur **Démarrer**, puis **Panneau de configuration** et sélectionnez **Windows Update**.

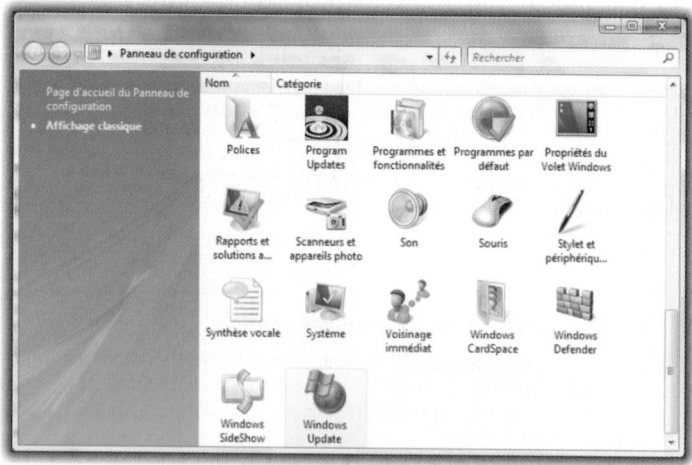

▲ Figure 17.27 : *Windows Update depuis le panneau de configuration*

Comment savoir si mon ordinateur est à jour ?

Nous savons à présent qu'il est nécessaire de s'informer sur le niveau de mise à jour de Windows. Voyons comment procéder. Dans un premier temps, vous devez disposer d'une connexion Internet puis vous devez vous connecter à Windows Update. Pour cela, procédez ainsi :

1. Cliquez sur **Démarrer**, puis **Tous les programmes** et sélectionnez **Windows Update**.

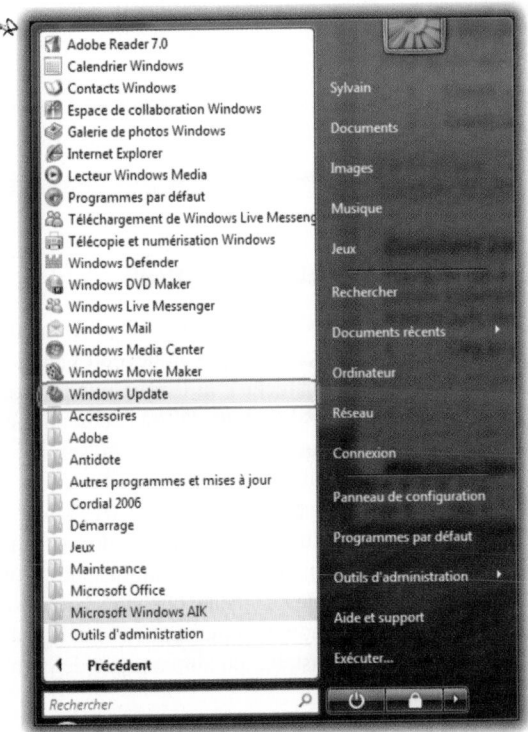

▲ Figure 17.28 : *Windows Update*

2. Dans le volet gauche de **Windows Update**, sélectionnez **Rechercher les mises à jour**.

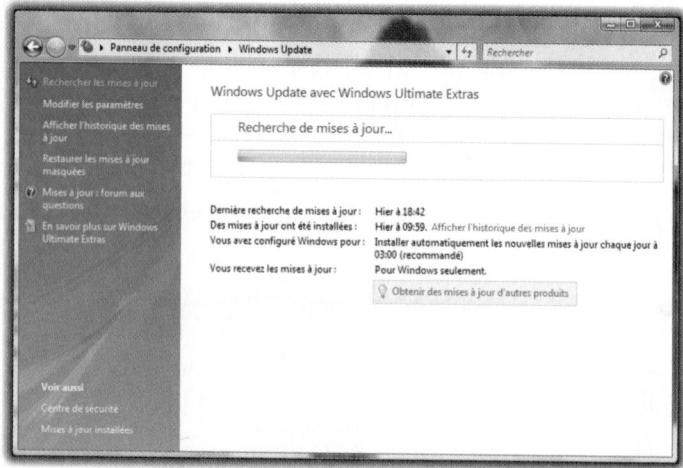

▲ Figure 17.29 : *Recherche de mises à jour*

Effectuer des mises à jour automatiques

Nous avons vu précédemment que nous devions mettre régulièrement à jour notre ordinateur. Cependant, cela peut rapidement devenir une tâche fastidieuse, ou nous pouvons tout simplement à la longue oublier de le faire. Pour répondre à ce problème, Windows Vista vous propose d'effectuer des mises à jour automatiquement. Avec les mises à jour automatiques, il n'est plus nécessaire de rechercher des mises à jour en ligne ou de se préoccuper des correctifs critiques de Windows qui pourraient éventuellement faire défaut sur l'ordinateur. Windows recherche automatiquement les mises à jour les plus récentes pour votre ordinateur. Selon les paramètres de Windows Update que vous choisissez, Windows peut installer les mises à jour automatiquement ou vous signaler leur mise à disposition. Pour activer l'installation automatique de correctifs, procédez de la façon suivante :

1. Cliquez sur **Démarrer**, puis **Tous les programmes** et sélectionnez **Windows Update**.

2. Dans le volet gauche de **Windows Update**, sélectionnez **Modifier les paramètres**.

3. Dans la fenêtre **Choisissez comment Windows installe les mises à jour**, vérifiez que la case *Installer les mises à jour automatiquement* soit sélectionnée, sinon activez-la.

4. Cliquez sur OK.

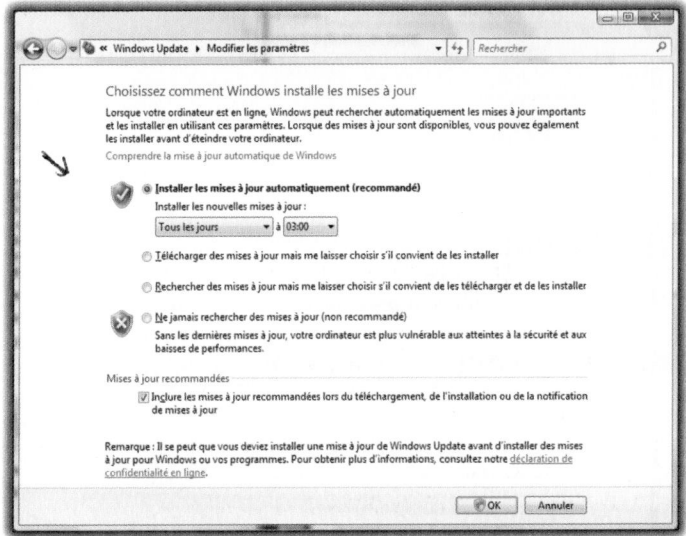

▲ Figure 17.30 : *Activer la mise à jour automatique des correctifs*

Modifier vos paramètres

Pour modifier les paramètres et les mises à jour automatiquement, procédez comme suit :

1. Cliquez sur **Démarrer**, puis **Tous les programmes** et sélectionnez **Windows Update**.

2. Dans le volet gauche de **Windows Update**, sélectionnez **Modifier les paramètres**.

3. Dans la fenêtre **Choisissez comment Windows installe les mises à jour**, choisissez la fréquence des mises à jour puis cliquez sur OK.

Dans les paramètres modifiables, vous avez trois cases d'option :

- *Installer les nouvelles mises à jour* ;
- *Télécharger des mises à jour mais me laisser choisir s'il convient de les installer* ;
- *Rechercher des mises à jour mais me laisser choisir s'il convient de les télécharger et de les installer.*

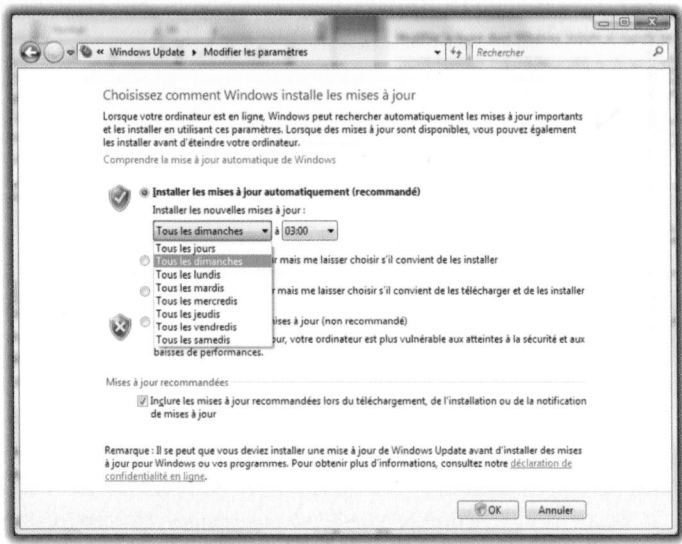

▲ Figure 17.31 : *Option Installer les nouvelles mises à jour*

Cette option permet de modifier le jour et l'heure auxquels Windows Vista va contrôler la disponibilité des nouvelles mises à jour.

Désactiver les mises à jour automatiques

Si vous souhaitez désactiver la mise à jour automatique des correctifs, procédez comme suit :

1. Cliquez sur **Démarrer**, puis **Tous les programmes** et sélectionnez **Windows Update**.

2. Dans le volet gauche de **Windows Update**, sélectionnez **Modifier les paramètres**.

3. Dans la fenêtre **Choisissez comment Windows installe les mises à jour**, sélectionnez la case *Ne jamais rechercher des mises à jour (non recommandé)*.

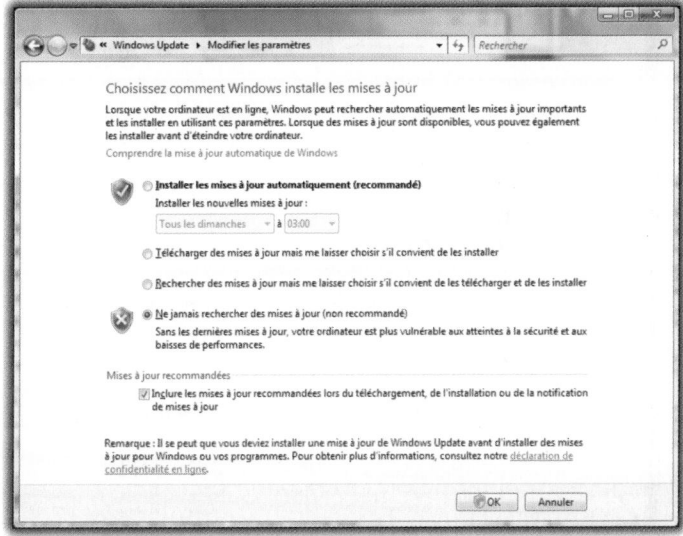

▲ Figure 17.32 : *Désactiver les mises à jour*

4. Cliquez sur OK.

Consulter la liste des mises à jour installées

Pour diverses raisons, il arrive que nous ayons besoin de vérifier la liste des mises à jour qui sont installées sur notre ordinateur. Si cela devait être votre cas, procédez de la façon suivante :

1. Cliquez sur **Démarrer**, puis **Tous les programmes** et sélectionnez **Windows Update**.

2. En bas du volet droit de la fenêtre **Windows Update** se trouve un résumé concernant Windows Update.

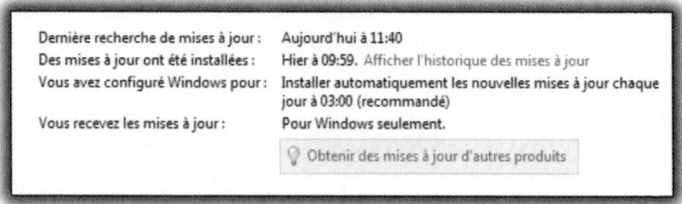

▲ Figure 17.33 : *Résumé sur l'utilisation de Windows Update*

3. Dans le champ *Des mises à jour ont été installées*, cliquez sur **Afficher l'historique des mises à jour**.

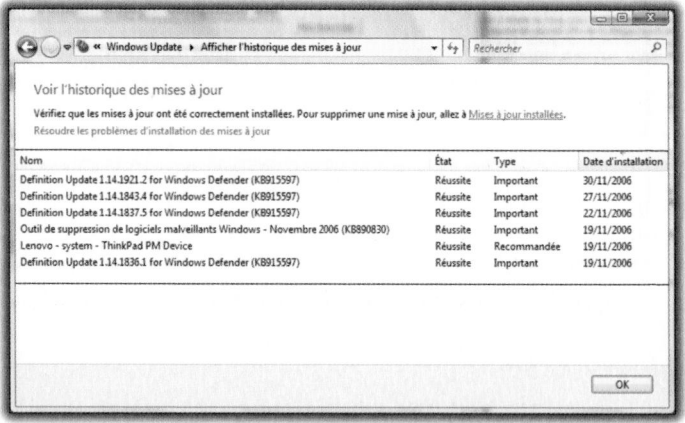

▲ Figure 17.34 : *Historique des mises à jour installées*

17.8 Analyser son ordinateur depuis Internet

Internet est de plus en plus présent puisque plus d'un ordinateur sur deux possède une connexion. De ce fait, il paraît logique que l'on puisse étendre les possibilités d'utiliser des services jusqu'à Internet : c'est le cas pour la sécurité et Microsoft propose en ce sens des services d'analyse de votre ordinateur. Ce service de sécurité est gratuit et est mis à jour de manière régulière.

Pour utiliser le service de sécurité Internet, procédez ainsi :

1. Cliquez sur **Démarrer**, puis sur **Internet Explorer**.

2. Une fois **Internet Explorer** lancé, tapez http://safety.live.com/ site/fr-FR/center/howsafe.htm dans la barre d'adresses, puis appuyez sur [Entrée].

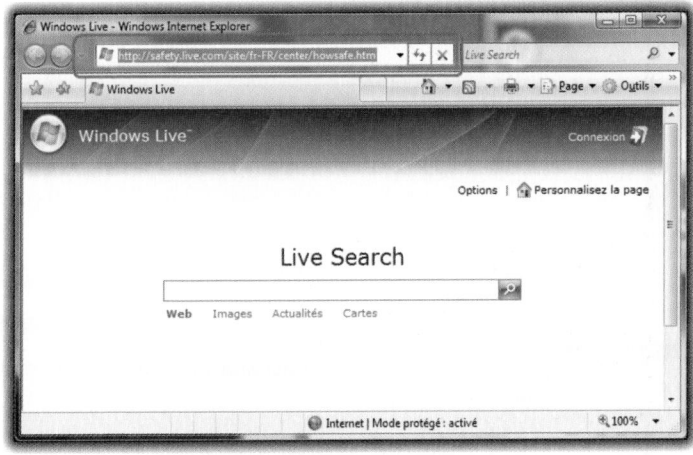

▲ Figure 17.35 : *Fenêtre d'adresses d'Internet Explorer*

3. La page **Windows Live OneCare** s'ouvre. Cliquez sur **Analyse Antivirus** (voir Figure 17.36).

4. Dans la fenêtre **Scanner de sécurité Windows Live OneCare**, cliquez sur **Lancer une analyse complète pour Vista**.

5. Dans la fenêtre **Accord de service**, lisez les accords et cliquez sur **Accepter**.

6. Cliquez sur **Installer maintenant**.

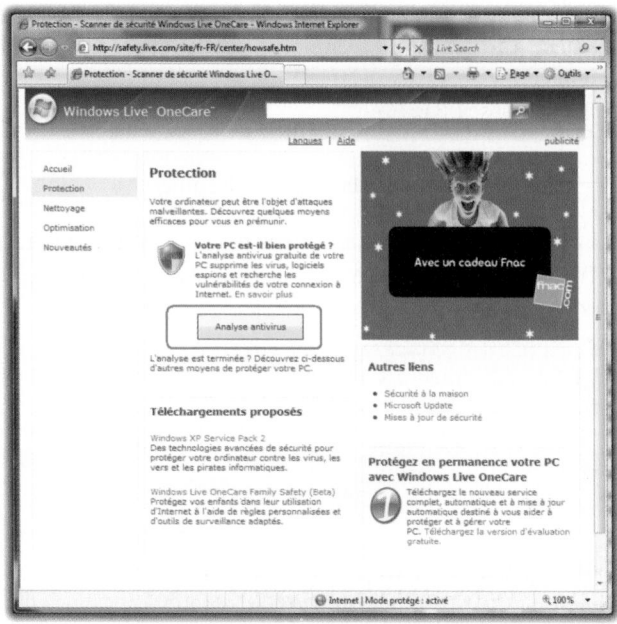

▲ Figure 17.36 : *Lancer l'analyse antivirus*

7. Dans **Installateur de modules complémentaires Internet Explorer**, cliquez sur **Installer**.

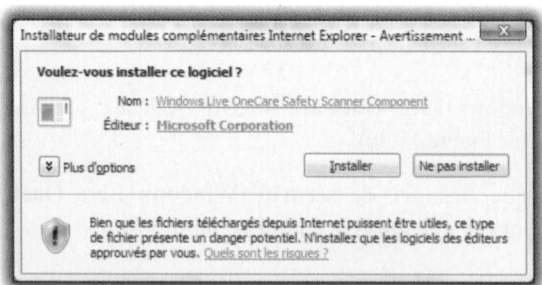

▲ Figure 17.37 : *Démarrer l'installation de l'antivirus*

8. Cliquez sur **Lancer** pour démarrer l'analyse antivirale.

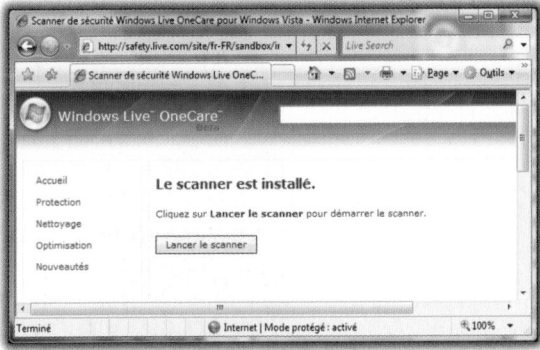

▲ Figure 17.38 : *Lancer le scanner*

9. Sélectionnez le type d'analyse et cliquez sur **Suivant**.

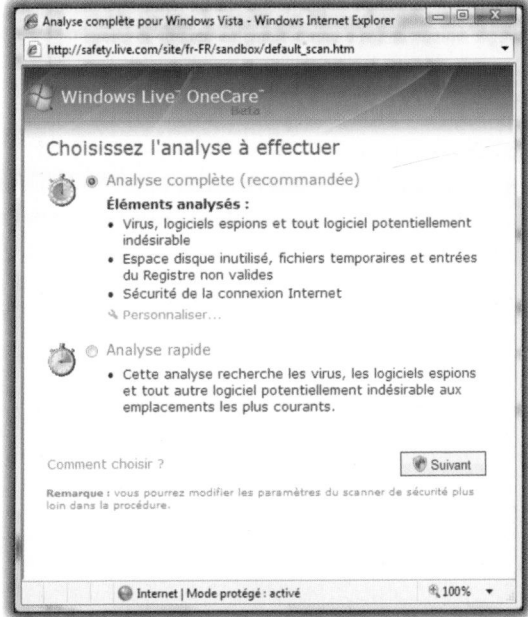

▲ Figure 17.39 : *Choisir l'analyse à effectuer*

18

Performance
et
surveillance

La mesure des performances de son ordinateur reste un élément qui permet de se préserver de bien des mauvaises surprises. Le simple fait de pouvoir évaluer son matériel et lui attribuer un score qui s'inscrit dans une échelle de mesure commune va offrir la possibilité d'acquérir des programmes compatibles avec les performances de votre ordinateur. Il concerne uniquement les performances de l'ordinateur qui affectent l'exécution des fonctionnalités dans Windows et d'autres programmes sur votre ordinateur. Cependant, les composants matériels individuels, comme l'unité centrale et la mémoire vive (RAM), sont testés et reçoivent un sous-score. Le score de base de votre ordinateur est déterminé par le sous-score inférieur.

Prenons l'exemple de l'évaluation des jeux disponibles dans Windows Vista.

1. Cliquez sur le menu **Démarrer**, puis sur **Tous les programmes**. Dans **Jeux**, sélectionnez **Explorateur des jeux**.

2. Sélectionnez le jeu *Échecs Titans*. Vous trouverez trois notes dans la fenêtre de droite :
   - la classification recommandée du jeu ;
   - la classification requise pour le jeu ;
   - la classification du système actuel.

▲ Figure 18.1 : *Connaître le score demandé pour le bon fonctionnement d'un programme*

> **Information sur le score d'un programme**
>
> Même si l'exemple que nous venons de citer porte sur des programmes de jeux, rien n'empêche d'imaginer que par la suite ce mode de fonctionnement puisse se répandre dans l'entreprise et dans les logiciels des éditeurs tierces.

18.1 Évaluer les performances de votre ordinateur

Pour évaluer les performances de votre ordinateur, procédez comme suit :

1. Cliquez sur le menu **Démarrer** puis sur **Panneau de configuration**.

2. Sélectionnez l'icône *Système*.

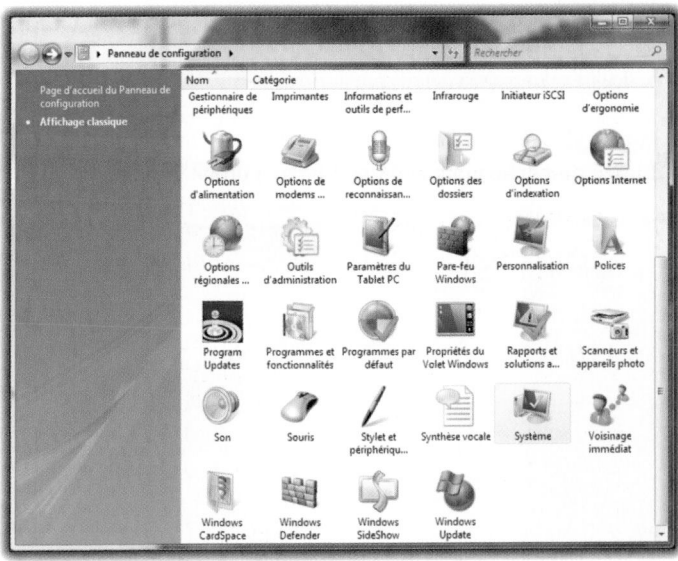

▲ Figure 18.2 : *Icône Système du panneau de configuration*

3. Dans la partie **Système** de la fenêtre **Informations système générales** se trouve la note de votre ordinateur. Les informations indiquent le score de base de votre ordinateur, qui correspond aux performances et à la capacité globale du matériel.

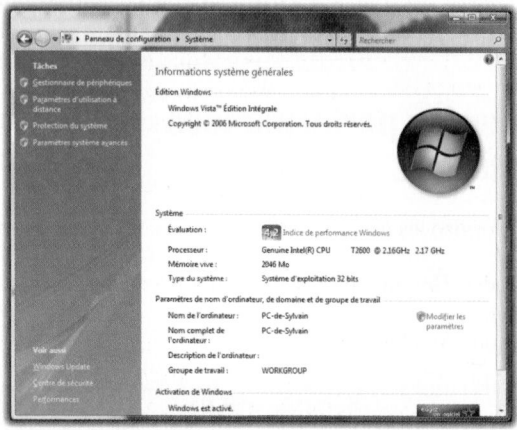

▲ Figure 18.3 : *Note globale de l'ordinateur*

4. Pour connaître les sous-scores de tous vos composants, cliquez sur **Indice de performance** qui se trouve à droite de votre score global.

▲ Figure 18.4 : *Score global et sous-score de l'ordinateur*

Voici quelques descriptions générales provenant de l'aide Microsoft sur les types d'expériences auxquelles vous pouvez être confronté sur un ordinateur qui reçoit les scores de base suivants :

■ Un ordinateur dont le score de base est 1 ou 2 présente généralement des performances suffisantes pour effectuer des tâches informatiques générales, notamment l'exécution d'applications de productivité d'entreprise et la recherche sur Internet. Cependant, un ordinateur qui présente ce score de base n'est généralement pas assez puissant pour exécuter Aero de Windows ou des expériences multimédias avancées disponibles dans Windows Vista.

■ Un ordinateur dont le score de base est 3 peut exécuter Aero de Windows et de nombreuses fonctionnalités de Windows Vista à un niveau de base. Il est possible que certaines des nouvelles fonctionnalités avancées de Windows Vista ne soient pas disponibles. Ainsi, une machine dont le score de base est 3 peut afficher le thème Windows Vista à une résolution de 1 280 × 1 024, mais risque d'avoir des difficultés pour exécuter le thème sur plusieurs moniteurs. De même, la machine peut lire du contenu de télévision numérique, mais aurait des problèmes pour lire du contenu HDTV (télévision haute définition).

■ Un ordinateur dont le score de base est 4 ou 5 peut exécuter toutes les nouvelles fonctionnalités de Windows Vista dans leur intégralité, et peut prendre en charge des expériences qui sollicitent beaucoup de graphiques de grande taille, tels qu'un jeu multijoueurs en 3D, et un enregistrement et lecture de contenu HDTV. Les ordinateurs dont le score de base est 5 sont les ordinateurs les plus performants disponibles au moment de la mise sur le marché de Windows Vista.

Score et évolution de matériel

L'évaluation des scores est conçue pour prendre en charge les améliorations de la technologie informatique. Au fur et à mesure que les performances et la vitesse du matériel s'améliorent, des scores de base plus élevés seront introduits. Cependant, les normes pour chaque niveau d'index restent identiques. Par exemple, le score d'un ordinateur reste 2,8, sauf si vous décidez de mettre à niveau le matériel.

Mettre son score à jour

Malgré le score que peut vous remonter votre ordinateur, celui-ci n'est pas éternel. Il peut arriver parfois que l'on souhaite mettre à niveau son ordinateur au regard de la carte graphique par exemple. Une fois cette mise à niveau réalisée, vous pouvez recalculer le score de votre ordinateur en procédant de la manière suivante :

1. Cliquez sur le menu **Démarrer** puis sur **Panneau de configuration**.

2. Sélectionnez l'icône *Système*.

3. Dans la partie **Système** de la fenêtre **Informations système générales**, cliquez sur **Indice de performance**.

4. Sélectionnez **Mettre mon score à jour**.

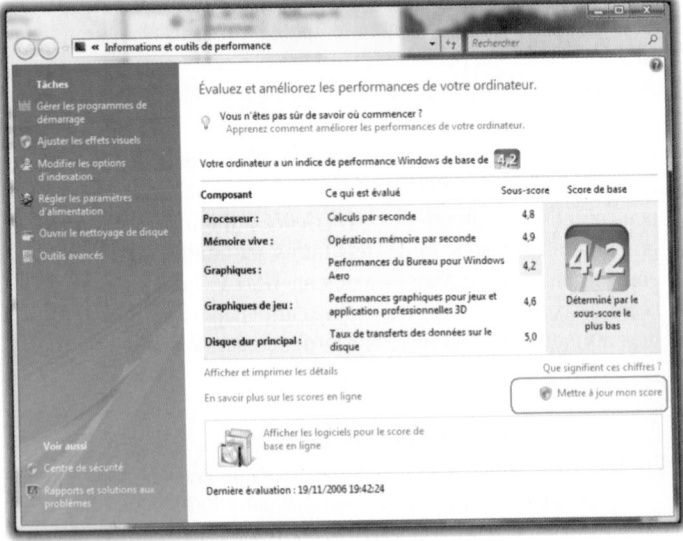

▲ Figure 18.5 : *Mettre votre score à jour*

5. Dans la fenêtre **Contrôle du compte utilisateur**, cliquez sur **Continuer**. Le fait de calculer de nouveau votre score peut prendre quelques minutes car Windows Vista repasse plusieurs tests sur votre ordinateur.

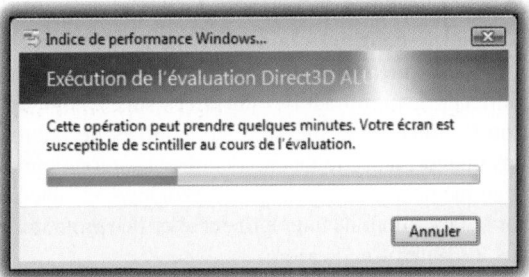

▲ Figure 18.6 : *Recalculer le score de l'ordinateur*

Une fois le test terminé, votre nouveau score est inscrit.

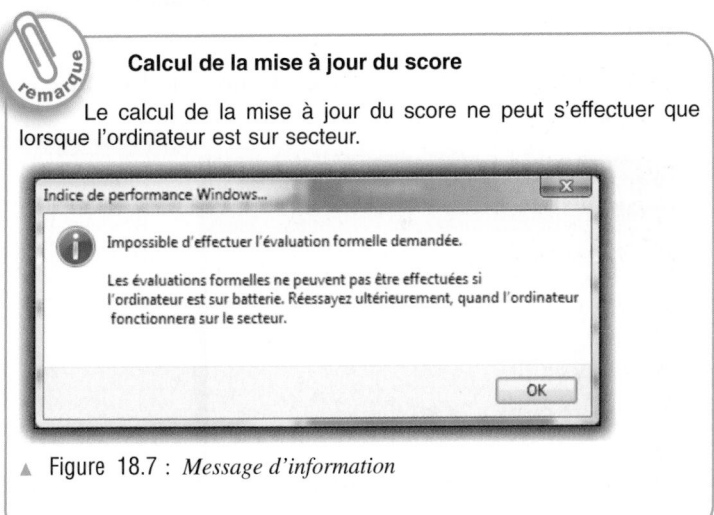

Calcul de la mise à jour du score

Le calcul de la mise à jour du score ne peut s'effectuer que lorsque l'ordinateur est sur secteur.

▲ Figure 18.7 : *Message d'information*

18.2 Gérer les programmes de démarrage

Un des critères de performances est le nombre de logiciels qui peuvent démarrer au lancement de Windows Vista : plus le nombre va être élevé, plus il va y avoir de mémoire consommée. Il arrive même que l'on se retrouve avec des logiciels démarrés alors qu'on ne le souhaitait même pas. Pour cela, utilisez l'**Explorateur de logiciels** de Windows Defender : il vous permet d'afficher des informations détaillées sur les logiciels qui s'exécutent sur votre ordinateur et qui sont susceptibles de réduire ses performances. Vous pouvez, de cette façon, identifier les programmes qui s'exécutent automatiquement au démarrage de Windows et obtenir des renseignements sur la façon dont ils interagissent avec des programmes et services importants de Windows.

Pour accéder aux informations des programmes de démarrage, procédez comme suit :

1. Cliquez sur le menu **Démarrer**, sur **Tous les programmes** puis sur **Windows Defender**.

2. Dans la page d'accueil, sélectionnez **Outils** puis **Explorateur de logiciels**.

◄ Figure 18.8 :
Menu Outils de Windows Defender

3. Dans la liste **Catégorie**, sélectionnez le type de logiciel à surveiller.

4. Si jamais ce programme ou un autre venait à vraiment ralentir les performances liées à Internet, vous avez la possibilité de bloquer les connexions entrantes liées au programme. Pour cela, cliquez sur **Bloquez les connexions entrantes**.

▲ Figure 18.9 : *Blocage des connexions entrantes d'un programme*

Par définition, l'**Explorateur de logiciels** vous aide à surveiller les quatre points suivants :

■ les programmes de démarrage : programmes qui s'exécutent automatiquement, à votre insu ou non, au démarrage de Windows ;

■ les programmes actifs : programmes qui s'exécutent actuellement à l'écran ou en arrière-plan ;

■ les programmes connectés au réseau : programmes ou processus capables de se connecter à Internet ou à votre réseau domestique ou professionnel ;

■ les fournisseurs de service Winsock : programmes qui assurent des services de mise en réseau et de communication de bas niveau pour Windows et programmes qui s'exécutent sous Windows. Ces programmes accèdent souvent à d'importantes zones du système d'exploitation.

18.3 Ajuster les paramètres visuels

Un paramètre qui peut également influencer les performances de votre ordinateur est le réglage des effets visuels. Windows Vista propose une interface graphique très agréable, mais qui, hélas, peut parfois porter préjudice aux performances. Pour éviter de rencontrer ce genre de désagrément, Windows Vista propose quatre possibilités de paramétrage :

■ *Laisser Windows choisir la meilleure configuration pour mon ordinateur ;*

■ *Ajuster afin d'obtenir la meilleure apparence ;*

■ *Ajuster afin d'obtenir la meilleure performance ;*

■ *Paramètres personnalisés.*

Pour ajuster les paramètres visuels, procédez comme suit :

1. Cliquez sur le menu **Démarrer** puis sur **Panneau de configuration**.

2. Sélectionnez l'icône *Système*.

3. Dans le volet gauche de la fenêtre **Informations système générales**, cliquez sur **Paramètres système avancés**.

4. Dans la fenêtre **Contrôle du compte utilisateur**, cliquez sur **Continuer**

5. Sélectionnez l'onglet **Paramètres système avancés** dans la fenêtre **Propriétés système**.

▲ Figure 18.10 : *Fenêtre de Paramètres système avancés*

6. Sous **Effets visuels, planification du processeur, utilisation de la mémoire et mémoire visuelle,** cliquez sur **Paramètre**.

7. Dans l'onglet **Effets visuels** de la fenêtre **Options de performances**, sélectionnez le réglage qui correspond à votre besoin, soit visuel, soit de performance et cliquez sur OK.

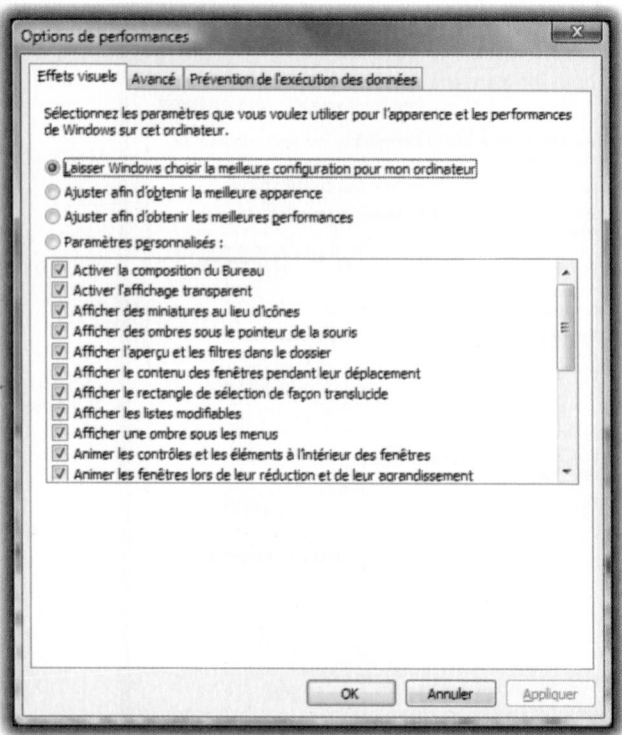

▲ Figure 18.11 : *Réglages des effets visuels*

18.4   Nettoyer le disque dur

Il arrive souvent que les ordinateurs soient de plus en plus encombrés par ce type de fichiers, et cela peut au fil du temps réduire les performances de votre machine. Pour remédier à ce problème, Windows Vista vous propose un outil de nettoyage du disque dur. Il supprime les fichiers inutiles ou temporaires du disque dur de votre ordinateur, ce qui vous permet d'augmenter l'espace de stockage disponible et retrouver de meilleures performances.

Pour nettoyer votre ordinateur des fichiers temporaires, procédez comme suit :

1. Cliquez sur le menu **Démarrer**, puis sur **Tous les programmes**. Dans **Accessoires**, sélectionnez **Outils système** puis cliquez sur **Nettoyage de disque**.

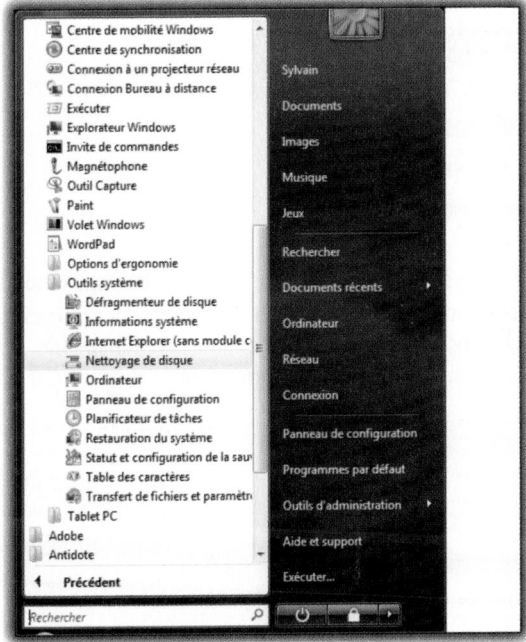

▲ Figure 18.12 : *Lancement de l'utilitaire de nettoyage de disque dur*

2. Dans la fenêtre **Options de nettoyage de lecteur**, sélectionnez **Les fichiers de tous les utilisateurs**.

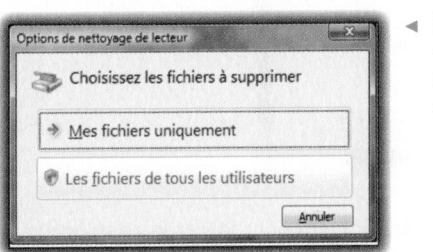

◄ Figure 18.13 :
Choix du nettoyage du disque

3. Cliquez sur **Continuer** dans la fenêtre de **Contrôle de l'utilisateur**.

4. Dans **Nettoyage de disque : Sélection du lecteur**, choisissez le disque que vous souhaitez nettoyer puis cliquez sur OK.

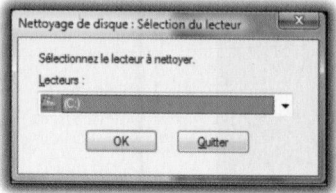

◀ Figure 18.14 :
*Choix du lecteur
à nettoyer*

5. Dans l'onglet **Nettoyage de disque** de la fenêtre **Nettoyage de disque pour (C :)**, sélectionnez les types de fichiers à supprimer puis cliquez sur OK. Il est important de remarquer que les fichiers de veille prolongée représentent un volume important sur le disque.

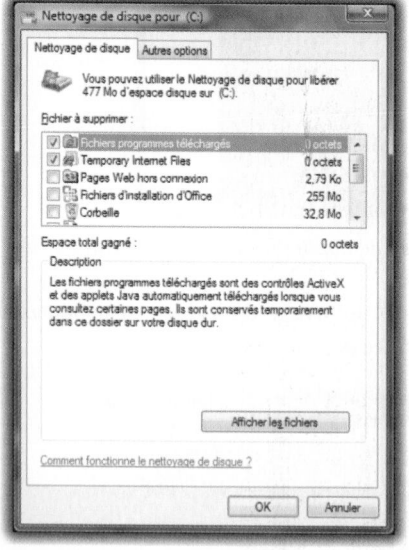

◀ Figure 18.15 :
*Sélection des
fichiers à
nettoyer*

6. Cliquez sur **Supprimer les fichiers** pour lancer la suppression.

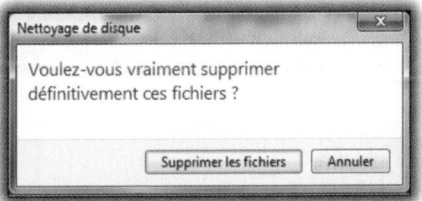

◄ Figure 18.16 :
*Confirmation de
la suppression
des fichiers*

Planifier le nettoyage d'un disque

Le nettoyage du disque dur est une tâche qui doit être réalisée régulièrement. Si vous souhaitez planifier une tâche de nettoyage automatique du
disque, procédez comme suit :

1. Cliquez sur le menu **Démarrer**, puis sur **Tous les programmes**. Dans
   Accessoires, sélectionnez **Outils système** puis cliquez sur **Planificateur de tâches**.

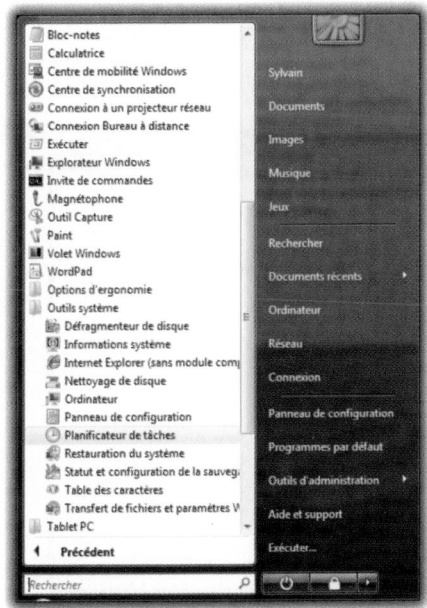

▲ Figure 18.17 : *Lancement du planificateur de tâches*

2. Après avoir cliqué sur **Continuer** dans la fenêtre **Contrôle du compte utilisateur**, cliquez sur le menu **Action**, puis sur **Créer une tâche de base**.

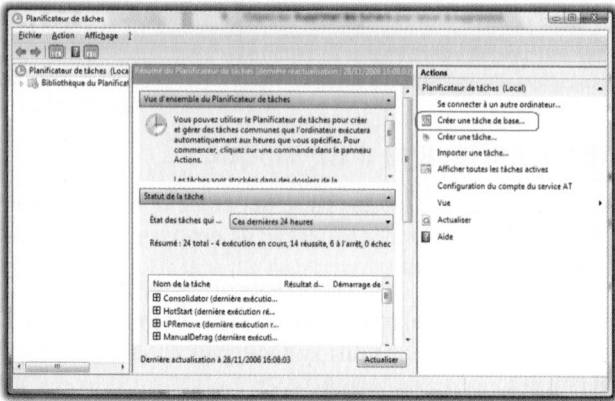

▲ Figure 18.18 : *Création d'une tâche de base*

3. Tapez un nom et une description facultative pour la tâche, puis cliquez sur **Suivant**.

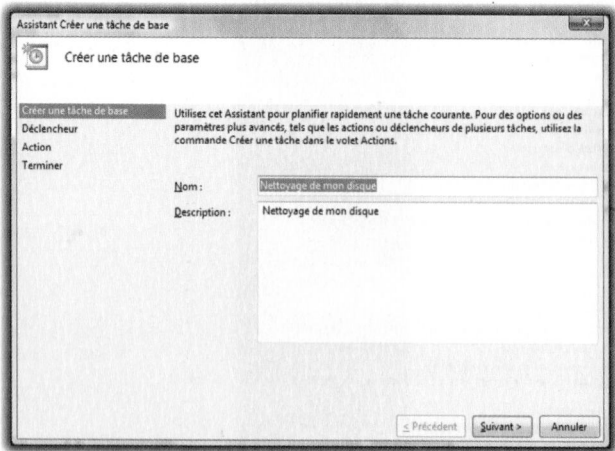

▲ Figure 18.19 : *Nom et description de la tâche*

4. Pour sélectionner une planification basée sur le calendrier, cliquez sur **Tous les jours**, **Toutes les semaines**, Tous les mois ou Une fois, puis cliquez sur **Suivant**.

5. Spécifiez la planification à utiliser, puis cliquez sur **Suivant**.

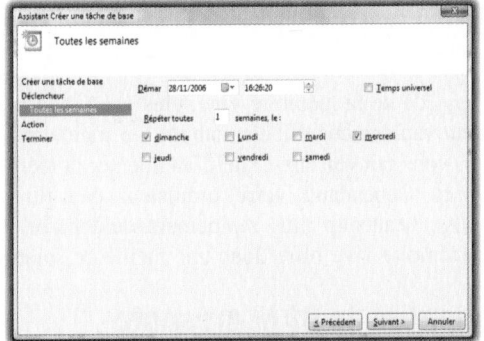

◀ Figure 18.20 :
Spécification de la planification utilisée

6. Cliquez sur **Démarrer un programme**, puis sur **Suivant**.

7. Cliquez sur **Parcourir**, tapez cleanmgr.exe dans la zone *Nom du fichier*, cliquez sur **Ouvrir**, puis sur **Suivant**.

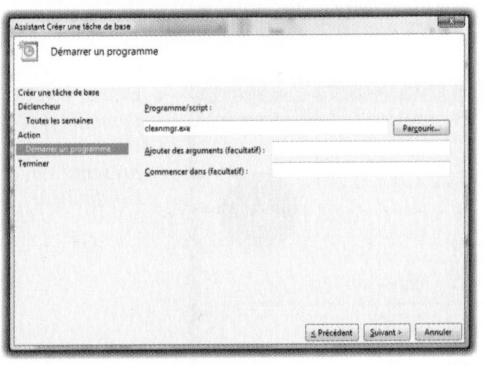

◀ Figure 18.21 :
Exécutable du programme de nettoyage du disque

8. Cliquez sur **Terminer**.

18.5 La mémoire virtuelle

Elle associe la mémoire vive (RAM) de votre ordinateur à l'espace temporaire sur votre disque dur. Si la mémoire vive vient à manquer, la mémoire virtuelle transfère des données de la mémoire vive vers un espace appelé fichier de pagination. Le transfert des données depuis et vers le fichier de pagination permet de libérer de la mémoire vive et de terminer le travail en cours.

Plus votre ordinateur possède de la mémoire vive, plus vos programmes généralement s'exécutent rapidement. Si un manque de mémoire vive ralentit votre ordinateur, vous pouvez être tenté d'augmenter la mémoire virtuelle pour compenser. Cependant, votre ordinateur peut lire les données en mémoire vive beaucoup plus rapidement qu'à partir d'un disque dur. L'ajout de mémoire vive offre donc une meilleure solution.

Déterminer la quantité de RAM présente sur l'ordinateur

Si vous souhaitez connaître la quantité de mémoire RAM que possède votre ordinateur, procédez comme suit :

1. Cliquez sur le menu **Démarrer** puis sur **Panneau de configuration**.

2. Sélectionnez l'icône *Système*.

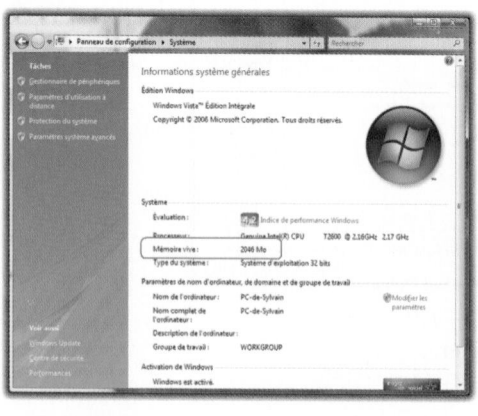

◄ Figure 18.22 :
Quantité de mémoire présente sur l'ordinateur

Modifier la taille de la mémoire virtuelle

Pour modifier la taille de la mémoire virtuelle, procédez comme suit :

1. Cliquez sur le menu **Démarrer** puis sur **Panneau de configuration**.

2. Sélectionnez l'icône *Système*.

3. Dans le volet gauche, cliquez sur **Paramètres système avancés**. Si vous êtes invité à fournir un mot de passe administrateur ou une confirmation, fournissez le mot de passe ou la confirmation.

4. Sous l'onglet **Options avancées**, cliquez sur **Paramètres** sous **Performances**.

5. Cliquez sur l'onglet **Avancé**, puis sous **Mémoire virtuelle**, cliquez sur **Modifier**.

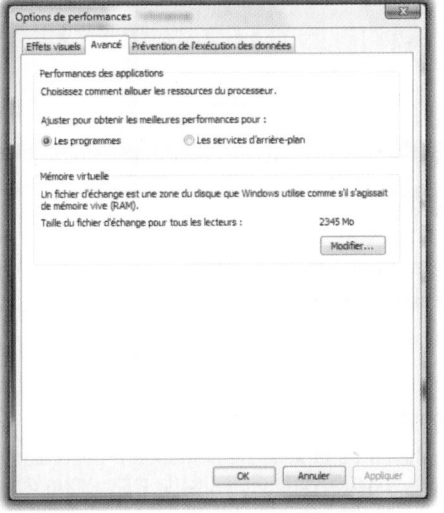

◄ Figure 18.23 :
Options avancées de la boîte de dialogue Option de performances

6. Désactivez la case à cocher *Gérer automatiquement le fichier d'échange pour tous les lecteurs*.

7. Sous **Lecteur [nom de volume]**, cliquez sur le lecteur qui contient le fichier de pagination que vous voulez modifier.

8. Cliquez sur **Taille personnalisée**, tapez une nouvelle taille en mégaoctets dans la zone *Taille initiale (Mo) ou Taille maximale (Mo)*, cliquez sur **Définir**, puis sur OK.

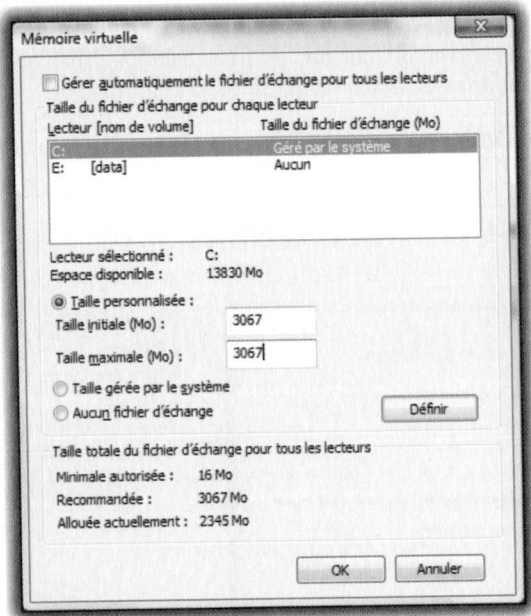

▲ Figure 18.24 : *Paramétrage de la taille du fichier d'échange*

Modification de la mémoire virtuelle

Les augmentations de la taille ne demandent généralement pas de redémarrer, mais si vous diminuez la taille, vous devrez redémarrer votre ordinateur pour que les changements prennent effet. Microsoft recommande fortement de ne pas désactiver ni supprimer le fichier de pagination.

18.6 Défragmenter le disque dur

La fragmentation se produit sur un disque dur au fur et à mesure des enregistrements, modifications ou suppressions de fichiers. Les modifications que vous enregistrez pour un fichier sont souvent stockées à un emplacement du disque dur qui diffère de l'emplacement du fichier d'origine. Les modifications ultérieures sont enregistrées dans autant d'emplacements supplémentaires. Avec le temps, le fichier et le disque dur se fragmentent, votre ordinateur ralentit, car il doit effectuer des recherches à plusieurs emplacements différents pour l'ouverture d'un fichier.

Lancer une défragmentation

Pour lancer le défragmenteur de disque, procédez de la façon suivante :

1. Sélectionnez **Démarrer**, puis **Accessoires**. Cliquez ensuite sur **Outils système** et pour terminer sur **Défragmenteur de disque**.

2. À la demande du contrôle de compte, cliquez sur **Continuer**.

3. Dans la fenêtre **Défragmenteur de disque**, sélectionnez **Défragmenter maintenant**.

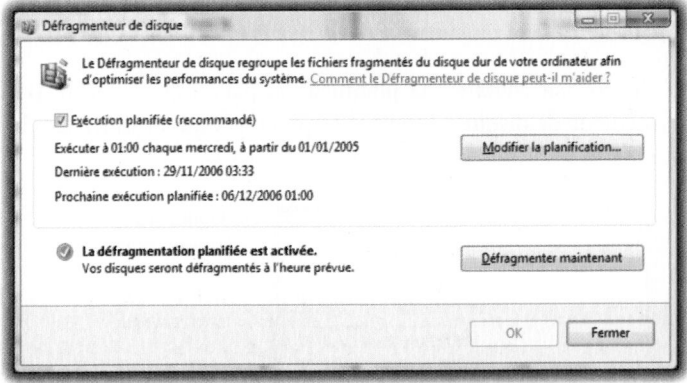

▲ Figure 18.25 : *Lancement du défragmenteur de disque*

> **Défragmentation**
>
> L'exécution complète du **Défragmenteur de disque** peut prendre de plusieurs minutes à quelques heures, selon la taille et le degré de fragmentation de votre disque dur. Toutefois, vous pouvez continuer d'utiliser votre ordinateur durant le processus de défragmentation.

Planifier une défragmentation

Comme un ensemble de tâches qui doivent être réalisées régulièrement, le défragmenteur de disque peut être planifié. Pour cela, procédez comme suit :

1. Sélectionnez **Démarrer**, puis **Accessoires**. Cliquez ensuite sur **Outils système** et pour terminer sur **Défragmenteur de disque**.

2. À la demande du **Contrôle de compte utilisateur**, cliquez sur **Continuer**.

3. Dans la fenêtre **Défragmenteur de disque**, sélectionnez **Défragmenter maintenant**.

4. Cochez la case du champ *Exécution planifiée (recommandé)*.

5. Cliquez sur **Modifier la planification** puis dans la fenêtre **Défragmenteur de disque : Modifier la planification**, modifiez les champs *Fréquence*, *Jour* et *Heure* puis cliquez sur OK.

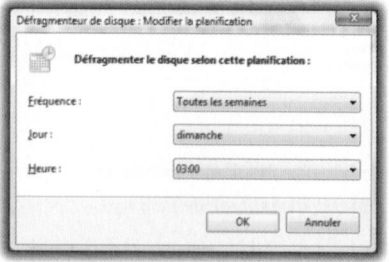

◄ Figure 18.26 :
Paramétrage de la défragmentation automatique

18.7 La surveillance de votre ordinateur

Nous avons vu comment un ensemble d'éléments pouvait influencer le bon fonctionnement de votre système. Il est important à présent de connaître les caractéristiques de celui-ci mais aussi de savoir où se procurer de l'information sur les dysfonctionnements qui peuvent avoir un impact.

Pour afficher les informations détaillées de votre système, rendez-vous dans le sanctuaire des informations système et de la performance. Pour cela, procédez comme suit :

1. Cliquez sur le menu **Démarrer** puis sur **Panneau de configuration**.

2. Sélectionnez l'icône *Système*.

3. Dans la partie Système de la fenêtre **Informations système générales**, cliquez sur **Indice de performance**.

4. Dans le volet gauche, sélectionnez **Outils avancés**.

5. Une fois la fenêtre **Utilisez ces outils pour obtenir des informations supplémentaires sur les performances**, sélectionnez **Afficher les détails avancés du système dans les informations système**.

La fenêtre **Informations système** vous apporte les informations suivantes :

```
Nom du système d'exploitation    Microsoft® Windows Vista™ Édition
✂ Intégrale
Version   6.0.5744 Numéro 5744
Autre description du système d'exploitation    Non disponible
Fabricant du système d'exploitation    Microsoft Corporation
Ordinateur    PC-DE-SYLVAIN
Fabricant    LENOVO
Modèle    2008VG4
Type    PC à base X86
Processeur    Genuine Intel(R) CPU        T2600  @ 2.16GHz, 2167
✂ MHz, 2 cœur(s), 2 processeur(s) logique(s)
Version du BIOS/Date    LENOVO 79ET65WW (1.09a), 27/07/2006
Version SMBIOS    2.4
Répertoire Windows    C:\Windows
Répertoire système    C:\Windows\system32
```

```
Périphérique de démarrage    \Device\HarddiskVolume1
Option régionale    France
Couche d'abstraction matérielle    Version = "6.0.5744.16384"
Utilisateur    PC-de-Sylvain\Sylvain
Fuseaux horaires    Paris, Madrid
Mémoire physique totale    2 045,88 Mo
Mémoire physique disponible    836,25 Mo
Mémoire virtuelle totale    4,21 Go
Mémoire virtuelle disponible    3,00 Go
Espace pour le fichier d'échange    2,29 Go
Fichier d'échange    C:\pagefile.sys
```

6. Si vous avez besoin d'informations complémentaires, dans le volet gauche de la fenêtre **Informations système**, sélectionnez **Ressources matérielles** ou **Composant** ou encore **Environnement logiciel**.

18.8 Moniteur de fiabilité et performances

L'objectif du **Moniteur de fiabilité et performances** est d'analyser et remonter des informations mais aussi d'analyser, rapprocher et consolider les interruptions pour le système d'exploitation et les applications. Il trace les causes et la fréquence des interruptions puis expose les métriques de fiabilité à l'administrateur, à des applications de pilotage ou à la demande. Il permet également, si on le souhaite, d'envoyer les informations à Microsoft pour analyse et traitements.

Pour démarrer l'**Analyseur de performances** avec des privilèges élevés, procédez comme suit :

1. Cliquez sur **Démarrer**, sur **Tous les programmes** puis sur **Accessoires**.

2. Cliquez avec le bouton droit de la souris sur **Invite de commandes**. Cliquez sur **Exécuter en tant qu'administrateur** dans le menu contextuel.

3. À l'**Invite de commandes**, tapez perfmon.exe et appuyez sur Entrée.

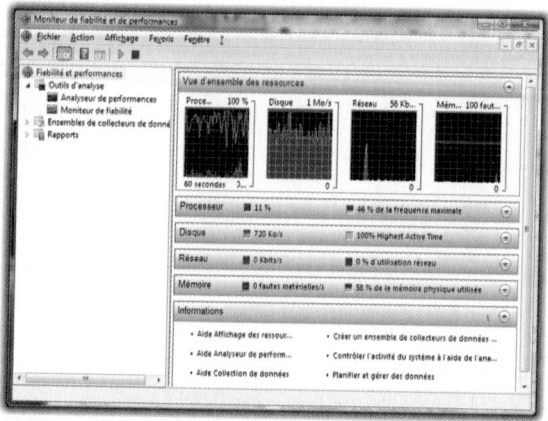

▲ Figure 18.27 : *Moniteur de fiabilité et performances*

Cette console se découpe en trois parties :

- une analyse en temps réel ;
- un analyseur de performances ;
- un moniteur de fiabilité.

Analyse en temps réel

La première partie représente une vue d'ensemble des ressources en temps réel de votre ordinateur.

Il propose une vue **Processeur** avec l'activité qui lui est liée :

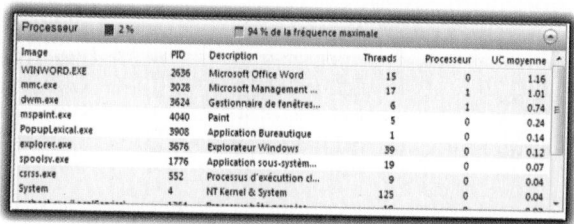

▲ Figure 18.28 : *Analyse en temps réel de l'utilisation du processeur*

Il propose une vue **Disque** avec l'activité qui lui est liée :

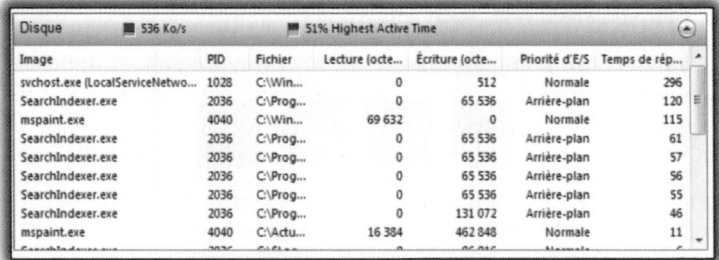

▲ Figure 18.29 : *Analyse en temps réel de l'utilisation du disque*

Il propose une vue **Réseau** avec l'activité qui lui est liée :

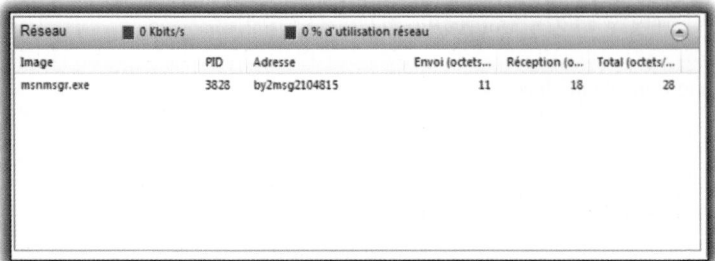

▲ Figure 18.30 : *Analyse en temps réel de l'utilisation du réseau*

Il propose une vue **Mémoire** avec l'activité qui lui est liée :

Mémoire	▮ 0 fautes matérielles/s	▮ 39 % de la mémoire physique utilisée				
Image	PID	Fautes ...	Validation (Ko)	Plage de trav...	Partageable (...	Privé (Ko)
WINWORD.EXE	2636	0	76 008	96 756	31 824	64 932
svchost.exe (LocalSystemNetwo...	1072	0	52 556	53 560	8 716	44 844
explorer.exe	3676	0	59 108	89 500	46 868	42 632
dwm.exe	3624	0	121 932	83 920	44 400	39 520
mmc.exe	3028	0	28 116	31 392	18 292	13 100
mspaint.exe	4040	1	13 544	28 356	17 792	10 564
AcroRd32.exe	3548	0	19 984	24 176	13 640	10 536
EXCEL.EXE	2304	0	18 872	33 060	22 584	10 476
svchost.exe (netsvcs)	1100	0	19 360	23 740	13 588	10 152

▲ Figure 18.31 : *Analyse en temps réel de l'utilisation de la mémoire*

Analyseur de performance

L'**Analyseur de performances** est un outil de visualisation simple et puissant qui permet d'afficher des données de performances en temps réel ou à partir des fichiers journaux. Il vous permet d'examiner les données de performances dans un graphique, un histogramme ou un rapport.

Pour collecter des données, par exemple l'activité du processeur, procédez comme suit :

1. Cliquez sur **Démarrer**, sur **Tous les programmes** puis sur **Accessoires**.

2. Cliquez avec le bouton droit de la souris sur **Invite de commandes**. Cliquez sur **Exécuter en tant qu'administrateur** dans le menu contextuel.

3. À l'**Invite de commandes**, tapez perfmon.exe et appuyez sur Entrée.

4. Cliquez à droite sur l'écran de l'**Analyseur de performances**, puis cliquez sur **Propriétés**.

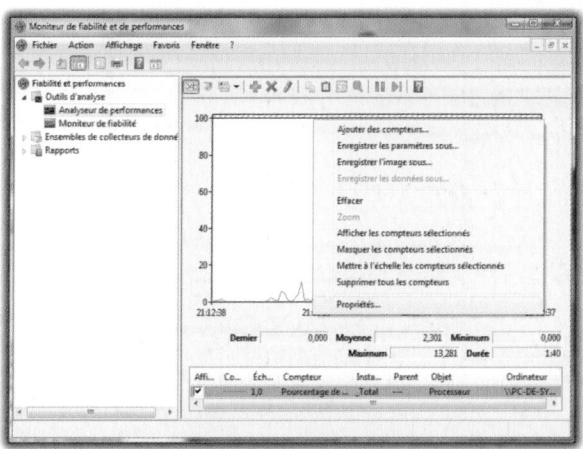

▲ Figure 18.32 : *Propriété de l'analyseur de performance*

5. Dans la fenêtre **Ajouter des compteurs**, sélectionnez **Processeur** et cliquez sur OK.

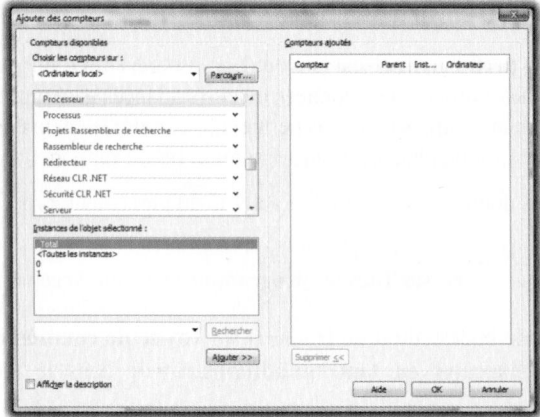

▲ Figure 18.33 :

6. Lorsque vous avez terminé, cliquez sur OK.

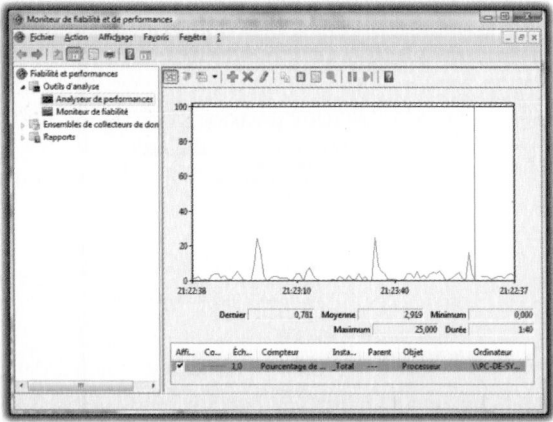

▲ Figure 18.34 : *Analyseur de performances avec le compteur processeur*

Toutefois, l'**Analyseur de performances** reste un outil qui est plutôt destiné aux professionnels de l'informatique. Cependant, si vous souhaitez vous familiariser avec cet outil, n'hésitez pas. Cela n'a aucune incidence sur le fonctionnement de Windows Vista.

Moniteur de fiabilité

Le **Moniteur de fiabilité** vous permet de voir en un coup d'œil la stabilité de votre système, et affiche des informations quotidiennes sur les événements qui ont un impact sur sa fiabilité. Cette rubrique vous aide à comprendre les résultats et à prendre des mesures pour améliorer la fiabilité en fonction de ce que vous apprenez.

Graphique de stabilité du système

Le moniteur de fiabilité conserve un historique d'un an relatif à la stabilité du système et aux événements de fiabilité. Le graphique de stabilité du système affiche un graphique continu organisé par date.

La partie supérieure du graphique de stabilité du système affiche un graphique de l'index de stabilité. Dans la partie inférieure du graphique, cinq rangées suivent les événements de fiabilité qui, soit contribuent à la mesure de la stabilité du système, soit fournissent des informations en rapport pour l'installation et la désinstallation de logiciels. Si un ou plusieurs événements de fiabilité de chaque type sont détectés, une icône apparaît dans la colonne à cette date.

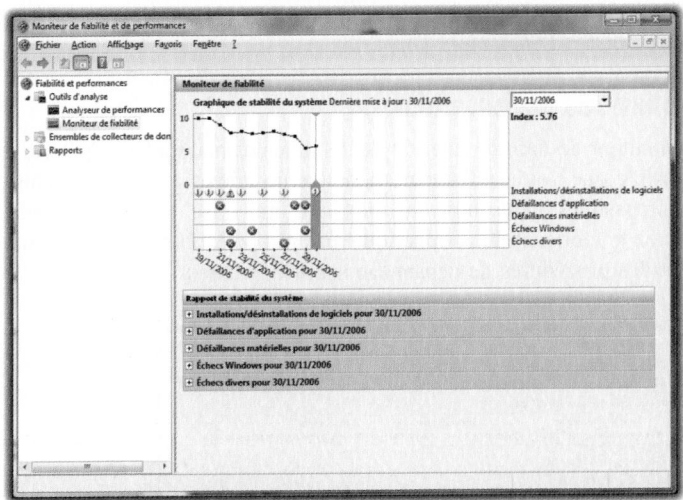

▲ Figure 18.35 : *Le moniteur de fiabilité*

Les résultats du moniteur de fiabilité

Si le moniteur de fiabilité fait état de fréquents événements de défaillance de fiabilité, utilisez les données qu'il fournit pour décider des mesures à prendre pour améliorer la stabilité de votre système d'exploitation.

Défaillances logicielles

Si le moniteur de fiabilité fait état de défaillances logicielles répétées, de défaillances de Windows ou d'échecs pendant l'installation ou la désinstallation de logiciels, il vous faudra peut-être mettre à jour l'application ou les composants du système d'exploitation défaillants. Utilisez le panneau de configuration Windows Update et le panneau de configuration Rapports et solutions aux problèmes pour rechercher des mises à jour d'applications susceptibles de résoudre vos problèmes.

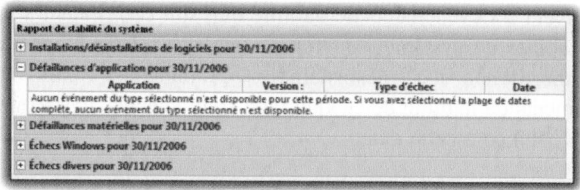

▲ Figure 18.36 : *Défaillances d'applications*

Défaillances matérielles

Si le moniteur de fiabilité fait état de défaillances matérielles répétées, il est possible que votre ordinateur connaisse de graves problèmes techniques impossibles à résoudre au moyen d'une mise à jour logicielle. Contactez le fabricant du périphérique matériel pour obtenir des informations et des procédures de dépannage supplémentaires.

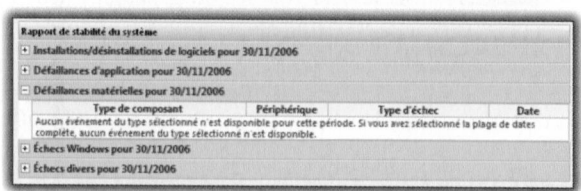

▲ Figure 18.37 : *Défaillances matérielles*

Rassembler les informations

Le graphique du moniteur de fiabilité vous permet non seulement d'identifier des problèmes liés à des applications individuelles et des composants logiciels, mais il vous permet également de voir, d'un simple coup d'œil, si d'importants changements de la stabilité ont commencé à se manifester en même temps. Comme vous pouvez voir l'ensemble de l'activité d'une date précise dans un seul rapport, vous disposez d'informations pour décider de la manière de résoudre les problèmes. Par exemple, si vous constatez que de fréquentes défaillances d'application ont commencé à se manifester à la même date que des défaillances de la mémoire qui sont apparues dans la section Matériel, la première étape sera de remplacer la mémoire défaillante. Si les défaillances de l'application cessent, cela signifie sans doute qu'elles étaient dues à des problèmes d'accès à la mémoire. Si les défaillances de l'application se poursuivent, la prochaine étape serait de réparer l'installation de cette application.

▲ Figure 18.38 : *Graphique du moniteur de fiabilité*

18.9 Les journaux Windows

Les journaux des événements sont des fichiers spéciaux qui enregistrent les événements significatifs sur votre ordinateur, tels que l'ouverture d'une session sur l'ordinateur par un utilisateur ou lorsqu'un programme rencontre une erreur. À chaque occurrence de ces types d'événements, Windows enregistre l'événement dans un journal des événements que vous pouvez consulter à l'aide de l'**Observateur d'événements**.

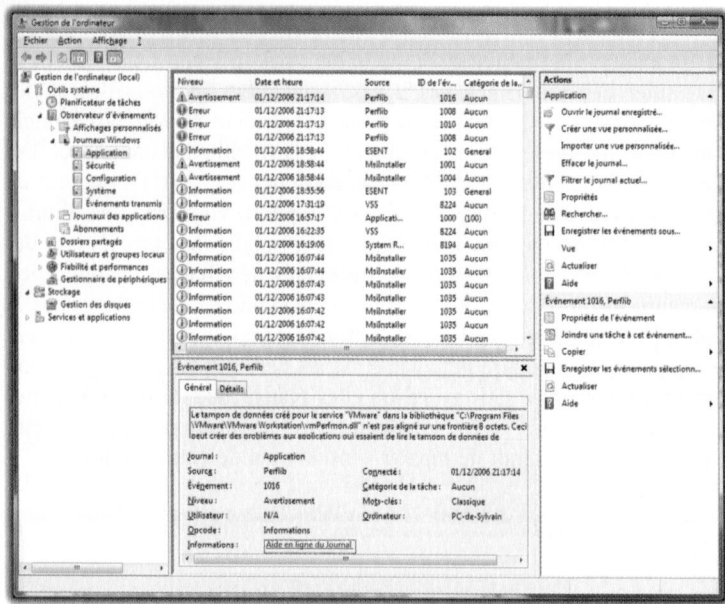

▲ Figure 18.39 : *Journaux Windows*

Les utilisateurs avancés peuvent utiliser les informations contenues dans les journaux des événements pour résoudre des problèmes dans Windows et d'autres programmes. Ces journaux sont au nombre de cinq :

■ **Les événements d'application (programme)**. Les événements sont classés comme erreur, avertissement ou informations selon la gravité de l'événement. Une erreur indique un problème important, comme la perte de données. Un avertissement est un événement qui n'est pas nécessairement significatif mais qui peut annoncer des problèmes ultérieurs. Un événement d'informations décrit le bon fonctionnement d'un programme, d'un pilote, ou d'un service.

■ **Les événements liés à la sécurité**. Ces événements sont appelés des audits et sont considérés comme réussis ou non, selon si l'événement, comme un utilisateur cherchant à ouvrir une session Windows, aboutit ou non.

- **Les événements de configuration**. Les ordinateurs configurés comme contrôleurs de domaine affichent des journaux supplémentaires à cet emplacement.

- **Les événements système**. Ces événements sont enregistrés par Windows et les services système de Windows, et sont classés comme erreur, avertissement ou informations.

- **Événements transférés**. Ces événements sont transférés à ce journal par d'autres ordinateurs.

18.10 Lancer une optimisation de son ordinateur depuis Internet

Parmi les services Internet que propose Microsoft, Windows Live One-Care est un outil d'analyse, de surveillance et d'optimisation. Concernant l'analyse complète, il est conseillé d'effectuer une analyse une fois par mois.

Pour optimiser votre ordinateur depuis Internet, procédez comme suit :

1. Sélectionnez **Démarrer**, **Tous les programmes** puis **Internet Explorer**.

2. Une fois la fenêtre **Internet Explorer** ouverte, tapez `http:// safety.live.com/site/fr-fr/center/tuneup.htm` dans la barre d'adresses (voir Figure 18.40).

3. Dans la fenêtre **Windows Live OneCare Optimisation**, cliquez sur **Optimisation de l'ordinateur**.

4. À l'invite de la fenêtre **Scanner de sécurité Windows Live OneCare**, cliquez sur **Lancer une analyse complète pour Vista** (voir Figure 18.41).

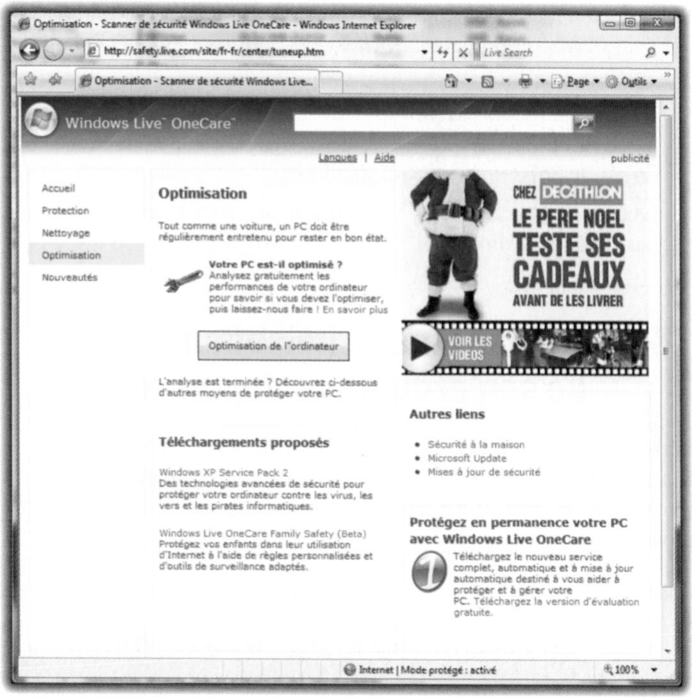

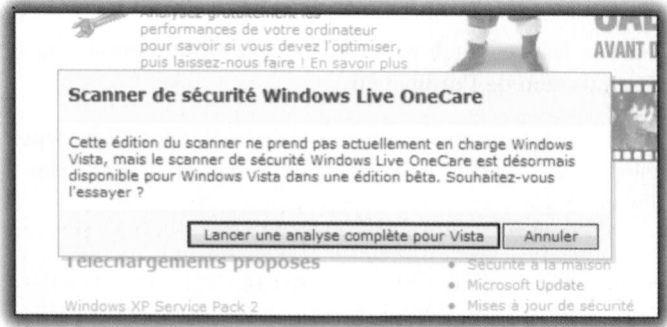

▲ Figure 18.40 : *Windows Live OneCare Optimisation*

▲ Figure 18.41 : *Lancement de l'analyse*

5. Dans la fenêtre **Choisissez l'analyse à effectuer,** cliquez sur **Analyse complète** puis cliquez sur **Suivant**.

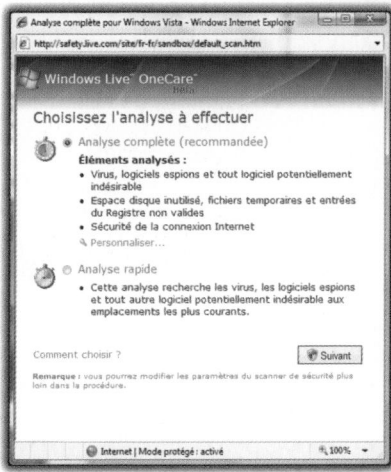

▲ Figure 18.42 : *Choix de l'analyse*

6. Cliquez sur **Suivant** pour démarrer l'analyse.

Durée de l'analyse

En fonction du choix de l'analyse, complète ou rapide, et en fonction de la taille de votre disque dur ou du nombre de fichiers, cette analyse peut prendre plusieurs dizaines de minutes, voire même dépasser une heure.

Pour plus d'informations sur les performances de Windows Vista, rendez-vous sur le site de Microsoft consacré à Windows Vista :
http://www.microsoft.com/france/windowsvista/fonctionnalites
/toutlemonde/performance.mspx.

19

Annexes

19.1 Glossaire

16/9e

Rapport d'image (largeur/hauteur) qui se rapproche le plus de ceux que l'on retrouve au cinéma (1.66 : 1, 1.85 :1 et 2.35 :1) et qui permet de visualiser de manière optimale les films enregistrés sur un DVD au format cinéma et certaines émissions TV. Il existe des écrans cathodiques, LCD et Plasma au format 16/9e, ainsi que des vidéoprojecteurs dont la matrice reprend ce rapport, mais on peut également en profiter sur un écran 4/3 traditionnel en perdant une partie de la surface de l'écran.

ActiveX

Technologie de Microsoft reposant sur OLE (*Object Linking and Embedding*) et COM (*Component Object Model*). Son implémentation la plus courante est le "contrôle ActiveX", capable d'être téléchargé et exécuté par un navigateur web, et permettant l'accès depuis celui-ci aux éléments d'un environnement Microsoft.

Adresse IP

Série de 4 nombres, tous compris entre 0 et 255, identifiant de manière unique tout ordinateur ou serveur connecté à l'Internet. L'internaute se voit attribuer une adresse IP par son fournisseur d'accès à chaque connexion. 192.168.4.60 pourrait ainsi être votre adresse IP actuelle.

On parle d'adresse IP fixe lorsque le fournisseur d'accès l'attribue définitivement à un abonné plutôt que de la renouveler à intervalle régulier.

Adresse MAC

Numéro d'identification d'une carte réseau Ethernet.

Ce numéro est unique : deux cartes réseau ne peuvent pas avoir la même adresse MAC, ce qui permet d'identifier l'émetteur d'une requête.

ADSL

Technologie de transmission numérique à haut débit qui utilise les lignes téléphoniques existantes tout en permettant la transmission simultanée de données vocales sur ces mêmes lignes. L'essentiel du trafic est transmis vers l'utilisateur à des vitesses comprises généralement entre 512 Kbits/s et 20 Mbits/s.

ASCII

Variante de l'alphabet international n° 5 du CCITT (ou code ISO à 7 éléments) utilisée pour l'échange d'informations. Ce code définit la représentation d'un jeu de caractères comprenant les 26 lettres minuscules et majuscules, les chiffres de 0 à 9, les signes de ponctuation, des caractères spéciaux et des caractères de commande.

Il existe un ASCII sur 8 bits, défini au départ pour les micro-ordinateurs, qui permet d'avoir les lettres minuscules accentuées.

Authentification

Processus de vérification de la nature réelle ou prétendue d'une entité ou d'un objet. L'authentification consiste par exemple à confirmer la source et l'intégrité des informations, vérifier une signature numérique ou l'identité d'un utilisateur ou d'un ordinateur.

Autorisation

Règle associée à un objet en vue de déterminer les utilisateurs qui peuvent accéder à l'objet et la manière qu'ils doivent employer. Les autorisations sont accordées ou refusées par le propriétaire de l'objet.

Adware

Contraction d'*advertising spyware* pour logiciel espion de publicité. Les adwares inspectent les sites visités par leurs utilisateurs afin d'afficher des publicités ciblées, sous la forme de fenêtres pop-up ou de bannières. Dans certains cas, ces espions se servent des informations collectées pour alimenter des bases de données commerciales. De nombreux programmes sont parrainés par de la publicité…

Agent

Application qui s'exécute sur un périphérique géré par un protocole simplifié de gestion de réseau. L'application agent est l'objet d'activités de gestion. Un ordinateur exécutant un logiciel agent SNMP est aussi parfois appelé agent.

AGP

Sigle d'*Accelerated Graphic Port*. Standard de port d'extension pour carte graphique, il se matérialise par un connecteur greffé sur la carte mère. Ses débits initiaux de 266 Mo/s se sont vus étendus à 2 Go/s, dans sa dernière évolution qu'est l'AGP 8x. Le port PCI Express est son successeur désigné depuis 2004.

AJAX

Asynchronous JavaScript And XML : il désigne un nouveau type de conception de pages web permettant l'actualisation de certaines données d'une page sans procéder au rechargement total de cette page. Cette méthode de conception repose sur la combinaison de technologies déjà existantes : HTML/CSS, JavaScript/DOM, XML et les requêtes HTTP. On peut faire par exemple des LiveSearch.

Amorce

Programme nécessaire à la mise en marche d'un ordinateur, et exécuté à chaque mise sous tension ou réinitialisation. Anglais : *boot*.

Analogique

Représentation d'une information par un signal à évolution continue (par exemple sinusoïdal).

Arrière-plan

Image à l'arrière-plan de l'écran utilisée sur une interface utilisateur graphique telle que Windows. L'arrière-plan peut être constitué de n'importe quel motif ou image susceptible d'être enregistré en tant que fichier bitmap (*.bmp*).

Barre de titre

Barre horizontale affichée en haut d'une fenêtre qui contient le titre de la fenêtre. Dans la plupart des fenêtres, la barre de titre comprend également l'icône de l'application ainsi que les boutons **Agrandir**, **Réduire** et **Fermer** ainsi que le bouton facultatif **?** pour l'aide contextuelle. Pour afficher un menu comportant des commandes telles que **Restauration** et **Déplacement**, cliquez avec le bouton droit de la souris sur la barre de titre.

Barre des tâches

Barre qui contient le bouton **Démarrer** et qui apparaît par défaut au bas du Bureau. Vous pouvez cliquer sur les boutons de la barre des tâches pour permuter les programmes. Vous pouvez aussi masquer la barre des tâches et la déplacer vers les bords ou le sommet du Bureau. Vous avez également la possibilité de la personnaliser de nombreuses manières.

Barre d'outils

Dans un programme, il s'agit d'une ligne, d'une colonne ou encore d'un bloc de boutons ou d'icônes qui sont affichés à l'écran dans une interface utilisateur graphique. Lorsque vous cliquez sur ces boutons ou ces icônes, certaines fonctions (tâches) du programme sont activées. Ainsi, la barre d'outils de Microsoft Word contient des boutons qui permettent, entre autres, de remplacer le texte standard par du texte en italique ou en gras, et d'enregistrer ou d'ouvrir un document. Les utilisateurs peuvent généralement personnaliser les barres d'outils et les déplacer dans la fenêtre de l'application.

BIOS

Acronyme de *Basic Input/Output System* pour système de base d'entrée/sortie. Il s'agit d'un programme de base stocké sur la carte mère d'un ordinateur, qui s'exécute avant le système d'exploitation et collabore avec ce dernier. Il se compose de deux sous-programmes, l'un vérifiant le bon état de fonctionnement des divers éléments du PC, l'autre régissant les relations entre le processeur et les composants de la machine.

Boîte de dialogue interactive

Boîte de dialogue exigeant une réponse de l'utilisateur. Des périphériques intermédiaires, tels qu'un hôte de sécurité, requièrent une telle boîte de dialogue en guise de couche de sécurité supplémentaire entre le client et le serveur d'accès distant. Dans de telles boîtes de dialogue, l'utilisateur tape un code d'accès ou un nom d'utilisateur et un mot de passe sur l'écran de terminal d'accès distant.

Blog

Journal personnel multimédia très facile à mettre à jour, depuis un mobile ou un ordinateur, et accessible par tous depuis le Web ou un téléphone portable.

Blu-ray

Blu-ray Disc est le nom donné à un successeur du DVD. Basé sur un rayon laser bleu, contrairement au laser rouge utilisé pour les CD et les DVD, il permet de stocker plus d'informations sur la même surface.

C'est un format propriétaire de Sony, capable de stocker 50 Go de données. Il présente la même épaisseur que le DVD, mais la couche de protection transparente est plus fine, ce qui oblige les fabricants de médias à modifier sensiblement leur chaîne de production.

Bluetooth

Norme de communication par ondes radio avec un rayon d'action de un à 100 mètres suivant les appareils, développée par le Bluetooth SIG. Elle est utilisée avant tout sur les téléphones mobiles, les oreillettes sans fil et les assistants personnels.

Norme permettant de relier deux appareils par une connexion radio dans un rayon de 10 à 100 m, et ce, sur la bande radio des 2,4 GHz. Elle est destinée à remplacer à terme les liaisons infrarouges.

Bogue

Défaut de conception ou de réalisation se manifestant par des anomalies de fonctionnement. Anglais : *bug*.

Bureau

Zone de travail de l'écran dans laquelle apparaissent les fenêtres, les icônes, les menus et les boîtes de dialogue.

Caractère générique

Caractère du clavier qui permet de représenter un ou plusieurs caractères lors de l'exécution d'une requête. Le point d'interrogation (?) représente un seul caractère alors que l'astérisque (*) représente un ou plusieurs caractères.

Carte mère

La carte mère réunit des composants aussi essentiels que le processeur, la mémoire vive, des systèmes de bus de données et des connecteurs d'extension pour relier une carte son ou une carte graphique, par exemple. La carte mère est, de ce fait, le centre nerveux d'un ordinateur, lieu d'échange de données et de calcul.

Carte vidéo

Carte d'extension qui s'enfiche dans un ordinateur personnel afin de lui donner des possibilités d'affichage. Celles-ci dépendent des circuits logiques (fournis par la carte vidéo) et du moniteur. Chaque carte propose plusieurs modes vidéo différents. Ceux-ci appartiennent aux deux catégories de base : le mode texte et le mode graphique. Certains moniteurs permettent en outre de choisir la résolution du mode texte et du mode graphique. Un moniteur peut afficher davantage de couleurs aux résolutions les plus basses.

Les cartes actuelles contiennent de la mémoire afin que la mémoire vive de l'ordinateur ne soit pas sollicitée pour stocker les affichages. En outre, la plupart des cartes possèdent leur propre coprocesseur graphique qui se charge des calculs liés à l'affichage graphique. Ces cartes sont souvent appelées accélérateurs graphiques.

CD-R

Disque compact enregistrable. Des données peuvent être copiées plusieurs fois sur le CD, mais elles ne peuvent pas être supprimées.

CD-RW

Disque compact réinscriptible. Des données peuvent être copiées plusieurs fois sur le CD ou supprimées.

Certificat

Document électronique rattaché à une clé publique par un tiers de confiance, qui fournit la preuve que la clé publique appartient à un propriétaire légitime et n'a pas été compromise.

Certificat d'autorisation

Document électronique qui prouve les droits d'accès et les privilèges de quelqu'un, et qui prouve aussi qu'il est bien ce qu'il prétend être.

Cheval de Troie

Initialement, un cheval de Troie désignait un programme se présentant comme un programme normal destiné à remplir une tâche donnée, voire ayant parfois un nom connu (en quelque sorte "déguisé" sous une fausse apparence), mais qui, une fois installé exerçait une action nocive totalement différente de sa fonction "officielle".

Actuellement, le terme désigne à peu près tout programme qui s'installe de façon frauduleuse (souvent par le biais d'un e-mail ou d'une page web piégés) pour remplir une tâche hostile à l'insu de l'utilisateur. Les fonctions nocives peuvent être l'espionnage de l'ordinateur, l'envoi massif de spams, l'ouverture d'un accès pour un pirate, etc.

La distinction entre cheval de Troie, spyware, keylogger ou porte dérobée n'est donc souvent qu'une question de mot ou de contexte.

Chipset

Jeu de composants en français. Composé de deux éléments, le chipset permet aux différents éléments d'un ordinateur de s'échanger des données.

Le circuit Northbridge gère le trafic de données entre le processeur et la mémoire vive, ainsi que les données graphiques.

Le circuit Southbridge se charge des relations avec les périphériques d'entrée/sortie.

Codec

Algorithme permettant de compresser et de décompresser des fichiers audio et vidéo sans perdre une quantité considérable d'informations. Une fois qu'un fichier a été compressé par un codec tel que MP3 ou RealAudio, il est plus petit et plus facile à transmettre sur le Web, mais conserve une qualité sonore fidèle à l'original.

Compatibilité

Qualité d'un matériel ou d'un logiciel conforme aux règles d'interface d'un système informatique défini, et dont l'introduction n'altère pas les conditions de fonctionnement de ce système.

Compression

Procédé permettant de réduire le volume (en bits) ou le débit (en bit/s) des données numérisées (parole, images, textes).

Compression audio

Consiste à conserver le volume sonore dans les limites audibles en abaissant les sons les plus forts, tout en augmentant les plus faibles, selon le niveau de compression défini. En gros, il s'agit de limiter les différences de volume d'une chanson.

Connecteur IEEE 1394

Type de connecteur qui vous permet de connecter et de déconnecter des périphériques série haute vitesse. En général, un connecteur IEEE 1394 est situé à l'arrière de l'ordinateur, à proximité du port série ou du port parallèle.

Connexions réseau

Composant qui permet d'accéder aux ressources et aux fonctionnalités du réseau, que vous soyez connecté physiquement au réseau, localement ou à distance. En utilisant le dossier *Connexions réseau*, vous pouvez créer, configurer, stocker et surveiller les connexions.

Cookie

"Cookie HTTP persistant sur le client" : fichier ou information quelconque qui est envoyé par le serveur web au client (votre browser) et qui sert à vous identifier et peut enregistrer des informations personnelles comme votre identité et votre mot de passe, votre adresse e-mail, mais aussi d'autres informations.

Corbeille

Emplacement dans lequel Windows stocke les fichiers supprimés. Vous pouvez récupérer des fichiers supprimés par erreur ou vider la Corbeille pour augmenter l'espace disque disponible.

Décodeur logiciel

Type de décodeur DVD (*Digital Video Disc*) qui permet à un lecteur de DVD d'afficher des films sur l'écran de votre ordinateur. Un décodeur logiciel ne recourt qu'à des éléments logiciels pour afficher des films.

Dégroupage

Le dégroupage de la boucle locale consiste à permettre aux nouveaux opérateurs d'utiliser le réseau local de l'opérateur historique, constitué de paires de fils de cuivre, pour desservir directement leurs abonnés. Dans cette hypothèse, l'usage du réseau local de France Télécom est rémunéré par l'opérateur qui est nouvel entrant.

Défragmentation

Processus de réécriture de parties d'un fichier dans des secteurs contigus d'un disque dur en vue d'augmenter la vitesse d'accès et de récupération des données. Lorsque des fichiers sont mis à jour, l'ordinateur a tendance à les enregistrer sur le plus grand espace continu du disque dur, qui se trouve souvent sur un secteur différent de celui sur lequel sont enregistrées les autres parties du fichier. Lorsque des fichiers sont ainsi fragmentés, l'ordinateur doit examiner le disque dur chaque fois qu'il ouvre le fichier afin d'en rechercher les différentes parties, ce qui réduit son temps de réponse.

Disque dur

Le disque dur (*Hard Disk* ou HD en anglais) est un support magnétique de stockage de données numériques. On parle de "hard disk" (disque dur) par opposition au "floppy disk" (disque mou) que sont les disquettes.

DivX

Format de compression vidéo, basé sur la norme MPEG-4, qui permet par exemple aux internautes de graver sur un CD (650 Mo) un film issu d'un DVD (4,7 Go), sans en altérer la qualité.

Dossier

Dans une interface utilisateur graphique, il s'agit d'un conteneur de programmes et de fichiers symbolisé par une icône de dossier. Un dossier est un outil permettant de classer les programmes et les documents sur un disque et capable de contenir à la fois des fichiers et des sous-dossiers.

DRM

Sigle signifiant gestion des droits numériques (*Digital Rights Management*). Technologie sécurisée qui permet au détenteur des droits d'auteur d'un objet soumis à la propriété intellectuelle (comme un fichier audio, vidéo ou texte) de spécifier ce qu'un utilisateur est en droit d'en faire. En général, cette technologie est utilisée pour proposer des téléchargements sans craindre que l'utilisateur ne distribue librement le fichier sur le Web.

Dual core

Physiquement, le processeur dual core ressemble fort à un processeur classique, à ceci près qu'il est surmonté de deux dies au lieu d'un seul. Le die étant parfois recouvert d'une plaque protectrice, il ne sera pas toujours possible de distinguer au premier coup d'œil un processeur dual core d'un processeur classique.

Pour autant, il est impossible d'utiliser un processeur dual core sur une carte mère actuelle, même si le socket est identique. Il faut que le chipset de la carte mère soit adapté à la gestion du dual core.

Economiseur d'écran

Image ou motif mobile qui apparaît à l'écran quand vous n'utilisez pas la souris ou le clavier pendant une durée spécifiée.

FAI

Société chez laquelle vous payez un service vous permettant de vous connecter à Internet.

Par exemple, Free, Wanadoo, AOL, etc.

Fenêtre

Portion de l'écran dans laquelle les programmes et les processus peuvent être exécutés. Vous pouvez ouvrir plusieurs fenêtres à la fois. Ainsi, vous pouvez consulter vos messages électroniques dans une fenêtre, travailler sur un budget dans une feuille de calcul ouverte dans une autre fenêtre, télécharger des images de votre caméscope dans une autre fenêtre et faire vos courses en ligne dans une autre fenêtre. Les fenêtres peuvent être fermées, redimensionnées, déplacées, réduites en bouton dans la barre des tâches ou affichées en mode Plein écran.

Gestion de l'ordinateur

Composant qui permet d'afficher et de contrôler de nombreux aspects de la configuration d'un ordinateur. La **Gestion de l'ordinateur** associe plusieurs utilitaires d'administration dans l'arborescence d'une seule console, fournissant un accès facile aux propriétés et aux outils d'administration des ordinateurs locaux ou distants.

Gestionnaire de périphériques

Outil d'administration qui vous permet de gérer les périphériques de votre ordinateur. Grâce au **Gestionnaire de périphériques**, vous pouvez afficher et modifier les propriétés des périphériques, mettre à jour les pilotes de périphérique, en configurer les paramètres ou encore désinstaller ces derniers.

Google

Google est une société qui a été fondée en 1998 par Lawrence E. Page et Serguei Brin dans la Silicon Valley en Californie. Ils sont les auteurs du moteur de recherche du même nom.

Google édite aujourd'hui autour de son moteur de recherche une multitude de services. En voici quelques exemples :

- *GMail* : messagerie électronique en ligne ;
- *Google Talk* : logiciel de messagerie instantanée ;
- *Google Earth* : mappemonde virtuelle ;
- *Google Desktop* : recherche sur votre PC de documents, images, etc.

Hardware

Ensemble des éléments physiques employés pour le traitement de données.

Icône

Sur un écran, symbole graphique qui représente une fonction ou une application logicielle particulière que l'on peut sélectionner et activer à partir d'un dispositif tel qu'une souris. Anglais : *icon*.

Imprimante

Dispositif qui reproduit du texte ou des images sur papier ou sur tout autre média d'impression. Parmi les différents types d'imprimantes, citons notamment les imprimantes laser et les imprimantes matricielles.

Internet

Réseau informatique mondial constitué d'un ensemble de réseaux nationaux, régionaux et privés qui sont reliés par le protocole de communication TCP/IP et qui coopèrent dans le but d'offrir une interface unique à leurs utilisateurs.

L'ambition d'Internet s'exprime en une phrase : relier entre eux tous les ordinateurs du monde. À l'image du téléphone qui permet de converser avec toute personne dont on connaît le numéro, Internet est un système mondial d'échange de documents électroniques : textes, fichiers, images, sons et séquences audiovisuelles. C'est l'alliance de l'informatique et des télécommunications : la télématique au véritable sens du terme. Les utilisateurs d'Internet sont désignés par le terme d'internautes, synonyme de cybernaute, de surfer ou de netsurfer. Quant aux informations du réseau, elles sont accessibles à partir de "lieux" que l'on appelle les sites Internet.

Java

C'est un langage de programmation orienté objet, développé par Sun Microsystems. Il permet de créer des logiciels compatibles avec de nombreux systèmes d'exploitations (Windows, Linux, Macintosh, Solaris). Java donne aussi la possibilité de développer des programmes pour téléphones portables et assistants personnels. Enfin, ce langage peut être utilisé sur Internet pour des petites applications intégrées à la page web (applet) ou encore comme langage serveur (jsp).

JPEG

Format de fichier graphique permettant des taux de compression impressionnants mais au détriment de la qualité de l'image : la compression se fait avec perte d'information. L'extension de fichier correspondante est JPG. Ce format ne supporte pas la transparence contrairement au GIF. La norme JPEG utilise l'ADCT (Transformée en cosinus discrète ou TCD). Anglais : *Joint Photographic Expert Group*.

Logiciel

Traduction du terme anglais *software*, le logiciel constitue l'ensemble des programmes et des procédures nécessaires au fonctionnement d'un système informatique. Dans la famille des logiciels, on trouve des logiciels d'application qui sont spécifiques à la résolution des problèmes de l'utilisateur (progiciel, tableur, traitement de texte, grapheur, etc.).

Logiciel espion

Logiciel qui peut afficher des publicités (telles que des fenêtres publicitaires intempestives), collecter des informations vous concernant ou modifier les paramètres de votre ordinateur, généralement sans votre consentement explicite.

Malware

Mot bâti par analogie à software. Il désigne tout type de programme nocif introduit sur un ordinateur à l'insu de l'utilisateur. Il regroupe les virus, vers, spywares, keyloggers, chevaux de Troie et autres backdoors.

Mémoire cache

Intégrée au processeur (mémoire cache de niveau) et proche de ce dernier (mémoire cache de niveau 2), les mémoires cache sont deux espaces offrant au processeur un accès rapide aux données et instructions les plus utiles. Elles lui épargnent des allées et venues incessantes vers la mémoire vive.

Mémoire flash

Type de mémoire petite, plate et à semi-conducteur utilisée dans les lecteurs MP3, les appareils photo numériques et les assistants personnels. Elle regroupe les mémoires CompactFlash, SmartMedia et Memory Stick. Si on calcule le coût par mégaoctet, il s'agit d'une forme de stockage très onéreuse.

Mémoire virtuelle

Espace du disque dur interne d'un ordinateur qui vient seconder la mémoire vive, Elle se concrétise par un fichier d'échanges (fichier *swap*), lequel contient les données non sollicités constamment. La mémoire virtuelle, comme son nom l'indique, sert à augmenter artificiellement la mémoire vive. Elle est aussi moins performante.

MP3

MP3 est l'extension et le nom généralement donné aux fichiers sonores encodés au format de compression MPEG Audio Layer 3. Mondialement apprécié pour ses capacités de compression selon un facteur 12 et la très faible altération du son qui demeure proche de la qualité CD, le format MP3 date de 1991.

MPEG

Acronyme de *Moving Pictures Experts Group*. Format standard de compression des fichiers audio et vidéo pour le téléchargement ou la diffusion en continu.

Le standard MPEG-1 lit les données audio et vidéo en continu à raison de 150 Ko/s (débit équivalent à celui d'un lecteur de CD-Rom à simple vitesse).

Nom de domaine

Un nom de domaine se compose d'un nom (marque, société, nom de famille, etc.) et d'une extension. Cette dernière peut contenir un suffixe géographique de deux lettres (.fr, .de par exemple) ou un suffixe générique en trois lettres (.com, .net par exemple).

P2P

Contraction de peer-to-peer. D'égal à égal en français. Type de connexion réseau par laquelle deux machines communiquent d'égal à égal, à l'opposé des relations maître à esclave. Ce type de connexion permet à des millions d'internautes affiliés à un réseau de partager leurs fichiers stockés sur le disque dur de leur machine.

Partition

Sous-ensemble d'un disque dur découpé virtuellement en unités logiques. Un disque dur de 80 Go peut être ainsi découpé en deux partitions de 40 Go afin d'installer Windows XP et Linux. Il sera considéré comme deux disques durs sous ces deux systèmes d'exploitation.

Pare-feu

Logiciel ou matériel permettant d'empêcher que des pirates informatiques ou des logiciels malveillants n'accèdent à un ordinateur. Un pare-feu empêche que des logiciels malveillants (tels que des vers) n'accèdent à un ordinateur sur un réseau ou sur Internet, et évite qu'un ordinateur n'envoie des logiciels malveillants à d'autres ordinateurs.

PCI

Sigle signifiant *Peripheral Component Interconnect*. Standard conçu pour brancher sur la carte mère des cartes d'extension, le bus PCI offre des débits allant jusqu'à 266 Mo/s. Il est voué à disparaître au profit du port PCI Express.

PCI Express

Standard de bus d'extension qui a fait son apparition sur les ordinateurs personnels en 2004. Sa vocation est de remplacer en premier lieu le bus AGP, puis le bus PCI sur les cartes mères. Les débits alloués oscillent entre 312 Mo/s et 10 Go/s, contre 133 Mo/s maximaux pour PCI et 2 Go/s maximaux pour AGP.

PDA

Sigle signifiant *Personal Digital Assistant* ou assistant personnel ou ordinateur de poche en français. Avant tout agenda et carnet d'adresses, ces appareils intègrent des fonctions de plus en plus élaborées et n'ont presque plus rien à envier aux PC de bureau. Lecture de MP3, de vidéos, auxquels s'ajoutent des programmes qui les transforment en outils de navigation associés à un GPS, par exemple. Deux grandes familles s'opposent, les machines sous Palm OS et celles sous Pocket PC. Il existe autant de programmes additionnels pour l'une et pour l'autre.

Plug-in

De l'anglais *to plug in* : brancher. Non autonome, le plug-in (ou plugin) est un petit logiciel qui se greffe à un programme principal pour lui conférer de nouvelles fonctionnalités. Ce dernier fixe un standard d'échange d'informations auquel ses plug-ins se conforment. Par exemple, certains plug-ins s'installent sur un navigateur pour lui apporter des fonctions supplémentaires.

Pocket PC

Système d'exploitation pour assistants personnels créé par Microsoft, il s'appelle aujourd'hui Windows Mobile. Il offre des possibilités multimédias avancées, comme la lecture de MP3, de vidéos et des applications plus complexes. Autrefois exclusivement haut de gamme, les machines utilisant ce système se sont diversifiées et démocratisées.

Podcasting

Mot né de la combinaison de iPod, broadcasting et webcasting. Système de diffusion et d'agrégation de contenus audio destinés aux baladeurs, tels que l'iPod. Développé par Adam Curry en 2004, le podcasting utilise le format de syndication de contenus RSS 2.0, pour rendre les compilations disponibles aux abonnés, de la même manière que l'on s'abonne à un flux de nouvelles.

Pop-up

Fenêtre publicitaire qui s'affiche devant la page web consultée. On parle de fenêtre pop-under lorsque la fenêtre de publicité apparaît derrière cette page.

RAM

Pour *Random Access Memory*. Par opposition à la mémoire fixe (ROM), on parle de mémoire vive, qui peut être modifiée à l'infini dès qu'elle est alimentée en électricité. En informatique, la mémoire vive sert à stocker temporairement les fichiers que l'ordinateur exécute.

Réseau domestique

Réseau qui relie l'ensemble des appareils et capteurs de la maison. Il peut être filaire ou sans fil. Certains réseaux utilisent une passerelle domestique. Installée dans le domicile, elle est le point central de tous les flux : téléphone, données, vidéo, images, musiques. Elle sera connectée d'un côté au réseau public et de l'autre au réseau local de la maison.

Serial ATA

Interface d'entrée/sortie pour unités de stockage interne comme des disques durs ou des graveurs de DVD. Son débit initial de 150 Mo/s devrait s'étendre à 600 Mo/s d'ici 2007.

Shareware

Logiciel en libre essai, en français. Logiciel payant que l'on peut utiliser en libre essai durant une période ou un nombre d'utilisations donné. Si son utilisateur souhaite utiliser définitivement le logiciel, il a l'obligation de rétribuer l'auteur du logiciel.

Skype

Skype est un logiciel qui vous permet de téléphoner gratuitement n'importe où dans le monde en quelques minutes, quelle que soit votre situation géographique. Le logiciel emploie une technologie innovatrice poste-à-poste, P2P (peer-to-peer), pour vous connecter avec les autres utilisateurs de Skype. Il suffit de télécharger l'application, de s'inscrire, et cela en quelques minutes à peine.

Smartphone

Littéralement "téléphone intelligent". C'est un terme utilisé pour désigner les téléphones évolués, qui possèdent des fonctions similaires à celles des assistants personnels. Certains peuvent lire des vidéos, des MP3 et se voir ajouter des programmes spécifiques.

Spam

Le spamming peut être défini comme l'usage abusif d'un système de messagerie électronique destiné à exposer délibérément et généralement de manière répétée tout ou partie de ses utilisateurs à des messages ou à des contenus non pertinents et non sollicités, souvent en faisant en sorte de les confondre avec les messages ou les contenus habituellement échangés ou recherchés par ces utilisateurs.

Spyware

Contraction de spy et software. Logiciel espion qui collecte des données personnelles avant de les envoyer à un tiers, comme transmettre les données saisies grâce au clavier par exemple.

Télévision haute définition (HDTV)

Type de télévision qui fournit une résolution, une netteté, une qualité de son et une qualité d'image beaucoup plus élevées que des postes de télévision traditionnels. Des télévisions haute définition sont souvent utilisées comme moniteurs d'ordinateurs.

URL

Une adresse URL (*Uniform Resource Locator*) représente l'adresse par laquelle un site est accessible. Par exemple : `http://www.microapp.com`.

Ver informatique

En informatique, un ver est un programme nocif qui diffère des virus par plusieurs points. Tout d'abord le ver est un programme autonome qu'on peut retrouver sur le disque dur, contrairement aux virus qui se dissimulent comme des parasites dans des fichiers ou dans le code exécutable contenu dans le secteur de démarrage du disque.

Virus

Programme qui tente de se propager d'un ordinateur à un autre et qui peut occasionner des dégâts (tels que l'effacement ou l'altération de données) ou gêner des utilisateurs (en affichant des messages ou en modifiant les données qui apparaissent à l'écran).

Webcam

Petite caméra numérique, branchée sur l'ordinateur, qui permet de diffuser régulièrement et en temps réel sur le Web des images vidéo en provenance de différents endroits de la planète. Une webcam permet aussi réaliser des visioconférences par Internet, entre amis ou dans un but professionnel.

Wi-Fi

Wireless Fidelity ou Ethernet sans fil. Réseau local de type Ethernet à accès sans fil qui permet d'obtenir des débits pouvant atteindre 11 Mbit/s théorique (soit 5 Mbit/s répartis entre les utilisateurs connectés) dans une bande de fréquence de 2,4 GHz. Le matériel Wi-Fi respecte la famille de normes 802.11 de l'IEEE pour la communication sans fil dans un réseau Ethernet.

XviD

Format de compression vidéo similaire au DivX. Sa différence réside dans le fait qu'il s'agit d'un projet Open Source (dont le code source est public, distribuable et modifiable dans le cadre de la licence GPL) et non d'un produit commercial.

19.2 Installer ou réinstaller Windows Vista

Bien souvent, à force d'installer ou de désinstaller des programmes sur son ordinateur, il arrive que celui-ci ait des problèmes de fonctionnement ou que tout simplement, il ne réponde plus aux performances que l'on attend de lui. Le démarrage devient très long, le lancement d'un programme interminable, bref beaucoup de raisons qui font que l'on ait besoin de réinstaller Windows Vista.

Cependant, avant d'installer ou réinstaller Windows Vista, il est nécessaire de prendre un certain nombre d'éléments en compte. Bien que cela ne soit pas très ardu, ce chapitre a pour objectif de vous accompagner et vous faire gagner du temps dans la réinstallation de Windows Vista. Au moyen de quelques questions, il va vous permettre de dresser une liste de contrôle.

Liste de contrôle

- Est-ce que vous possédez le DVD de réinstallation ainsi que la clé associée à ce DVD ?
- Est-ce que vous possédez les logiciels et codes d'accès vous permettant d'accéder à Internet ?
- Avez-vous réalisé une sauvegarde de vos fichiers les plus importants ?
- Possédez-vous le CD de réinstallation de votre antivirus ?
- Possédez-vous les CD de vos programmes les plus importants ?
- Possédez-vous les pilotes de tous les périphériques que Windows Vista ne prend pas en charge ?

Après avoir contrôlé tous les points que nous venons d'énumérer, vous pouvez vous lancer dans la réinstallation de votre ordinateur.

> **Installer Windows en procédant à une nouvelle installation**
>
> Lorsque vous installez Windows en procédant à une nouvelle installation, votre version existante de Windows (incluant tous vos fichiers, paramètres et programmes) est automatiquement remplacée. Vous pouvez sauvegarder vos fichiers et vos paramètres, mais vous devrez réinstaller manuellement vos programmes une fois l'installation terminée.

Installation de Windows Vista

L'installation standard de Windows Vista ne déroge pas aux règles de simplicité. Windows Vista reste très élémentaire à installer puisqu'il vous suffit de démarrer votre ordinateur avec le DVD d'installation pour que celle-ci se réalise presque seule. Il vous sera demandé d'entrer le numéro de série et de répondre à trois ou quatre questions : votre pays, nom, mot de passe, etc. Vous pouvez procéder à une nouvelle installation si aucun système d'exploitation n'est installé sur votre ordinateur, si vous voulez supprimer votre système d'exploitation actuel pour le remplacer par Windows Vista ou si vous voulez partitionner votre disque dur pour installer Windows Vista sur une partition spécifique.

Précaution d'installation

Encore une fois, avant d'installer Windows Vista sur votre ordinateur, vérifiez la compatibilité de vos périphériques.

Pour installer Windows Vista sur votre ordinateur, procédez ainsi :

1. Démarrez le programme d'installation de Windows Vista en insérant le DVD puis redémarrez votre ordinateur.

Windows is loading files...

▲ Figure 19.1 : *Initialisation de l'installation de Windows Vista*

2. Sélectionnez la langue et les paramètres régionaux et cliquez sur **Suivant**.

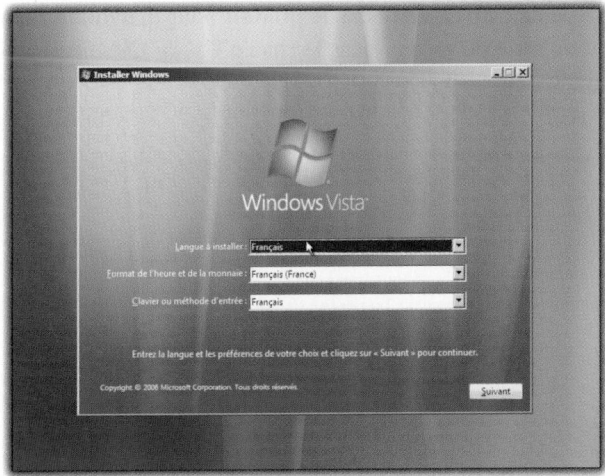

▲ Figure 19.2 : *Sélection des paramètres régionaux : la langue, les
paramètres liés au pays ainsi que le clavier*

3. À l'invite d'installation, cliquez sur **Installer**.

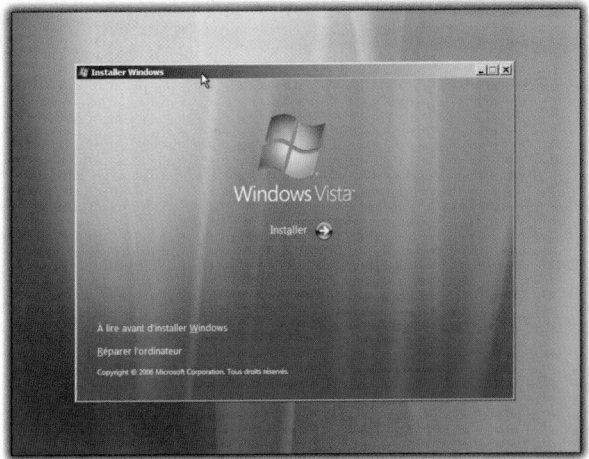

▲ Figure 19.3 : *Invite d'installation de Windows Vista*

4. Dans la partie **Entrez votre clé de produit pour activation**, tapez le numéro de série du produit dans le champ *Clé de produits* (les tirets sont ajoutés automatiquement). Ce numéro est composé de 25 caractères alphanumériques. Cliquez sur **Suivant** pour continuer.

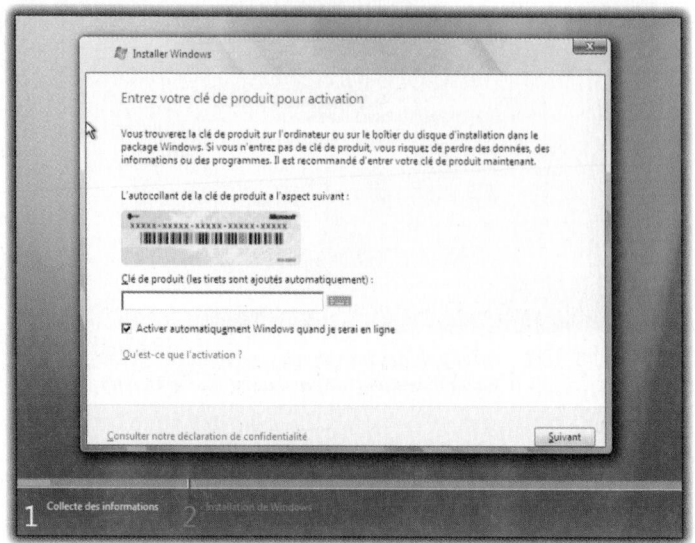

▲ Figure 19.4 : *Écran de saisie pour le déblocage de la version de Windows Vista*

5. Windows Vista ne déroge pas à la règle, dans la fenêtre **Veuillez lire le contrat de licence**, lisez et acceptez les termes du contrat de licence. Cochez la case *J'accepte les termes du contrat de licence* (indispensable pour continuer). Cliquez sur **Suivant**. Si vous ne validez pas cette option, vous serez dans la nécessité de mettre fin au programme d'installation de Windows Vista (voir Figure 19.5).

6. Dans la fenêtre **Quel type d'installation voulez-vous effectuer ?**, deux choix s'offrent à vous ; **Mise à niveau** pour effectuer une mise à niveau ou **Personnalisée (option avancée)** pour personnaliser votre installation. Sélectionnez **Personnalisée (option avancée)** (voir Figure 19.6).

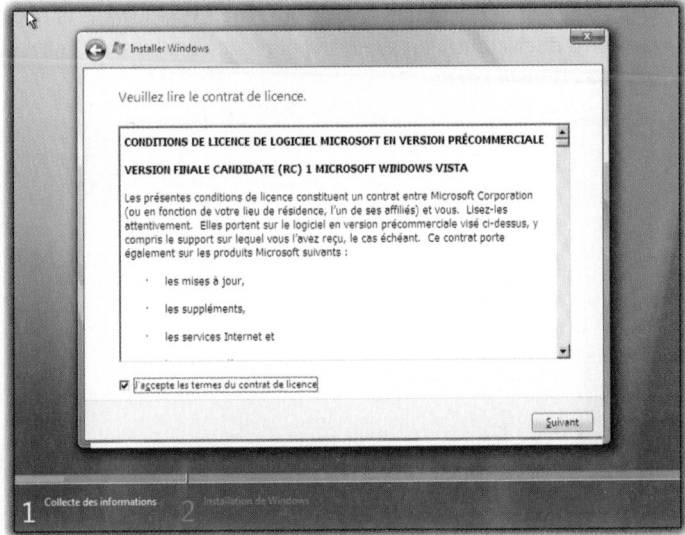

▲ Figure 19.5 : *Validation des accords de licence*

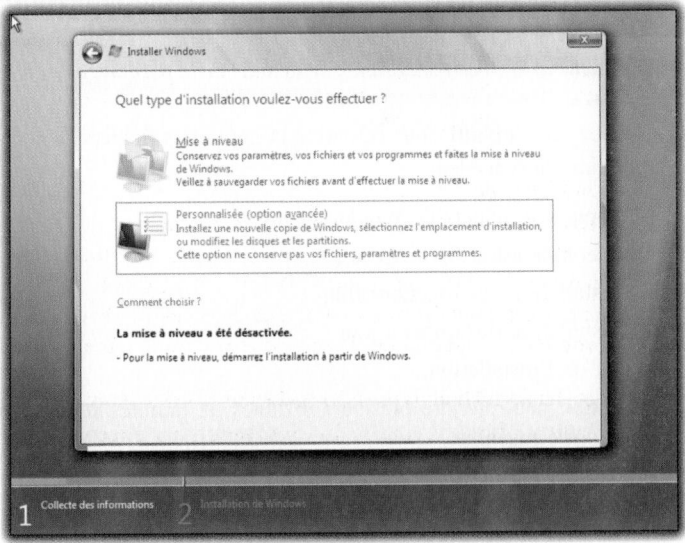

▲ Figure 19.6 : *Sélection de l'installation personnalisée*

7. Dans la fenêtre **Où souhaitez vous installer Windows ?**, cliquez sur **Options de lecteurs (avancées)** pour personnaliser la taille de la partition d'installation.

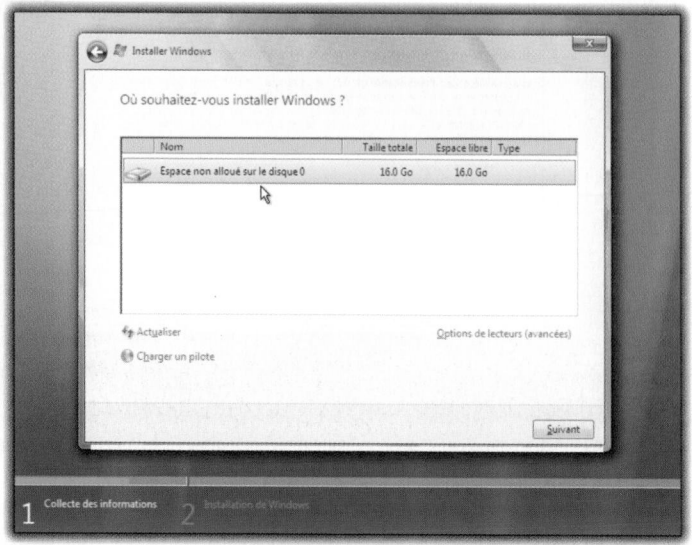

▲ Figure 19.7 : *Personnalisation de la taille de la partition d'installation*

8. Cliquez sur **Suivant** pour démarrer la copie des fichiers. Les étapes suivantes se succèdent :

- copie des fichiers de Windows ;
- décompression des fichiers ;
- installation des fonctionnalités ;
- installation des mises à jour ;
- fin de l'installation.

L'installation peut prendre plusieurs dizaines de minutes selon la puissance de votre machine.

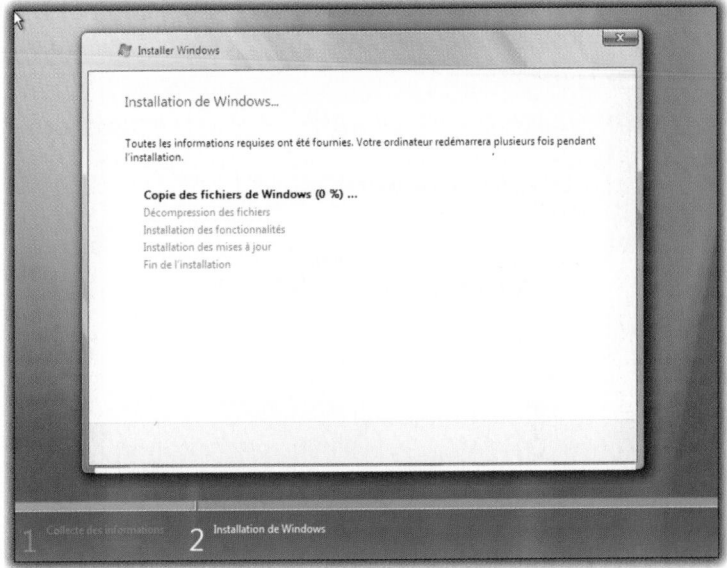

▲ Figure 19.8 : *Lancement de l'installation standard de Windows Vista*

9. À l'écran Windows Vista, cliquez sur **Suivant**.

10. Sélectionnez une image et entrez un mot de passe. Confirmez ce mot de passe puis cliquez sur **Suivant**.

11. Changez le nom de l'ordinateur et sélectionnez votre fond d'écran. Cliquez sur **Suivant**.

12. Choisissez ou non d'activer et configurer le pare-feu.

13. Configurez **Date** et **Fuseau horaire** (voir Figure 19.9).

14. Démarrez Windows Vista en cliquant sur l'icône *Windows Vista*. Le premier écran vous demande d'entrer votre mot de passe ; la configuration de votre Bureau commence (voir Figure 19.10).

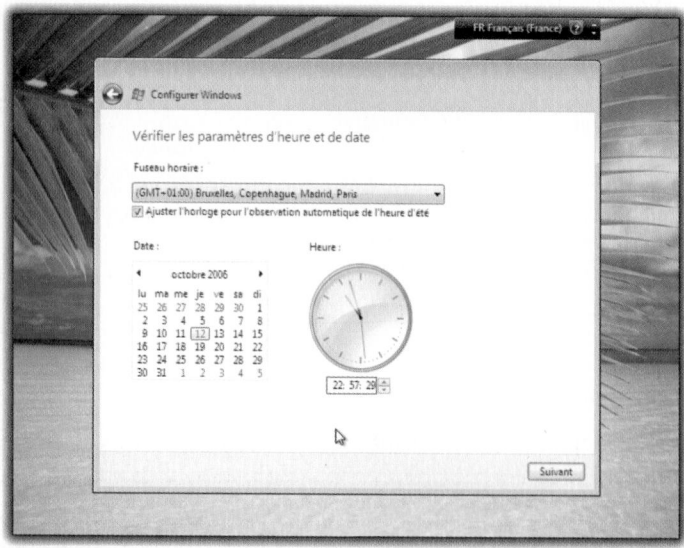

▲ Figure 19.9 : *Réglage de l'heure et de la date*

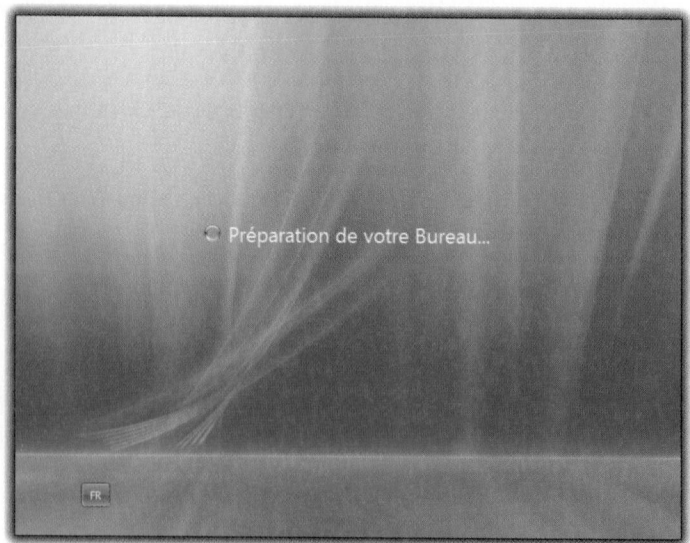

▲ Figure 19.10 : *Configuration de votre Bureau*

Réinstallation de Windows Vista

Si vous souhaitez réinstaller Windows en procédant à une nouvelle installation, éventuellement pour restaurer les paramètres par défaut de Windows, voici comment vous devez procéder :

1. Allumez l'ordinateur, insérez le CD ou le DVD de Windows Vista, puis redémarrez l'ordinateur. Si vous êtes invité à appuyer sur une touche pour démarrer à partir du CD ou du DVD, appuyez sur n'importe quelle touche. Lorsque la page **Installer Windows** apparaît, passez à l'étape 2.

2. Dans la page **Installer Windows**, suivez les instructions qui s'affichent, puis cliquez sur **Installer maintenant**.

3. Dans la page **Obtenir les mises à jour importantes pour l'installation**, il est conseillé d'obtenir les mises à jour les plus récentes pour garantir la réussite de l'installation et contribuer à protéger votre ordinateur des menaces de sécurité. Vous avez besoin d'une connexion Internet pour obtenir les mises à jour d'installation.

4. Dans la page **Tapez votre clé de produit pour l'activation**, il est impératif d'entrer les 25 caractères composant votre clé de produit pour pouvoir poursuivre l'installation.

5. Dans la page **Veuillez lire le contrat de licence**, si vous acceptez les termes du contrat, cliquez sur *J'accepte les termes du contrat de licence*.

6. Suivez les instructions qui s'affichent sur chaque page. Dans la page **Quel type d'installation voulez-vous effectuer ?**, cliquez sur **Personnalisée**.

7. Dans la page **Où souhaitez-vous installer Windows ?**, cliquez sur **Options de lecteurs (avancées)**. Sélectionnez la partition sur laquelle vous voulez installer Windows, puis cliquez sur **Formater**. Cette action supprime tous les fichiers sur la partition sélectionnée pour que vous puissiez installer Windows sur une partition nettoyée.

8. Une fois le formatage terminé, sélectionnez la partition que vous venez de formater comme étant l'emplacement dans lequel vous voulez installer Windows, puis cliquez sur **Suivant** pour commencer l'installation. Il est possible qu'un rapport de compatibilité s'affiche.

9. Suivez les instructions.

Une fois Windows Vista installé ou réinstallé, installez votre antivirus avant votre connexion Internet. Installez votre connexion Internet si vous en possédez une. Ensuite, connectez-vous à Internet pour activer Windows Vista, pour activer votre antivirus et mettre les produits installés à jour. À la fin de ces étapes, vous pouvez procéder à l'installation de vos logiciels et restaurer vos données si vous aviez réalisé une sauvegarde.

19.3 Les raccourcis clavier

Les raccourcis clavier sont un moyen très utile pour faciliter l'interaction avec votre ordinateur. L'objectif des raccourcis clavier est de limiter les passages intempestifs entre le clavier et la souris lors de certaines actions répétitives. Les raccourcis clavier sont classés par famille. L'un des raccourcis les plus utilisés aujourd'hui est celui de l'Explorateur Windows. Pour le lancer, il vous suffit de cliquer sur la touche [Windows]+[E] et l'Explorateur apparaît.

Vous pouvez également trouver les raccourcis clavier dans l'Aide et support de Windows Vista.

Raccourcis clavier généraux

Tab. 19.1 : Raccourcis clavier généraux	
Appuyez sur les touches	**Pour**
[Ctrl]+[C]	Copier l'élément sélectionné
[Ctrl]+[X]	Couper l'élément sélectionné
[Ctrl]+[V]	Coller l'élément sélectionné
[Ctrl]+[Z]	Annuler une action
[Suppr]	Supprimer et déplacer l'élément sélectionné dans la Corbeille

Tab. 19.1 : Raccourcis clavier généraux

Appuyez sur les touches	Pour
Maj+Suppr	Supprimer l'élément sélectionné sans le déplacer au préalable dans la Corbeille
F2	Renommer l'élément sélectionné
Ctrl+→	Ramener le curseur au début du mot suivant
Ctrl+←	Ramener le curseur au début du mot précédent
Ctrl+↓	Ramener le curseur au début du paragraphe suivant
Ctrl+↑	Ramener le curseur au début du paragraphe précédent
Ctrl+Maj avec une touche de direction	Sélectionner un bloc de texte
Maj avec une touche de direction	Sélectionner plusieurs éléments d'une fenêtre ou du bureau, ou sélectionner du texte dans un document
Ctrl+A	Sélectionner tous les éléments dans un document ou une fenêtre
F3	Rechercher un fichier ou un dossier
Alt+Entrée	Afficher des propriétés pour l'élément sélectionné
Alt+F4	Fermer l'élément actif ou quitter le programme actif
Alt+Espace	Ouvrir le menu contextuel de la fenêtre active
Ctrl+F4	Fermer le document actif (dans les programmes vous permettant d'avoir plusieurs documents ouverts simultanément)
Alt+↹	Passer d'un élément ouvert à l'autre
Ctrl+Alt+↹	Utiliser les touches fléchées pour passer d'un élément ouvert à l'autre
Windows+↹	Parcourir les programmes sur la barre des tâches en utilisant la Bascule 3-D Windows
Ctrl+Windows+↹	Utiliser les touches fléchées pour parcourir les programmes sur la barre des tâches en utilisant la Bascule 3-D Windows
Alt+Échap	Parcourir les éléments dans leur ordre d'ouverture
F6	Parcourir les éléments d'écran d'une fenêtre ou du bureau
F4	Afficher la liste des barres d'adresses dans l'Explorateur Windows
Maj+F10	Afficher le menu contextuel associé à l'élément sélectionné

Tab. 19.1 : Raccourcis clavier généraux

Appuyez sur les touches	Pour
Ctrl+Échap	Ouvrir le menu **Démarrer**
Alt+Lettre soulignée	Afficher le menu correspondant
Alt+Lettre soulignée	Exécuter la commande de menu (ou une autre commande soulignée)
F10	Activer la barre de menus dans le programme actif
→	Ouvrir le menu suivant à droite ou ouvrir un sous-menu
←	Ouvrir le menu suivant à gauche ou fermer un sous-menu
F5	Actualiser la fenêtre active
Alt+↑	Afficher le dossier d'un niveau supérieur dans l'Explorateur Windows
Échap	Annuler la tâche en cours
Ctrl+Maj+Échap	Ouvrir le Gestionnaire des tâches
Maj à l'insertion d'un CD	Empêcher la lecture automatique du CD

Raccourcis clavier pour les boîtes de dialogue

Tab. 19.2 : Raccourcis clavier pour les boîtes de dialogue

Appuyez sur les touches	Pour
Ctrl+Tab	Avancer dans les onglets
Ctrl+Maj+Tab	Reculer dans les onglets
Tab	Avancer dans les options
Maj+Tab	Reculer dans les options
Alt+Lettre soulignée	Exécuter la commande (ou sélectionner l'option) associée à cette lettre
Entrée	Remplacer le clic de souris pour plusieurs commandes sélectionnées
Espace	Activer ou désactiver la case à cocher si l'option active est une case à cocher
Touches de direction	Sélectionner un bouton si l'option active est un groupe de boutons d'option
F1	Afficher l'Aide

Tab. 19.2 : Raccourcis clavier pour les boîtes de dialogue	
Appuyez sur les touches	**Pour**
F4	Afficher les éléments dans la liste active
Retour arrière	Ouvrir un dossier d'un niveau supérieur si un dossier est sélectionné dans la boîte de dialogue **Enregistrer sous** ou **Ouvrir**

Raccourcis clavier dans l'Explorateur Windows

Tab. 19.3 : Raccourcis clavier dans l'Explorateur Windows	
Appuyez sur les touches	**Pour**
↘	Afficher le bas de la fenêtre active
Début	Afficher le haut de la fenêtre active
Verr. num+Astérisque sur le pavé numérique (*)	Afficher tous les sous-dossiers du dossier sélectionné
Verr. num+Signe plus (+) sur le pavé numérique	Afficher le contenu du dossier sélectionné
Verr. num+Signe moins (-) sur le pavé numérique	Réduire le dossier sélectionné
←	Réduire la sélection actuelle (si elle est étendue), ou sélectionner le dossier parent
Alt+←	Afficher le dossier précédent
→	Afficher la sélection actuelle (si elle est réduite), ou sélectionner le premier sous-dossier
Alt+→	Afficher le dossier suivant
Alt+D	Sélectionner la barre d'adresses

Raccourcis clavier de Microsoft

Tab. 19.4 : Raccourcis clavier de Microsoft	
Appuyez sur les touches	**Pour**
Windows	Ouvrir ou fermer le menu **Démarrer**
Windows+ATTN	Afficher la boîte de dialogue **Propriétés système**

Tab. 19.4 : Raccourcis clavier de Microsoft

Appuyez sur les touches	Pour
Windows+D	Afficher le Bureau
Windows+M	Réduire toutes les fenêtres
Windows+Maj+M	Restaurer les fenêtres réduites sur le Bureau
Windows+E	Démarrer l'ordinateur
Windows+F	Rechercher un fichier ou un dossier
Ctrl+Windows+F	Rechercher les ordinateurs (si vous êtes sur un réseau)
Windows+L	Verrouiller votre ordinateur (si vous êtes connecté à un domaine de réseau), ou changer d'utilisateur (si vous n'êtes pas connecté à un domaine de réseau)
Windows+R	Ouvrir la boîte de dialogue **Exécuter**
Windows+T	Parcourir les programmes sur la barre des tâches
Windows+⇆	Parcourir les programmes sur la barre des tâches en utilisant la Bascule 3-D Windows
Ctrl+Windows+⇆	Utiliser les touches fléchées pour parcourir les programmes sur la barre des tâches en utilisant la Bascule 3-D Windows
Windows+Espace	Amener tous les gadgets au premier plan et sélectionner le Volet Windows
Windows+G	Parcourir les gadgets du Volet Windows
Windows+U	Ouvrir l'Accessibilité
Windows+X	Ouvrir le Centre de mobilité Windows

Raccourcis clavier d'Accessibilité

Tab. 19.5 : Raccourcis clavier d'Accessibilité

Appuyez sur les touches	Pour
Maj Droite pendant huit secondes	Activer et désactiver les touches filtres
Alt Gauche+Maj Gauche+Impr. écran	Activer et désactiver le contraste élevé
Alt Gauche+Maj Gauche+Verr. num	Activer et désactiver les touches souris

Tab. 19.5 : Raccourcis clavier d'Accessibilité

Appuyez sur les touches	Pour
[Maj] cinq fois	Activer et désactiver les touches rémanentes
[Verr. num] pendant cinq secondes	Activer et désactiver les touches bascules
[Windows]+[U]	Ouvrir le questionnaire d'Accessibilité

Raccourcis clavier dans le Volet Windows

Tab. 19.6 : Raccourcis clavier dans le Volet Windows

Appuyez sur les touches	Pour
[Windows]+[Espace]	Amener tous les gadgets au premier plan et sélectionner le Volet
[Windows]+[G]	Parcourir les gadgets du Volet Windows
[⇆]	Parcourir les contrôles du Volet Windows

Raccourcis clavier dans Internet Explorer

Affichage et exploration de pages web

Tab. 19.7 : Affichage et exploration de pages web

Appuyez sur les touches	Pour
[F1]	Afficher l'Aide
[F11]	Basculer entre la taille normale de la fenêtre d'Internet Explorer et le mode Plein écran
[Tab]	Se déplacer en avant dans les éléments d'une page web, de la barre d'adresses et de la barre des liens
[Maj]+[⇆]	Se déplacer en arrière dans les éléments d'une page web, de la barre d'adresses et de la barre des liens
[Alt]+[↖]	Aller à votre page d'accueil
[Alt]+[→]	Aller à la page suivante
[Alt+Gauche] ou [Retour arrière]	Aller à la page précédente

Tab. 19.7 : Affichage et exploration de pages web

Appuyez sur les touches	Pour
Maj+F10	Afficher le menu contextuel correspondant à un lien
Ctrl+⇆ ou F6	Se déplacer en avant dans les cadres et les éléments du navigateur (ne fonctionne que si la navigation par onglets est désactivée)
Ctrl+Maj+⇆	Se déplacer en arrière entre cadres (ne fonctionne que si la navigation par onglets est désactivée)
↑	Remonter vers le début d'un document
↓	Avancer jusqu'à la fin d'un document
⇞	Remonter rapidement vers le début d'un document
⇟	Avancer rapidement jusqu'à la fin d'un document
⭦	Remonter au début d'un document
⭨	Atteindre la fin d'un document
Ctrl+F	Effectuer une recherche dans cette page
F5	Actualiser la page web active
Ctrl+F5	Actualiser la page web active, même si l'horodatage de la version web et celui de la version stockée localement sont identiques
Échap	Arrêter le téléchargement d'une page
Ctrl+O	Ouvrir un nouveau site web ou une nouvelle page
Ctrl+N	Ouvrir une nouvelle fenêtre
Ctrl+W	Fermer la fenêtre active (si un seul onglet est ouvert)
Ctrl+S	Enregistrer la page active
Ctrl+P	Imprimer la page ou le cadre actif
Entrée+I	Activer un lien sélectionné
Ctrl+I	Ouvrir les favoris
Ctrl+H	Ouvrir l'historique
Ctrl+J	Ouvrir les flux
Alt+P	Ouvrir le menu **Page**
Alt+T	Ouvrir le menu **Outils**
Alt+H	Ouvrir le menu **Aide**

Utilisation des onglets

Tab. 19.8 : Utilisation des onglets

Appuyez sur les touches	Pour
Ctrl+clic	Ouvrir des liens dans un nouvel onglet en arrière-plan
Ctrl+Maj+clic	Ouvrir des liens dans un nouvel onglet au premier plan
Ctrl+T	Ouvrir un nouvel onglet au premier plan
Ctrl+Tab ou Ctrl+Maj+↹	Basculer entre les onglets
Ctrl+W	Fermer l'onglet actif (ou la fenêtre active si la navigation par onglets est désactivée)
Alt+Entrée+l	Ouvrir un nouvel onglet à partir de la barre d'adresses
Ctrl+n (où n est un chiffre compris entre 1 et 8)	Passer à un numéro d'onglet spécifique
Ctrl+9	Passer au dernier onglet
Ctrl+Alt+F4	Fermer les autres onglets
Ctrl+Q	Activer/désactiver les onglets rapides (vue miniature)

Utilisation du zoom

Tab. 19.9 : Utilisation du zoom

Appuyez sur les touches	Pour
Ctrl+ Signe plus (+) sur le pavé numérique	Augmenter le zoom (+ 10 %)
Ctrl+ Signe moins (-) sur le pavé numérique	Réduire le zoom (- 10 %)
Ctrl+0	Faire un zoom de 100 %

Utilisation de la fonction de recherche

Tab. 19.10 : Utilisation de la fonction de recherche	
Appuyez sur les touches	**Pour**
Ctrl+E	Aller à la zone de recherche
Alt+Entrée	Ouvrir votre requête de recherche dans un nouvel onglet
Ctrl+↓	Ouvrir le menu du moteur de recherche

Utilisation de l'aperçu avant impression

Tab. 19.11 : Utilisation de l'aperçu avant impression	
Appuyez sur les touches	**Pour**
Alt+P	Définir des options d'impression et imprimer une page
Alt+U	Modifier le papier, les en-têtes et les pieds de page, l'orientation ainsi que les marges de la page
Alt+⬉	Afficher la première page à imprimer
Alt+←	Afficher la page précédente à imprimer
Alt+A	Taper le numéro de la page à afficher
Alt+→	Afficher la page suivante à imprimer
Alt+⬊	Afficher la dernière page à imprimer
Alt+ Signe moins (-) sur le pavé numérique	Zoom arrière
Alt+ Signe plus (+) sur le pavé numérique	Zoom avant
Alt+Z	Afficher une liste des pourcentages de zoom
Alt+F	Spécifier le mode d'impression des cadres (cette option est uniquement disponible si vous imprimez une page web qui utilise des cadres)
Alt+C	Fermer l'aperçu avant impression

Utilisation de la barre d'adresses

Tab. 19.12 : Utilisation de la barre d'adresses

Appuyez sur les touches	Pour
Alt+D	Sélectionner le texte de la barre d'adresses
F4	Afficher la liste des adresses que vous avez tapées
Ctrl+←	Déplacer le curseur vers la gauche dans la barre d'adresses, jusqu'au premier symbole de rupture logique dans l'adresse (point ou barre oblique)
Ctrl+→	Déplacer le curseur vers la droite dans la barre d'adresses, jusqu'au premier symbole de rupture logique dans l'adresse (point ou barre oblique)
Ctrl+Entrée	Ajouter "www." au début et ".com" à la fin du texte tapé dans la barre d'adresses
↑	Descendre dans la liste des correspondances proposées par la fonctionnalité Saisie semi-automatique
↓	Remonter dans la liste des correspondances proposées par la fonctionnalité Saisie semi-automatique

Ouverture des menus de la barre d'outils Internet Explorer

Tab. 19.13 : Ouverture des menus de la barre d'outils Internet Explorer

Appuyez sur les touches	Pour
Alt+M	Ouvrir le menu **Démarrage**
Alt+R	Ouvrir le menu **Imprimer**
Alt+J	Ouvrir le menu **RSS**
Alt+O	Ouvrir le menu **Outils**
Alt+L	Ouvrir le menu **Aide**

Utilisation des flux, de l'historique et des favoris

Tab. 19.14 : Utilisation des flux, de l'historique et des favoris	
Appuyez sur les touches	**Pour**
Ctrl+D	Ajouter la page active à vos favoris
Ctrl+B	Ouvrir la boîte de dialogue **Organisation des favoris**
Alt+↑	Faire monter l'élément sélectionné dans la liste des favoris de la boîte de dialogue **Organisation des favoris**
Alt+↓	Faire descendre l'élément sélectionné dans la liste des favoris de la boîte de dialogue **Organisation des favoris**
Alt+C	Ouvrir le Centre des favoris et afficher vos favoris
Ctrl+H	Ouvrir le Centre des favoris et afficher votre historique
Ctrl+J	Ouvrir le Centre des favoris et afficher vos flux
Ctrl+Maj+J	Ouvrir et ancrer le Centre des favoris, et afficher vos flux
Alt+Z	Ouvrir le menu **Ajouter aux favoris**
Alt+I	Afficher tous les flux (en mode d'affichage des flux)
Alt+M	Marquer un flux comme lu (en mode d'affichage des flux)
Alt+S	Placer le curseur dans la zone de recherche en mode d'affichage des flux

Modification

Tab. 19.15 : Modification	
Appuyez sur les touches	**Pour**
Ctrl+X	Supprimer les éléments sélectionnés et les copier dans le Presse-papiers
Ctrl+C	Copier les éléments sélectionnés dans le Presse-papiers
Ctrl+V	Insérer le contenu du Presse-papiers à l'emplacement sélectionné
Ctrl+A	Sélectionner tous les éléments de la page web active

Utilisation de la barre d'informations

Tab. 19.16 : Utilisation de la barre d'informations

Appuyez sur les touches	Pour
Alt+N	Activer la barre d'informations
Espace	Cliquer sur la barre d'informations

Raccourcis clavier dans la Visionneuse de l'Aide Windows

Tab. 19.17 : Raccourcis clavier dans la Visionneuse de l'Aide Windows

Appuyez sur les touches	Pour
Alt+C	Afficher la table des matières
Alt+N	Afficher le menu **Paramètres de connexion**
F10	Afficher le menu **Options**
Alt+←	Retourner à la rubrique affichée précédemment
Alt+→	Passer à la rubrique suivante (parmi les rubriques affichées précédemment)
Alt+A	Afficher la page sur le support technique
Alt+↖	Afficher la page d'accueil **Aide et support**
↖	Atteindre le début d'une rubrique
↘	Atteindre la fin d'une rubrique
Ctrl+F	Rechercher la rubrique actuelle
Ctrl+P	Imprimer une rubrique
F3	Aller à la zone *Recherche*

Raccourcis clavier de la Galerie de photos Windows

Tab. 19.18 : Raccourcis clavier de la Galerie de photos Windows

Appuyez sur les touches	Pour
Ctrl+F	Ouvrir le volet **Corriger**
Ctrl+P	Imprimer l'image sélectionnée
Entrée	Afficher un agrandissement de l'image sélectionnée
Ctrl+I	Ouvrir ou fermer le volet d'informations
Ctrl+Point (.)	Pivoter l'image dans le sens des aiguilles d'une montre
Ctrl+Virgule (,)	Pivoter l'image dans le sens inverse des aiguilles d'une montre
F2	Renommer l'élément sélectionné
Ctrl+E	Rechercher un élément
Alt+←	Retourner
Alt+→	Avancer
Signe plus (+) sur le pavé numérique	Effectuer un zoom avant ou redimensionner la miniature d'image
Signe moins (-) sur le pavé numérique	Effectuer un zoom arrière ou redimensionner la miniature d'image
Ctrl+B	Ajuster
←	Sélectionner l'élément précédent
↓	Sélectionner l'élément suivant ou la ligne suivante
↑	Élément précédent (Easel) ou ligne précédente (Miniature)
⇞	Écran précédent
⇟	Écran suivant
↖	Sélectionner le premier élément
↘	Sélectionner le dernier élément
Suppr	Déplacer l'élément sélectionné dans la Corbeille
Maj+Suppr	Supprimer définitivement l'élément sélectionné
←	Réduire le nœud
→	Développer le nœud

Raccourcis clavier à utiliser avec des vidéos

Tab. 19.19 : Raccourcis clavier à utiliser avec des vidéos

Appuyez sur les touches	Pour
J	Reculer d'une trame
K	Suspendre la lecture
L	Avancer d'une trame
I	Définir le point initial de découpage
O	Définir le point final de découpage
M	Fractionner un clip
⬉	Arrêter et effectuer un retour arrière jusqu'au point initial de découpage
Alt+→	Avancer jusqu'à la trame suivante
Alt+←	Retourner à la trame précédente
Ctrl+K	Arrêter et effectuer un retour arrière de la lecture
Ctrl+P	Lire de l'emplacement actuel
⬉	Déplacer le point initial de découpage
⬊	Déplacer le point final de découpage
⬍	Rechercher le point de fractionnement le plus proche avant l'emplacement actuel
⬍	Rechercher le point de fractionnement le plus proche après l'emplacement actuel

Raccourcis clavier Windows Mail

Fenêtre principale, d'affichage des messages et d'envoi des messages

Tab. 19.20 : Fenêtre principale, d'affichage des messages et d'envoi des messages

Appuyez sur les touches	Pour
F1	Ouvrir des rubriques d'aide
Ctrl+A	Sélectionner tous les messages ou le texte dans un message

Fenêtre principale et fenêtre d'affichage des messages

Appuyez sur les touches	Pour
Ctrl+M	Envoyer et recevoir du courrier électronique
Ctrl+N	Ouvrir ou publier un nouveau message
Ctrl+Maj+B	Ouvrir les contacts
Suppr ou Ctrl+D	Supprimer un courrier électronique
Ctrl+R	Répondre à l'auteur du message
Ctrl+Maj+R ou Ctrl+G (groupes de discussion uniquement)	Répondre à tous
Ctrl+F	Transférer un message
Ctrl+Maj+F	Rechercher un message
Ctrl+P	Imprimer le message sélectionné
Ctrl+>	Atteindre le message suivant dans la liste
Ctrl+<	Atteindre le message précédent dans la liste
Alt+Entrée	Afficher les propriétés du message sélectionné
Ctrl+U	Atteindre le courrier électronique non lu suivant (Messagerie)
Ctrl+Maj+U	Atteindre la conversation non lue suivante (Groupe de discussion)

Tab. 19.21 : Fenêtre principale et fenêtre d'affichage des messages

Fenêtre principale

Tab. 19.22 : Fenêtre principale

Appuyez sur les touches	Pour
Ctrl+O ou Entrée	Ouvrir un message sélectionné
Ctrl+Entrée ou Ctrl+Q	Marquer un message comme étant lu
⇆	Se déplacer entre la liste de messages, la liste de dossiers et le volet de visualisation
Ctrl+W	Atteindre un groupe de discussion
Gauche ou Signe plus (+) sur le pavé numérique	Développer une conversation de groupe de discussion (afficher toutes les réponses)

Tab. 19.22 : Fenêtre principale	
Appuyez sur les touches	**Pour**
Droite ou Signe moins ([-]) sur le pavé numérique	Réduire une conversation de groupe de discussion (masquer les réponses)
[Ctrl]+[Maj]+[A]	Marquer tous les messages de groupes de discussion comme étant lus
[Ctrl]+[J]	Atteindre le groupe de discussion ou le dossier non lu suivant
[Ctrl]+[Maj]+[M]	Télécharger des messages de groupes de discussion en vue d'une lecture en mode Hors connexion
[Ctrl]+[I]	Atteindre votre Boîte de réception
[Ctrl]+[Y]	Atteindre un dossier
[F5]	Actualiser les messages de groupes de discussion et les en-têtes

Fenêtre de message — Affichage ou envoi

Tab. 19.23 : Fenêtre de message — Affichage ou envoi	
Appuyez sur les touches	**Pour**
[Échap]	Fermer un message
[F3] ou [Ctrl]+[Maj]+[F]	Rechercher du texte

Fenêtre de message — Envoi uniquement

Tab. 19.24 : Fenêtre de message — Envoi uniquement	
Appuyez sur les touches	**Pour**
[F7]	Vérifier l'orthographe
[Ctrl]+[Maj]+[S]	Insérer une signature
[Ctrl]+[Entrée] ou [Alt]+[S]	Envoyer un message ou le publier dans un groupe de discussion
[Ctrl]+[↹]	Basculer entre les onglets **Modifier**, **Source** et **Aperçu** dans l'affichage **Modifier la source**

20

Index

!

A

B

C

D

E

H

I

J

L

M

N

O

R

S

T

U

V

W

X

Notes

Notes

Notes

Notes

Notes

Notes

Notes

Composé en France par Jouve
11, bd de Sébastopol - 75001 Paris

Aubin Imprimeur - *Ligugé, Poitiers* D.L. janvier 2007 / Impr. : P 70568